UNIVERSITÉ DE GRENOBLE

LIVRE

DU

CENTENAIRE DE LA FACULTÉ DE DROIT

Discours, Études et Documents

PAR

M. R. MONIEZ
Recteur de l'Académie de Grenoble, Président du Conseil
de l'Université

M. Paul FOURNIER
Doyen de la Faculté de Droit

M. Louis BALLEYDIER
Professeur à la Faculté de Droit

M. Raoul BUSQUET
Archiviste paléographe, Archiviste de la Ville de Grenoble

GRENOBLE
TYPOGRAPHIE ET LITHOGRAPHIE ALLIER FRÈRES
26, cours de Saint-André, 26

1906

8° F
18047

LIVRE

DU

CENTENAIRE DE LA FACULTÉ DE DROIT

Extrait des *Annales de l'Université de Grenoble*,
Tome XVIII, n° 2, 2ᵐᵉ trimestre 1906.

UNIVERSITÉ DE GRENOBLE

LIVRE

DU

CENTENAIRE DE LA FACULTÉ DE DROIT

Discours, Études et Documents

PAR

M. R. MONIEZ
Recteur de l'Académie de Grenoble, Président du Conseil
de l'Université

M. Paul FOURNIER
Doyen de la Faculté de Droit

M. Louis BALLEYDIER
Professeur à la Faculté de Droit

M. Raoul BUSQUET
Archiviste paléographe, Archiviste de la Ville de Grenoble

GRENOBLE
TYPOGRAPHIE ET LITHOGRAPHIE ALLIER FRÈRES
26, cours de Saint-André, 26

1906

AVANT-PROPOS

Le 15 mars 1906, à cinq heures du soir, l'Université de Grenoble a tenu, dans son nouvel amphithéâtre de la rue du Lycée, une séance publique pour commémorer le centenaire de la Faculté de Droit. A cette séance, présidée par M. le Recteur Moniez qu'entouraient les Membres du Conseil de l'Université, assistaient les professeurs des Facultés de Droit, des Sciences et des Lettres, ainsi que ceux de l'École de Médecine, en costume officiel. En grand nombre, les étudiants avaient répondu à l'appel qui leur avait été adressé. Une assistance d'élite remplissait les degrés et les tribunes de l'amphithéâtre. Au pied des degrés, dans l'hémicycle, avaient pris place M. Pailhé, premier président de la Cour d'appel; M. le général Soyer, commandant la 27ᵉ division d'infanterie; M. Boncourt, préfet du département de l'Isère; M. Tainturier, procureur général près la Cour d'appel; M. le général Servière, commandant supérieur de la défense et gouverneur de Grenoble; M. le général Bunoust, commandant la 53ᵉ brigade d'infanterie; M. Rivail, maire de Grenoble; MM. Gontard et Germain Clet, adjoints au Maire[1]; M. Dumolard, président de la Commission départementale; M. Robert de Massy, trésorier-payeur général; M. Brenier, président de la Chambre de commerce de Grenoble; M. Benoît-Cattin, bâtonnier de l'Ordre des avocats à la Cour d'appel; M. Nougaret, proviseur, MM. Gaillard et Marinet, professeurs, M. Viallard, répétiteur, représentant le Lycée de Grenoble; M. Eyssautier, président, et MM. Falcoz et Roux, délégués de l'Association générale des étudiants.

On a reproduit ici les discours prononcés en cette occasion par M. le Recteur Moniez, qui a bien voulu marquer la raison d'être et le sens de cette fête commémorative; par M. Paul Fournier, doyen de la Faculté de Droit, qui a rappelé à grands traits les efforts faits à Grenoble, antérieurement à la Révolution, pour constituer une Uni-

---

[1] M. Henri Capitant, adjoint au Maire et professeur à la Faculté de Droit, siégeait avec la Faculté.

versité où l'enseignement du droit devait jouer le rôle principal ; enfin par M. le professeur Louis Balleydier, assesseur du doyen de la même Faculté, qui a fait connaître les événements importants de la vie de notre Faculté pendant le siècle qui vient de s'achever et qui a rendu un juste hommage aux maîtres, aujourd'hui disparus, dont le nom a marqué dans cette histoire.

Nous avons estimé qu'il serait utile, à la suite de ces discours, de publier les documents sur lesquels est fondée notre histoire. Il nous a été facile de nous convaincre que, en ce qui touche la période antérieure à la Révolution, il était impossible de dégager les textes relatifs à l'enseignement du droit de l'ensemble des textes relatifs à l'Université grenobloise : aussi trouvera-t-on dans ce volume le recueil de tous ces textes, les uns publiés *in extenso*, les autres seulement résumés. Ce recueil est l'œuvre de M. Raoul Busquet, ancien élève de l'École des Chartes, archiviste de la Ville de Grenoble ; la Faculté de Droit est profondément reconnaissante à M. Busquet du travail considérable que, sur sa demande, il a accompli avec autant de désintéressement que de compétence. Viennent ensuite des documents qui se rapportent au XIXe siècle. En première ligne, nous avons cru utile de publier *in extenso* le procès-verbal encore inédit de l'audience solennelle tenue par la Cour d'appel de Grenoble, le 23 décembre 1805, pour recevoir le serment des premiers membres de la nouvelle École de Droit : il contient les discours du procureur général Royer-Deloche et de Paul Didier, directeur de l'École, qui fut ensuite le premier doyen de la Faculté. Nous avons en outre placé dans cette série divers textes officiels, la liste de tous les maîtres qui ont enseigné à la Faculté, et un certain nombre de documents statistiques.

J'ai mentionné ci-dessus la participation si large de M. Busquet à nos travaux ; il convient d'ajouter que MM. Auguste Prudhomme, archiviste de l'Isère, et Edmond Maignien, conservateur de la Bibliothèque publique de Grenoble, nous ont fourni en maintes reprises de précieux renseignements. Grâce à leur concours dévoué, grâce aussi à l'obligeance de M. André Lacroix, archiviste de la Drôme, nous avons pu rassembler les éléments de l'histoire de l'ancienne Université de Grenoble aussi bien que ceux de l'histoire de notre Faculté ; j'accomplis un devoir très agréable à remplir en leur offrant l'expression de notre vive gratitude.

Paul FOURNIER
Doyen de la Faculté de Droit.

DISCOURS DE M. LE RECTEUR R. MONIEZ

MESDAMES, MESSIEURS,

La Faculté de Droit de l'Université de Grenoble a voulu célébrer son centenaire par une cérémonie à laquelle elle a convié l'élite de la population et les hauts représentants des pouvoirs publics. Elle a cherché ainsi à grouper autour d'elle, en cet anniversaire, tous ceux qui aiment l'Université, parce qu'ils savent la grande œuvre qu'elle poursuit, — et ce lui était une façon de montrer sa gratitude pour les chaudes sympathies qu'elle rencontre dans le pays et qui à aucune époque ne lui ont fait défaut.

En choisissant cette date la Faculté semble n'avouer qu'un siècle de durée ; en réalité elle peut se réclamer d'une très lointaine origine et 1805 ne marque nullement l'année de la naissance, mais bien celle du renouveau de l'antique École de Droit de Grenoble.

Celle qu'on a justement appelée la *Mère* de notre Université avait la vie dure ! Quoi qu'on eût tenté jadis et à plusieurs reprises pour la faire disparaître, soit pour des raisons politiques et sans doute pour frapper l'esprit d'indépendance — le particularisme, dirait-on aujourd'hui — qu'elle entretenait dans le pays à côté du Parlement, soit sur des prétextes qui cachaient mal la rivalité persistante d'une cité voisine; quoi qu'on eût fait donc, pour l'abolir, l'École ne disparut jamais complètement et pour bien longtemps. Et les causes qui l'entretenaient ainsi dans une sorte de vie latente sont précisément celles qui lui firent restituer la vie légale au commencement du siècle dernier.

Le Dauphiné est, en effet, une sorte de terre classique pour les études juridiques et les hommes de ce pays ont été de tout temps renommés pour posséder avec le « génie » du droit l'habileté, la persévérance et l'énergie souvent nécessaires pour le défendre. Il y a là une sorte de trait de caractère qui frappe les esprits les moins prévenus et que, avant bien d'autres, un de mes lointains prédécesseurs et le plus illustre sans contredit, Augustin Cournot, définissait de si heureuse façon dans ses *Souvenirs,* en même temps qu'il rendait à ce beau pays et à ses courtois habitants un hommage auquel je souscris pleinement.

Ces mêmes conditions de milieu, de milieu privilégié, peuvent expliquer encore comment la Faculté de 1805, après une lente croissance et en dépit de quelques crises, peut se présenter à vous aujourd'hui, en plein épanouissement, vivant de sa vie propre et, pour ainsi dire, organisée sur de nouvelles bases.

A entendre le récit que l'on va vous faire de son histoire attachante, vous pourrez mieux juger la constance des anciens et mesurer l'effort des hommes d'aujourd'hui, mais vous constaterez en même temps quelle a été la prépondérance, sur les destinées de l'École, d'un élément nouveau heureusement intervenu et dont nous sommes en droit d'attendre des résultats plus brillants encore. Aux misères de sa vie d'autrefois, sous un régime de complète dépendance, vous verrez succéder pour la Faculté la vie nouvelle, de plus en plus libérée. Sans nul doute, si notre École de Droit est aujourd'hui plus prospère que jamais, c'est que jamais non plus elle ne s'est sentie plus indépendante : ce qu'elle est, elle le doit à un régime de liberté.

A un régime de liberté ! mais la liberté ne suffit pas... ; on en peut mourir si le travail ne vient pas la vivifier ! Pour se développer au milieu de redoutables concurrences, il a fallu à la Faculté des hommes de rare initiative, qu'il serait plus aisé de louer s'ils n'étaient présents. Avec des formules nouvelles et originales, vues d'un large esprit par l'Administration supérieure, ils ont amené sur Grenoble un élément inattendu que leur dévouement, leur ingéniosité à mieux faire, continue de développer, en même temps que leur talent et leur conscience professionnelle maintiennent la vieille réputation de notre École et attirent près d'eux ceux de nos compatriotes qui, avec moins de zèle de leur part, seraient allés plus loin chercher des professeurs.

Messieurs, si grands soient ces mérites, ils ne se trouvent pas seuls en jeu ici et les professeurs de la Faculté de Droit ne sont pas les uniques artisans de leur propre fortune. Une Faculté n'est plus aujourd'hui un organisme isolé, mais bien l'un des membres d'une Université. Pour prospère que soit notre École de Droit, elle n'a pas absorbé à elle seule, permettez-moi la comparaison, toute la sève de l'arbre dont les diverses branches se développent de concert, non pas seulement par les initiatives et les succès de chacun, mais grâce aussi à l'influence heureuse qu'exercent les unes sur les autres les différentes parties d'un organisme vigoureux. En proclamant tout ce dont la Faculté de Droit est redevable à ses professeurs, il est donc de mon devoir de souligner ce qu'elle doit à l'esprit de concorde qui anime tous les membres de l'Université de Grenoble et à l'étroite solidarité qui les unit. Il y a là quelque chose de très particulier, que l'on ne peut rencontrer ailleurs à un plus haut degré et dont j'ai été extrêmement frappé en arrivant ici.

Il semble vraiment que ce soit encore là un trait caractéristique du pays, puisque nous retrouvons les mêmes tendances inspirant de tout temps la Ville, dont nous ne sommes plus à compter les sacrifices, et suscitant, par ailleurs, ces dévouements incomparables que les autres Universités nous envient et qui jouent un si grand rôle dans notre existence : par toutes les Universités de France, on connaît le nom, classique, si j'ose dire, du Président de notre Comité de Patronage, mais nulle part n'a surgi son égal en dévouement.

Messieurs, nous entendons souvent la louange de ces efforts et de ces succès ; même le Parlement a plusieurs fois retenti à ce sujet des échos du pays ; il est bon néanmoins de rappeler ces choses, à l'honneur de ceux qui sont à la tâche et aussi pour l'exemple des autres...

Mais le devoir de reconnaissance m'écarte d'un sujet auquel j'ai hâte de revenir. Vos mérites sont grands, vous disais-je, Messieurs de la Faculté de Droit; ils expliquent vos succès présents. J'ajoute : ils en présagent d'autres et vous ne vous en tiendrez pas là ; vous n'êtes pas de ceux, en effet, qui marquent un jour et pour jamais le terme de leur progrès.

Messieurs, Albert Dumont vous disait un jour : « L'Université est comme le pays; elle marche. » — Vous avez jusqu'ici montré par votre action la justesse de ce mot ; vous continuerez à marcher comme le veut le pays. L'ordre de votre enseignement s'y prête à merveille :

vous ouvrirez de nouvelles voies vers un idéal qui ne peut manquer de vous séduire.

Certes, vos disciplines ont subi, par ces temps, des modifications profondes et vous allez par des domaines inconnus de vos devanciers ; mais il semble bien que ce soit là le prélude seulement d'une réforme plus radicale toujours ajournée, que l'Université se doit de faire elle-même, si elle ne veut que d'autres s'en emparent, comme il n'est que trop arrivé déjà dans le propre domaine des sciences du Droit. Il faudra bien que vos Facultés deviennent de vraies Écoles d'administration, des Écoles pratiques pour le droit industriel et commercial, pour la législation du travail, etc., etc. ; même il ne sera pas indigne de vous de tirer de ces dernières matières les bases d'un enseignement élémentaire, plus ou moins analogue dans ses conditions à celui que vous venez de très sagement réformer, — et par ces côtés votre enseignement aurait une tendance de plus en plus pratique, pour répondre à des besoins précis. Il est bien certain, du reste, que l'effort de la poussée dans ce sens est loin d'être épuisé et qu'il faut voir dans cette orientation l'une de vos obligations de demain.

Mais il n'est pas que le point de vue utilitaire et pratique ; il est d'autres besoins, tout aussi impérieux que les nécessités professionnelles, d'ordre plus élevé, qui vous imposent en même temps, et plus fortement que jamais, le devoir de maintenir vos études dans les sphères supérieures de la pensée : l'horizon de votre science s'est, en effet, singulièrement élargi et nul enseignement plus que le vôtre ne peut porter loin, s'il tombe des hauts sommets où vous pouvez vous placer.

Messieurs, vous n'êtes pas les tenants de ce que le fondateur de nos modernes Universités, M. Liard, dans la forte langue dont il a le secret, appelait la *géométrie juridique;* déjà vous ne travaillez plus seulement « pour le prétoire et pour la barre », mais aussi pour la science et pour la vie sociale. Vous admettez volontiers l'intervention dans les études de droit des résultats de toutes ces sciences historiques, économiques, sociales, morales, politiques — la sociologie, par un mot — qui prennent aujourd'hui tant d'ampleur, vous sollicitent avec force et tendent, sous leurs multiples aspects, à pénétrer le Droit pour l'éclairer, l'expliquer, le modifier. Ces études sont votre lot et vous en retirerez la pure essence pour, de la sorte, élargir votre enseignement par le haut. La science juridique d'ailleurs n'évolue-t-elle pas comme toute chose ? et le Droit lui-même n'est pas immuable, en ce sens que son esprit se modifie ; que son interprétation devient plus humaine, en tendant vers des lois de pardon ; que de nouveaux droits naissent ou se précisent, que nos pères ignoraient ou dont ils n'avaient que le pressentiment. Vous prenez garde à cet idéal de Droit qui, obscurément encore, se développe au sein de la collectivité, posant chaque jour de troublants problèmes qui bouleversent les anciennes conceptions et donnent naissance à toutes ces lois récentes, de caractère social, point de départ, pour ainsi dire, d'une sorte de droit nouveau, le droit des faibles ou le moderne droit de l'Homme, dirais-je, à défaut d'un meilleur terme. Il importe de suivre de près ces tendances d'un Droit vivant pour en élever le sens et en régulariser l'expression dans un haut idéal de justice, de bonté et de raison : vous continuerez d'être les philosophes de haute allure qu'il faut pour étudier « les faits qui préparent le droit », pour incliner ceux qui vous écoutent, et dans la juste mesure, vers le moderne « esprit des lois », par quoi se peuvent améliorer les mœurs et s'apaiser les haines sociales...

Dans ces voies diverses, et il en est bien d'autres, vous voudrez, Messieurs, votre part d'action, de direction. Vous trouverez pour cela les formules qui vous conviennent et qui peuvent le mieux servir ce pays. Et en vous inspirant de la pensée que cette terre du Droit est aussi terre de Liberté, la Faculté de Grenoble continuera d'évoluer dans l'esprit de la grande œuvre de justice, de réparation et d'émancipation sociale commencée ici même et dont nous sommes loin d'avoir recueilli tous les fruits.

L'ANCIENNE UNIVERSITÉ DE GRENOBLE

PAR

Paul FOURNIER,

Doyen de la Faculté de Droit de l'Université de Grenoble.

MESDAMES, MESSIEURS,

Le 1er novembre 1805, sur la voie qui le menait d'Ulm à Austerlitz, Napoléon signait, à son quartier général de Braunau, le décret qui organisait l'École de Droit de Grenoble ; au printemps de l'année 1806, cette École ouvrait ses portes à la première génération de ses élèves. Un siècle s'est écoulé depuis lors, pendant lequel l'École a vécu, mêlée à la vie de la nation aussi bien qu'à la vie de sa petite patrie, le Dauphiné.

Il nous a paru utile de marquer cette étape de son existence. C'est pourquoi nous avons fait appel à tous les membres de notre Université, que nous sommes heureux de voir en ce jour, sous la présidence de leur chef respecté, s'associer à la commémoration de notre fondation. Nous avons fait appel aussi à tous ceux que les hautes fonctions dont ils sont investis, les souvenirs du passé, leurs occupations professionnelles ou leurs goûts personnels intéressent à nos travaux. En grand nombre, ils ont répondu à notre invitation ; nous en sommes profondément touchés et nous les remercions de tout cœur. Leur préférence est pour nous le gage d'une sympathie dont nous sommes fiers, parce qu'elle vient d'hommes qui sont les témoins de notre vie et de nos labeurs.

Pour célébrer cet anniversaire, nous avons cru n'avoir rien de mieux à faire que de jeter un regard sur le passé. Réveiller les souvenirs du dernier siècle, c'est la tâche dont s'acquittera dans quelques instants mon collègue et ami Balleydier, qui veut bien, en cette circonstance, nous communiquer le résultat de longues et laborieuses recherches. Toutefois nous ne pouvons oublier qu'antérieurement au XIX° siècle des tentatives ont été faites à plusieurs reprises pour fonder en cette ville un enseignement qui répondît aux aspirations séculaires de la cité. Dans la séance d'inauguration qui eut lieu le 23 décembre 1805, le premier chef de cette École, Paul Didier, a omis de rendre hommage à ses devanciers ; il est vrai que le spectacle qui se déroulait sous les yeux des hommes de son temps était bien propre à fasciner leur attention et à la détourner de l'étude des temps anciens. Depuis lors, un membre de notre Faculté, Berriat Saint-Prix, en un mémoire sobre et nourri, a fait connaître l'histoire de l'ancienne Université de Grenoble[1]. Plus récemment, dans un discours de rentrée dont le souvenir ne s'est pas perdu, M. Alfred Gueymard, notre vénéré doyen honoraire, a payé à ces ancêtres lointains la dette de notre Faculté[2] ; nul n'avait plus de titres à s'acquitter de cette tâche, son nom se retrouvant, depuis trois quarts de siècle, à toutes les pages de nos Annales. Si je me permets, à mon tour, de rappeler les grands traits de cette histoire, c'est que les documents dont elle est faite sont maintenant tous revenus à la lumière[3] et que les investigations sont faciles dans les dépôts où ils sont conservés.

Ces documents ne concernent pas seulement l'histoire de l'enseignement du droit, mais celle de toutes les branches de l'enseignement supérieur. En effet, si le XIX° siècle, au moins dans sa pre-

---

[1] *Histoire de l'ancienne Université de Grenoble*, lue en partie le 23 septembre 1819 à la Société des Sciences de Grenoble ; lue en totalité l'année suivante à la Société des Antiquaires de France qui l'inséra dans ses *Mémoires* (t. III, p. 391 et s.). Ce travail fut publié de nouveau, avec additions, par l'auteur dans le tome V de la *Revue du Dauphiné*, année 1839, p. 87-118 et 129-153. Il existe aussi en tirage à part.

[2] Discours prononcé à la rentrée des Facultés, le 20 novembre 1873, sur *les Origines de l'enseignement du droit à Grenoble*. *(Séance annuelle de rentrée des Facultés et de l'École préparatoire de médecine et de pharmacie*, année 1873, p. 47 et s.) Je dois en outre signaler ici la conférence donnée en 1889 à l'Association générale des Étudiants de Grenoble par M. Michel Revon, alors étudiant à Grenoble, sous ce titre : *L'Université de Grenoble*.

[3] Ils sont, comme il a été dit plus haut, publiés *in extenso* ou résumés dans la suite de ce volume, par M. Raoul Busquet, sous le titre : *Documents relatifs à l'ancienne Université de Grenoble*.

mière moitié, fut l'âge des écoles spéciales et des facultés isolées, les siècles antérieurs avaient été l'âge des universités. A Grenoble, l'enseignement du droit fut donné par des maîtres si complètement incorporés à l'Université qu'ils ne constituaient même pas dans son sein une faculté particulière de droits canonique et civil : aussi l'histoire de cet enseignement se confond-elle avec celle de l'Université. Toutefois, comme Grenoble, sous l'ancien régime, fut une ville presque exclusivement judiciaire, les jurisconsultes ne pouvaient manquer de prendre une place prépondérante parmi les maîtres qui y donnaient l'enseignement. C'est la conclusion qui, si je ne m'abuse, se dégagera des pages qui suivent, consacrées à retracer en bref l'histoire de l'ancienne Université de Grenoble.

I

La première tentative faite pour créer à Grenoble un établissement d'enseignement supérieur remonte au dauphin Humbert II. Descendant par sa mère de Charles d'Anjou, le vainqueur de la maison de Souabe et l'un des plus grands ambitieux du moyen âge[1], Humbert avait hérité des hautes aspirations de cet aïeul ; mais il ne mit à leur service qu'un esprit enfantin, une imagination déréglée et une volonté inconstante ; poursuivant sa chimère, qui lui faisait prendre le décor pour la réalité, il épuisa ses forces et gaspilla sa vie. A la cour du roi Robert de Naples[2], auquel des liens de famille l'unissaient étroitement, il se laissa fasciner par l'éclat d'une civilisation brillante et par le prestige du souverain, sage et savant au-dessus de tous les princes de l'Europe, qui protégeait Giotto, qui accueillait Boccace et qui était l'ami de Pétrarque. Le rêve qu'il caressa fut d'être un roi comme le roi Robert et d'organiser son royaume à la façon de la monarchie napolitaine. S'il ne fit qu'entrevoir la couronne de Vienne et d'Arles

---

[1] Béatrice, femme du dauphin Jean II, était la fille de Charles-Martel, roi de Hongrie, lui-même fils de Charles II de Naples et petit-fils de Charles Ier.

[2] Il était lui-même le petit-neveu du roi Robert par sa mère et son neveu par alliance, grâce à son mariage avec Marie de Baux, fille d'une sœur de Robert (Cf. Barthélemy, *Inventaire des chartes de la maison de Baux*, n° 1106).

dans une apparition fugitive, sans qu'il lui fût donné de la saisir[1], il réalisa au moins quelques réformes qui ne s'expliquent que par l'imitation des institutions de Naples : j'en trouve la preuve manifeste dans ces titres sonores de protonotaires et de maîtres rationaux, qu'il fit retentir aux oreilles des Dauphinois étonnés. Or il existait à Naples une université, fondée par Frédéric II et réorganisée par les rois Angevins. Humbert II voulut avoir aussi son université. Il profita d'un séjour qu'il fit à Avignon, au printemps de l'année 1339[2], pour obtenir du pape Benoît XII la bulle, datée du 12 mai[3], qui fonda la nouvelle école. L'influence napolitaine se fit encore sentir sur cette fondation. Si, à Naples, l'Université, d'après les documents officiels, devait cultiver la théologie aussi bien que les autres branches des connaissances humaines, en fait, au temps où Humbert II y séjournait, la théologie n'y était guère enseignée[4]. C'est peut-être pour cette cause que, contrairement aux habitudes du moyen âge, la théologie fut exclue du domaine de la nouvelle Université de Grenoble. Sur un autre point l'imitation est visible. Charles d'Anjou, lorsqu'il restaura l'Université napolitaine, et son fils Charles II, lorsqu'il créa l'Université d'Avignon, avaient pris diverses mesures afin d'assurer aux écoliers la sécurité de leurs personnes ainsi que le bon marché du vivre et du couvert[5]. De même Hum-

---

[1] *Le royaume d'Arles et de Vienne*, p. 417 et s.

[2] Voir l'*Itinéraire d'Humbert II*, publié par M. le chanoine Ulysse Chevalier, p. 9. Le Dauphin demeura presque sans interruption à Avignon ou dans les environs de cette ville, de septembre 1338 à juillet 1339.

[3] Elle a parfois été mentionnée, par erreur, comme datant du 13 mai.

[4] Denifle *(die Entstehung der Universitäten des Mittelalters bis 1400*, p. 460) cite, d'après les registres des Archives du Vatican, une lettre de Jean XXII, du 15 septembre 1332, ordonnant de créer à Naples un docteur en théologie, *non obstante quod forsan in eodem studio magistri promoveri non consueverunt in facultate jam dicta.*

[5] Lettres de Charles I*er*, du 24 octobre 1266, contenant des privilèges en faveur des écoliers de Naples. Et quia circà forum rerum venalium studentiumque status et studii conservatio in magna parte subsistit, ordinamus et volumus quod per eumdem justiciarium, cum assessorum consilio et doctorum et magnorum scolarium in rebus victualibus certa constituatur assisia, que, intra fines modestie constituta, nec emptoribus nec venditoribus sit iniqua... Constituantur etiam per eumdem justiciarium et doctores cum assensu scolarium probi viri ad taxandum hospitiorum

bert II, par diverses dispositions de ses lettres du 25 juillet 1339, promet aux écoliers une protection vigilante et s'efforce de leur assurer les vivres à des conditions très douces, et le coucher, au moins pour cent d'entre eux, sans bourse délier[1]. Étendant à tout sa sollicitude, il tient à ce que les écoliers puissent se chauffer à bon marché ; aussi, dans un rayon de trois lieues autour de Grenoble, il proscrit les forges parce qu'elles font une consommation exorbitante de bois, si bien que le combustible devient plus cher parce qu'il est plus rare. C'est là sans doute un des motifs pour lesquels Humbert II est l'ennemi acharné du déboisement ; il n'hésite pas à le considérer comme un fléau du pays[2]. Qu'eût-il dit cinq siècles plus tard?

Les volontés de Humbert II furent exécutées sans retard. Dès 1339, l'Université était pourvue d'un recteur, destiné à être son chef temporaire, sous la haute direction de l'évêque ; le premier recteur, le seul d'ailleurs que nous connaissions, se nommait Amédée Allemand et était prieur du monastère de Saint-Laurent de Grenoble. A coup sûr, l'enseignement du droit canonique et du droit civil fut organisé. Au nombre de ceux qui furent chargés de le donner, nous pouvons citer Jacques Brunier, Lenczo de Lemps, prieur de Saint-Donat ; Guigues de Galbert, doyen du chapitre de Die ; Jacques de Roux, Hugues de Bernard, Guillaume du Mas, et probablement aussi François de Fredolphe de Parme, seigneur d'Apremont[3]. Il en est sans doute d'autres que nous ne connaissons pas ; toutefois, il faut remarquer que tous ceux que nous connaissons appartenaient non seulement à l'Université, mais aussi au Conseil delphinal. En effet, le Dauphin, en 1340, avait décidé d'employer à l'enseignement du droit quatre des membres de cette assemblée, qu'en cette année même il venait de fixer à Grenoble. En même temps des mesures furent prises par lui pour assurer le salaire des maîtres chargés

---

loeria scolaribus conducenda... (Del Giudice, *Codice diplomatico del regno di Carlo I e Carlo II d'Angio*, Napoli, 1863, t. I, p. 264 et s.). Voyez aussi le privilège concédé aux écoliers d'Avignon, le 5 mai 1303, par Charles II d'Anjou, roi de Sicile (Marcel Fournier, *Les Statuts et privilèges des universités françaises*, t. II, n° 1243).

[1] Voir le texte mentionné ci-dessous *(Documents,* n° 3), et aussi Valbonnais, *Histoire du Dauphiné*, t. II, p. 411.

[2] *Documents*, n° 7.

[3] *Ibid.*, n° 11.

d'enseigner la médecine et les autres arts [1]. De son côté, la ville de Grenoble assumait l'obligation de loger à ses frais la nouvelle Université. Le compte de ses deniers pour l'année 1339-1340 atteste les dépenses faites pour le loyer de l'école de droit canonique et de l'école de droit civil, en même temps que pour l'appropriation des nouveaux locaux [2].

Les étudiants vinrent-ils en grand nombre, nous n'en savons rien [3]. Ce que nous savons, c'est que l'Université ne fut qu'une création éphémère. Nous constatons qu'au mois de mars de l'année 1345, le Dauphin désigna un professeur dont la mission devait être d'enseigner, au gré du recteur, le droit canonique et le droit civil; au mois de septembre de la même année, au moment où il allait s'embarquer pour la croisade, il mentionnait encore deux de ses conseillers qui enseignaient le droit à l'Université. Enfin, nous connaissons le nom du personnage qui était recteur en mai 1346; c'était Bernard de *Croyllis*, archidiacre de Besalu, au diocèse de Gerone [4]. Des quelques textes relatifs à la fondation de Humbert II, dont la mention nous a été conservée, ceux-ci sont les derniers en date. Ensuite, le silence s'étend sur la première Université grenobloise. Peut-être Humbert II, malgré les charges que lui imposa son expédition en Orient et les difficultés financières que cette expédition ne fit qu'accroître, put-il entretenir tant bien que mal sa fondation jusqu'à ce qu'en 1349 il céda le Dauphiné à la maison de France. Mais, à coup sûr, l'Université ne survécut pas au changement de régime. Grenoble était alors une ville trop exiguë et trop reculée pour alimenter une Université que le caprice d'un prince avait créée, sans d'ailleurs lui assurer les ressources d'hommes et d'argent indispensables à sa vie [5].

---

[1] *Documents*, n° 8.
[2] *Ibid.*, n° 5.
[3] Nous connaissons au moins le nom d'un maître ès arts qui prit ses degrés à l'Université de Grenoble. Il s'appelait Laurent Coticoti. Un document contemporain mentionne ses malheurs : il fut réduit à une telle misère qu'il dut servir les maçons (*Documents*, n° 9).
[4] *Ibid.*, n° 11 bis.
[5] Cf. A. Prudhomme, *Histoire de Grenoble*, p. 172-174.

II

Cent ans plus tard, en 1452, le futur Louis XI, alors que, sous le règne de son père, il faisait l'apprentissage de la politique en gouvernant le Dauphiné, crut devoir y rétablir une université. Il obtint du pape Pie II la bulle qui établit cette université à Valence, annexée au Dauphiné depuis trente ans à peine. Louis XI prit soin de faire connaître les motifs qui avaient déterminé le choix de cette ville : c'est, dit-il, son admirable situation, la salubrité de l'air qu'on y respire, la fertilité des campagnes qui l'avoisinent. C'est enfin l'inestimable avantage que possède Valence d'être placée sur un des grands chemins de la civilisation occidentale [1]. L'Université qui fut créée à cette époque devait vivre jusqu'à la Révolution, d'une vie qui fut éclairée par quelques rayons de gloire, avant de se terminer par un crépuscule prolongé.

Cependant, depuis l'époque déjà lointaine du dauphin Humbert II, Grenoble était devenu un centre judiciaire important. Le Conseil delphinal, enraciné dans la cité, avait été transformé en Parlement ; d'autres juridictions s'étaient développées ; un barreau nombreux les entourait. Dans ce milieu s'étaient formés des jurisconsultes de haute valeur. Il me suffira de citer, au temps de Louis XI, le conseiller Guy Pape et, un peu plus tard, le conseiller François Marc [2], qui se

---

[1] Voir la lettre du Dauphin, datée du 26 juillet 1452, dans Basset, *Institutio, privilegia et statuta almæ Universitatis Valentinæ* (Tournon, 1601), p. 1 et s., dans l'ouvrage de M. l'abbé Nadal, *Histoire de l'Université de Valence* (Valence, 1861), p. 361, et dans Marcel Fournier, *les Statuts...*, t. III, n° 1785... — Cf. E. Pilot de Thorey, *Catalogue des actes du dauphin Louis*, n°s 960, 1468 et 1645. La bulle de fondation fut donnée par Pie II, à Mantoue, en 1459 ; on en trouvera le texte dans Basset, p. 29 et s., dans Nadal, p. 365 et s., et dans Marcel Fournier, n° 1796.

[2] Il n'est pas inutile de mentionner ici un jurisconsulte connu à Grenoble, Aymon Cravetta. Ce personnage, originaire du Piémont, a habité pendant sept années la ville de Grenoble, vers 1535 et 1540 (Taisand, *Vies des plus célèbres jurisconsultes*, éd. de 1721, p. 144-145), et y a donné bon nombre de consultations intéressant des procès plaidés devant les juridictions dauphinoises. On les trouvera dans le recueil de ses consultations : *Consiliorum Aymonis Cravettæ primus et secundus tomus*, Venise, 1568.

détachent d'un groupe d'avocats consultants ou de commentateurs de la jurisprudence, dont les œuvres étaient fort appréciées des praticiens. A côté d'eux, l'érudit Aymar du Rivail, conseiller au Parlement, se faisait connaître par une histoire du droit civil romain, qui, d'abord publiée à Valence en 1515, eut l'honneur de sept éditions dans la première moitié du xvie siècle[1]. On comprend que, dès 1490, les consuls et l'Université de Valence se soient préoccupés d'attirer en cette ville un docteur qui résidait à Grenoble[2].

D'ailleurs l'horizon intellectuel du milieu grenoblois s'était singulièrement élargi à la fin du xve siècle et dans la première moitié du xvie. A cette époque, les guerres d'Italie amènent en Dauphiné les rois et les princes, les capitaines et les diplomates ; les membres du haut personnel judiciaire de Grenoble sont entraînés dans le mouvement des grandes affaires politiques et sont chargés des plus hautes fonctions ou des missions les plus importantes, tel ce Soffrey Carles, qui, emmené avec cinq magistrats du Parlement par le roi Charles VIII, lors de son expédition d'outre-monts, devait plus tard présider pendant quelques années le Sénat de Milan au temps de l'occupation française [3]. Ainsi l'action de plus d'un parmi les parlementaires dauphinois dépassera de beaucoup les limites de leur province. Cette tradition se maintiendra longtemps : les Bellièvre et les d'Avanson au xvie siècle, les Lionne et les Servient au xviie, en seront les représentants les plus éminents.

Un tel milieu convenait bien à une université, qui en était le complément naturel ; il y avait des chances pour que le sens pratique, résultat du maniement des grandes affaires, y atténuât les inconvénients de l'esprit théoricien et des connaissances purement scolastiques.

---

[1] *Civilis historiæ juris;* cf. Savigny, *Geschichte des römischen Rechts*, 2ᵉ édit., t. VI, p. 450-452. Aymar du Rivail fut aussi l'auteur d'une histoire des Allobroges et peut-être d'un commentaire sur le concordat de 1517. Sur ce personnage, voir l'introduction de M. Alfred de Terrebasse aux *libri novem de Allobrogibus* (Vienne, 1844).

[2] Les consuls offrent leur aide financière à l'Université, alors qu'il s'agit *de habendo doctorem quemdam existentem in Gratianopoli, pro legendo in studio* (Marcel Fournier, *les Statuts*, t. III, n° 1840).

[3] Voir l'étude que lui a consacrée M. Albert Piollet, substitut du procureur général : Discours prononcé à l'audience de rentrée de la Cour d'appel, le 3 novembre 1882.

Ainsi s'explique l'initiative prise, en l'année 1542, par un groupe de jurisconsultes dauphinois désireux de faire revivre l'école créée par Humbert II. Ils étaient au nombre de trois : Girard Servient, Pons Acthuier et Pierre Bucher [1], tous docteurs en droit. Le premier, Girard Servient, d'une famille parlementaire bien connue, tenait une place importante dans l'administration municipale de sa ville natale; sa carrière devait s'achever au Parlement, où il fut successivement substitut du procureur général et conseiller. Pons Acthuier appartenait au barreau, auquel il demeura fidèle; il avait précédé Girard Servient dans les fonctions d'avocat de la ville, et, comme lui, avait passé à son tour par les charges municipales les plus élevées [2]. Pierre Bucher, issu d'une famille de Grenoble, dont l'hôtel était situé en la rue Brocherie [3], avait été mêlé dès sa jeunesse à la vie de la cité [4]; désigné de bonne heure pour être capitaine de la milice [5], il ne tarda pas à être pourvu de la charge de substitut du procureur général au Parlement. A cette qualité, il devait joindre, après la fondation de l'Université, celles de professeur et de doyen; plus tard, en 1553, il devint en outre procureur général au Parle-

---

[1] *Documents*, n° 12.

[2] J'ai emprunté ces renseignements sur Servient et Acthuier aux notes manuscrites de M. Pilot, conservées à la Bibliothèque de Grenoble. Ces notes ne figurent pas dans le supplément imprimé du Catalogue des manuscrits, étant entrées à la Bibliothèque postérieurement à la rédaction de ce supplément. Sur la famille Acthuier, cf. A. de Vernisy, *Parizet*, dans le *Bulletin de l'Académie delphinale*, 4e série, t. XIII, p. 177 et s. A cette famille appartenait le domaine de la Balme, près Fontaine. Voir sur la famille Servient, *Généalogies Dauphinoises*, par le Dr Ulysse Chevalier, dans la *Revue du Dauphiné et du Vivarais*, t. V, année 1881, p. 121 et s. Girard Servient, seigneur de Biviers, était fils de Jean, conseiller au Parlement en 1540, et de Catherine de Morard; il était frère de Jacques Servient, seigneur de la Balme; il avait épousé Guigonne Fléard.

[3] Cette maison porte aujourd'hui le n° 6.

[4] En 1535, Bucher avait accepté de représenter le personnage du Christ dans un mystère qui devait être représenté à Grenoble; il voulut ensuite se dégager de sa promesse et fut menacé d'un procès par le Conseil de ville (cf. chanoine Ulysse Chevalier, *Le Mystère des Trois Doms*, p. 679, qui donne le texte de la délibération du Conseil, déjà publié en 1823, par Berriat-Saint-Prix, dans les *Mémoires de la Société des Antiquaires de France*, t. V, p. 167-168).

[5] A. Prudhomme, *Inventaire sommaire des Archives municipales de Grenoble*, t. II, p. 30 (Reg. BB, 11).

ment. Ce fut, à ces divers titres, un des hommes les plus considérables de Grenoble au milieu du xvie siècle ; il joua un rôle important pendant les luttes religieuses, au cours desquelles il se signala par son attachement à la cause des catholiques. Homme d'action, énergique et tenace, il semble s'être placé naturellement au premier rang ; ce n'est pas à tort que, quelques années plus tard, le jurisconsulte portugais, Govéa, qui enseignait alors le droit à Grenoble, proclamait Pierre Bucher le restaurateur de l'Université dans la dédicace d'un livre qu'il lui présentait [1].

Le Conseil de ville, sur l'initiative du consul Georges Rogier, joignit l'expression de ses vœux à l'action de Bucher et de ses compagnons. Au nombre des considérations qu'il invoqua pour obtenir la restauration de l'Université, il ne manqua pas de faire figurer l'importance prise depuis un demi-siècle par la ville de Grenoble, tant à cause du passage des armées que de l'existence du Parlement, « par le moyen duquel y sont résidens plusieurs bons docteurs et maîtres esdites facultez [2] ». Tous ces efforts furent couronnés de succès. Le 16 août 1542, des lettres patentes du gouverneur du Dauphiné, qui était alors un Bourbon, François de Saint-Pol [3], permirent à la ville de Grenoble d'user de la fondation de Humbert II sans avoir égard aux deux siècles pendant lesquels l'Université avait été « discontinuée ». Visiblement c'est l'ancienne école que l'on croyait relever de ses ruines ; c'est de sa vieille Université que la ville fut remise en possession lors de la cérémonie solennelle d'inauguration qui eut lieu le

---

[1] C'est le commentaire sur des textes concernant la loi Falcidie, imprimé en 1556 ; voir ci-dessous. Sur Pierre Bucher, son rôle à Grenoble et les diverses missions dont il fut chargé par ses concitoyens, voir l'article de M. Joseph Roman, *Le sculpteur Pierre Bucher : Réunion des Sociétés des Beaux-Arts des départements*, xiiie session, 1889, p. 610 et s. M. Roman, après Chorier et nombre d'auteurs, identifie Bucher avec un sculpteur distingué de cette époque ; l'identification a été contestée par M. Emmanuel Pilot de Thorey. Je n'ose me prononcer sur ce problème.

[2] *Documents*, no 12.

[3] Il s'agit de François Ier, comte de Saint-Pol et duc d'Estouteville. — Brantôme a rappelé ses hauts faits et lui a donné une place honorable dans ses *Grands Capitaines français* (édition de la Société de l'Histoire de France, t. III, p. 202 et s.). C'est à propos de ce personnage qu'il a écrit le célèbre passage sur la bravoure des Bourbons.

1ᵉʳ septembre [1] ; c'est parce que l'institution nouvelle semblait n'être que le prolongement de l'ancienne que, quelques années plus tard, le chef de l'Université grenobloise s'intitulait sans scrupule *Rector antiquissimæ Gratianopolitanæ Academiæ*. Songez qu'il s'agissait d'une école qui, en réalité, avait été fondée dix ans auparavant, et convenez que les fictions juridiques sont parfois bonnes à quelque chose.

III

Les lettres patentes du gouverneur du Dauphiné avaient restauré l'Université, mais ne l'avaient pas réorganisée. Le comte de Saint-Pol se borna, pour compléter son œuvre, à conférer le titre de chancelier de l'Université à l'évêque de Grenoble [2]. Dans des lettres accordées quelques années plus tard, en septembre 1547, le roi-dauphin Henri II confirma le rétablissement de l'école fondée par Humbert II et lui accorda, ainsi qu'à tous ses membres, les privilèges appartenant aux Universités d'Orléans et de Toulouse et à leurs membres [3]. Mais c'est l'Université qui dut elle-même s'organiser sur le modèle des Universités voisines.

Cette organisation fut très simple. Au sommet, se trouvait l'évêque, avec le titre et le pouvoir de chancelier. En cette qualité, l'évêque nommait les officiers de l'Université et conférait le grade du doctorat aux candidats que lui présentaient les maîtres, à la suite des

---

[1] Cette cérémonie fut présidée par Abel de Buffevent, vibailli du Graisivaudan, qui entérina les lettres du gouverneur, avant de procéder à la mise en possession de la ville *(Documents,* n° 13).

[2] L'évêque Laurent II Allemand fut nommé chancelier par lettres datées de Fontainebleau, 1ᵉʳ mars 1543, et enregistrées à Grenoble le 5 mai. Le conseiller Aymar du Rivail fut chargé d'installer le prélat dans sa fonction ; il s'acquitta de cette mission dans une assemblée qui se tint, le 16 mai, au couvent des Cordeliers (cf. *Documents,* nᵒˢ 209 et 210). Après Laurent Allemand, son successeur, François de Saint-Marcel d'Avanson remplit ces fonctions.

[3] *Documents,* n° 211. Sur l'organisation et les privilèges de ces deux Universités, voir les chapitres qui leur sont respectivement consacrés dans l'ouvrage de M. Marcel Fournier, *Histoire de la Science du Droit en France,* t. III. Les lettres de Henri II avaient été sollicitées par Étienne Roybon, dont il sera question ci-dessous.

épreuves prescrites par les règlements ; c'est dans la grande salle de l'évêché que se passait la cérémonie de la collation des insignes du doctorat ; c'est au nom de l'évêque qu'était rédigé le diplôme. A sa fonction de chancelier l'évêque joignait celle de conservateur des privilèges de l'Université, en vertu de laquelle il était investi d'une juridiction spirituelle et d'une juridiction temporelle ; il les exerçait, quand il y avait lieu, par l'intermédiaire de délégués[1]. Il semble d'ailleurs que le pouvoir exercé par l'évêque sur l'Université ait été plus nominal que réel ; en tout cas, les documents qui nous sont parvenus ne nous en révèlent pas de manifestations bien caractérisées[2].

Au second rang se plaçait le recteur. Pendant les premières années, la charge du rectorat paraît avoir appartenu sans interruption au chanoine Antoine Motet, préchantre de la cathédrale[3]. Mais à partir de 1550, l'Université de Grenoble se conforma à la tradition de la plupart des Universités, d'après laquelle le recteur était nommé pour un an. C'était toujours un écolier, d'ailleurs un des plus anciens ; car l'usage voulait qu'il fût promu au doctorat à la fin de son année de doctorat[4]. J'ajoute, pour rassurer ceux qui se scandaliseraient de voir un chef aussi jeune à la tête d'un corps aussi grave, que les étudiants en droit du XVIe siècle étaient sensiblement plus âgés que les nôtres, soit parce qu'ils venaient plus tard à l'Université, soit aussi parce qu'à raison du caractère analytique et souvent

---

[1] Exemple : *Documents*, n° 269. Ces délégués s'intitulent, suivant les cas, juge spirituel ou juge temporel, mais en tout cas subconservateur des privilèges de l'Université.

[2] Il en était tout autrement à Valence, où Jean de Montluc, évêque de 1554 à 1579, exerça une influence prépondérante sur l'Université. Cela tient sans doute à la situation personnelle de Montluc.

[3] Antoine Motet *(Moteti)*, appartenait à une famille bien connue dont le chef était seigneur de Séchilienne, Saint-Barthélemy et autres lieux. Il fut prieur de Saint-Nizier-d'Uriage et préchantre de la cathédrale. Bernardin du Motet, vraisemblablement frère d'Antoine, fut, en 1554, armé chevalier par Henri II sur le champ de bataille de Renty. (Rivoire de la Bâtie, *Armorial du Dauphiné*.) Le sceau d'Antoine, aux armes de sa famille, est conservé à la Bibliothèque de Grenoble. Il porte la légende : *Concupivit cor meum Deus. A. Motetus precentor*.

[4] Voir aux *Documents*, sous le n° 215, le règlement pour la nomination du recteur, et sous le n° 419 la liste des recteurs.

fragmentaire des études, ils y demeuraient plus longtemps[1]. Au surplus, le recteur, qui paraît avoir été pris le plus souvent, sinon toujours, parmi les juristes, était désigné par l'élection, conformément aux lettres patentes obtenues en 1547 du roi Henri II[2]. Cette élection ne se faisait point, comme à Aix[3], par le suffrage universel des écoliers. De même qu'à Montpellier[4] ou à Valence[5], la désignation du recteur était à Grenoble l'œuvre d'une assemblée assez restreinte où figuraient des étudiants (c'étaient le recteur sortant et ses six conseillers), et en outre sept personnes d'âge et de condition plus vénérables[6]; les écoliers formaient ainsi la moitié du corps électoral. Remarquez que les écoliers qui constituaient le conseil du recteur étaient

---

[1] Ainsi Pierre Acthuier, fils de Pons Acthuier dont il a été parlé ci-dessus, p. 326, avait dix-huit ans quand il commença ses études de droit à Grenoble, sous la régence de Farges (voir ci-dessous, p. 34), en l'année scolaire 1544-1545. Puis il fréquenta les leçons de Valence; en 1548-1549, il y étudiait sous les régents Corras et de Dorne. En octobre 1549, il passa à l'Université d'Avignon pour y devenir l'élève du jurisconsulte Ferretti; il paraît y être demeuré jusqu'en 1552, si bien qu'il avait environ vingt-six ans quand il quitta Avignon. De même François de Ponnat, descendant d'une famille parlementaire de Grenoble, étudia successivement à Grenoble, à Valence et à Avignon, de 1544 à 1550. (Il devait être plus tard conseiller au Parlement, voir Documents, n° 315.) D'autres exemples permettent de constater que les écoliers ne terminaient guère leurs études avant vingt-six ou vingt-sept ans.

[2] Documents, n° 211.

[3] F. Belin, Histoire de l'ancienne Université de Provence, t. I, p. 42.

[4] Germain, Cartulaire de l'Université de Montpellier, p. 319 (statuts de 1339 concernant l'Université de Droit).

[5] Basset, op. cit., p. 52 et s.; Marcel Fournier, op. cit., t. III, n° 1842, p. 389; Nadal, op. cit., p. 32 et 180. En 1657 fut supprimé à Valence l'usage de prendre le recteur parmi les étudiants. Le rectorat fut dès lors confié à un membre du corps enseignant, ce qui marquait une nouvelle manière de comprendre l'Université. A Avignon, au xiv° siècle, les écoliers avaient essayé, mais en vain, d'obtenir d'être gouvernés par un recteur élu (Marcel Fournier, Les statuts et privilèges des Universités françaises, II, n°s 1249 et 1257; Laval, Cartulaire de l'Université d'Avignon, n°s 5 et 7).

[6] Ces personnes étaient : le doyen, les deux juges délégués par l'évêque pour exercer, au spirituel et au temporel, les fonctions qui lui appartenaient comme conservateur des privilèges de l'Université; l'avocat de l'Université; le plus ancien des agrégés de théologie et de médecine, et le secrétaire de l'Université (Documents, n° 233). L'élection se faisait au couvent des Cordeliers, dans la chapelle Saint-Ennemond.

choisis chaque année par une assemblée analogue à celle qui avait élu le recteur [1]. Ni en ce cas, ni en aucune autre circonstance, il ne paraît qu'aucun pouvoir ait appartenu à l'assemblée générale des étudiants.

Le choix des électeurs qui nommaient le recteur se portait en général sur des sujets appartenant à des familles ou à des corporations influentes dans la région. Par exemple, en 1556, le rectorat avait été confié à Soffrei de Bocsozel, issu d'une noble famille dauphinoise [2] et frère de cet infortuné Peyraud qui périt malheureusement, quelques années plus tard, victime de sa folle passion pour Marie Stuart [3]. En 1558, le recteur fut Jean de Buffevent, écuyer, fils du vibailli du Grésivaudan, Abel de Buffevent, qui avait présidé en cette qualité à l'inauguration de l'Université et qui occupait dans la magistrature dauphinoise une importante situation [4]. L'année suivante, le rectorat échut à Guillaume de Bonneton, dont le père, Nicolas, issu d'une famille originaire du Vivarais, était professeur à l'Université, en même temps qu'il tenait une des premières places au barreau et dans la cité [5]. Ces noms suffisent à montrer que

---

[1] *Documents*, n° 232.

[2] Sur ce personnage et sa famille, voir Guy Allard ; Bibl. publique de Grenoble, ms. 1227, fol. 140, et les dossiers de M. Badin sur les Bocsozel, récemment acquis par la même Bibliothèque. Soffrei de Bocsozel fut conseiller au Parlement en 1573 (Pilot, *Inventaire sommaire des Archives départementales de l'Isère*, t. II, p. 27).

[3] Sur ce personnage, voir ce que dit Brantôme, *des Dames* (Édit. de la Société de l'Histoire de France, t. VII, p. 449 et s.)

[4] Jean de Buffevent, vibailli de Viennois en 1560, fut lui-même président au Parlement à dater de 1574 (Pilot, *ibid.*, p. 11 ; et renseignements fournis par M. Maignien).

[5] Nicolas de Bonneton, fils de François, bachelier en droit, qui lui-même était originaire de Saint-Fortunat en Vivarais, était avocat à Grenoble, où il avait épousé, en 1532, Catherine Ponnat, fille de Pierre, qui fut plus tard conseiller au Parlement, sœur de François, mentionné ci-dessus (p. 24). Un de ses frères, Michel de Bonneton, religieux à Saint-Ruf, en 1532, paraît avoir enseigné le droit canonique à l'Université de Valence (Nadal, *Histoire de l'Université de Valence*, p. 37). Nicolas fut, pendant plusieurs années, procureur des États du Dauphiné, fonction qu'il remplit notamment de 1561 à 1566 ; depuis 1561, il était doyen des avocats. Il portait alors le titre de seigneur de Lavaldens ; il possédait à Bresson le domaine qui appartient aujourd'hui à la famille de Renéville. (Renseignements empruntés pour la plupart aux notes manuscrites de M. Pilot, récemment entrées à la Biblio-

les électeurs n'étaient point animés d'un esprit révolutionnaire[1].

Le recteur, assisté du conseil que le suffrage restreint renouvelait chaque année, était le véritable chef de l'Université. Il avait la charge de toutes les mesures qui tendaient à y maintenir le bon ordre et à y procurer le bien des études et des écoliers. Ceux-ci lui devaient l'obéissance et la lui promettaient par serment à la suite de l'immatriculation qui les avait incorporés à l'Université[2]. Le recteur était le représentant naturel de la corporation, marchait à sa tête et agissait pour elle. Chaque dimanche, il assistait, au premier rang du personnel de l'Université, à une messe où successivement chaque professeur offrait le pain bénit[3]. C'est en son nom qu'étaient délivrés les diplômes de baccalauréat en droit[4] ; je ne parle pas de la licence, inconnue à Grenoble comme en d'autres Universités du XVIe siècle[5]. Mais, à dire vrai, tout ce qui concernait l'enseignement proprement dit et la collation des grades échappait à peu près complètement à l'action exclusive du recteur pour ressortir au collège des docteurs agrégés et, dans certaines circonstances, au Conseil de ville.

Le collège des docteurs agrégés ne comprenait pas tous les docteurs de l'Université, mais quelques-uns d'entre eux, qui avaient été l'objet d'un choix fait par le collège et qui, seuls, étaient autorisés à donner

---

thèque de Grenoble). Ce fut un jurisconsulte estimé, qui annota Guy Pape. En décembre 1561, il fut appelé, comme procureur des États provinciaux, aux audiences où le Parlement discutait la question de savoir s'il convenait d'accorder la liberté aux réformés ; il se prononça nettement contre leurs prétentions. Aussi, l'année suivante, dut-il s'exiler lors du triomphe du parti protestant (Arnaud, *Histoire des protestants du Dauphiné*, t. I, p. 71). Il eut deux fils, dont l'un, Guillaume de Bonneton, fut recteur de l'Université. Un Bonneton fut chargé de faire exécuter l'édit de Nantes en Dauphiné ; il mourut en 1614, et la famille se trouva réduite alors à Isabelle, petite-fille de Nicolas Bonneton, qui épousa le célèbre Expilly et porta dans sa maison l'héritage paternel.

[1] On trouvera (*Documents*, n° 419) une liste des recteurs aussi complète qu'il a été possible de l'établir. Parfois le recteur fut assisté d'un vice-recteur ou remplacé par lui.

[2] *Documents*, n°⁵ 216 et 217.

[3] *Documents*, n° 246, note.

[4] Voir aux *Documents* les diplômes de bachelier transcrits ou cités.

[5] Il en était ainsi à Aix ; cf. F. Belin, *Histoire de l'ancienne Université de Provence*, t. I, p. 254.

l'enseignement ; il n'était d'ailleurs pas impossible que ce choix se portât sur un docteur au jour ou au lendemain de sa promotion au doctorat [1]. Les représentants des diverses branches de l'enseignement y siégeaient ensemble; toutefois les jurisconsultes, civilistes ou canonistes, formaient la grande majorité du collège, où ils figuraient, suivant les époques, au nombre de dix ou de quinze, quelquefois en plus grand nombre. La théologie était enseignée dans l'Université du XVIe siècle, au contraire de ce qui se passait dans l'Université du XIVe; mais il n'y eut jamais plus de deux théologiens, dont l'un était ordinairement un Cordelier [2]. Ils assistaient aux séances du collège, où l'on voyait aussi deux ou trois médecins et parfois le maître ès arts ou le simple bachelier qui dirigeait l'école de grammaire et d'humanités défrayée par la municipalité. Ce maître ès arts fut, dans l'Université, l'unique représentant des humanités ; encore était-ce un représentant fort intermittent. Des treize régents qui se succédèrent à la tête de l'école de 1543 à 1567, nous en pouvons seulement nommer quatre qui enseignèrent à l'Université [3]. D'ailleurs le Conseil de ville ne les y encourageait pas toujours ; je n'en veux d'autre preuve que la délibération du 12 août 1552, par laquelle il maintint provisoirement maître Bernard Duchesne à la tête des écoles « à la charge de faire son debvoir et de ne plus lire en l'Université [4] ». Tel qu'il était composé, le collège reproduisait l'image de l'Université, qui était avant tout une école de droit. Ce caractère s'accusait encore par ce fait que, dans les circonstances graves, des membres du Parlement, eux-mêmes docteurs, étaient appelés aux séances [5]. Enfin un des consuls

---

[1] *Documents*, n° 257. Ainsi, le 22 février 1557, Narcié, docteur en droit, est reçu agrégé surnuméraire et est fait docteur régent, à la charge de lire tous les jours; il prête serment entre les mains, non du recteur, mais du doyen. Le même jour un texte de droit romain (la loi 24, C., III, 37, *familiae erciscundae*) est assigné à de Lescure qui devra dans deux mois l'expliquer, soutenir des positions et disputer publiquement, pendant trois jours au moins, afin d'être reçu agrégé et régent ordinaire. En 1561, François Besson, fils du secrétaire de l'Université, fut fait docteur et immédiatement après, il fut agrégé (n° 259).

[2] *Documents*, n° 52. Voir aussi, au n° 422, la liste des agrégés.

[3] *Ibid.*, n°s 424.

[4] *Documents*, n° 53.

[5] On trouvera au n° 227 la liste des magistrats qui étaient appelés au collège en 1550. Voir aussi, pour l'année 1559, le n° 247.

prenait de droit part aux délibérations pour y représenter la Ville, intéressée à la prospérité de l'Université par de puissantes considérations d'ordre moral et aussi d'ordre matériel [1]. En général, le recteur assistait aux séances de collège ; mais l'âme de cette assemblée fut longtemps Pierre Bucher, qui, avec le titre permanent de doyen de l'Université, possédait l'autorité d'un chef habile, ferme et rompu aux affaires [2].

Sous la direction de son doyen, le collège réglait pour chaque trimestre [3] la répartition des enseignements et dressait les programmes des cours sur l'indication des professeurs [4]. Ceux des docteurs agrégés qui assumaient la charge d'un enseignement, souvent pour un seul trimestre, quelquefois pour deux, rarement pour une période plus longue, portaient le titre de *regentes in actu* ou de docteurs régents.

---

[1] *Documents*, n°ˢ 44, 79, et *passim*.

[2] A défaut du doyen, le collège était dirigé par le plus ancien : c'est ainsi qu'en août 1550, alors que Bucher est absent, c'est Nicolas de Bonneton qui organise l'enseignement pour la rentrée (*Documents*, n°ˢ 228). A certains moments, l'Université eut un vice-doyen.

[3] L'année était divisée en quatre trimestres ou « quartons » fort inégaux : de la Saint-Luc (18 octobre) à Noël; de Noël à Pâques; de Pâques à la Saint-Jean; de la Saint-Jean à la Nativité de Notre-Dame (8 septembre) (*Document*, n° 260). En fait il arriva que les cours commencèrent seulement à la Toussaint (n° 32) et finirent à l'Assomption (n° 95 et 248). Les grandes vacances duraient donc du 15 août au 1ᵉʳ novembre. En outre, l'Université chômait du 21 décembre au 6 janvier, du jeudi gras au mercredi des Cendres, et des Rameaux à Quasimodo. Les cours et les modifications à l'horaire étaient annoncés par les bedeaux; même en janvier, ces cours commençaient à sept heures du matin (*Documents*, n° 218).

[4] Voyez, par exemple, le procès-verbal de la séance du 16 septembre 1548, tenue à l'évêché, dans la chambre de l'official, sous la présidence de Bucher. Les deux lecteurs en théologie, Bertalet et Baraton, se chargent de l'enseignement. Pour le droit, Servient devra lire pendant le second trimestre, ainsi que de la Rivière; Borrel et Baro acceptent de lire pendant le premier trimestre; Vallambert lira pendant le troisième semestre. Le doyen Bucher lira deux fois par semaine pendant les premiers trimestres. Il n'y a pour enseigner la médecine qu'un seul docteur, Pierre Aréoud. L'enseignement ainsi organisé était nécessairement brisé en multiples fragments. Ainsi, pendant le premier trimestre de 1550-1551, Baro se chargea de traiter *de usucapionibus et præscriptionibus*; à côté de lui, pendant le même semestre, Mitalier expliquait le titre *de re judicata*. En même temps, Dalphas traitait d'un sujet qu'on aimait à exposer : *de operis novi nuntiatione*. A ce compte, il fallait de longues années aux étudiants pour avoir la chance d'entendre des leçons sur toutes les matières importantes. Eux-mêmes devaient se former leurs idées sur l'ensemble du droit.

C'était encore devant l'assemblée générale des agrégés, parfois grossie de quelques membres du Parlement, que se passaient les dernières épreuves du doctorat ; il est à remarquer que les médecins figuraient dans les assemblées où était conféré le doctorat en droit, et que réciproquement les juristes participaient à la collation du doctorat en médecine[1].

En somme, l'Université reposait sur deux colonnes : d'une part, le recteur et son conseil ; d'autre part, le collège doctoral et son doyen. Parfois, dans les rues étroites de la cité se déroulait un cortège aux brillants costumes, où se fondaient ces éléments divers. Les Grenoblois connaissaient bien la cérémonie annuelle de l'inauguration du recteur, qui avait lieu vers la fin de décembre[2]. Ce jour-là, au son de la grosse cloche, le recteur vieux (ainsi disent nos textes), vêtu « de son chaperon et de ses accoutrements honnêtes », venait en pompe, accompagné de ses conseillers et des docteurs agrégés, occuper les stalles du chœur de la cathédrale : une longue file d'écoliers ne manquait pas de se joindre au cortège, qu'ouvraient les deux bedeaux de l'Université, dignes prédécesseurs de nos appariteurs, dont l'un était un calligraphe bien connu, Jean Mile. Dans l'église, le nom du nouveau recteur était proclamé par le secrétaire de l'Université ; des discours de congratulation étaient échangés. Puis toute la compagnie se rendait dans la grande salle de l'évêché ; le recteur ancien y subissait l'épreuve du doctorat, dont on lui remettait solennellement les insignes ; le recteur nouveau prêtait serment et recevait le chaperon, marque distinctive de sa dignité. Ces occupations austères étaient interrompues par une collation[3]. Après quoi les deux

---

[1] Exemple : Le 23 mars 1561, Louis Sauget, d'une noble famille de Besançon, reçut le grade de docteur. Les insignes du doctorat lui furent solennellement conférés, suivant l'usage, par l'un des docteurs régents, de Lescure, dans la grande salle de l'évêché, en présence d'Ennemond Mulet, conseiller au Parlement, et des docteurs agrégés dont les noms suivent : Antoine Govea, Jean Vachon, Hugues Vallambert, Antoine Limojon, Merlin de Villers, Gaspard Marrel, Jean de Buffevent et le médecin Antoine Charbonnel (*Documents*, n°s 280 et 286). De même, à l'assemblée tenue le 20 avril 1558, dans la grande salle de l'Évêché, pour « doctorer » M. de Laubespin, étaient présents, avec les juristes, trois médecins et l'un des consuls qui était, comme on sait, membre de droit du collège (*Documents*, n°s 260 et 277). Voir au n° 259 des détails intéressants sur le doctorat.

[2] *Documents*, n° 215.

[3] Ces collations n'étaient point un fait anormal dans la vie universitaire. On en pourrait citer plus d'un exemple. C'est ainsi que les statuts donnés en 1411, à

recteurs, non sans avoir dit un *Pater* et un *Ave* devant la porte de Notre-Dame, se retiraient dans leurs logis respectifs, où ils étaient reconduits par leur escorte. C'était un des grands jours de l'Université. Elle se montrait encore dans tout son éclat lorsque les corps constitués se rendaient à la cathédrale pour des prières publiques, ou lorsque, en pompeux cortège, ils accompagnaient le roi ou le gouverneur du Dauphiné à leur entrée dans la ville. Les maîtres avaient revêtu leur costume, composé de la robe longue et du chaperon de satin noir doublé de rouge ; montés sur des chevaux d'une allure sans doute paisible, ils suivaient immédiatement les seigneurs du Parlement et de la Chambre des Comptes, ayant ainsi le pas sur toutes les autorités autres que les Cours souveraines[1], au grand déplaisir du bailliage, qui leur disputait ce rang.

L'organisation matérielle de l'Université nous étonne par sa simplicité. La question de local était tranchée de la façon la plus économique. Les actes solennels et, parfois, les assemblées des agrégés avaient lieu à l'évêché, situé alors en un endroit qui répond à l'extrémité nord de la place Notre-Dame. Quant aux cours, le Conseil de ville chargé de les loger les avait installés [2] dans le grand réfectoire du couvent des Cordeliers, vaste salle employée à des réunions très diverses ; elle servait en outre aux assemblées des États provinciaux, à celles du Conseil général de la ville et, quelquefois aussi, je suppose, aux repas des religieux. Ceux-ci, après quelques années, avaient trouvé fâcheuse cette servitude qui semblait devoir s'éterniser. Ils tentèrent de s'y opposer en fermant leurs portes le 1er novembre 1546, jour de la réouverture des cours. Les consuls et les avocats tentèrent en vain de déterminer les religieux à revenir sur leur résolution. Ces démarches n'ayant pas abouti, le Conseil de ville décida de faire ouvrir « par force ou aultrement » la porte du réfectoire, de

---

l'Université d'Avignon, réglementent la *collatio* qu'offre le bachelier à ceux qui l'ont accompagné dans les visites préparatoires à la licence, de même que la distribution qu'il devait faire de tartes, de dragées ou d'épices (Marcel Fournier, *Les statuts et privilèges des Universités françaises*, t. II, p. 420).

[1] *Documents*, n° 268. On trouvera dans ce texte l'indication d'un conflit de préséance entre l'Université et le vibailli.

[2] A peu de frais ; il suffit au conseil d'y installer une chaire et des bancs et de munir les fenêtres de châssis, qui remplaçaient les carreaux (voir n°s 14, 25, 34, 36, 38).

façon à y « continuer le possessoire ». Il fallut recourir à la force ; les délibérations du Conseil de ville constatent que les Cordeliers « ont fait grande résistance, tant de parole que de faict », si bien que « ung cordellier, nommé frère Fiquet, c'est trouvé saignant par le front, ne sçait l'on par quelque moyen ». Cependant les consuls se décidèrent à procéder judiciairement contre les religieux récalcitrants[1]. J'ignore comment la querelle fut apaisée ; ce qui est certain, c'est qu'elle prit fin, et que les Cordeliers vécurent en bons termes avec les maîtres et les écoliers, qu'ils durent continuer d'abriter. L'Université n'eut pas d'autre domicile que ce vieux couvent, si étroitement lié à l'histoire de Grenoble, dont le nom d'une place, actuellement désignée sous celui de place Bérulle, avait gardé jusqu'à nos jours le souvenir qui eût mérité d'être conservé[2].

L'organisation financière de l'Université était aussi sommaire que son organisation matérielle. Chacun était rétribué de son travail par les droits prélevés sur les écoliers. Cela était vrai du secrétaire et des bedeaux de l'Université ; cela était vrai aussi des professeurs[3]. Ils étaient payés par le salaire que leur fournissait chaque étudiant, sans doute sous la forme de collecte pratiquée dans les autres Universités (nos documents ne nous renseignent pas sur ce point), et aussi par les droits qui étaient perçus lors de la collation des grades. Ils jouissaient en outre d'un bénéfice fort apprécié, celui d'être exempts des tailles[4]. Tous ces avantages réunis ne constituaient d'ailleurs qu'une

---

[1] *Documents*, n° 32 et s.

[2] Le nom de place des Cordeliers, que portait cette place, ne se rapporte pas au couvent des Cordeliers qui abrita l'Université, mais au nouveau couvent où ces religieux se transportèrent après 1591, époque à laquelle l'ancien couvent fut détruit pour permettre l'exécution des travaux de fortification ordonnés par Lesdiguières. L'emplacement du vieux couvent, où se faisaient les cours, était compris dans le périmètre de la Citadelle ; il était voisin de la Tour de l'Ile (cf. A. Prudhomme, *Histoire de Grenoble*, p. 428). Il faut donc rechercher cet emplacement sur le terrain occupé de nos jours par la caserne d'infanterie dite caserne Vinoy.

[3] Il n'en était pas ainsi de docteurs étrangers, comme on le verra plus loin. De même le Conseil de ville consentit une fois à rétribuer un lecteur en théologie (n° 18) et en une autre circonstance provoqua une souscription publique pour assurer le traitement d'un dominicain qui « lisait en la Sainte Écriture » (n° 23).

[4] Ce privilège, d'abord accordé assez largement, semble avoir été réservé plus tard aux docteurs régents : il est vrai que nombre d'agrégés pouvaient en jouir à

rétribution assez médiocre, fallût-il y compter les fameuses boîtes de dragées que les candidats au doctorat devaient fournir à leurs juges[1]. Mais on ne doit pas oublier que, pour ces maîtres, l'enseignement était un accessoire ; ils vivaient de leurs occupations professionnelles, bénéfices ecclésiastiques, offices judiciaires, exercice du barreau et de la médecine.

Toutefois, il faut le dire, l'Université, réduite à ces éléments, n'eût pas fonctionné sans difficulté. Si nombreux qu'ils fussent, les docteurs agrégés, mal payés et sans cesse sollicités par des occupations étrangères à l'enseignement, arrivaient à peine à fournir le minimum des leçons nécessaires aux étudiants. Les procès-verbaux des séances du collège doctoral nous permettent de saisir sur le vif les embarras du malheureux doyen : nombre d'agrégés avaient des raisons plus ou moins valables pour se borner à donner l'enseignement pendant un trimestre, ou même pour s'abstenir du commencement de l'année jusqu'à la fin, tout en conservant leur titre et le droit de siéger dans le collège et de participer aux examens[2]. Parfois le collège doctoral essaie de prendre des mesures destinées à parer à ces défections. Ainsi en 1549 il s'agrège un professeur, nommé Bovier, auquel il a fait promettre à l'avance d'enseigner pendant une année, sous peine d'une indemnité pécuniaire. En 1558, il a exigé le même engagement d'un autre professeur, qui n'est autre que Marrel, jadis recteur de l'Université[3] ; or, comme Marrel ne tient pas sa promesse, le Conseil

---

titre d'avocats consistoriaux. Cf. *Documents*, n°⁵ 28, 30, 129. Les bedeaux jouissent d'abord de l'exemption de tailles, qui leur fut ensuite enlevée à leur grand mécontentement (n°⁵ 55, 56, 250, 251).

[1] Chaque candidat au doctorat fournissait une boîte. Suivant un tour régulier, la boîte était attribuée à tel ou tel des docteurs agrégés qui siégeaient aux épreuves (voir *Documents*, n° 246). En 1561, le collège doctoral dut, à propos de l'attribution des boîtes, trancher une difficulté soulevée par Guillaume de Bonneton, l'ancien recteur, devenu agrégé. En ce qui concerne l'épreuve du doctorat, des usages analogues étaient suivis dans toutes les Universités.

[2] Voyez, par exemple, au n° 225 des *Documents*, le procès-verbal de l'assemblée du collège des docteurs, tenue aux Cordeliers le 1ᵉʳ juin 1550, où se trouvaient le recteur Pierre Maistre, le doyen Bucher, l'avocat Nicolas de Bonneton et sept autres juristes, deux théologiens, deux médecins et un maître ès arts. Voyez aussi (n° 226) l'assemblée du 5 février 1551.

[3] *Documents*, n° 260.

lui inflige la peine de la suspension[1]. Mais ni les règlements ni la contrainte ne pouvaient remédier au mal. Pour faire face aux besoins des écoliers, il était nécessaire de trouver des hommes qui, par leur profession, fussent voués exclusivement à l'enseignement. Ce n'était pas à Grenoble qu'on avait chance de les rencontrer; le plus sage était donc de s'adresser à ces juristes étrangers, spécialistes de l'enseignement du droit, que l'Italie eut longtemps le privilège de fournir aux Universités.

IV

Six mois ne s'étaient pas écoulés depuis la restauration de l'Université que déjà la nécessité de faire appel à un étranger était reconnue par ceux qui s'intéressaient à l'établissement nouvellement reconstitué[2]. Mais les droits perçus sur les écoliers ne pouvaient suffire à assurer à cet auxiliaire indispensable une rétribution suffisante. Or l'Université n'avait point d'autres fonds; il fallait donc s'adresser à la ville de Grenoble. La question fut portée au Conseil de ville par l'un de ses membres : d'abord le Conseil ordinaire, puis le Conseil général, dès le mois de janvier 1543, décidèrent d'affecter au paiement du docteur étranger une somme de 1.124 livres tournois que la ville avait avancée au Trésor royal et qu'elle devait bientôt recouvrer. Le recteur, Antoine Motet, y ajouta généreusement, sur ses deniers, une somme de 20 écus, en considération du « beau profit et utilité » que ne pouvait manquer d'en tirer l'Université[3]. Une fois en possession de ces ressources, le doyen, Pierre Bucher, aidé d'un

---

[1] *Documents*, nos 237 et 260.

[2] *Documents*, n° 15. C'est en traitant avec les docteurs étrangers que la ville de Grenoble s'assura une influence considérable sur l'Université. Il en fut ainsi dans d'autres villes, notamment à Valence où, d'ailleurs, dès le commencement du xvi° siècle, avait été reconnu au premier consul le droit d'assister aux délibérations de l'Université, par conséquent le droit d'en surveiller l'administration et la direction (Marcel Fournier, *Notes et documents sur les professeurs de droit en France*, dans la *Nouvelle Revue historique de droit français et étranger*, t. XIX, p. 12 et suiv.).

[3] *Documents*, nos 15 et 16.

autre ami de l'Université, Étienne Roybon, alors vice-official de Grenoble[1], négocia activement avec un célèbre docteur qui habitait alors Mexy en Savoie; d'origine piémontaise (il était né à Chieri), ce docteur se nommait Mathieu Gribaldi, dit Moffa, seigneur de Farges dans le pays de Gex, et avait enseigné le droit dans des Universités fameuses, à Pise, à Pérouse, à Toulouse, à Cahors et à Valence[2]. Toutefois la ville ne consentait pas à lui donner annuellement plus de 450 livres; or les exigences de Farges allaient à 300 écus d'or, qui faisaient, à cette époque, environ 675 livres. Pour trancher la difficulté, qui menaçait de s'éterniser, Roybon et « certains autres de ladite Université » se chargèrent de fournir le supplément de traitement réclamé avec insistance, si bien que, le 3 avril, Farges, installé à Grenoble, y commençait ses lectures[3]. Il paraît avoir donné complète satisfaction aux Grenoblois, qui, en mars 1544, le louèrent pour une seconde année en augmentant son salaire[4]. Ils eurent cependant le regret de le voir partir au cours de cette année 1545; Farges, poursuivant sa carrière vagabonde, s'en alla enseigner à Padoue, puis à Tübingen.

Faute d'argent peut-être, les Grenoblois, pendant quelque temps, durent laisser sa place vacante. Cependant, en septembre 1547, les États provinciaux leur avaient accordé 500 livres pour les aider à subventionner un docteur étranger. Par l'intermédiaire de Roybon,

---

[1] Ce personnage, d'une famille originaire de Tullins, fut d'abord vice-official et ensuite official de Grenoble; puis il devint conseiller au Parlement français de Chambéry, d'où il ne cessa pas de marquer son intérêt à l'Université de Grenoble. Plus tard, après la reprise de Calais par le duc de Guise, il fut juge général en la justice de Calais et du pays reconquis; il revint mourir en 1571 à Grenoble, où il avait été nommé conseiller en 1570 (Pilot, *Notes manuscrites déjà citées*).

[2] Consulter sur ce personnage: Stintzing, *Geschichte der deutschen Rechtswissenschaft*, t. I, p. 107 et s.; p. 390, et passim, et le mémoire important de M. Cesare Nani, *Di un libro di Matteo Gribaldi*, dans les *Memorie della Reale Accademia di Torino*, serie seconda, t. XXXV, *Scienze morali, storiche e filologiche*, p. 131-161. On compulsera utilement la bibliographie placée en tête de ce mémoire. Gribaldi avait été loué par la ville de Valence en février 1540 (Marcel Fournier, *Notes et documents*, dans la *Nouvelle Revue historique de droit français et étranger*, t. XIX, p. 37).

[3] *Documents*, n° 19. La « conduite » de Farges est publiée sous le n° 236.

[4] *Documents*, n°ˢ 22 et 24.

qui était alors à la Cour, le Conseil de ville présenta un projet d'après lequel « maître Corras », le célèbre professeur de Valence, dont on espérait la nomination au Parlement, partagerait son temps entre ses devoirs de magistrat et les fonctions de professeur à Grenoble ; c'était pour le Conseil le moyen d'obtenir un docteur étranger au rabais [1]. Diverses causes, au nombre desquelles il faut incontestablement placer la vive opposition de Valence, firent échouer ce projet. En 1548, grâce à l'intervention de Bucher, le roi avait autorisé les États provinciaux à affecter aux deux Universités de Valence et de Grenoble une somme annuelle de 1.500 livres tournois sur les ressources fournies par l'impôt du sel ; cette somme était destinée à assurer « l'entretenement et sallaire des docteurs estrangiers[2] ». C'était une rente de 750 livres tournois pour chacune des Universités. Sur le conseil de Farges, qui, de Padoue, n'avait cessé de correspondre avec Bucher, les consuls, qui avaient pris l'administration des deniers provenant de l'impôt du sel, louèrent pour trois ans, au salaire

---

[1] *Documents*, n° 35. Corras avait été loué par la ville de Valence, le 13 décembre 1544, pour une période de quatre ans, pendant laquelle il devait enseigner à l'Université. Son salaire annuel était de 1.400 livres. Sa conduite a été publiée par M. Marcel Fournier dans la *Revue des Pyrénées et de la France méridionale*, année 1890, n° 2, sous ce titre : *Cujas, Corras et Pacius*, trois conduites de professeurs de droit par les villes de Montpellier et Valence (tiré à part). La conduite de Corras a été publiée de nouveau par M. Marcel Fournier (*Notes et documents*, dans la *Nouvelle Revue historique de droit français et étranger*, t. XIX, p. 41 et s. Sur Corras, originaire du Languedoc, voir Taisand, *Vies des plus célèbres jurisconsultes*, édition de 1721, p. 135.

[2] *Documents*, n° 40. Ce fut sans doute au cours d'un long séjour qu'il fit à Paris, en 1547-1548, que Bucher obtint cette faveur. Il paraît que chacune des deux Universités aurait bien voulu accaparer pour elle seule les sommes ainsi affectées à l'une et à l'autre. Du moins cela résulte de certains passages de lettres écrites en 1554 et en 1556 aux consuls de Valence. Ainsi, le 8 juin 1554, Joubert écrit aux consuls de Valence : « Et pour ce que le plus expedient est d'abvoir des deniers pour yceux (les docteurs étrangers) soudoyer et entretenir, je croy que ledit seigneur (Jean de Monluc, évêque de Valence) moyenera de fere unir les gaiges de Grenoble à ceux de Valence » (Marcel Fournier, *Notes et documents*, dans la *Nouvelle Revue générale de droit français et étranger*, t. XIX, p. 169). En 1556, c'est Jean de Monluc lui-même qui avertit les consuls de Valence de prendre garde « que ceulx de Grenoble ne vous emportent les gaiges....., ce que leur sera aysé s'ils ont nombre d'escoliers et que n'en ayez point » (*Ibid.*, p. 188). Déjà, entre Grenoble et Valence, la lutte se poursuit sur tous les terrains.

annuel de 400 livres tournois, un docteur de Vicence qui se nommait Jérôme Athénée[1] et était fort homme de bien, au dire de ses patrons. Athénée commença de lire au début de l'année scolaire 1548-1549 (l'année s'ouvrait régulièrement le 18 octobre, fête de Saint-Luc) ; mais il ne paraît pas qu'il ait donné aux consuls non plus qu'aux chefs de l'Université toute la satisfaction qu'ils étaient en droit d'en attendre[2].

A l'automne de 1550, Jérôme Athénée cessa d'enseigner et quitta la ville, où il ne fut pas regretté. A cette époque, comme l'attestent les délibérations du Conseil doctoral, la difficulté d'assurer l'enseignement était plus grande que jamais[3]. Ce n'était pas le moment de se passer des services d'un docteur étranger. On s'entendit donc avec un jurisconsulte italien. Hector Riquier, d'Udine, connu par un traité *de verborum obligationibus*[4] ; Riquier accepta d'enseigner à Grenoble pour le salaire annuel de 400 livres tournois. Il y occupa sa chaire pendant deux ans, de la fin de 1550 à la fin de 1552, sans grand éclat, semble-t-il. Cependant, en 1551, les Grenoblois avaient réussi à louer pour trois ans à raison de 930 livres tournois par an, un célèbre juriste français, Jean de Boyssonné, originaire de Castres, élève de Toulouse, membre du Parlement français de Savoie au temps de l'occupation qui marqua le règne de François Ier, d'ailleurs humaniste et poète autant que jurisconsulte ; un livre récent de M. Mugnier a jeté une abondante lumière sur ce personnage, déjà connu par d'autres travaux[5]. Il quitta Grenoble avant l'expiration de son contrat, sans

---

[1] On l'appelait Athénée à Grenoble. Mais son véritable nom était sans doute Hieronymus à Thiene (originaire de Thiene). Cette correction m'est suggérée par une communication obligeante de M. Tamassia, professeur à l'Université de Padoue. On n'a point à Padoue de renseignements particuliers sur ce personnage, non plus que sur Hector Riquier (Ricchieri) et sur Colloredo.

[2] *Documents*, nos 40, 42 et 44.

[3] *Documents*, nos 225 et 226.

[4] Cf. Berriat-Saint-Prix, *op. cit.*, dans Revue du Dauphiné, t. V, p. 103.

[5] *Jehan de Boyssonné et le Parlement français de Chambéry* ; Paris, 1898 (voir notamment, sur le séjour de Boyssonné à Grenoble, p. 227 et suiv.). On trouve aux *Documents*, n° 239, la conduite de Boyssonné datée du 22 septembre 1551. Il s'installa à Grenoble vers cette époque et refusa la réception solennelle que lui offrait Claude de Saint-Rémy, recteur. Nous savons qu'il ouvrit son enseignement par l'explication des textes : *De vulgari et pupillari substitutione* (octobre 1551), et qu'en

doute dans la première moitié de l'année 1554. A la fin de cette année, l'Université et le Conseil de ville parurent disposés à louer, pour la modeste somme de cent livres par an, un jurisconsulte, nommé Honorat, qui avait été précepteur dans la famille dauphinoise d'Avanson[1]. Il semble bien que ce projet, formé sous l'influence de la famille d'Avanson, n'ait pas été réalisé. Aussi, en 1555, à défaut de Farges, qu'ils ne purent décider à revenir en cette ville, les consuls et Bucher enlevèrent à l'Université de Valence, au vif déplaisir de l'évêque Jean de Monluc et des Valentinois, un professeur de grande réputation, portugais d'origine, mais élevé à Paris où son oncle et son frère se succédèrent comme principaux du collège Sainte-Barbe[2], partagé, comme beaucoup de ses contemporains, entre la culture des lettres antiques, où il excellait, et celle du droit, où son succès fut tel que les contemporains lui assignèrent un rang de peu inférieur à celui de Cujas ; bref, véritable homme de la Renaissance, bon pour la plume et pour le poil, et d'ailleurs, en son âge mûr, fort dégoûté de la scolastique : j'ai nommé Antoine de Govéa[3],

---

octobre 1553, il commençait d'enseigner la théorie de l'emphythéose. Il habitait à Grenoble, chez un certain Masson, dont le fils Pierre fut son élève pendant deux ans. (Un Pierre Masson, docteur en droit, en 1556, résidait à Grenoble, où il fut, en 1572, juge de la Cour commune, et, en 1578, substitut du Procureur général; *Notes manuscrites* de M. Pilot). Boyssonné paraît avoir été bien accueilli à Grenoble, où il eut l'occasion de donner d'assez nombreuses consultations (voir aussi, sur Boyssonné, l'ouvrage de M. Guibal : *Jean de Boysson ou la Renaissance à Toulouse*, Toulouse, 1863).

[1] *Documents*, n° 60. Il était chargé de l'éducation des enfants de Jean de Saint-Marcel d'Avanson, alors conseiller au Parlement de Grenoble, plus tard garde des sceaux et surintendant des finances. En 1555, Jean d'Avanson fut ambassadeur du roi Henri II à Rome ; à cette occasion, il se chargea de demander au pape Paul IV un subside pour l'Université de Grenoble. Cette demande ne devait pas aboutir ; mais c'est en reconnaissance de ce service que l'Université avait conçu le projet de s'agréger Honorat (voir, sur la famille d'Avanson, la généalogie imprimée dressée par Guy Allard, dont un exemplaire est conservé à la Bibliothèque publique de Grenoble. Le frère cadet de Jean, François de Saint-Marcel d'Avanson, fut évêque de Grenoble après Laurent II, Allemand).

[2] C'est d'André Govéa, frère du jurisconsulte qui enseigna à Grenoble, que Montaigne a écrit qu'il était « le plus grand principal de France ». Montaigne avait vu André Govéa à l'œuvre au collège de Guyenne, qu'il dirigea à Bordeaux (*Essais*, I, chap. xxv).

[3] Le 24 août 1554, Jean Monluc, évêque de Valence, écrivait en ces termes aux

qui commença d'enseigner à l'automne de l'année 1555, pour un salaire annuel de 900 livres tournois [1]. De tous les docteurs étrangers, c'est Govéa qui demeura à Grenoble le plus longtemps ; au cours des sept années qu'il y passa, de 1555 à 1562, il s'y fit des amis très dévoués, mais aussi s'y attira, comme on le verra plus loin, d'amères critiques et de redoutables rancunes [2]. Son histoire a d'ailleurs été faite et bien faite par notre ancien et érudit collègue, M. Caillemer [3]. C'est aussi M. Caillemer qui a publié, d'après les notes d'un élève chéri de Govéa, Pierre de Mornyeu, une

---

consuls de sa ville épiscopale : « La sousfizance dudict Govéa est telle, et le nombre de ceux qui pour ce jour d'huy enseignent bien le droict est si petit, que ne debvez pour chose du monde laisser à le retirer à vostre Université. » (Marcel Fournier, *Notes et documents, loc. cit.*, p. 179.) On sait que de nombreuses difficultés surgirent entre la ville de Valence et Govéa, qui, en novembre 1555, quittait Valence, au grand déplaisir des consuls (Marcel Fournier, *Ibid.*, p. 183). Dès le mois d'août 1555, les Grenoblois étaient en relations avec lui ; au mois d'octobre, ils reçurent une lettre de Monluc leur demandant de laisser Govéa à l'Université de Grenoble (*Documents*, n° 62). Les consuls de Valence joignirent leurs instances à celles de leur évêque ; mais les Grenoblois n'en tinrent pas compte. Cet incident ne manqua pas d'irriter Monluc et les Valentinois.

[1] *Documents*, n°s 61, 62, 85, 88, 245. Il avait été loué pour trois ans en 1555 ; il fut loué de nouveau en 1558, cette fois pour 920 livres tournois.

[2] On verra ci-dessous qu'il avait trouvé de chauds partisans parmi les écoliers de Grenoble; ils embrassèrent chaleureusement sa cause lors du procès qu'il dut soutenir contre la ville de Grenoble. C'était aussi un ami très dévoué que ce Pierre de Mornyeu, l'écolier qui, annotant le volume des *Opera juris civilis*, publié par Govéa à Lyon en 1562, y mentionnait (p. 294 de l'exemplaire de la Bibliothèque publique de Grenoble), en termes émus, les mauvais procédés que son maître avait subis, le 9 août 1562, de la part d'un avocat de Grenoble, et y ajoutait qu'au récit de ces outrages, il n'avait pu retenir ses larmes, *tam ob facti indignitatem quam ob amorem in præceptorem mei amantissimum*. (Cf. Caillemer, *Étude* ci-dessous mentionnée, p. 36.) Pierre de Mornyeu, qui était originaire du Bugey, suivit Govéa quand, en 1562, de l'Université de Grenoble il passa à celle de Mondovi. Plus tard, en 1566, Mornyeu subit les épreuves du doctorat à Valence, où il eut pour parrains Hotman et Bonnefoy (Nadal, *op. cit.*, p. 375). Il est vraisemblable que d'autres étudiants abandonnèrent Grenoble pour suivre Govéa (Mugnier, *Antoine Govéan*, p. 37).

[3] Exupère Caillemer, professeur à la Faculté de Droit de Grenoble : *Étude sur Antoine de Govéa* (Paris-Caen, 1864, extrait des *Mémoires de l'Académie Impériale des Sciences, Arts et Belles-Lettres de Caen*). Cf. François Mugnier, conseiller doyen de la Cour d'appel de Chambéry : *Antoine Govéan, sa famille, son biographe* (Paris, 1901; extrait du tome XL des *Mémoires de la Société savoisienne d'histoire et d'archéologie*).

série de leçons par lui professées à Grenoble sur le sénatus-consulte Trébellien[1]. Il semble d'ailleurs que l'activité intellectuelle de Govéa ne se soit pas ralentie à Grenoble ; les vers latins qu'il adressait à ses amis et aux belles dames, telles que la femme du conseiller Aymar du Rivail[2], ne le détournèrent pas des travaux plus austères qu'il avait entrepris sur l'interprétation des textes des jurisconsultes romains. Ainsi fit-il imprimer, en 1556, des leçons données à Grenoble sur la Falcidie, qu'il dédia au doyen de l'Université, Pierre Bucher[3]. En cette même année, il offrait en hommage son traité *de vulgari et pupillari substitutione* au premier président du Parlement, Jean Truchon[4]. En 1560, il refit son commentaire sur la loi *Gallus* (29, Digeste, *de liberis et posthumis*, XXVIII, 2) et l'adressa à son ami l'évêque de Cahors, Pierre Bertrand. Au cours de cette même année, il dédia à Michel de l'Hôpital une édition refondue de son traité sur la Falcidie. Enfin c'est de Grenoble qu'il dirigea l'impression d'un volume, publié à Lyon en 1562, où furent recueillies ses œuvres de droit civil[5].

Il convient d'ajouter que, pour seconder Govéa, les consuls louèrent, de 1555 à 1557, un docteur italien, nommé Colloredo et originaire du Frioul, qui, se contentant d'un traitement de 120 livres au maximum, joua un rôle peut-être utile, mais en tout cas modeste et ignoré, de telle façon qu'il ne put en aucune manière porter ombrage à son brillant collègue[6]. Plus tard, en 1559-1560, ainsi qu'il sera exposé ci-dessous, Govéa vit à ses côtés, sans grand plaisir je crois, Gribaldi de Farges, revenu à Grenoble sur les sollicitations des consuls, moyennant le trai-

---

[1] *Antonii Goveani, jurisconsulti, ad Digestorum titulum ad senatusconsultum Trebellianum commentariorum quæ supersunt juxta fidem Gratianopolitani codicis nunc primum edidit Exuperius Caillemer* ; Parisiis, 1865 (extrait de la *Revue historique de droit français et étranger* ; octobre 1864).

[2] Voir ses œuvres complètes, *Antonii Goveani opera* (édit. van Vaussen, 1766), p. 712, et Aymar du Rivail, *de Allobrogibus libri novem*, édit. Terrebasse, p. ix-x.

[3] *Ad leges X tituli ad legem Falcidiam* ; Lugduni, 1556.

[4] Réimprimé avec la dédicace dans le recueil publié à Lyon en 1562.

[5] *Opera juris civilis*, Lyon, 1562.

[6] En novembre 1555, un maître qui enseignait à Valence, Claude Rogier, s'était offert pour venir à Grenoble, où il aurait retrouvé Govéa ; mais il ne paraît pas que les pourparlers aient abouti (*Documents*, n° 66. Sur ce personnage, voir Nadal, *Histoire de l'Université de Valence*, p. 85 et s.).

tement considérable de 1,000 livres par an[1]. Enfin la liste des docteurs étrangers qui enseignèrent à Grenoble s'achève par le nom de Pierre Lorioz, originaire des environs de Salins, vieillard qui comptait plus de quarante ans d'enseignement et qui laissa une réputation scientifique assez contestée[2].

Les devoirs et les droits de ces docteurs étrangers étaient minutieusement déterminés par un acte passé entre eux et la ville ; cet acte était appelé *conduite*, du latin *conductio*, qui signifie louage. Nos archives ont conservé la plupart de ces conduites[3] ; nous pouvons y admirer la prévoyance des représentants des intérêts de Grenoble, qui réglaient par le menu le nombre des leçons aussi bien que la durée des congés, et qui interdisaient expressément au docteur de consulter avant ses leçons, pour qu'il ne se laissât point distraire de la préparation qu'elles comportaient. D'ailleurs les conduites de Valence n'étaient pas moins sévères que celles de Grenoble[4]. La ville, en passant ces contrats, se substituait en quelque sorte à l'Université, dont elle semblait absorber la personnalité morale[5]. Mais il s'en faut

---

[1] Colloredo ne cessa de crier misère et d'assiéger la ville de réclamations. Le Conseil de ville ne voulut rien entendre. En vain Colloredo s'était-il placé sous la protection du duc de Guise, gouverneur du Dauphiné, qui écrivit à son sujet aux chefs de l'Université. Ceux-ci transmirent sa demande à la ville, qui déclara n'avoir point de fonds disponibles à cause des charges qui pesaient sur elle (*Documents*, n° 81). Voir sur Colloredo les n°s 63, 70, 72, 87, 89-91. Il est certain que le docteur mentionné au n° 63 sous le nom de *Monsieur Friol* n'est autre que Colloredo.

[2] Sur Lorioz ou Loriot, cf. Stintzing, *op. cit.*, I, p. 373-375 et *passim*. Cf. Villequez, *Les Écoles de droit en Franche-Comté*, dans la *Revue de législation ancienne et moderne*, année 1872, p. 563 et s. Sur la méthode de Lorioz, voir une lettre écrite par lui et publiée par Rivier, dans la *Zeitschrift für Rechtsgeschichte*, t. XI, p. 320, sous la rubrique *Miscellen*. Voir aussi ci-dessous.

[3] Voir les *Documents*, n°s 236, 239, 245 et 248.

[4] A en juger par la conduite de Corras, qui date de 1544, celle de Cujas (1551) est inspirée par un esprit beaucoup plus large (voir l'article cité ci-dessus, p. 35, de M. Marcel Fournier : *Cujas, Corras et Pacius*, et ses *Notes et documents*, article déjà mentionné à plusieurs reprises).

[5] Les documents prouvent que la Ville ne négligea rien pour établir son influence sur le collège des agrégés et pour mettre en son pouvoir toutes les pièces intéressant l'Université (n°s 40, 43, 44, 46, 48, 60, 63, 114, et *passim*). Elle aurait voulu faire de l'Université un établissement surtout municipal, à la condition de ne point le défrayer.

de beaucoup qu'elle ait entendu accepter la responsabilité illimitée de la gestion financière de l'Université. Elle administre les deniers attribués à l'Université en faveur des docteurs étrangers, mais entend bien n'y rien mettre du sien, sauf la première somme qu'elle y avait affectée en 1543 et qui fut vite épuisée[1]. Dès que la subvention provenant des États a été employée sous son contrôle, la ville oppose d'impitoyables refus à la plupart des demandes[2]. Aussi ce fut une bonne fortune qui survint à l'Université quand, en 1557, la subvention annuelle que les États destinaient au paiement des étrangers fut portée de 750 à 1.000 livres, en même temps que le roi affectait au même objet une somme de 400 livres à prendre chaque année sur la gabelle du Pont-Saint-Esprit[3].

V

On crut alors l'avenir assuré pour toujours. Point du tout : cet excès de richesses fut la cause de dissensions qui amenèrent à bref délai la ruine de l'Université.

Dès le mois de février 1557, on connaît à Grenoble les inten-

---

[1] Voir ci-dessus, p. 33.

[2] En réalité, la ville concevait son rôle d'une manière très simple : elle encaisserait les fonds provenant du Trésor royal et de la province, traiterait avec les docteurs étrangers et les paierait, moyennant quoi elle se croyait en droit d'exercer une puissante influence sur l'Université. Quant à y mettre de son argent, elle s'en souciait fort peu ; il est vrai qu'elle était alors fort obérée. En tout cas, elle voulait administrer sans courir le risque d'avoir à faire des sacrifices (voir Documents, n°s 44, 60, 61, 70, 81, 107 et passim). On comprend que cette prétention ait paru parfois exorbitante.

[3] Documents, n°s 81 et 92. Une délibération du Conseil de ville, du 17 janvier 1557, montre que Pierre Bucher proposait alors de solliciter la création d'un office de conseiller au Parlement, dont le titulaire, jurisconsulte éprouvé, pourrait joindre aux gages de son office ceux que lui donnerait l'Université pour enseigner le droit : « qui causeroit que l'on pourroit toujours avoir des gens de grant sçavoir » (Documents, n° 75). En 1558, il était question de la création de quatre conseillers professeurs ; c'était le rétablissement des conseillers professeurs créés jadis par Humbert II (Documents, n° 245 ; voir ci dessus, p. 26). Ce projet, souvent caressé, ne devait pas aboutir. Il ne fut réalisé que plus tard, bien après la suppression de l'Université, au profit de Cujas, qui fut, à la vérité, conseiller honoraire au Parlement du Dauphiné, mais ne vint pas à Grenoble.

tions libérales des États du Dauphiné à l'endroit de l'Université, et peut-être peut-on prévoir celles du roi. Aussi, beaucoup de convoitises sont allumées. Les régents étrangers, Govéa et Colloredo, manifestent le désir de voir augmenter leur traitement ; mais à leurs demandes, le Conseil de ville demeure obstinément sourd [1]. Bientôt il est facile de discerner ses projets : il laissera partir Colloredo et, tout en conservant Govéa, pour lequel il ne montre d'ailleurs aucun engouement, il s'efforcera de rappeler Farges, qui, pour beaucoup de Grenoblois, semble être demeuré le professeur idéal. D'autre part, les maîtres dauphinois, jusqu'à ce moment réduits à leurs maigres salaires, laissent entendre qu'ils voudraient détourner à leur profit une part de ce Pactole. Les premiers qui présentèrent leurs réclamations furent les deux régents en médecine, Pierre Aréoud et Nicolas Allard [2]. Leur prétention, formulée au commencement de l'année 1557, était de se faire attribuer, en tout ou en partie, le reliquat qui pourrait se trouver de la subvention lorsque les docteurs étrangers seraient intégralement payés. D'abord assez mal accueillis, ils insistèrent et finirent par arracher au Conseil de ville, le 17 février 1559, une délibération qui leur permettait de se partager 100 livres, « pour récompenser le travail qu'ils faisaient en qualité de régents en exercice [3] ».

Cependant les quatre régents du droit, Narcié [4], Limojon [5], de

---

[1] *Documents*, n° 245.

[2] Sur les médecins Pierre Aréoud et Nicolas Allard, cf. D' Bordier, *La Médecine à Grenoble*, Grenoble, 1896, p. 20 et s. M. Raoul Busquet, archiviste de la ville de Grenoble, publiera prochainement une étude sur ce personnage dans le *Bulletin de l'Académie Delphinale*.

[3] *Documents*, n° 98.

[4] Jean Narcié, fils d'un notaire de Grenoble, Claude Narcié, était né à Cosset, propriété de son père, sur la paroisse de Claix, où il fut baptisé le lundi 22 décembre 1530 (renseignement communiqué par M. Maignien, d'après une liste qui figure sur les gardes d'un protocole conservé à la Chambre des notaires de Grenoble). Agrégé au collège de l'Université en 1557 (*Documents*, n° 241) ; conseiller au Parlement en 1574 ; décédé en 1586 (Pilot, *Inventaire des Archives départementales*, t. II, p. 27).

[5] Antoine Limojon, docteur en droit, fils de Didier Limojon, commis au greffe du Parlement, puis notaire à Grenoble, était originaire de Nyons. Antoine Limojon fut avocat au Parlement et mourut en 1572. Un autre Antoine Limojon, peut-être son fils, procureur au Parlement, fut consul de Grenoble en 1576 et député aux États généraux de Blois (Notes de M. Pilot : Bibliothèque de la ville). Sur la famille Limojon, voir Pithon-Curt, *Histoire de la noblesse du Comté-Venaissin*, t. II, p. 191.

Lescure[1] et Merlin de Villers[2], encouragés par l'exemple de leurs confrères, réclamèrent aussi leur part du reliquat de la subvention de 1.400 livres. Sur cette somme, Govéa, professeur royal de droit[3], prélevait 920 livres, montant de son salaire depuis 1558 ; le Conseil avait attribué 100 livres aux médecins ; 380 livres demeuraient disponibles. C'est cette somme que les quatre juristes prétendaient se faire attribuer, au moins tant qu'un second docteur étranger n'aurait pas été appelé. Ils s'adressèrent d'abord aux États provinciaux, dont ils obtinrent, le 23 février 1559, une délibération favorable à leurs prétentions ; en effet, ils étaient renvoyés à la municipalité de Grenoble pour être satisfaits de leurs peines sur les 380 livres disponibles[4]. En même temps, un certain nombre d'écoliers, conduits par le vice-recteur, appuyaient auprès de la municipalité les demandes des régents en droit.

De telles sollicitations donnèrent fort à réfléchir au Conseil de ville. Il avait cédé, peut-être à la légère, au vœu des médecins ; et voici qu'il était provoqué à attribuer aux régents dauphinois une notable partie de la subvention. Or, une fois que ces régents se seraient habitués à prélever ainsi des traitements sur la subvention, il deviendrait fort difficile de les leur enlever, si bien qu'en fait il serait impossible d'appeler un second docteur étranger, Farges ou tout

---

[1] Jean-Antoine de Lescure, qui vint de Toulouse à Grenoble, y acheva ses études, fut reçu docteur et fut agrégé à l'Université sans doute en 1557, peut-être après avoir concouru avec un autre docteur, Consonat (*Documents*, n° 257). Plus tard, après la suppression de l'Université de Grenoble, il fut professeur à Valence, où il avait été appelé en 1583 (Nadal, *op. cit.*, p. 120 et s.) ; la « conduite » qui fut passée à cette occasion a été publiée par M. Marcel Fournier (*Notes et documents*, dans la *Nouvelle Revue historique de droit français et étranger*, t. XIX, p. 106). Sa fille, Angèle de Lescure, née de son mariage avec Jeanne de Bonvert, avait épousé, vers 1584, noble Modestin de Vallambert, avocat, probablement fils d'un collègue de son père. La Bibliothèque publique de Grenoble conserve encore (L. 6664) un ouvrage de Govéa qui appartient à Lescure et fut annoté par lui ; c'est le commentaire de Govéa sur les Topiques de Cicéron et son explication de la loi *Imperium*, au Digeste, *de jurisdictione omnium judicum* (renseignement fourni par M. Maignien).

[2] Merlin de Villers avait étudié à Grenoble de janvier 1555 à juin 1556. A cette époque, il fut fait docteur et agrégé au collège.

[3] Le professeur étranger au traitement duquel étaient consacrés les deniers de la subvention fournie par le Trésor royal s'intitulait assez souvent *regius professor*.

[4] *Documents*, n° 100.

autre, à collaborer avec Govéa. Ainsi la ville n'aurait plus la liberté complète d'attirer les étrangers qu'elle jugeait, avec raison, indispensables à la prospérité de son Université. D'ailleurs les actes du pouvoir royal affectaient expressément la subvention au traitement des étrangers ; la municipalité ne se sentait pas en droit de modifier cette destination. Aussi le Conseil de ville opposa un refus péremptoire aux prétentions des régents du droit ; en outre, pour anéantir le précédent qui eût pu leur fournir un argument, le Conseil général cassa la décision du Conseil ordinaire qui avait attribué des honoraires aux deux médecins [1].

De leur côté, les régents grenoblois avaient porté la question devant le Parlement. Un arrêt, rendu le 30 juin 1559, leur donna gain de cause ; la ville fut condamnée à employer, à leur profit, les sommes qu'elle n'employait pas au profit des docteurs étrangers [2]. Aussitôt, désireux d'épuiser le plus tôt possible le reliquat de la subvention afin d'enlever tout intérêt à la controverse, le Conseil de ville, d'accord avec le doyen Bucher, rappela Farges et l'adjoignit à Govéa, en lui allouant un traitement de 1.000 livres [3]. Avec les 920 livres de Govéa, cela faisait près de 2.000 livres que coûteraient chaque année les docteurs étrangers ; ces traitements dépassaient de beaucoup le montant annuel de la subvention fournie par le Trésor, qui était de 1.400 livres. Il va de soi que les régents grenoblois n'avaient, pour l'avenir, rien à espérer. Farges revint à Grenoble au cours de l'automne de 1559. Ainsi, en l'hiver 1559-1560, deux étrangers célèbres, Farges et Govéa, enseignaient le droit à Grenoble ; jamais l'Université n'avait paru plus brillante ni plus prospère. Les étudiants s'y pressaient, quelques-uns venant de régions lointaines [4]. L'affluence

---

[1] Voir, sur tous ces événements, les *Documents*, nᵒˢ 316 et s. Procès des régents.

[2] *Documents*, nᵒ 325. Cet arrêt fut complété par un autre arrêt du 20 décembre, attribuant à titre d'honoraires la somme de 50 livres à chacun des régents (nᵒ 326).

[3] *Documents*, nᵒ 248.

[4] Nous n'avons aucune donnée qui nous permette de fixer, même approximativement, le nombre des écoliers présents à Grenoble. Il nous est aussi difficile de nous rendre compte des pays dont ils étaient originaires. Naturellement, le Dauphiné, la Savoie, la Bresse et le Bugey en envoyaient le plus grand nombre ; nous constatons cependant qu'il en venait de Besançon, de Saluces, de Pampelune : l'Artois et la Flandre fournirent un certain nombre d'étudiants, notamment d'étudiants en

était telle que, le 12 janvier 1560, le doyen Bucher était obligé de signaler au Conseil de ville les difficultés que les écoliers éprouvaient à se loger. La ville de Grenoble ne possédait alors ni Marcel Reymond, ni comité de patronage des étudiants étrangers ; le Conseil n'eut d'autre expédient à prendre que celui d'imposer aux consuls la charge de trouver des logements aux nouveaux arrivants [1].

Cependant, sous cette apparence de prospérité couvaient d'ardents mécontentements. Les médecins et les régents de droit souffraient impatiemment de se voir frustrés de l'objet de leur espoir par la désignation de Farges. Ils n'étaient pas les seuls à se plaindre. Govéa, le collègue de Farges, joignit ses doléances aux leurs [2]. Il y avait à cela, sans aucun doute, des causes personnelles et bien humaines ; mais nous sommes aussi en droit d'attribuer à sa mauvaise humeur des causes d'un ordre plus général. En effet, de même qu'à cette époque les philosophes se partageaient en tenants et en ennemis des doctrines d'Aristote telles que le moyen âge les leur avait transmises, de même les juristes se divisaient en partisans et adversaires de doctrines et de méthodes qui, les unes et les autres, avaient pris leur

---

médecine (*Documents*, n°s 244, 263). Comment s'organisaient ces écoliers à Grenoble ? Formaient-ils des corporations ? Là-dessus, nos sources ne nous fournissent point de renseignements. Nous savons seulement (*Documents*, n° 243) qu'en 1557, Laurent de Briançon, futur recteur, était abbé de l'Université. Il s'agit sans doute d'une de ces abbayes de liesse, c'est-à-dire associations de plaisir, comme il y en avait dans les diverses localités du Dauphiné pour organiser les réjouissances. La qualité et les fonctions de ces abbés n'avaient rien d'ecclésiastique (Cf. J.-J. A. Pilot, *Usages et coutumes existant ou ayant existé en Dauphiné*, 2ᵉ édit., p. 93, 208 et *passim*. Une société de ce genre, l'abbaye *mali Regiminis*, existait à Grenoble dès 1497 (P.-E. Giraud et chanoine Ulysse Chevalier, *le mystère des Trois-Doms*, p. 657).

[1] *Documents*, n° 111.

[2] Il est curieux de lire (*Documents*, n° 321) le procès-verbal de la séance du collège doctoral tenue le 17 juin 1559, au cours de laquelle le doyen Bucher consulta ses collègues sur l'opportunité qu'il y avait à rappeler Farges. En fait, la proposition ne pouvait être agréable à Govéa ; mais il n'osa point avouer son antipathie, et « dit et requit de retenir et conduire Farges, et qu'il se offre plus tot bailler du sien pour le grand plaisir qu'il en a ». Ce plaisir n'était certainement pas infini ; tous les membres du Conseil avec lesquels Govéa lia partie, les quatre régents du droit, les deux médecins et leurs amis n'adhérèrent à la proposition que sans préjudice du droit des tiers, ce qui équivalait à l'écarter sous une forme détournée.

source dans les Universités médiévales. Les maîtres fidèles à la tradition se recommandaient du grand nom de Bartole et de l'autorité de ses disciples, qui n'avaient pas craint d'introduire dans la théorie du droit civil les modifications nécessaires pour l'adapter aux besoins de leur temps. Leurs adversaires, férus de belles-lettres autant qu'ils étaient détachés des faits, ne songeaient qu'à faire revivre le droit romain tel qu'il était pratiqué au tribunal du préteur. A mon avis, ceux-ci avaient franchement tort sur le fond du débat. En revanche, ils avaient beau jeu quand il s'agissait de critiquer les interprétations erronées imputables aux bartolistes, le vice de la méthode d'enseignement, dite *mos italicus*, qu'ils suivaient aveuglément[1], et le jargon scolastique dont ils s'obstinaient à se servir. Dans cette lutte, tout le chœur des humanistes avait pris parti contre les bartolistes : on en pourrait faire la preuve par une longue suite de citations, commençant à Pétrarque et s'achevant à Rabelais. Toutes ces critiques sont résumées dans le fameux passage où Pantagruel s'élève « contre les sottes et desraisonnables raisons et ineptes opinions d'Accurse, Balde, Bartole et aultres vieux mastins qui jamais n'entendirent la moindre loy des Pandectes, et n'estoient que gros veaulx de disme, ignorans de tout ce qui est nécessaire à l'intelligence des lois... Comment eussent peu entendre ces vieux resveulx le texte des lois, qui jamais ne veirent un livre de langue latine ? Comme manifestement appert à leur style, qui est style de ramoneur de cheminée et de cuisinier ou marmiteux, non de jurisconsultes[2] ».

Or il se trouvait que Farges, par son enseignement comme par ses écrits, s'était montré un bartoliste, modéré sans doute et faisant des concessions aux humanistes, mais enfin fidèle aux traditions de l'ancienne école, tandis que Govéa, acquis aux idées nouvelles et se conformant aux exemples de Cujas, ne ménageait pas les critiques à Bartole qu'il aimait à cribler d'épigrammes. Jacques Menochio, qui fut le collègue de Govéa à l'Université de Mondovi, où il se retira après avoir quitté Grenoble, disait à bon droit, du jurisconsulte por-

---

[1] Cf. Stintzing, *op. cit.*, p. 106 et s., et le mémoire déjà cité de M. Cesare Nani sur Farges.
[2] Je cite ce passage bien connu de Rabelais, *Pantagruel*, livre II, chapitre x, parce qu'il résume sous une forme piquante les critiques que répètent à l'envi les humanistes.

tugais, qu'il était l'ennemi personnel du vieux maître[1]. On pourra juger de ses sentiments par de nombreux passages de tous ses ouvrages juridiques ; qu'il me soit seulement permis de renvoyer le lecteur à la dernière page du traité sur la juridiction, où Govéa fustige ces hommes aussi ignorants que grossiers qui ont, à son avis, défiguré et souillé le droit romain. Ce sont, dit-il, des barbares, contre lesquels il mènera la guerre jusqu'à son dernier jour. Pour cette lutte sainte, il sonne le ralliement, et appelle de ses vœux le jour où le droit civil sera rendu à sa primitive splendeur[2].

Le malheur était que le monde judiciaire du Dauphiné ne goûtait point du tout les nouvelles méthodes dont Govéa était le représentant. Les termes mêmes de la conduite passée avec le maître portugais suffiraient à le prouver. Il était loué pour exposer, entre autres choses, « la théoricque de Barthole », ce qui ne lui conférait nullement la mission d'en saper l'autorité. Cependant, Govéa eût pu, lui aussi, écrire en 1559 ce qu'écrivait en 1566 le célèbre Hotman, alors qu'il professait à Valence : « Comme il y a longtemps que nos Dauphinois emploient, sous couleur de droit romain, certaines règles de chicane empruntées à la lie italienne, nous nous sommes mis à traiter les questions qui s'agitent dans leurs tribunaux, du genre de celles qui sont examinées dans les décisions de Guy Pape, Apollon non delphique, mais delphinal ; nous nous occupons moins d'interpréter le droit civil que de renverser les inventions sophistiques des praticiens et de nettoyer les écuries d'Augias[3]. » C'est au même travail que se livrait Govéa à Grenoble ; je doute que les vieux magistrats et les praticiens expérimentés en fussent satisfaits.

On comprendra sans peine que Govéa se soit fait l'allié des régents adversaires de Farges. On s'expliquera peut-être aussi facilement que

---

[1] Consultez sur ce point l'ouvrage déjà cité de Mugnier, *Antoine Govéan*, p. 44-45.

[2] *Opera juris civilis* (Lyon, 1562), p. 46.

[3] Ces passages sont empruntés à une lettre écrite de Valence, en avril 1566, par Hotman, et citée dans un article de M. R. Dareste sur *François Hotman*, dans la *Revue historique*, t. II, ann. 1876, p. 47. Hotman, dans une lettre antérieure, disait de ses auditeurs valentinois qu'ils étaient accoutumés aux disputes à la manière de Bartole (p. 46).

beaucoup d'écoliers, séduits sans doute par le prestige des idées nouvelles et par les brillantes qualités des humanistes, aient tourné le dos aux bartolistes en la personne desquels ils voyaient les représentants d'un enseignement suranné. Le 19 février 1560, bon nombre d'entre eux, le recteur en tête (il s'appelait Laurent de Briançon [1] et était ami de Govéa), se présentèrent à l'assemblée des États provinciaux pour demander que la subvention fournie à l'Université sur les fonds de la province fût désormais affectée, d'une part au traitement de Govéa, qui serait fixé à Grenoble jusqu'à l'année 1568 [2], d'autre part au salaire des régents dauphinois ; c'était implicitement réclamer le renvoi de Farges. Il se trouva que les États adoptèrent formellement ces propositions. Ainsi ils substituaient leur action à celle de la municipalité, écartaient le maître qui avait ses préférences, lui imposaient Govéa pour de longues années et lui retiraient le droit d'appeler à l'Université d'autres étrangers.

La décision des États blessa profondément les consuls et le Conseil de ville de Grenoble qui s'empressèrent d'en demander l'annulation au Parlement. Au procès qui s'ensuivit entre la ville et le procureur des États, parties principales, intervinrent les quatre régents en droit et les deux régents en médecine dont les réclamations avaient été l'origine de la querelle, et aussi le recteur qui prenait leurs fait et cause, en même temps que Govéa, fort intéressé au maintien de la décision des États qui consolidait sa situation et le débarrassait d'un rival. L'avocat de la ville ne négligea rien pour montrer combien exorbitante était la prétention des États qui voulaient faire la loi à la municipalité, seule responsable de la prospérité de l'Université et

---

[1] Ce Briançon, jadis abbé de la jeunesse (voir ci-dessus) et auteur de poésies en dialecte grenoblois (Rochas, *Biographie du Dauphiné*, t. I, p. 178), devait être au premier rang des fidèles partisans de Govéa ; car c'est à lui que, plus tard, après avoir quitté Grenoble pour entrer au service du duc de Savoie, Govéa confiera le soin de faire valoir ses prétentions contre la ville (*Documents*, n°ˢ 165 et 185). Ainsi, tout au moins aux élections rectorales de la fin de 1559, sinon plus tôt, les partisans de Govéa avaient conquis le rectorat. Je ne sais quelles étaient sur ce point les opinions du précédent recteur Guillaume de Bonneton.

[2] La municipalité avait, en 1558, renouvelé pour trois ans seulement la « conduite » de Govéa. On voit que les États, de leur propre autorité, lui assuraient un plus long séjour à Grenoble.

bien placée pour en connaître les besoins. Est-ce qu'un parent généreux, parce qu'il a doté des époux, s'arroge le droit de choisir malgré eux les nourrices et les pédagogues de leurs enfants ? Les États ne faisaient pas autre chose en imposant à Grenoble Govéa et ses associés. Aussi, le défenseur de la ville ne manque-t-il pas d'égratigner Govéa. A l'entendre, le maître qui jouissait d'une réputation si étendue aurait manifesté un goût immodéré pour le repos[1], faisant des leçons trop courtes, employant une partie de son temps à dicter « ce qu'il auroit auparavant dit, multipliant les féries et les vacations, et a-t-on heu opinion que cela procédoit de trop rusticquer ou empter (hanter) les champs[2] ». A dire vrai, il est possible que Govéa ait semblé indolent, à cause du dédain qu'il marquait à l'endroit de l'appareil si cher aux anciens interprètes, et de la science livresque dont ils aimaient à faire étalage. Il n'avait ni l'allure ni les goûts d'un pédagogue, et le montrait trop, sans se demander s'il ne heurtait pas les susceptibilités légitimes des Grenoblois. Au surplus, fort peu entiché des délices de la ville, il s'était donné le luxe d'une maison de campagne, imitant ainsi l'exemple de tous les jurisconsultes dauphinois, magistrats ou avocats. Antoine Loisel qui, lorsqu'il quitta l'Université de Valence en 1559, vint visiter Govéa[3], constate

---

[1] *Documents*, nos 332 et 337.

[2] Si l'on veut avoir l'idée de la besogne que les villes attendaient d'un professeur étranger, qu'on veuille bien lire la lettre que Pierre Lorioz écrivait, en 1555, à la ville de Valence, avec laquelle il était en pourparlers. Il s'offre de venir à la condition « de lire *viva voce* une heure entièrement, et en après une aultre heure demeurant aux escolles, tant pour dicter par escript » que pour écouter les objections et les questions des écoliers. « Et à cette fin qu'ils ayent plus grand comodité et loysir de prendre ma leçon, je leur dicteray par escriptz la leçon le jour devant que je la doibve interpreter de vive voix. » Lorioz ajoute qu'il croit que ce qu'il propose n'a encore été fait par personne, et demande pour le faire un salaire de 1.000 livres et le logement. La ville de Valence accepta ces conditions (Marcel Fournier, *Notes et documents*, dans la *Nouvelle Revue historique de droit*, t. XIX, p. 184-186).

[3] On trouve le récit de Loysel dans sa vie, en tête de *divers opuscules tirés des mémoires de M. Antoine Loysel*, publiés par Claude Joly (Paris, 1652), p. XIII et XIV. Loysel, dans le passage que rapporte Claude Joly, s'exprimait ainsi : « Invisi Goveanum, et cum eo pransus sum. Illi erant uxor et liberi tres mares. (Sa femme était Catherine du Four, fille d'un président au Parlement de Toulouse, qu'il avait épousée en 1549 ; il en avait eu trois fils : Manfred, Pierre et Antoine.) Fere libris operam non dat, sed pene totius est in cogitatione et mentis agitatione ; idque in

que le séjour aux champs était infiniment plus agréable au maître que l'exercice de sa profession.

Quoi qu'il faille penser des critiques qui ne furent pas épargneés à Govéa, il ne semble pas qu'elles aient exercé une influence décisive sur l'issue du litige. Le procès intenté par les consuls se termina, le 31 juillet 1561, par un arrêt défavorable à la Ville sur quelques points. D'une part, Govéa lui était imposé pour un nouveau terme de trois ans, avec un traitement annuel de 920 livres ; d'autre part, elle était condamnée à payer sur la subvention, au moins pour le passé, les deux régents en médecine et les quatre régents en droit. Toutefois, pour l'avenir, la Cour maintenait le principe que le droit de choisir les docteurs étrangers n'appartiendrait qu'à la ville, et que les docteurs dauphinois ne pourraient réclamer un traitement qu'autant que la subvention ne serait point épuisée par le salaire des étrangers[1]. En somme, la Ville demeurait maîtresse de priver les régents grenoblois de toute participation à la subvention, pourvu qu'elle appelât des étrangers.

Avant même que fût rendue la décision qui termina le procès, vers l'automne de l'année 1560, un coup de théâtre s'était produit, dont les membres du Conseil de ville avaient été fort mortifiés. Farges, qui, au cours de sa longue vie, s'était, par ses opinions antichrétiennes, rendu également odieux aux catholiques de Padoue et aux protestants de Tübingen, de Berne et de Genève, fut dénoncé au duc François de Guise, alors gouverneur du Dauphiné ; j'imagine que ses adversaires de l'Université ne furent pas étrangers à cette dénonciation. En tout cas, en dépit des protestations du Conseil de ville[2], Farges fut bel et

---

lectulo vel vinea quam urbi habet vicinam. Summum malum, uti videbatur, ponebat in professionis suæ exercitatione, in docendo de suggestu..... Summa vir confidentia ingenii, ut qui cœteros omnes præ se parvi faciat, nec aliorum scripta legere curet. In bibliotheca ejus neque est calamus neque atramentum. Cum recitaturus est publice, caput quod est interpretaturus legit ; deinde id sæpius volvens ac revolvens, de eo quod est in difficili statuit, homo dictis factisque philosophus. » Je me demande si c'est à raison de ce goût excessif pour la campagne que le Conseil de ville, en 1558, s'était préoccupé d'imposer expressément à Govéa l'obligation d'avoir une résidence à Grenoble (*Documents*, n° 245). Sur ces incidents, cf. E. Caillemer, *Étude sur Antoine de Govéa*, p. 26 et s.

[1] *Documents*, n° 338.
[2] *Documents*, n°ˢ 123 et 125.

bien expulsé des terres soumises à la domination du roi. Quelques mois plus tard, au mois de mai 1561, ce sont les quatre régents qui, las de ne recevoir aucun salaire, se mettent purement et simplement en grève et cessent d'enseigner[1]. En même temps Govéa annonce l'intention de prendre congé de la cité, qu'il ne veut plus servir, « parce qu'on le tient en procès à la persuasion de certains siens malveillants[2]. » Le Conseil de ville ne paraît pas s'être trop mis en peine de la démission de Govéa, qui ne réalisa pas son projet de quitter Grenoble ; quant aux quatre régents, il se hâta de les punir en leur retirant leur exemption de la taille[3]. Deux mois plus tard, quand fut rendue la décision du Parlement qui lui donnait tort, le Conseil, obligé de céder sur certains points, ne négligea rien pour garder toutes les positions que lui laissait cet arrêt. Il déclara n'avoir pas les sommes nécessaires pour donner à tous les régents dauphinois le traitement imposé par le Parlement ; aussi manifesta-t-il l'intention de rétribuer de préférence aux autres les régents en médecine, à cause de l'utilité de leur profession (c'est la raison qu'invoquait le Conseil) et peut-être aussi parce qu'ils avaient pris une part moins active aux récents débats. D'ailleurs, pour déjouer plus sûrement les manœuvres des régents en droit, il tenta d'attirer un nouveau docteur étranger ; c'est pour cela qu'il engagea, avec le célèbre Roaldès, des négociations qui ne devaient point aboutir[4]. Quoi qu'il en soit, par ces coups successifs, l'Université était désorganisée, si bien que les écoliers s'empressaient de la quitter[5]. Par l'effet de ces dissensions intestines, l'agonie de l'Université de Grenoble avait commencé.

VI

Il semble que l'Université de Grenoble n'eût pas dû survivre à la période de troubles qui s'ouvrit pour la cité au mois d'avril 1562. Dès

---

[1] *Documents*, n° 129.

[2] *Ibid.*, n° 128. En réalité, ce n'est qu'en 1562, vers l'automne, qu'il quitta définitivement Grenoble.

[3] *Ibid.*, n° 129.

[4] *Ibid.*, n° 133.

[5] *Ibid.*, n° 125.

le premier jour de ce mois, nombre de protestants s'étaient réunis en armes à Grenoble ; ils manifestaient nettement l'intention d'y établir leur domination et d'abolir le culte catholique [1]. Cependant, le 4 avril, le collège doctoral était convoqué pour assister à la « tentative » d'un candidat au doctorat en droit [2]. Trois semaines plus tard, les soldats du baron des Adrets avaient donné main forte à leurs coreligionnaires ; la ville était occupée militairement [3] ; pour sauver leur vie, Bucher et quelques amis dévoués de l'Université avaient dû s'exiler [4]. Peut-être quelques-uns des membres du collège doctoral, les jurisconsultes André Ponnat [5], Antoine Dalphas [6], Hugues de Vallam-

---

[1] *Récit de ce qui s'est passé de plus remarquable à Grenoble pendant l'année 1562*, publié par M. Pilot dans l'*Annuaire de la Cour royale de Grenoble*, année 1842, p. 4.

[2] *Documents*, n° 281. Le candidat s'appelait Félix Basset. Il fut avocat, puis conseiller au Parlement. Son fils, André Basset, recteur de l'Université de Valence en 1601, et plus tard conseiller au Parlement de Grenoble, publia, sur l'Université de Valence, le recueil intitulé *Institutio, privilegia et statuta almae Universitatis Valentinae*, Tournon, 1601 (Nadal, *Histoire de l'Université de Valence*, p. 130).

[3] Sur ces événements, cf. A. Prudhomme, *Histoire de Grenoble*, p. 349 et s.

[4] *Récit de ce qui s'est passé...*, p. 7. Parmi les personnes qui quittèrent la ville en même temps que Bucher, pour se soustraire aux menaces du baron des Adrets qui en voulait à leur vie, on peut citer le vibailli Abel de Buffevent, qui avait jadis procédé à l'inauguration de l'Université ; l'avocat Jean Robert, qui, six mois plus tôt, avait eu l'occasion de montrer l'intérêt qu'il portait à l'Université (*Documents*, n° 138), et le consul Paviot, qui, jusqu'au dernier moment, s'était occupé activement de ses affaires (*Ibid*, n° 144).

[5] André Ponnat, de la famille des Ponnat, seigneurs de Vif, qui fournirent au Dauphiné nombre de magistrats et d'avocats. Plusieurs d'entre eux passèrent au protestantisme et jouèrent un rôle important dans les événements qui se déroulèrent à Grenoble en 1562 : André Ponnat fut de ce nombre. Il fut conseiller au Parlement de 1555 à 1562 (Arnaud, *Histoire des Protestants en Dauphiné*, t. I, p. 123).

[6] Antoine Dalphas, avocat consistorial, était originaire de Tencin, où il fut enterré ; il avait épousé Ennemonde Coct. Dès sa jeunesse, il avait marqué sa sympathie pour les nouvelles doctrines ; cependant, en 1552, il avait pu obtenir un certificat de catholicité (*Documents*, n° 240). Peut-être sous l'influence de la famille de sa femme, il revint au protestantisme. En 1561, alors qu'il était avocat et docteur agrégé, il prêtait sa maison pour les réunions du culte réformé (A. Prudhomme, *Histoire de Grenoble*, p. 346). Il fut expulsé à la suite des débats qui eurent lieu au Parlement, du 6 au 10 décembre 1561, au sujet de la liberté à accorder aux réformés ; l'avocat Jean Robert, Nicolas de Bonneton et les gens du roi, Bucher en tête, s'étaient prononcés contre la liberté (Arnaud. *Histoire des Protestants en*

bert [1], le médecin Pierre Aréoud [2], qui appartenaient à la religion nouvelle, furent-ils tentés d'exercer leur influence afin de permettre à l'Université de continuer son œuvre ; mais s'ils en eurent la pensée, ils ne purent la réaliser. Les écoliers qui étaient demeurés à Grenoble ne tardèrent pas à se disperser ; on sait qu'à l'automne Govéa lui-même quitta la ville. Les cours et toutes les manifestations de la vie universitaire furent suspendus pour vingt mois, à dater d'avril 1562.

Cependant, vers la fin de l'année 1563, quand l'ordre légal se fut rétabli, le recteur en fonctions lors de la cessation des cours, maître Fustier, s'adressa au Conseil de ville pour l'inviter à réorganiser l'Université [3]. Tout était à faire. Les huguenots disputaient aux écoliers le réfectoire des Cordeliers, où ils voulaient continuer leurs prêches ; au surplus, le mobilier scolaire, chaire et bancs, avait été gravement endommagé. Le personnel n'était pas en meilleur état que le matériel ; il n'y avait plus de docteur étranger, et quant aux régents dauphinois, Fustier fait observer que « faute de paier, ils ne veulent lire [4] ». Peu à peu, tant bien que mal, un remède efficace fut apporté

Dauphiné, t. I, p. 71). Le rôle qu'il joua plus tard est attesté par divers témoignages, notamment par sa signature au bas de la lettre du commencement de 1562, adressée aux protestants de Genève par ceux de Grenoble, pour demander un ministre (J. Roman, Documents sur la Réforme en Dauphiné, dans le Bulletin de la Société de statistique de l'Isère, 3e série, t. XV, p. 114). En 1567, il acquit des Minimes de la Plaine une « établerie » qu'il paya avec un lingot d'or de 114 écus, produit de la vente des bijoux de sa femme, fondus en exécution des édits somptuaires. Il avait un oncle, Aymar Dalphas, prieur de Saint-Pierre-d'Allevard (Minutes des notaires Gényeu et Narcié ; Chambre des notaires de l'arrondissement de Grenoble; communication de M. Maignien).

[1] Hugues de Vallambert, avocat, docteur agrégé. Il eut peut-être pour fils Modestin de Vallambert (ce nom de Modestin est-il un souvenir du Digeste ?) qui, à la fin du XVIe siècle, était marié à Angèle de Lescure, fille de Lescure, jadis professeur de droit à Grenoble, plus tard professeur à l'Université de Valence. (Voir ci-dessus, p. 43 ; renseignements communiqués par M. Maignien, d'après les minutes des notaires Gényeu et Froment.) Sur le rôle de Vallambert, cf. A. Prudhomme, op. cit., p. 377 et 380.

[2] Il paraît certain que Pierre Aréoud appartenait au parti protestant ; au moins c'est l'impression qui se dégage de l'examen des délibérations du Conseil de ville.

[3] Documents, n° 146. François Fustier, plus tard conseiller et président au Parlement du Dauphiné, fut, en l'an 1600, sollicité d'accepter une chaire à Valence ; il déclina cette offre (Nadal, op. cit., p. 127).

[4] Documents, n° 147.

à ces maux. Pour assurer à l'Université la jouissance paisible du réfectoire des Cordeliers, le Conseil se résolut à demander l'affectation au culte protestant de l'église des religieuses de Sainte-Claire[1]. Fustier obtint du Conseil la chaire et les bancs nécessaires pour que les cours pussent être repris[2]. Il semble d'ailleurs qu'il ait réussi à réunir un certain nombre de docteurs régents. Les cours furent de nouveau ouverts; on s'aventura même, sur l'initiative du recteur, à appeler un docteur étranger, Pierre Lorioz. qui commença d'enseigner le 1er mars 1564, à la condition de recevoir pendant trois ans un traitement annuel de 800 livres. Il était alors assez âgé; mais ce n'était pas un partisan obstiné des anciennes méthodes. Les historiens du droit ont pu le placer, dans l'école des jurisconsultes humanistes, entre Donneau et Cujas, quoique à un rang très inférieur[3]. Il professa pendant trois ans à Grenoble (1er mars 1564-1er mars 1567), où la Bibliothèque de la Ville conserve encore la rédaction inédite d'une série de leçons faites par lui au cours de l'année scolaire 1565-1566[4].

Malheureusement, la peste, qui désola Grenoble pendant l'été de l'année 1564, ne dut pas médiocrement contribuer à faire le vide autour des chaires récemment relevées. Au demeurant, des causes plus profondes et plus durables devaient déjouer les efforts des Grenoblois. A raison des troubles civils, de la faillite du grenetier du sel de Pont-Saint-Esprit, et aussi de la querelle survenue entre la ville et les États du Dauphiné, les subventions royales et provinciales destinées à l'Université n'avaient été payées que fort irrégulièrement et incomplètement depuis l'année 1560. Le désordre financier était devenu si grave qu'en août 1561 Bucher lui-même, encore qu'il fût

---

[1] *Documents*, nos 151 et 152.

[2] *Ibid.*, n° 146.

[3] Il venait de Valence, où il enseignait depuis 1558. Il avait été loué à cette époque pour 1.200 livres par an. (Cf. Marcel Fournier, *Notes et documents*, dans la *Nouvelle Revue historique de droit français et étranger*, t. XIX, p. 197.) Sur ce personnage, cf. Stintzing, *Geschichte der deutschen Rechtswissenschaft*, t. I, p. 373-375, *passim*. Voir ci-dessus, p. 346.

[4] Le manuscrit n° 632 de la Bibliothèque publique de Grenoble contient une série de leçons inédites de Pierre Loriot, faites à Grenoble en 1565-1566, sur les sujets suivants : *de operis novi nuntiatione, de damno infecto, de aqua et aquæ pluviæ arcendæ, de re judicata*. C'est le cahier d'un écolier très exact et très soigneux.

l'âme de l'Université, avait dû poursuivre la Ville devant le Parlement afin d'obtenir le remboursement de sommes avancées par lui pour le paiement de Farges, expulsé depuis dix mois [1]. Il ne paraît pas qu'à la reprise des cours, la situation se soit sensiblement améliorée. Bucher se tient désormais sur une réserve extrême ; si Govéa s'est éloigné de Grenoble, il est toujours le créancier de la Ville qu'il assiège de réclamations [2]. Lorioz n'était pas mieux payé que Govéa, car le Conseil de ville s'obstinait à refuser toute contribution de ses deniers propres pour remplacer la subvention si irrégulièrement fournie par l'État. Lui aussi fut réduit à intenter un procès à la Ville, à laquelle il demandait en vain les salaires fixés par sa conduite [3]. A ces incidents, les conduites de Grenoble gagnèrent dans le monde des juristes une réputation détestable. Je ne crois pas qu'il faille chercher ailleurs l'origine de l'expression qui s'est transmise jusqu'à nos jours, encore que le sens en ait été profondément altéré.

Vers la fin de l'année 1560, à l'époque où de très vives querelles déchiraient l'Université de Grenoble, un bruit s'était répandu qui avait profondément ému les Grenoblois. Le roi, disait-on, à l'instigation de ceux de Valence, veut enlever l'Université à Grenoble pour l'unir à l'Université valentinoise [4]. Cette rumeur n'était que trop fondée ; déjà la ville et l'Université de Valence, dont les convoitises étaient depuis longtemps allumées, s'efforçaient, avec l'aide de leur évêque Montluc, de se débarrasser de l'établissement rival qu'un des leurs appelait « l'inconvénient Grenoblois [5] ». Cependant à Grenoble

---

[1] *Documents*, n°⁸ 359 à 365.

[2] *Ibid.*, n°⁸ 366 et s.

[3] *Ibid.*, n°⁸ 367 et s. Il dut quitter Grenoble en 1567 ; c'est par erreur que Stintzing (p. 373, note) dit qu'il y mourut en 1573. Depuis six ans l'Université de Grenoble était supprimée. Sur la détresse de l'Université de Grenoble en ses dernières années, cf. Berriat-Saint-Prix, *Histoire de l'ancienne Université de Grenoble*, dans *Revue du Dauphiné*, t. V, p. 136.

[4] *Ibid.*, n°⁸ 124 et 125.

[5] Bonnefoi se félicite de deux événements heureux pour l'Université de Valence : le premier est l'acquisition d'Hotman, qui viendra y donner l'enseignement. Le second est : « ut ejusdem Academiæ dos altero tanto amplificaretur, sublato Gratianopolitano impedimento, et illius scholæ auctoramento nobis per sanctioris senatus Regii decretum attributo ». Préface de Bonnefoi à son commentaire *in titulum Dig. de testamentis*, 1565.

la discorde n'en continuait pas moins son œuvre ; aussi, le 28 septembre 1561, les Valentinois avaient réussi à obtenir un arrêt du Conseil du roi qui décidait, en principe, la réunion des deux Universités, sauf à procéder à une enquête pour déterminer en quel lieu, de Grenoble ou de Valence, il semblerait plus utile d'établir l'unique Université du Dauphiné [1]. Les troubles religieux qui désolèrent la région tout entière, en 1562 et en 1563, arrêtèrent la procédure. Mais, dès que le calme fut rétabli, les Valentinois s'occupèrent de la reprendre et de provoquer l'enquête. Elle fut confiée à un maître des requêtes, René de Bourgneuf, sieur de Cussé, qui, le 18 octobre 1564, probablement sans avoir entendu les représentants de Grenoble, se trouvait en mesure de formuler un avis entièrement favorable aux prétentions de Valence [2]. Il faut remarquer que ce n'est guère par des motifs tirés de l'intérêt des études que s'est décidé l'enquêteur ; en fonctionnaire prudent, il a considéré surtout l'intérêt de Valence, auquel une puissante influence exigeait qu'on donnât satisfaction.

L'issue de cette affaire fut telle qu'on pouvait l'attendre. Par lettres patentes du mois d'avril 1565, le roi Charles IX unit l'Université de Grenoble à celle de Valence, ce qui équivalait à la supprimer [3]. Naturellement, le mécontentement fut grand dans la capitale du Dauphiné. Les intérêts lésés étaient trop importants pour qu'on y acceptât silencieusement la décision royale. Un plan de campagne s'y dessina, dont voici les grandes lignes : non seulement le Parlement, acquis à la cause de l'Université, refuserait d'enregistrer les lettres patentes, mais des demandes pressantes, auxquelles il ne pouvait manquer de faire bon accueil, lui seraient adressées pour qu'il en arrêtât l'exécution. En attendant, l'Université continuerait de fonctionner comme si les lettres du roi n'existaient pas.

Le Parlement s'acquitta fort bien de la première partie de son rôle. Non seulement il se refusa à enregistrer les lettres patentes, mais il ne daigna point déférer aux lettres de jussion que le roi lui adressa, le 12 février 1566, pour lui enjoindre l'obéissance [4]. Cependant, le

---

[1] *Documents*, n° 385.
[2] *Ibid.*
[3] *Ibid.*
[4] *Ibid.*, n° 389.

recteur de l'Université, les consuls de Grenoble et aussi le procureur syndic des États provinciaux (qui n'était autre que le plus ancien des agrégés, Nicolas de Bonneton), cette fois unis pour une action commune, formèrent opposition, devant le Parlement, contre les lettres patentes de 1565. En même temps, le procureur général Bucher, toujours doyen de l'Université, appelé à la Cour pour d'importantes affaires au mois de janvier 1566, avec le président Truchon, premier président du Parlement de Grenoble[1], prit en mains la défense de l'Université. La situation était grave ; car, de leur côté, les Valentinois montraient qu'ils n'entendaient pas renoncer aux avantages que leur conférait la lettre royale. Dès le mois d'octobre 1565, en gens pratiques, ils avaient fait signifier cette lettre aux fermiers du sel[2], afin de les obliger à réserver désormais à l'Université de Valence les sommes qu'en vertu de leur bail ils étaient, jusqu'à ce moment, obligés de répartir par portions égales entre les deux Universités dauphinoises. Celle de Grenoble se trouvait menacée de se voir privée de ressources ; or, plus que jamais, elle en avait besoin. Bucher, en dépit des mémoires où il dénonçait les manœuvres des huguenots tout-puissants, disait-il, à l'Université de Valence[3], ne put obtenir le retrait de la décision qui contristait si fort les Grenoblois.

---

[1] Noël Valois, *Le Conseil du Roi aux XIVe, XVe et XVIe siècles*, p. 369. Il s'agit de la campagne entreprise par les catholiques contre Gordes, alors lieutenant du gouverneur, qu'ils attaquèrent vivement à la Cour. Bucher fut le porte paroles des catholiques, dont les chefs étaient Pasquiers et Glandage (Chorier, *Histoire du Dauphiné*, réimpression de 1869-1871, t. II, p. 606-607). Laurent de Briançon fut chargé par de Gordes de le défendre au Conseil du Roi. Ce Laurent de Briançon est l'ancien abbé de la jeunesse, l'ancien recteur, qui épousa Hélène de Moreton (communication de M. Maignien) et qui fut consul de Grenoble en 1576. (Voir ci-dessus, p. 48.)

[2] *Documents*, n° 388.

[3] *Ibid.*, n° 391. Bucher dit notamment que Hotman et Bonnefoy, les deux principaux maîtres de Valence, « sont des leurs », c'est-à-dire appartiennent à la religion réformée. Hotman est bien connu ; quant à Bonnefoy, c'est le célèbre jurisconsulte qui s'est occupé avec succès du droit byzantin. Il finit sa carrière à Genève (Nadal, *op. cit.*, p. 81). Il est certain que les professeurs de Valence étaient fort peu orthodoxes. Farges, Lorioz, Duaren, qui y avaient enseigné, ne présentaient aucune garantie aux catholiques. Cujas leur était à bon droit fort suspect. Il est vrai que des reproches analogues étaient adressés aux maîtres de Grenoble, ainsi qu'on le verra plus loin.

Bien plus, le 14 février 1566, le roi adressa au fermier du sel l'ordre formel de verser la subvention intégrale entre les mains des représentants de Valence, sans que Grenoble pût désormais y participer[1]. En même temps, un arrêt du Conseil, rendu le 28 février, ordonnait l'exécution des lettres patentes de l'année précédente ; toutefois, cette exécution était confiée au Parlement du Dauphiné, c'est-à-dire au juge le plus favorable que pussent espérer les Grenoblois[2]. Telle était, sans doute, la « bonne chose » que Bucher apporta au Conseil de ville vers le milieu de mars[3].

Alors, en effet, il semble que le grand procès qui se débat entre Valence et Grenoble doive être bientôt plaidé devant le Parlement. De part et d'autre on se prépare au combat. Toutefois, en avril, un incident se produit, qui a pu contribuer à modifier la marche de l'affaire. Tous les avocats de Grenoble ont refusé de se charger des intérêts de Valence, si bien que les Valentinois ont été réduits à s'adresser de nouveau au Conseil royal[4]. Deux des professeurs de leur Université, Barthélemy Grillet et Claude Rogier, se rendent dans la capitale pour défendre les intérêts de Valence ; bientôt ils y rencontrent le premier consul de Grenoble, Ennemond Bectoz de Valbonnais, qui s'efforce de répondre par de savantes manœuvres à leurs habiles attaques. Désormais c'est à Paris que sera transporté le terrain de la lutte. Le 7 juin 1566, à la grande satisfaction des Valentinois, le roi évoquait au Conseil privé la question litigieuse qui se débattait entre Grenoble et Valence, en même temps qu'il mettait à néant les procédures faites sur ce litige au Parlement de Grenoble « contre notre voloir et intention[5] ». C'était un grave échec pour la cause des Grenoblois.

Nous connaissons les principaux acteurs de la lutte judiciaire qui pendant un an se déroula autour du Conseil. Grenoble fut d'abord représenté par Valbonnais, accompagné d'un avocat, ancien recteur, et depuis agrégé de l'Université, Pierre Mestre ou Le Mestre. Quand

---

[1] *Documents*, n° 390. Grenoble demanda inutilement la mainlevée de cet ordre.
[2] *Ibid.*, n° 391.
[3] *Ibid.*, n° 179.
[4] *Ibid.*, n° 394.
[5] *Ibid.*, n° 403.

Pierre Mestre eut quitté Paris[1], les Grenoblois confièrent leurs intérêts à un avocat renommé de Vienne, Pierre Boissat, le grand-père du poète connu sous le nom de Boissat l'Esprit[2]. A la fin de l'année 1566, il fut remplacé par un de ses proches, Urbain Mitalier, d'une famille originaire de La Tour-du-Pin[3]. De leur côté, les Valentinois furent défendus par les professeurs Grilliet et Rogier, qui paraissent avoir fait à Paris un assez long séjour[4]. Enfin le maître des requêtes chargé de l'affaire fut ce même René de Bourgneuf, sieur de Cussé, qui avait eu, dès 1564, la charge de procéder à l'enquête préparatoire à la suppression de l'Université[5]. C'est sans doute sur son rapport que fut rendu l'arrêt définitif prononcé au Conseil le 6 juin 1567[6]. En quelques lignes, cet arrêt consommait la ruine de l'Université de Grenoble. En effet, il rejetait l'opposition des Grenoblois aux lettres patentes de 1565 et ordonnait au Parlement de les enregistrer[7].

Le Parlement, trouvant encore une fois le moyen de désobéir, s'abstint de l'enregistrement qu'on lui imposait[8]. Mais l'Université ne put survivre au coup qui lui était porté. Non seulement il eût été dangereux d'essayer de la maintenir à l'encontre des décisions répétées du souverain, mais encore il n'y fallait pas songer maintenant que les ressources destinées à l'alimenter étaient définitivement taries.

---

[1] Mestre a quitté Paris avant le 20 juin 1566; *Documents*, n° 407. Valbonnais y demeura jusqu'au mois d'août; *ibid.*, n° 190.

[2] *Documents*, n°ˢ 182, 183, 405. Boissat partit de Vienne pour Paris vers le 12 juin 1566.

[3] *Ibid.*, n°ˢ 192, 193, 199. Boissat avait épousé Marguerite Mitalier, fille de Claude Mitalier, bailli de Vienne. (C. Latreille, *Pierre de Boissat*, dans le *Bulletin de l'Académie Delphinale*, 4ᵉ série, t. XIII, p. 351-352.)

[4] *Ibid.*, n°ˢ 397, 407, 408, 410.

[5] *Ibid.*, n° 408.

[6] C'était un vendredi, jour où s'assemblait à cette époque la section du Conseil chargée des affaires judiciaires, qui s'appelait Conseil privé ou des parties. (Noël Valois, *Introduction à l'Inventaire des arrêts du Conseil d'État, règne de Henri IV*, t. I, p. L.)

[7] *Documents*, n° 411.

[8] L'enregistrement n'était pas fait encore en 1577; à cette époque les consuls et l'Université de Valence le réclamaient. (*Ibid.*, n° 414 bis.) L'enseignement se fit alors à certaines conditions.

C'est à l'année 1567 que se rapportent les dernières manifestations de la vie de l'Université; elle était morte avant la fin de cette année.

Faut-il imputer sa mort à l'inertie de ceux qui avaient mission de la défendre? Nullement. Nos archives attestent que tout ce que l'on crut pouvoir tenter fut mis en œuvre : actes de procédure, mémoires, plaidoyers, délégations à la Cour [1]. Les avantages du milieu juridique de Grenoble, les inconvénients du séjour de Valence, les clauses du transport du Dauphiné à la maison de France, les droits acquis de la capitale du Dauphiné, l'ancienneté que, par un raisonnement assez subtil, on revendiquait pour son Université, tous ces arguments et beaucoup d'autres furent consciencieusement invoqués pour conserver à Grenoble cette Université qui, suivant l'expression des consuls, « épouse du commun de la cité, ne veut adultérer ». Les consuls se mirent même en devoir de réfuter l'argument qu'ils pensaient avoir été tiré contre Grenoble des opinions hétérodoxes imputées à plusieurs des maîtres chargés de l'enseignement, notamment aux plus célèbres parmi les docteurs étrangers [2]. C'était, disaient-ils une belle et bonne calomnie. Tous les docteurs étrangers allaient à la messe [3], à l'exception de Lorioz et de Farges. Mais, chez Lorioz, cette abstention n'était pas le résultat d'un parti pris ; ses enfants et domestiques allaient à la messe ; quant à lui-même s'il n'y paraissait pas, c'est « qu'il était fort solitaire et ne se montrait qu'à sa leçon ». Pour Farges, dont les consuls ont un peu imprudemment garanti l'orthodoxie, ils font remarquer que, au temps de sa première conduite, c'est-à-dire en 1543, il était assidu à la messe. Il n'en était plus ainsi en 1560, lors de son second séjour ; mais Farges s'en excusait en disant ne pas oser, « parce que ses biens étaient sous les Bernois, auprès de Colonges, qui les lui eussent ôtés ». Je ne puis m'empêcher de penser que les consuls prenaient une peine inutile. Peut-être les opinions religieuses des docteurs étrangers ont-elles été

---

[1] En 1568, la ville de Grenoble défend encore sa cause par un mémoire et essaie de raviver la controverse. Il ne paraît pas qu'elle y ait réussi. (*Ibid.*, n° 413.)

[2] J'emprunte ces observations à un mémoire des consuls de Grenoble, daté de Pâques 1568 (n° 413) ; mais il serait invraisemblable qu'ils n'eussent pas été produits antérieurement.

[3] Par conséquent, Govéa allait à la messe. Il s'en faut cependant qu'il ait joui de la réputation d'un bon catholique. Cf. Berriat-Saint-Prix, *op. cit.*, p. 110.

invoquées comme des prétextes; mais il n'y faut point chercher la véritable raison de la mesure prise contre l'Université de Grenoble. A ce compte, il eût fallu supprimer aussi celle de Valence[1]; car les docteurs étrangers n'y étaient pas meilleurs paroissiens. Lorioz et Farges y avaient enseigné comme ils avaient enseigné à Grenoble; Hotman n'y avait pas donné des exemples qui pussent édifier les catholiques, non plus que Bonnefoy et Cujas. Remarquez qu'au moment où les Valentinois s'efforçaient d'obtenir la suppression de l'Université de Grenoble, ils traitaient eux-mêmes avec deux jurisconsultes fort peu orthodoxes, Baudouin et du Moulin[2]. A la vérité, ni Baudouin, ni du Moulin n'enseignèrent à Valence; mais ce ne furent pas les scrupules catholiques des chefs de l'Université ni ceux des consuls qui les en écartèrent.

En réalité, à cette époque, des deux Universités dauphinoises, il y en avait une de trop. A juger sainement les choses, c'est celle de Grenoble qu'il eût fallu conserver, à cause de l'importance judiciaire et administrative qu'avait prise cette cité. Peut-être n'eût-elle point été sacrifiée si, par ses querelles intestines, elle n'avait donné des armes contre elle-même. L'histoire la plus récente de notre Université atteste, nous avons le droit de le dire, les heureux effets de la concorde; l'histoire ancienne montre par ce lamentable exemple les suites funestes des rivalités et des jalousies. Au surplus, un homme s'est trouvé qui sut en tirer admirablement parti contre Grenoble : ce fut Jean de Monluc, évêque de Valence et frère du célèbre auteur des *Commentaires*, Gascon par la naissance, évêque par accident, diplomate par nature, de caractère assez souple et assez équivoque pour être le ministre dévoué de la politique de la reine-mère qu'il

---

[1] Il en eût été de même de beaucoup d'autres Universités où le Droit était enseigné. C'était le temps où se répétait le proverbe : *Omnis jurisconsultus malè de religione sentit*. Sur ce dicton, voir Berriat-Saint-Prix, *op. cit.*, p. 130.

[2] En 1562 et 1563; cf. Marcel Fournier, *Notes et Documents*, dans la *Nouvelle Revue historique de Droit*, t. XIX, p. 203. A Grenoble même, pour obtenir le concours de jurisconsultes célèbres, on s'était adressé, paraît-il, non seulement à Farges, à Corras et à Lorioz, mais au fameux Baudouin, qui dit avoir décliné les offres des consuls. Or Baudouin était un hérétique notoire (voir, sur cet incident, un passage de la lettre de Baudouin publié à la p. 45 de la *Joannis Calvini responsio ad Balduini convicia*, 1562).

servit dans de nombreuses missions en France et à l'étranger; condamné par le pape comme hérétique[1] et maintenu sur son siège épiscopal, au nom des libertés gallicanes, par le fils aîné de l'Église; d'ailleurs formé à la culture littéraire par son séjour à la cour de la reine Marguerite et protecteur dévoué de l'Université de sa ville épiscopale dont il s'occupait avec dévouement et persévérance[2]. Monluc s'était habitué à considérer l'Université de Grenoble comme une rivale gênante, parce qu'elle détournait de l'Université de Valence des professeurs, en même temps qu'elle lui enlevait des étudiants et lui prenait une part des subventions du trésor royal. Ajoutez à cela que les Grenoblois avaient vivement froissé Monluc quand, en 1555, ils ravirent Govéa à Valence, en dépit des démarches personnelles faites auprès d'eux par l'évêque, qu'un diplôme de docteur en droit conféré *honoris causa* et apporté par Bucher lui-même ne paraît pas avoir apaisé[3]. C'est Monluc qui fut le véritable artisan de la ruine de l'Université de Grenoble. Les Grenoblois eussent été bien naïfs s'ils n'eussent pas reconnu l'action de leur redoutable adversaire; au surplus, leur premier consul, Ennemond Bectoz de Valbonnais, n'avait guère d'illusions là-dessus, quand, au moment où il venait de remettre les documents produits par Grenoble au maître des requêtes chargé du rapport, il écrivait mélancoliquement à ses collègues:

---

[1] Antoine Degert, *Procès de huit évêques français suspects de calvinisme*, dans la *Revue des Questions historiques*, t. LXXVI, p. 68 et s., p. 103.

[2] Sur ce personnage, voir H. Reynaud, *Jean de Monluc, évêque de Valence et de Die*, Paris, 1893, et Tamizey de Larroque, *Notes sur Jean de Monluc, évêque de Valence*, Paris, 1868.

[3] Voir ci-dessus, p. 37, et *Documents*, n°⁸ 69 et 276. Quelques mois plus tard, une lettre de Monluc aux consuls de Valence (14 mars 1556) manifeste des dispositions peu sympathiques à Grenoble (Marcel Fournier, *Notes et Documents*, dans la *Nouvelle Revue historique de Droit français et étranger*, t. XIX, p. 186). En mai 1560, dans une assemblée du Conseil de ville de Valence et du Conseil de l'Université, on discute la question de savoir s'il y a lieu de fermer l'Université à cause des troubles religieux, au cours desquels « beaucoup des escolliers se sont meslés parmi les huguenots ». Le juge Joubert, avec plusieurs professeurs, dont Lorioz et Grillet, opine pour le maintien des cours, « parce qu'il y a dangier que, en suspendant ses lectures, l'Université se perde du tout, attendu qu'il y en a ici près d'autres, mesmes celle de Grenoble, qui s'augmenteroit par la ruyne de ceste-ci ». (François Joubert et Salomon de Merez, *Mémoires de divers événements en Dauphiné, notamment pendant les guerres de religion*, édités par M. Edmond Maignien, Grenoble, 1881, p. 31.)

« Je pense qu'il nous fera justice, encore que le crédit de Monsieur de Valence soit grand[1] ». Quant aux consuls de Valence, depuis le début de l'affaire jusqu'au dernier moment, c'est à Monluc qu'ils eurent recours. D'ailleurs leur reconnaissance ne se trompa point : il suffit, pour s'en convaincre, de lire le registre des délibérations du Conseil de ville[2]. Monluc avait réalisé le vœu que, dès 1564, Hotman lui exprimait, lorsque, de Valence, il lui dédiait son Commentaire des lois les plus obscures des Pandectes : « Par votre influence, lui disait-il, assurez à cette Université, qui est la vôtre, une période de calme et de paix. Bientôt elle marchera de pair avec les Universités les plus célèbres et les plus florissantes[3]. » Enrichie des dépouilles de Grenoble, la ville de Valence put rappeler Cujas en lui offrant un traitement très élevé (1.600 livres et le logement[4]) et réaliser pour quelques années la prophétie de Hotman.

---

[1] Lettre datée de Paris, 28 juillet 1566; Documents, n° 409.

[2] Documents, n°s 379 et 382.

[3] Cette pensée est exprimée dans la préface du *Commentarius legum obscurissimarum*, au tome III de l'édition des œuvres de Hotman, publiée en 1600, p. 26 du recueil des préfaces.

[4] La conduite de Cujas fut conclue le 18 avril 1567. L'arrêt du Conseil qui termina le procès entre Grenoble et Valence date du 6 juin. Le rapprochement de ces deux dates montre que, dès le mois d'avril, les Valentinois n'avaient guère de craintes sur l'issue de leur procès ; au surplus, une fois qu'ils eurent traité avec Cujas, les Valentinois insistèrent auprès de la Cour avec une extrême énergie pour obtenir la suppression définitive de l'Université rivale. Le 22 mai 1567 ils décidaient l'envoi d'un député à Paris et écrivaient à leur évêque Monluc. On sait que la décision dernière fut prise le 6 juin. Il est permis de penser que Monluc, très désireux de déterminer Cujas à revenir à Valence, hâta la conclusion du procès pour assurer définitivement à ses diocésains les ressources nécessaires. (Cf. Marcel Fournier. *Notes et Documents*, dans la *Nouvelle Revue historique de Droit français et étranger*, t. XIX, p. 205 et Berriat-Saint-Prix, *op. cit.*, p. 137). En effet, la part de subvention que prélevait l'Université de Grenoble sur la ferme du sel fut, à dater de 1566, reportée sur l'Université de Valence. Cela faisait presque intégralement le traitement de Cujas. Toutefois, à propos de cette subvention, la ville de Grenoble ne cessa d'élever des réclamations, si bien que, seize ans plus tard, en vertu d'une transaction conclue entre les deux villes le 24 janvier 1582, sous l'œil bienveillant du Parlement, elle obtint de Valence un capital de trois mille écus dont les revenus devaient servir à l'entretien du maître de l'école de Grenoble (*Documents*, n° 416). En acceptant cette transaction, la ville de Grenoble ne manqua pas de réserver son droit de poursuivre la restauration de l'Université.

VII

Les Grenoblois ne se résignèrent pas à la perte de leur Université. Aussi ne laissèrent-ils échapper aucune occasion d'en solliciter le rétablissement. En 1579, ils le demandèrent à Catherine de Médicis qui fit dans leur ville un assez long séjour[1]. En 1591, ils s'adressèrent à Lesdiguières, alors le véritable maître du pays[2]. Mais ces demandes furent inutiles.

Il semble que le silence se soit fait au XVIIe siècle sur cette question si brûlante au XVIe. Mais, au cours du XVIIIe siècle, les espérances de Grenoble se ranimèrent. A cette époque, une réforme des Universités s'imposait; elle était particulièrement urgente dans la région dauphinoise. L'Université de Valence, ainsi que l'attestent les documents officiels, était tombée dans un relâchement excessif auquel la Faculté de Droit n'avait point échappé[3]. L'Université d'Orange offrait moins de ressources encore aux écoliers studieux. Le chancelier d'Aguesseau pouvait écrire en 1742 de cette Université qu'elle n'était connue dans le royaume que par l'excès de son relâchement et de ses abus; d'ailleurs sa voisine de Valence ne se faisait pas faute de le lui reprocher. Si à Valence, les cours de droit ne commençaient qu'à Pâques, il paraît qu'ils ne commençaient point du tout à Orange où l'on s'en dispensait ordinairement. En fait, deux ou trois répétiteurs, établis à Grenoble, enseignaient le droit aux enfants des familles judiciaires; les étudiants n'allaient à Valence ou à Orange que pour y subir des examens, réduits, s'il faut en croire les piquants souvenirs de Berriat-Saint-Prix, à un vain simulacre et à d'innombrables salutations[4].

---

[1] *Documents*, n°^{s} 425 et 426.

[2] *Ibid.*, n°^{s} 427 et 428.

[3] Voir sur cette décadence divers passages des documents indiqués dans la série C des *Documents*, et notamment un passage du compte rendu fait aux chambres assemblées du Parlement de Grenoble, en 1765, par le conseiller de Sausin, p. 19 (*Documents*, n° 432).

[4] Voir le récit qu'en fait Berriat-Saint-Prix, d'après ses souvenirs personnels, dans le *Discours sur l'Enseignement du Droit en France*, prononcé par lui, le 5 novembre 1838, à la séance solennelle de rentrée de la Faculté de Droit de Paris (Paris, 1838),

Aussi le Parlement et l'ordre judiciaire dans son immense majorité désiraient ardemment le rétablissement de l'Université de Grenoble.

Le vœu des magistrats grenoblois était d'ailleurs conforme aux aspirations de leur temps. Il semblait très naturel, à cette époque, de placer l'enseignement du droit sous la surveillance des Cours souveraines, et plus particulièrement des gens du roi attachés à ces Cours. On s'habituait à considérer l'École de Droit comme une école préparant aux professions judiciaires, bien plus que comme une Faculté jouant son rôle dans cet ensemble qu'on appelle une Université. Aussi, pour la rapprocher du Parlement, n'hésitait-on pas à la détacher de l'Université, comme il était arrivé en 1735 pour l'École de Droit de Nantes, qu'on avait transférée à Rennes ; ou bien encore s'avisait-on de créer une École de Droit isolée, qui était à elle seule toute l'Université, comme on avait fait en 1723, à Dijon. Une réforme analogue semblait facile en Dauphiné, que l'on fondât ou que l'on transférât à Grenoble une Université, ou tout au moins une Faculté de Droit.

Dès le premier quart du XVIIIe siècle, des projets de ce genre hantaient les esprits et étaient bien accueillis des chefs du Parlement du Dauphiné[1]. Mais ce n'est qu'en 1732 qu'ils prirent corps officiellement. En cette année, le chancelier d'Aguesseau, visiblement favorable à la réforme, fit nommer, pour l'étudier et la préparer, une commission composée de hauts magistrats dauphinois, à la tête de laquelle se trouvaient le premier président de Grammont et l'intendant de Fontanieu[2]. Les deux Universités qui alors étaient considérées comme dauphinoises, celle de Valence et celle d'Orange, furent invitées à produire tous les documents qui pourraient éclairer les commissaires sur leur situation. L'Université d'Orange déféra à cette invitation, tandis que celle de Valence crut plus prudent de s'abstenir. Toutefois, les commissaires paraissent avoir conçu une

---

p. 64. L'auteur y fait le récit de la réception d'un bachelier en droit dans une ancienne Université du Dauphiné, probablement à Valence.

[1] Un des mémoires présentés à la Commission de 1742 (voir ci-dessous), fait allusion à un projet formé pour l'installation matérielle de l'Université à Grenoble ; ce projet était dû à l'un des premiers présidents de Bérulle, qui se succédèrent de 1694 à 1730.

[2] *Documents*, n° 429.

opinion mauvaise de celle-ci et une opinion très mauvaise de celle-là. En 1738, ils terminaient leurs travaux en proposant la suppression de l'Université d'Orange et la translation de celle de Valence à Grenoble.

Les Valentinois avaient été assez habiles pour ne prendre aucune part à l'enquête, sentant fort bien qu'ils trouveraient ensuite dans cette abstention un moyen d'en infirmer les résultats. Ils ne manquèrent pas d'user de ce moyen ; aussi, en 1742, d'Aguesseau mit de nouveau en mouvement la commission, un peu modifiée dans sa composition, parce que le premier président de Grammont se trouvait remplacé par son successeur, M. de Piolenc, en même temps que l'intendant Berthier de Sauvigny avait pris la place de Fontanieu [1]. Cette fois, l'Université de Valence, comme l'Université d'Orange, produisit ses pièces, en même temps qu'elle présentait sa défense dans un long mémoire imprimé. Le résultat n'en fut pas modifié. En 1744, la commission concluait à une proposition analogue à celle que contenaient les conclusions de 1738. Subsidiairement, s'il fallait laisser à Valence son Université (on n'envisageait même pas cette éventualité pour Orange), les commissaires demandaient le transfert à Grenoble de la seule Faculté de Droit; enfin, si l'on voulait conserver à Valence toutes ses Facultés, ils réclamaient l'établissement d'une Faculté de Droit isolée à Grenoble.

Tout permettait de croire que la ville de Grenoble concourrait largement de ses deniers à la réalisation de cette œuvre à laquelle elle était si grandement intéressée; il n'était même pas téméraire d'espérer un secours de la province. Les ministres se montraient favorables, suivant l'exemple que leur avait donné le cardinal de Fleury; il semblait donc que l'Université de Grenoble était près de renaître. Malheureusement ce beau plan se heurta à des résistances locales qui furent assez fortes pour en entraver l'exécution. Pourtant il ne fut pas abandonné ; après d'Aguesseau, Lamoignon, devenu chancelier, persévéra dans la voie que son prédécesseur avait frayée, mais sans plus de succès. Divers documents [2] attestent que la question était

---

[1] *Documents*, n° 430. C'est une lettre de d'Aguesseau qui avait posé à cette commission les questions auxquelles elle devait répondre.

[2] *Ibid.*, n° 431.

toujours agitée en 1751 et 1753. A cette époque, plusieurs hommes compétents, découragés sans doute par les obstacles qui barraient la voie aux solutions radicales, semblaient incliner vers un parti moyen qui, laissant à Valence son Université, ou tout au moins la Faculté de Théologie, utile à l'éducation du clergé de la région, organisait solidement à Grenoble l'enseignement du Droit.

Dix ans plus tard, la suppression de l'ordre des Jésuites avait désorganisé nombre d'établissements scolaires. Aussi les questions relatives à l'enseignement préoccupaient-elles à juste titre l'opinion publique. Le Parlement de Grenoble saisit l'occasion de rappeler l'attention sur le vœu séculaire de la cité ; le 24 juillet 1764, il chargea le conseiller de Sausin de lui rendre compte des mesures qui paraîtraient le plus convenables pour l'établissement d'une Université à Grenoble. Le 11 décembre, M. de Sausin communiquait son compte rendu à l'assemblée des chambres du Parlement ; il y concluait fortement à la suppression des deux Universités de Valence et d'Orange et à l'établissement d'une Université à Grenoble. Le Parlement en adopta les conclusions et les présenta dans un mémoire adressé au roi au mois de mars 1765[1] : M. de Sausin avait été chargé de le rédiger. La commission établie à Paris pour étudier ces questions, sous la présidence de l'archevêque de Reims[2], examina avec attention ces propositions. Sur le rapport de Thiroux de Crosne[3], elle se prononça en 1768 pour une solution qui n'était exactement aucune de celles qui avaient été proposées ; en effet, elle demanda, non la suppression des deux Universités de Valence et d'Orange, mais la translation de toutes les deux à Grenoble[4]. C'était, aux yeux des commissaires, le parti le plus simple, parce qu'il dispensait de recourir au Saint-Siège, dont il eût fallu prendre l'agrément pour supprimer ou créer des Universités à la tête des-

---

[1] Compte rendu et Mémoire ont été imprimés. On en trouvera l'indication au n° 432 des *Documents*. Subsidiairement le mémoire concluait à la suppression de l'Université d'Orange et à la translation de celle de Valence à Grenoble. Si ce parti semblait encore trop radical, le Parlement demandait en tout cas (p. 60) l'établissement d'une Université à Grenoble.

[2] Charles-Antoine de la Roche-Aymon, le futur cardinal.

[3] Quelque temps après, Crosne fut intendant de Rouen ; lieutenant général de police sous Louis XVI, il fut guillotiné en 1794.

[4] Voir la lettre de Vidaud de la Tour, citée ci-dessous.

quelles se plaçaient des Facultés de théologie conférant des grades reconnus par l'Église.

Il semblait que les Grenoblois touchaient à la réalisation de leurs désirs. Cette fois encore, ils furent trompés dans leur attente. « Les mouvements qui ont toujours agité la magistrature depuis cette époque (1768), écrivait à la fin de 1771 Vidaud de la Tour[1], premier président de la Cour de justice dite Parlement Maupeou ; le défaut d'un député à Paris pour suivre un projet qui demandait l'activité d'un homme qui n'eût que cet objet en vue, et la lenteur ordinaire des Compagnies ont suspendu jusqu'ici l'opération la plus utile pour le Dauphiné. » Il eût pu ajouter à ces causes l'hostilité de la ville de Valence qui, aussitôt avertie des projets de Grenoble, avait de nouveau repris et résumé ses anciens arguments dans un mémoire imprimé[2]. Au surplus, le président Vidaud, sans se décourager, appelait de nouveau sur cette question l'attention du chancelier Maupeou[3]. A son avis, les circonstances étaient plus favorables que jamais. Sans doute, jusqu'à ce moment, l'évêque de Valence, Alexandre Milon, avait été un adversaire redoutable ; passionnément dévoué aux intérêts de sa ville épiscopale, il mettait « beaucoup de chaleur » à la défense de son Université. Mais voici que, après un épiscopat qui avait duré près d'un demi-siècle, le prélat était mort le 18 novembre 1771. Il semblait facile de désintéresser le futur évêque de Valence, car, ajoutait Vidaud, « il est bien des moyens dans les mains du roi pour y pourvoir ». Quant à la ville, rien ne sera plus aisé que de lui fournir une indemnité qui lui donne satisfaction. Ainsi un puissant établissement d'enseignement sera créé, si bien que le Dauphiné devra à Maupeou « le plus grand bien que l'on puisse procurer aux hommes : l'instruction avec le goût du travail ».

La lettre de Vidaud de la Tour ne paraît pas avoir eu d'autre effet que celui de provoquer une nouvelle protestation de Valence[4]. Encore une fois rien ne se fit, peut-être à cause de cette inertie qui, à plus d'une reprise, à la fin du xviiie siècle, paralysa les meilleures intentions du

---

[1] Guillotiné à Orange en 1794.
[2] *Documents*, n° 433.
[3] *Ibid.*, n° 434.
[4] *Ibid.*, n° 436.

Gouvernement royal[1]. Les Universités ne cessèrent pas de végéter ; l'enseignement du droit ne sortit pas de la routine. Tandis que les philosophes et les lettrés, négligeant volontiers les réalités, perdaient trop souvent contact avec la terre et s'élançaient dans le domaine de la pure théorie, nos juristes, quand ils travaillaient, traçaient mélancoliquement leur sillon toujours le même, sans quitter le sol de leur regard. Ils furent surpris par la bourrasque révolutionnaire qui emporta comme un fétu de paille les antiques Universités. Le champ était libre pour les constructeurs de l'avenir[2].

Je ne sais ce que le siècle où nous entrons réserve à l'École de Droit de Grenoble. Qu'il me soit seulement permis d'exprimer un vœu : Dieu préserve, nous et nos successeurs, de la discorde qui a tué la vieille Université grenobloise et de la routine qui a endormi l'Université de Valence !

---

[1] Il faut seulement signaler l'ouverture, en 1771, d'une école publique de chirurgie confiée aux Pères de la Charité qui étaient préposés à l'hôpital de Grenoble. Cette création était due à l'intendant Pajot de Marcheval (Dr Bordier, *La Médecine à Grenoble*, p. 124 et s.).

[2] Il est à remarquer que les écoles de droit créées sous le premier Empire reproduisirent par plus d'un trait le type des écoles que rêvait la magistrature du xviiie siècle.

LA FACULTÉ DE DROIT DE GRENOBLE

1805-1905

PAR

Louis **BALLEYDIER**,
Professeur à la Faculté de Droit de l'Université de Grenoble.

I

L'Enseignement du Droit pendant la Révolution.

La plupart des Universités de l'ancien régime comprenaient une Faculté vouée à l'enseignement de la jurisprudence. Comment ces Facultés s'acquittaient de leur mission, dans quel état d'irrémédiable décadence elles étaient tombées, vous pouvez en juger par ce que vous venez d'entendre dire de celles de Valence et d'Orange, qui n'étaient pas des exceptions.

Aussi, lorsque la crise révolutionnaire amena la disparition des anciennes Universités, laissèrent-elles peu de regrets, même parmi les hommes qui s'intéressaient à l'étude et aux progrès de la jurisprudence. Aucun d'eux cependant ne pouvait avoir la pensée qu'une branche aussi importante des connaissances humaines, qu'une science d'un intérêt théorique si élevé et d'une application si pratique, dût rester dépourvue de maîtres capables de l'enseigner. La profonde transformation subie par la société française et par les institutions qui la régissaient, le retentissement qu'elle devait avoir dans les principales branches du droit, semblaient même appeler une réorganisation particulièrement rapide de son enseignement. Ne fallait-il pas prévoir la disparition progressive des jurisconsultes que l'on trouvait en grand nombre dans les tribunaux, les barreaux, les corps d'officiers ministériels de l'ancien régime, et n'était-il pas urgent de pourvoir à leur remplacement ?

L'urgence, à vrai dire, était moins grande qu'il ne paraît au premier abord. La négligence apportée par les Facultés de Droit à l'accomplissement de leur mission enseignante les avait fait déserter pour la plupart par les jeunes gens studieux, qui n'avaient plus avec elles que les rapports strictement obligatoires pour en obtenir la collation des grades. C'était ailleurs qu'ils allaient chercher l'instruction juridique nécessaire à l'exercice des professions judiciaires. Dans la plupart des villes parlementaires, on trouvait des professeurs libres, fort bien achalandés, et dont l'enseignement remplaçait avantageusement celui qu'on aurait vainement demandé aux Universités. Grenoble en comptait deux, dont l'un, au moins, paraît avoir groupé de nombreux élèves ; c'était Benoît Pal, dont nous retrouverons plus d'une fois le nom, et qui, nommé, tout jeune encore, professeur de philosophie au collège royal de Grenoble, en avait profité pour étudier le droit sous Barthélemy d'Orbanne et l'enseignait à son tour.

Ces petites écoles privées pouvaient parer dans une certaine mesure au recrutement des hommes de loi. La nécessité d'un enseignement public du droit se faisait d'autant moins sentir que la loi du 2 mars 1791 avait proclamé la liberté des professions, sans condition légale d'études, de grades et de diplômes [1].

Les pouvoirs publics étaient d'ailleurs peu convaincus de l'utilité d'une instruction spéciale pour les hommes chargés de rendre la justice ou d'assister les parties devant les tribunaux. L'Assemblée Constituante, à la vérité, avait eu la sagesse d'exiger que les juges élus des nouveaux tribunaux fussent choisis parmi les anciens magistrats et les gradués en droit ayant exercé la fonction d'avocat dans des sièges de justice royale ou seigneuriale [2], et elle se promettait de statuer ultérieurement sur les conditions d'éligibilité lorsqu'elle

---

[1] Loi des 2-17 mars 1791, art. 7.
[2] Loi des 16-24 août 1790, t. II, art. 9 ; loi des 2-11 septembre 1790, art. 5.

s'occuperait de l'enseignement public [1]. Elle avait édicté des dispositions analogues en ce qui concerne les avoués [2]. Mais déjà aux *défenseurs officieux*, destinés à remplacer les avocats, elle n'imposait aucune condition de capacité [3].

La Convention va plus loin : elle supprime la profession des représentants judiciaires et autorise seulement les parties à se faire remplacer devant les tribunaux par des fondés de pouvoir, munis, pour toute garantie, d'un certificat de civisme [4]. Quant aux juges, la Constitution de l'an III n'exige plus d'eux aucune attestation de savoir professionnel [5].

C'est qu'en effet l'utilité des connaissances juridiques n'apparaît pas aux yeux de la célèbre Assemblée. Les Jacobins sont même portés à les considérer comme nuisibles. « Les lois, dit l'un d'eux, Bouquier, rapporteur de la Commission de l'instruction publique [6], les lois doivent être simples, claires et en petit nombre ; elles doivent être telles que chaque citoyen puisse les porter toujours avec soi. » Inutile dès lors de les étudier, et il faut bien se garder de créer des Écoles de Droit, qui ne seraient bonnes « qu'à ressusciter la chicane et son cortège, écrasés par la triple massue de la raison, de la philosophie et de la liberté ».

Les tendances des Assemblées révolutionnaires se trahissent dans les plans généraux pour l'instruction publique qui se succèdent devant elles. Dans les projets présentés à la Constituante par Talleyrand, au nom de son Comité de constitution, l'enseignement supérieur est donné par des écoles spéciales ; les Écoles de Droit, au nombre de dix, doivent avoir quatre professeurs enseignant le droit naturel et la Constitution, le droit civil (c'est-à-dire le droit romain), le droit coutumier et la procédure civile et criminelle. On voit que Talleyrand se préoccupait surtout de la formation des hommes de loi, puisque, sur les quatre cours, trois ont pour but de leur procurer les connaissances

---

[1] Loi des 2-11 septembre 1790, *ib.*
[2] Loi du 15 décembre 1790, art. 6 ; loi des 29 janvier-20 mars 1791, art. 4 et s. ; loi des 29 janvier-11 février 1791, art. 2 et s.
[3] Loi du 15 décembre 1790, art. 4.
[4] Loi du 13 brumaire an II, art. 12.
[5] V. la Constitution du 5 fructidor an III, art. 202 et s.
[6] Cité par Liard, *L'Enseignement supérieur en France*, t. I, p. 202 et s.

utiles à l'exercice de leur profession. La même préoccupation se remarque dans les projets émanés de divers membres des Assemblées, notamment dans celui de Daunou [1].

Avec l'Assemblée législative et le projet rédigé par Condorcet au nom de son Comité d'instruction publique, projet qui domine également les débats très confus de la Convention, des idées différentes commencent à se faire jour. Les neuf *Lycées* où doit se concentrer l'enseignement supérieur renferment une *classe* ou section pour les sciences morales et politiques. Parmi les professeurs qu'elle comprend, on en trouve un chargé d'enseigner le droit naturel, avec beaucoup d'autres choses, un pour la science sociale, l'économie politique, les finances et le commerce, un troisième pour le droit public et la législation générale, un quatrième pour la législation française. L'objet principal qu'on se propose désormais n'est plus de former des juristes connaissant les lois et capables de les interpréter, c'est bien plutôt de faire pénétrer dans l'esprit des élèves des principes considérés comme supérieurs aux législations. En d'autres termes, il s'agit, avant tout, de faire des économistes et des publicistes imbus des idées philosophiques et sociales du XVIIIe siècle.

Sous la Convention, cette tendance vers un enseignement purement théorique va s'accentuant. « Le droit, suivant le montagnard Romme [2], est un art subtil, enfanté par une cupidité astucieuse pour tourner à son profit ses obscurités et même ses contradictions. » « La Convention, dit un autre [3], devrait interdire sous de fortes peines toute espèce de paraphrase, interprétation, glose et commentaire des lois. » Aussi les Écoles de sciences morales et politiques, prévues par la loi du 3 brumaire an IV, et qui ne furent d'ailleurs jamais organisées, ne sont-elles nullement dirigées vers les applications pratiques de la jurisprudence.

Finalement, la Convention aboutit seulement à la création des Écoles centrales, établissements hybrides qui participent à la fois de l'enseignement secondaire et de l'enseignement supérieur. La science juridique y est représentée par une chaire unique, la chaire de législation.

---

[1] V. Liard, *op. cit.*, t. I, p. 132.
[2] Cité par Liard, *op. cit.*, t. I, p. 168.
[3] V. Liard, *op. cit.*, t. I, p. 203.

A Grenoble, elle fut occupée par un homme destiné à fournir une brillante carrière de professeur, de jurisconsulte et d'érudit. Jacques Berriat, plus connu sous le nom de Berriat-Saint-Prix [1], était âgé de 20 ans en 1789. Dans les premières années de la Révolution, il occupa divers emplois civils; puis, malgré ses mœurs essentiellement pacifiques, le poste d'ailleurs peu dangereux de quartier-maître trésorier du 10⁰ bataillon de l'Isère. Sa seule campagne, dit-on, fut une marche militaire de Grenoble..... à Gières [2]; accueilli à bras ouverts dans ce village par une proche parente, il fut si bien soigné que, s'il faut en croire le récit d'un autre membre de sa famille [3], l'expédition se termina par une indigestion de confitures; elle mit fin à la carrière militaire du jeune guerrier, qui allait trouver dans l'enseignement des occupations mieux appropriées à ses goûts.

Berriat-Saint-Prix avait un vif sentiment de la nécessité de former des juristes pour la pratique des affaires. Aussi, tandis que la plupart des professeurs de législation des Écoles centrales consacraient leurs leçons à l'exposition des principes les plus généraux du droit public, il se cantonna à peu près exclusivement dans l'étude du droit privé et spécialement du droit civil [4]. Ce parti pris assura à son enseignement un grand succès. Le nombre des élèves qui y étaient inscrits était de 22 en l'an VIII et s'éleva progressivement en l'an XI à 66, dont une vingtaine de départements voisins; le cours était suivi en outre par un grand nombre d'auditeurs bénévoles. Le maître sut inspirer à ses disciples un goût si décidé pour l'objet de leurs études qu'ils formèrent

---

[1] Sur Berriat-Saint-Prix, v. Taillandier, *Notice sur la vie et les travaux de M. Berriat-Saint-Prix*, 1848; Duchesne, *Notice sur la vie et les ouvrages de M. Jacques Berriat-Saint-Prix*, dans le *Bulletin de l'Académie Delphinale*, 1ʳᵉ série, t. II (1847), à la fin du volume; Rochas, *Biographie du Dauphiné*. Il existe également sur Berriat-Saint-Prix un article paru dans le numéro d'octobre 1845 de *Les Écoles*, journal mensuel fondé et rédigé par les élèves des Écoles de Paris, des Facultés des départements, etc. Cette notice nécrologique (dont je n'ai pu consulter qu'une copie manuscrite) est inspirée par un parti pris évident de dénigrement; mais l'auteur, qui était sans doute un Dauphinois, donne quelques renseignements biographiques intéressants.

[2] Village situé à 6 kilomètres de Grenoble.

[3] A. Champollion-Figeac, *Chroniques Dauphinoises*, t. I, p. 185 et s.

[4] Berriat a publié un *Précis du cours de législation fait à l'École centrale de l'Isère*. Cet ouvrage, dont deux volumes ont paru, n'a pas été terminé.

entre eux une société pour la discussion des questions relatives à la jurisprudence. Le cours de législation se divisait en deux classes et durait par conséquent deux années à raison de cinq leçons par décade.

Quelque désireux qu'il fût de propager les connaissances qui importent le plus directement aux juristes et à la formation de l'esprit juridique, Berriat-Saint-Prix était d'une intelligence trop ouverte pour négliger les sciences voisines de la jurisprudence et dont la possession est utile aux jurisconsultes. Aussi lorsque le ministre, par sa circulaire du 15 thermidor an VII, invita les professeurs de législation à consacrer leurs loisirs à faire des cours sur des matières non comprises dans le programme officiel, parmi lesquelles, devançant de bien loin les initiatives contemporaines, il signalait spécialement l'économie publique, Berriat s'empressa de répondre à son appel. Faut-il croire, comme l'insinue un biographe d'ailleurs malveillant [1], qu'il entreprit d'enseigner l'économie politique sans l'avoir jamais apprise? S'il en est ainsi, ce que nous savons de son application et de sa puissance de travail permet d'affirmer qu'il ne négligea rien pour acquérir les connaissances nécessaires à ce nouvel enseignement, et qu'il dut se rendre promptement maître de son objet. Sa première leçon nous est seule parvenue [2] : elle montre que le professeur comptait surtout se servir des ouvrages et s'inspirer des doctrines de Steward, d'Adam Smith, d'Arthur Young et d'Herrenschwand.

Malgré le zèle et la compétence du professeur, le cours unique de législation qu'il professait à l'École centrale ne pouvait suffire aux jeunes gens avides d'avancer dans la connaissance du droit. Lorsque la loi du 11 floréal an X eut supprimé les Écoles centrales pour les remplacer par les Lycées, en retranchant de leur programme toutes les sciences, telles que le droit, que nous considérons comme relevant de l'enseignement supérieur, la lacune devint plus sensible encore. Elle se faisait d'autant plus vivement sentir que le Gouvernement consulaire promettait à la France une ère d'ordre et de tranquillité, où un fonctionnement régulier et un bon recrutement de la magistrature et des autres professions judiciaires devaient paraître particu-

---

[1] V. l'article de *Les Écoles* cité *supra*.
[2] Dans les *Mémoires d'économie publique* publiés par Rœderer, t. I, p. 382 et s.

lièrement désirables. On s'en rendit compte et l'on se mit en devoir de parer aux besoins les plus immédiats. On ne songeait plus alors à réaliser les plans grandioses qui avaient eu la faveur des premières Assemblées révolutionnaires ; il n'était plus question de créer, sous le nom d'Universités ou sous toute autre dénomination, de vastes établissements destinés à l'enseignement de toutes les connaissances humaines. Un pareil dessein, quand même il eût été compatible avec les difficultés de la situation financière, n'aurait pas manqué de se heurter, surtout pour l'ordre des sciences morales et politiques, à l'aversion bien connue du Premier Consul pour les idéologues.

La loi de l'an X se bornait donc à placer au sommet de son système d'instruction publique des écoles spéciales vouées à l'étude complète et approfondie, ainsi qu'au perfectionnement des sciences et arts *utiles*, c'est-à-dire en somme des écoles d'un caractère professionnel. Parmi elles devaient figurer dix Écoles de Droit destinées, par leur enseignement et leurs examens, « à garantir aux citoyens le degré de confiance que doivent mériter des hommes aux lumières et à la probité desquels ils sont forcés de livrer une part de leur honneur et de leur fortune [1] ».

En attendant l'exécution de ce plan, qui devait tarder quelques années encore, l'initiative privée continua à pourvoir de son mieux à l'enseignement du droit. A Paris, deux institutions libres, conçues sur un plan très large, et qui ont trouvé récemment un historien érudit [2], l'Académie de législation et l'Université de juris-

---

[1] Exposé des motifs de la loi du 11 floréal an X, par Fourcroy.
[2] M. Henri Hayem, *La renaissance des études juridiques en France sous le Consulat*, dans la *Nouvelle Revue historique de Droit français et étranger* de 1905, p. 96 et s., 213 et s., 378 et s. Un Dauphinois, le criminaliste Bourguignon, joua un grand rôle à l'Académie de législation (v. le travail de M. Hayem, p. 19, 34 et s., 47 et 58 du tirage à part, v. aussi p. 13). M. Hayem a bien voulu, parmi les élèves de cette Académie, m'en signaler trois qui étaient originaires du département de l'Isère : Bourguignon, fils du précédent, qui obtint, en l'an XI, le prix de Logique, Morale et Éloquence, par un discours sur la question de la supériorité des anciens sur les modernes (*Bulletin de l'Académie de législation*, 12ᵉ livraison, p. 555 et s.) : il est fait mention de Bourguignon fils dans la *Biographie universelle* et dans la *Nouvelle Biographie générale* ; — Boulanger, qui eut la même année l'accessit de Droit privé français ; — Gauthier (Jean-Séraphin), qui mérita, en l'an X, l'accessit de Législation criminelle et le prix de Logique, Morale et Éloquence (son discours est

prudence s'y adonnaient avec un grand succès. Dans les villes moins importantes, on ne pouvait s'attendre à voir surgir des établissements aussi considérables. A Grenoble, Pal n'avait pas cessé de donner des leçons. Berriat-Saint-Prix, qui, même aux temps de l'École centrale, paraît avoir mené un enseignement privé de front avec son cours officiel, Berriat-Saint-Prix ouvrait des cours libres avec un succès qui lui valut jusqu'aux encouragements officiels. Un jeune docteur de l'Université de Turin, Claude Burdet, avait aussi un certain nombre d'élèves.

II

Création de l'École de Droit de Grenoble.

La loi de l'an X avait tracé le cadre de l'enseignement supérieur. Restait à l'organiser. En ce qui concerne le droit, la tâche parut de plus en plus urgente à mesure que l'élaboration du Code civil avançait. Ne fallait-il pas fournir aux jeunes générations les moyens de s'instruire des règles de la nouvelle législation? Le Code civil fut terminé le 30 ventôse an XII (21 mars 1804). Dès le 22 du même mois (13 mars) était promulguée une loi, qui reste encore, après plus d'un siècle, la charte fondamentale de l'enseignement du droit en France.

Les bases sur lesquelles il fut assis nous paraissent aujourd'hui singulièrement étroites. On en avait soigneusement éliminé tous les objets qui pouvaient conduire les élèves à la critique des institutions politiques. Le droit civil français dans l'ordre établi par le Code, le droit romain dans ses rapports avec le droit français, la législation criminelle et la procédure civile et criminelle, voilà l'essentiel du programme (art. 2). Cet enseignement purement pratique était sanctionné par des examens autour desquels on allait multiplier les

---

rapporté au même *Bulletin*, 5ᵉ livraison, p. 128 et s.) et, en l'an XI, le prix de Droit criminel français; il prit part également au tournoi oratoire qui se termina par le succès de Bourguignon (*ib.*, 12ᵉ livraison, p. 606 et s.).

précautions et les garanties pour éviter le retour des abus auxquels avait donné lieu la collation des grades dans les anciennes Universités. Elles étaient d'autant plus indispensables que les grades conférés par les écoles devaient seuls désormais ouvrir la porte des principales carrières judiciaires.

La loi de l'an XII n'était pas susceptible d'une application immédiate ; il fallait attendre le règlement d'administration publique, auquel elle laissait, entre autres, le soin de fixer l'emplacement des nouvelles écoles. L'attente devait se prolonger deux années encore. Pendant ce temps, l'ambition des villes qui pouvaient espérer être choisies comme siège d'une École de Droit s'éveillait : trente-quatre se mirent sur les rangs. Grenoble ne fut pas des moins empressées. Dès que la loi de l'an X avait été votée, le maire Renauldon et le Conseil municipal, bientôt secondés par le Tribunal d'appel, par le Conseil général et par le préfet Fourier, se hâtèrent de demander l'établissement dans la ville de l'une des Écoles de Droit. Ce vœu, renouvelé à plusieurs reprises, était appuyé de mémoires, qui paraissent être dus à la plume du jurisconsulte Didier, et où l'on faisait valoir avec force les arguments qui militaient en faveur de Grenoble.

Cette ville ne formait-elle pas le centre naturel d'une dizaine de départements régis comme elle, jusqu'au Code civil, par une jurisprudence d'origine romaine, dont la connaissance approfondie devait être, longtemps encore, nécessaire aux magistrats et aux avocats ? Il n'était pas possible d'envoyer les étudiants dauphinois chercher l'enseignement dans une ville comme Dijon, appartenant aux pays de coutumes, et où le droit romain n'occupait qu'une place secondaire. Les relations qui existaient dès lors entre la Savoie et le Dauphiné, les analogies qu'on relevait dans la jurisprudence de ces deux provinces fortifiaient cette considération.

L'heureuse position occupée par Grenoble en a fait, dès longtemps, un centre judiciaire important, doté, sous l'ancien régime, d'un Parlement et d'une Cour des Aides, d'un Bailliage, d'une Maîtrise, etc., et, sous le nouveau, d'un Tribunal d'appel, d'un Tribunal civil, d'un Tribunal criminel. Autour de ces juridictions diverses se pressaient un barreau et des jurisconsultes nombreux et réputés, dont les exemples et les leçons achèveraient la formation juridique des élèves. A ce moyen puissant d'instruction venait se joindre une riche bibliothèque publique, contenant plus de 10.000 volumes de droit, sans compter les ressources qu'on pouvait tirer de plus de 50 bibliothèques de particuliers, et, pour d'autres branches de connaissances, des nombreux établissements d'instruction publique « formés pour la plupart par le zèle et aux frais des citoyens de Grenoble ».

La jurisprudence avait toujours été en honneur à Grenoble, et les représentants de la ville ne manquaient pas de citer « les hommes distingués dans la science du droit et dans celle de l'administration publique sortis du sein ou formés sous les yeux » des tribunaux de Grenoble, Guy Pape, Expilly, Salvaingt de Boissieu, Bourchenu de Valbonnais, Abel Servien, Lyonne, Vidaud de la Tour, Guignard de Saint-Priest, Barthélemy d'Orbanne, Servan, Barnave, Lemaistre, Mounier, etc. Ces noms, auxquels on aurait pu en ajouter d'autres, permettaient de préjuger ce que serait l'avenir de la science juridique dans un milieu particulièrement favorable à sa culture. On a dit que dans tout cultivateur de nos montagnes il y a l'étoffe d'un bon avocat. Sans aller aussi loin, le Tribunal d'appel faisait observer qu'« il serait difficile de rencontrer dans aucune partie de la République un goût plus universellement répandu pour l'étude du droit; les ci-devant Dauphinois sont nés avec cette rare facilité qui triomphe des affaires les plus épineuses ».

Enfin l'affluence des étudiants à Grenoble devait être facilitée par les six grandes routes qui y convergeaient dès lors, et à côté desquelles les Grenoblois, spéculant audacieusement sur la naïveté géographique des Parisiens, mentionnaient négligemment « la rivière navigable qui traverse leur ville ».

Ces arguments, d'autres encore dont je vous fais grâce, n'étaient pas sans valeur, et la cause de Grenoble se présentait sous un aspect favorable. De ses concurrentes les plus immédiates, Valence était médiocrement recommandée par les souvenirs qu'avait laissés son Université, Chambéry dans une situation trop peu centrale : le vrai moyen de mettre ces deux villes d'accord n'était-il pas d'installer l'École de Droit à égale distance de l'une et de l'autre ? Turin était annexée depuis trop peu de temps pour qu'il fût politique d'y pousser les Dauphinois et surtout les Savoyards. Peut-être même, remarquait le Tribunal d'appel, « serait-il convenable de rendre l'École spéciale de Droit qu'on se propose d'établir à Grenoble commune aux départements du Piémont nouvellement réunis ; les habitants de ces départements y trouveraient le double avantage de se former dans l'étude du droit, d'y apprendre la langue française et de s'identifier plus rapidement avec les mœurs et les usages du peuple français ». Quant à Lyon, nul alors ne paraît avoir bien sérieusement pensé qu'elle pût être autre chose qu'une ville commerciale et manufacturière.

Il était prudent néanmoins de ne rien négliger pour assurer le succès. Déjà les trois députés de l'Isère, Sapey, Jubié, de Barral, et surtout ce dernier, président du Tribunal d'appel de Grenoble, avaient multiplié les démarches. Mais, malgré l'appui que de Barral rencontrait auprès du Genevois Pictet, il restait inquiet. Le Conseil municipal décida d'adjoindre aux députés deux délégués spéciaux, l'adjoint de la Valette et le jurisconsulte Didier, membre du Conseil municipal.

Il s'agissait de réchauffer le zèle des hommes influents sur lesquels Grenoble croyait pouvoir compter et surtout de ceux qui avaient des attaches avec le Dauphiné. C'étaient les conseillers d'État Crétet[1], Béranger[2], Montalivet[3], Français de Nantes[4], Français auquel le Maire[5] rappelait qu'il avait pourvu de bonnes places dans les administrations fiscales qu'il dirigeait[6] une foule de Grenoblois, et qui ne pouvait se montrer moins dévoué aux intérêts de la ville elle-même. C'étaient encore les sénateurs Abrial[7], Le Noir la Roche[8], Clary.[9] Ce dernier serait prié d'intervenir auprès de son beau-frère, le futur roi Joseph, pour qu'il appuyât au besoin la demande de Grenoble jus-

---

[1] Crétet était originaire de Pont-de-Beauvoisin en Dauphiné.

[2] Béranger avait été représentant du département de l'Isère.

[3] Montalivet, issu d'une vieille famille dauphinoise, avait été pendant quelques années avocat, puis conseiller au Parlement de Grenoble.

[4] Français, dit de Nantes, dut son surnom aux fonctions qu'il exerçait dans cette ville, en 1789, et au mandat dont le département de la Loire-Inférieure l'investit à l'Assemblée législative. Il n'en était pas moins né à Beaurepaire (Isère), avait été administrateur du département de l'Isère pendant la Révolution et se proclamait un ami dévoué de la ville de Grenoble (lettre au maire du 10 vendémiaire an XIII).

[5] Lettre du 18 fructidor an XII.

[6] A son titre de conseiller d'État, Français réunissait celui de directeur de l'administration des Droits réunis, ayant le département des Octrois.

[7] Abrial était titulaire de la sénatorerie de l'Isère.

[8] Le Noir la Roche, de souche et de naissances dauphinoises, avait passé toute sa jeunesse à Grenoble.

[9] Clary appartenait à une famille d'origine dauphinoise (v. Frédéric Masson; *Napoléon et sa famille*, t. I, p. 90 et s.).

qu'auprès de l'Empereur. Il fallait voir aussi ceux des membres du Gouvernement et des grands corps de l'État, dont l'avis devait avoir le plus de poids dans cette affaire.

Sapey, pour qui Regnaud de Saint-Jean-d'Angély professait une estime particulière, présente d'abord Didier et Lavalette à ce conseiller d'État, qui était le rapporteur du projet de décret. Regnaud, sollicité antérieurement de la part du prince Joseph et déjà travaillé par de Barral, se montre favorable et promet aux délégués de faire valoir leurs raisons. Ceux-ci vont alors rejoindre de Barral et Jubié, et tous les cinq, « en grand *in fiochi* », suivant leur propre expression, se rendent chez l'archichancelier Cambacérès, où ils sont bien reçus, chez Fourcroy, « qui est à nous », puis chez Muraire, premier président du Tribunal de cassation, etc.

Parmi ces visites, il en est deux qui méritent une mention spéciale. De toutes les villes rivales, Aix paraissait aux Grenoblois l'adversaire le plus redoutable. Cette ville se recommandait de vieilles traditions universitaires et parlementaires ; elle comptait au Conseil d'État des amis dévoués et influents, notamment les Provençaux Siméon et Portalis, l'illustre Portalis qui, après avoir joué un rôle prépondérant dans l'élaboration de la nouvelle législation, ne pouvait manquer d'exercer une grande influence sur l'organisation de son enseignement.

Ah ! ces Provençaux ! ils empêchaient nos Dauphinois de dormir. « Je crains la puissance des appuis de la ville d'Aix », gémissait de Barral dès les débuts de l'affaire. « Le crédit des conseillers d'État Siméon et Portalis est bien fort », répétait-il. « La chose serait bien difficile si vous aviez à lutter contre les Provençaux », avait opiné Cambacérès. C'était donc eux surtout qu'il fallait entamer et la tâche ne paraissait pas aisée. La ville d'Aix avait-elle émis la prétention d'être seule dans tout le Sud-Est à posséder une École de Droit ? Il semble bien en tout cas qu'à Grenoble on avait caressé un rêve tout semblable, et que cette ambition, excessive peut-être, à coup sûr imprudente, avait percé au dehors. En effet, lorsque les délégués se présentèrent chez Portalis, ils furent, au premier mot, accueillis par cette déclaration inquiétante : « Ha ! nous allons être en concurrence sur cet objet. » Il fallut bien vite battre en retraite et prodiguer les protestations rassurantes : « Nous l'avons sur-le-champ guéri de cette erreur », écrivent les délégués. Portalis n'avait sans doute jamais été bien inquiet pour sa ville d'Aix ; il se montra bon prince, écouta les arguments qui lui étaient exposés, repoussa fortement Lyon et adopta également les raisons des délégués sur Turin. Ceux-ci sortirent de chez lui fort satisfaits. Siméon, qui avait lu leur mémoire, leur parut également converti.

Il y avait donc de fortes raisons d'espérer. Néanmoins, jusqu'à la dernière minute, les Grenoblois furent dans les transes. Ne pouvait-on pas craindre un incident, « un tour de discussion », qui viendrait tout compromettre? Aussi c'est avec un soupir de soulagement qu'ils apprirent enfin que le Conseil d'État leur avait donné gain de cause. Ils s'empressèrent d'annoncer à Grenoble la victoire qu'ils venaient de remporter, et la municipalité, enchantée, de leur prodiguer les félicitations et d'adresser ses remerciements à tous ceux qui, peu ou prou, avaient collaboré à leur succès [1].

Le décret du quatrième jour complémentaire de l'an XII, fruit des délibérations du Conseil d'État, dépassant les promesses de la loi de l'an X, instituait 12 Écoles de Droit : 9 dans l'ancienne France, à Paris, Dijon, Grenoble, Aix, Toulouse, Poitiers, Rennes, Caen et Strasbourg ; 3 dans les pays récemment annexés, à Turin, Bruxelles et Coblentz.

Bien qu'on fût aux derniers jours de l'an XII, la ville de Grenoble se flattait que l'organisation de la nouvelle École pourrait être prête pour l'an XIII. C'était une illusion : même sous les Gouvernements les plus actifs, les affaires administratives ne vont jamais bien vite; ne fallait-il pas d'ailleurs, avant toutes choses, trouver et aménager un local pour le nouvel établissement? Le choix de la municipalité, bientôt ratifié par l'administration supérieure, se porta sur le second étage « de la cy-devant Chambre des Comptes [2] », alors occupé par les papiers et le logement de l'archiviste. Les négociations avec la Cour d'appel [3], à raison des droits qu'elle pouvait avoir sur ces locaux,

---

[1] Dans sa réponse aux remerciements du maire, Clary déclare « que le succès de la demande est dû principalement à MM. Sapey et Didier ».

[2] La Faculté fut transférée en 1816 « dans les bâtiments appartenant ci-devant aux Jacobins » (place de la Halle), puis, en 1879, dans le Palais actuel de l'Université.

[3] La Constitution impériale du 28 floréal an XII (18 mai 1804) avait substitué cette dénomination à celle de tribunal d'appel, sous laquelle j'ai désigné jusqu'ici ce corps judiciaire.

le déménagement des archives, les travaux d'aménagement prirent un certain temps, et c'est seulement plus d'un an après le règlement d'administration publique qu'intervint le décret impérial organisant l'École de Grenoble.

Ce décret, du 10 brumaire an XIV (1er novembre 1805)[1], fut signé au quartier général de Braunau, petite ville située sur la frontière de la Haute-Autriche et de la Bavière, à moitié chemin entre Ulm et Vienne, où l'Empereur devait entrer douze jours plus tard. Il nommait les cinq professeurs de l'École[2] : Didier pour le Droit romain ; Planel, Pal, Jolly pour le Code civil ; Berriat-Saint-Prix pour la Législation criminelle et la Procédure, et leur adjoignait deux suppléants, Marin et Burdet, et un secrétaire, Cheminade. Didier était investi des fonctions de directeur.

Des nouveaux professeurs et suppléants, trois nous sont déjà connus par leur participation antérieure à l'enseignement du droit : Pal, Berriat-Saint-Prix et Claude Burdet. Jolly était un ancien avocat[3], Planel[4], tour à tour agrégé et professeur à la Faculté de Droit de l'Université de Valence, puis recteur de cette Université, avait, pendant la Révolution, occupé diverses fonctions judiciaires. Marin était un avocat de Chambéry ; il ne paraît pas avoir jamais pris possession de son poste.

Les hommes les plus marquants du nouveau corps enseignant étaient assurément Berriat-Saint-Prix et le directeur Didier [5], que nous avons vu prendre une part active aux démarches qui préparèrent la fondation de l'École. Figure un peu inquiétante que celle de cet ancien avocat au Parlement de Grenoble, que ses historiens nous

---

[1] V. à la fin du volume : *Documents relatifs à l'École et à la Faculté de Droit de Grenoble*, n° 1.

[2] Didier, Pal et Berriat-Saint-Prix avaient été recommandés au choix du Gouvernement par le Conseil municipal, le Préfet et la Cour d'appel.

[3] Serait-ce le même que Jolly, ancien jurisconsulte, qui fut membre, en l'an XI, du Conseil intime de l'Université de jurisprudence de Paris (v. H. Hayem, *Nouvelle Revue historique de Droit*, 1905, p. 243 et s.; p. 49 du tirage à part) ?

[4] Sur Planel, v. Nadal, *Histoire de l'Université de Valence*, p. 425 et s., et l'article du *Dictionnaire biographique de la Drôme* de Brun-Durand.

[5] Sur Didier, v. les dictionnaires biographiques de Rochas et de Brun-Durand. V. aussi les ouvrages cités *infrà* à propos de la conspiration de Didier. Tous les dictionnaires généraux d'histoire ou de biographie ont un article sur Didier.

montrent poursuivant sans cesse dans les luttes des partis et dans les combinaisons d'affaires une fortune qui le fuyait toujours. Toutefois, jusqu'alors, sa carrière politique ressemble à celle de beaucoup de ses contemporains. L'un des promoteurs et des membres de l'Assemblée de Vizille, à côté des Barnave et des Mounier, il prend part d'abord au mouvement révolutionnaire. Mais, de bonne heure, et au moins dès le procès de Louis XVI, qu'il sollicita, dit-on, l'honneur de défendre[1], il se jette dans la réaction royaliste, participe à la défense de Lyon insurgé[2], et, échappé à la proscription après la prise de cette ville, « se mêle, dit un de ses biographes[3], à d'obscures intrigues parmi les fédérés du Midi, en Suisse, en Allemagne et à la suite de la petite cour du comte de Provence. » Rentré en France, il mène de front de fructueuses affaires et une propagande politique en faveur des Bourbons, à l'apologie desquels il consacre un opuscule anonyme intitulé *L'Esprit et le Vœu des Français*. Puis, rallié à la fortune de Napoléon, auteur, aux temps du Concordat, d'une brochure dédiée au Premier Consul sur le *Retour des Français à la religion*, il trouve dans les fonctions auxquelles il est appelé à l'École de Droit la récompense de son zèle de fraîche date, et aussi, il faut le dire, d'une science de jurisconsulte et d'un talent dont ses consultations conservent le témoignage[4].

C'est le 2 nivôse an XIV (23 décembre 1805) qu'eut lieu l'installation solennelle de l'École par la prestation de serment de ses membres[5]. Le règlement d'administration publique avait implicitement placé cet ordre d'enseignement dans les attributions du Grand Juge, ministre de la Justice, et décidé que le serment des professeurs serait reçu par la Cour d'appel. La cérémonie eut donc lieu devant la Cour d'appel assemblée, et sous la présidence de son premier magistrat.

---

[1] Le 26 avril 1793, il est inscrit, avec son futur collègue Pal, sur la liste des « notoirement suspects » dressée par les commissaires de la Convention.

[2] Il est signalé par Couturier, accusateur près le tribunal du département de l'Isère, comme ayant, avec plusieurs autres citoyens de ce département, « trempé dans la conspiration de l'infâme Lyon ». (Lettre du 22 ventôse an II à l'agent national du district de la campagne de Commune affranchie, communiquée par M. Vellein.)

[3] Rochas, *Biographie du Dauphiné*, t. I, p. 313.

[4] Il en existe plusieurs à la Bibliothèque municipale de Grenoble.

[5] *Documents*, nᵒ II.

Elle s'ouvrit par deux discours, l'un du procureur général Royer-Deloche, l'autre du directeur de l'École, Didier.

Le discours de Royer-Deloche exposait, dans un style assez sobre pour l'époque, des idées justes sur l'utilité de l'enseignement, et particulièrement de celui qui a pour objet « la science épineuse des lois ». Après avoir rappelé brièvement les abus qui avaient discrédité les anciennes Facultés de Droit, et préoccupé des moyens d'en éviter le retour, le procureur général terminait par de sages conseils que les nouveaux professeurs et leurs successeurs ne devaient, sans doute, jamais cesser d'avoir présents à l'esprit : « sévérité dans l'observation des règlements de discipline, sévérité dans les examens et actes publics, justice, impartialité dans la distribution des grades ».

Quant à Didier, il fut long et déclamatoire. Son discours, riche en exclamations et en prosopopées, débute et poursuit par des flatteries, d'une enflure dont le précédent orateur avait su se préserver, à l'adresse « du monarque heureux, du guerrier magnanime aussi chéri de ses sujets que grand par toute la terre, du génie choisi pour conduire le monde et régir les destinées de son siècle ». « Napoléon, disait-il, s'élève au-dessus des autres puissances de la terre ; il enchaîne les événements à sa gloire, à sa fortune ! il commande à la victoire ! il est maître du temps !!!... Il tient de la même main l'épée de la victoire, la balance de la justice, le gouvernail de l'administration, etc., etc. » Après un éloge de la profession du jurisconsulte que le futur conspirateur de 1816 dépeint comme étant essentiellement *l'ami de l'ordre et le défenseur de l'autorité*, Didier s'étend sur le rôle des professeurs et aboutit à cette conclusion assez inattendue que « la morale est la première et la principale partie de l'instruction que nous sommes chargés de répandre ».

III

Les débuts. Suppression et rétablissement de la Faculté.

Quatre mois encore s'écoulèrent, depuis la cérémonie du 23 décembre 1805, avant que le fonctionnement de l'École pût être assuré. C'est seulement le 21 avril 1806 qu'eut lieu l'ouverture des cours.

Dès les premiers jours, les étudiants y vinrent assez nombreux. Les inscriptions s'élèvent déjà à 110 pour le premier trimestre de la deuxième année [1].

L'administration des Écoles de Droit est alors régie par des principes bien différents de ceux qui ont prévalu depuis et qu'il est, pour cela même, utile de rappeler brièvement. L'assemblée des professeurs n'y prend presque aucune part ; elle n'est pas même nommée dans la loi ni dans le règlement d'administration publique [2], et les rares délibérations qu'elle est cependant dès lors, par la force des choses, amenée à prendre de loin en loin, portent sur des points secondaires. Les Écoles de Droit sont placées sous la surveillance de cinq inspecteurs généraux dont chacun, jusqu'en 1808, est chargé de quelques-unes d'entre elles. Grenoble tomba, avec Aix et Turin, dans le lot du tribun Sédillez. Quant au contrôle local, il est exercé par deux conseils extérieurs à l'École et où elle est peu représentée, le Bureau d'administration et le Conseil de discipline et d'enseignement.

Le Bureau d'administration, chargé du budget, des comptes et de toutes les questions financières, fut formé à Grenoble du préfet Fourier, du premier président par intérim Brun, du président de la Cour de justice criminelle Paganon, du directeur Didier et de l'un de ses collègues.

Le Conseil de discipline et d'enseignement « destiné à surveiller l'enseignement, à régler la discipline de l'école et à suppléer l'inspecteur général, donnera son avis, disait le décret réglementaire (art. 23), au directeur de l'école, à l'inspecteur général et au directeur général de l'instruction publique toutes les fois qu'il sera consulté par eux, et même d'office, en tout ce qui sera relatif à l'objet de son institution ». Ce Conseil fut composé des principaux magistrats et jurisconsultes de la ville et choisit comme doyen d'honneur Brun, premier président par intérim.

Certes, l'École ne pouvait être qu'honorée de voir ses intérêts les plus chers remis entre les mains d'hommes tels que de Barral, Royer-Deloche, Réal, Duport-Lavillette, etc. Mais ces jurisconsultes distin-

---

[1] V. *Documents*, n° VI.
[2] C'est seulement dans l'*Instruction pour les Écoles de Droit* du 19 mars 1807 qu'il en est fait mention.

gués, étrangers par profession à l'enseignement du droit, apporteraient-ils à l'exercice de leurs fonctions toute l'activité désirable ? Les professeurs n'éprouveraient-ils pas bien vite le sentiment que nul, mieux que les membres du corps enseignant, n'était à même de régler des questions sur lesquelles l'exercice quotidien de leur fonction leur fournissait des lumières que ne pouvait remplacer la connaissance, même approfondie, des lois et de la jurisprudence?

De fait un conflit de préséance ne tarda pas à surgir entre les professeurs et le Conseil de discipline ; il occupa deux des rares séances de celui-ci et fut finalement réglé par l'Instruction générale du 19 mars 1807 (art. 25, 54 et 55). Les autres réunions du Conseil de discipline furent consacrées à une délibération sur la question de savoir s'il convenait d'interdire aux professeurs de donner des répétitions et à l'élaboration d'un règlement pour une Société de législation, dont le but principal devait être « d'exciter l'émulation des étudiants ». Je n'ai trouvé aucune trace du fonctionnement de cette société.

La création de l'Université impériale en 1806 et son organisation en 1808 eurent pour conséquence, en même temps que la substitution du titre de Faculté à celui d'École et de la dignité de Doyen à celle de Directeur, la disparition de cette organisation compliquée. Les attributions du Bureau d'administration et du Conseil de discipline et d'enseignement se répartirent entre le Conseil académique, l'Assemblée des professeurs et le Recteur, sous l'autorité du Conseil et du Grand Maître de l'Université.

L'enseignement de la Faculté, dans ces premières années, a laissé peu de traces. L'initiative des professeurs était dirigée et contenue par des règlements minutieux : ils les obligeaient à consacrer une partie de leurs leçons à la dictée de cahiers que les élèves devaient écrire *eux-mêmes*; cette dernière prescription était destinée à prévenir le retour des abus reprochés aux anciennes Facultés, où les étudiants s'abstenaient de paraître aux cours et s'en remettaient à des copistes gagés du soin de recueillir l'enseignement : elle était considérée comme si importante que l'inspecteur général ne manquait pas, dans ses tournées, de se faire représenter les cahiers. Le reste de la leçon était consacré à l'explication et au développement oral du texte dicté. L'un des professeurs, au moins, Berriat-

Saint-Prix ajoutait des interrogations et des exercices pratiques [1].

Quelques-uns des cours de l'époque, publiés par leurs auteurs, nous sont parvenus : celui de Claude Burdet qui, à la suite d'un concours ouvert à la Faculté après la démission de Didier, lui avait succédé dans la chaire de droit romain, fut, suivant la règle encore légale à cette époque, professé et rédigé en latin [2].

Une mention spéciale est due aux écrits de Berriat-Saint-Prix [3]. Esprit d'une rare activité, Berriat ne cantonnait pas son effort sur l'objet de son enseignement. Après s'être essayé un instant dans la littérature d'imagination [4], il portait dans les directions les plus diverses les recherches de son érudition minutieuse et précise, et ne jugeait indignes de lui aucune de celles qui pouvaient éclairer l'histoire du passé, ou contribuer à l'amélioration du présent. C'est ainsi, pour prendre au hasard quelques titres parmi beaucoup d'autres, que, pendant son séjour à Grenoble, il passait sans effort d'une notice sur *Annibal à Carthage après la bataille de Zama* à des *Recherches sur la législation criminelle au temps des Dauphins* ; de la *Description des repas d'Humbert II* à une étude sur *Le peignage ou sérançage du chanvre* ; d'un discours sur *Les jouissances des Gens de Lettres* à un *Mémoire sur les engrais tirés des immondices et....* autres résidus de Grenoble. Sa curiosité universelle ne négligeait pas les questions littéraires, comme en témoignent divers opuscules, et déjà sans doute il travaillait à son grand ouvrage sur Boileau, qui l'occupa, dit-il, pendant trente ans.

C'est aussi pendant la période de douze ans qu'il passa à la Faculté qu'il publia son *Cours de procédure civile* et son *Cours de législation criminelle*, dont de nombreuses éditions et plusieurs traductions en italien et en allemand n'épuisèrent pas le succès. Ils le durent à la

---

[1] V. l'avis aux élèves placé en tête de la 1re édition de son *Cours de procédure*.

[2] *Jus romanum juxta ordinem Institutionum imperatoris Justiniani novissimo juri Gallico comparatum, ad majorem juris alumnorum facilitatem in quæstionibus redactum, auctore Claudio Burdet*. Gratianopoli, Baratier, 1816, 2 vol. in-8°.

[3] Berriat-Saint-Prix, qui conservait avec soin le souvenir des moindres productions de sa plume, en a dressé une liste, imprimée dans les dernières années de sa vie. V. aussi la bibliographie donnée sous son nom par Rochas dans la *Biographie du Dauphiné*.

[4] On a de lui un roman intitulé *L'Amour et la Philosophie*, 5 vol., in-12, 1801.

richesse et à la sûreté des renseignements qu'ils renferment, ainsi qu'à leur méthode synthétique qui permet au lecteur d'embrasser d'un coup d'œil les sujets les plus compliqués.

La réputation dès lors acquise par Berriat-Saint-Prix ne fut pas étrangère, sans doute, à la préférence marquée que Napoléon mit à s'entretenir avec lui [1], lorsque la Faculté vint lui présenter ses hommages, lors de son mémorable passage à Grenoble, au retour de l'île d'Elbe. L'Empereur, faisant trêve un moment aux préoccupations qui l'assiégeaient, discuta avec Berriat plusieurs problèmes de législation et même de procédure, et il étonna, dit-on, l'assemblée par la sagacité et la justesse de ses idées [2].

On aimerait à lire un compte rendu détaillé de cette séance peu banale [3]. On le cherche avec confiance sur les registres de la Faculté, où sont notées, à cette époque, les moindres visites aux autorités locales. On l'y cherche en vain. Il est permis de penser que le doyen Planel, peu rassuré sur les suites de l'aventure commencée au golfe Jouan, jugea prudent de ne pas coucher le procès-verbal de la compromettante entrevue avec celui qui allait redevenir « l'ogre de Corse ».

Berriat, lui, resta sous le charme. Il ne marchanda pas son concours et accepta le titre de vice-président suppléant d'une organi-

---

[1] Champollion-Figeac en donne toutefois une explication moins flatteuse : choisi comme secrétaire par Napoléon, il avait averti Berriat, son beau-frère, que l'Empereur était un peu dur d'oreille et lui avait recommandé d'élever la voix. Ce serait ainsi que Berriat aurait réussi à accaparer l'attention de son illustre interlocuteur (v. Champollion-Figeac, *Fourier et Napoléon*, p. 230 et s.).

[2] Duchesne, *Notice sur la vie et les ouvrages de M. Jacques Berriat-Saint-Prix*, dans le *Bulletin de l'Académie Delphinale*, 1re série, t. II (1847), à la fin du volume, p. 12.

[3] Champollion-Figeac, *op. et loc. cit.*, l'a résumée ainsi : « Dans la réception de la Faculté de Droit, l'Empereur parla lois, codes et jurisprudence, de manière à surprendre les esprits les plus prévenus contre sa personne ; il dit formellement qu'il aurait voulu des codes très courts, contenant les lois, c'est-à-dire les principes mêmes de la législation, soumettant la lettre des lois à son esprit et laissant aux tribunaux à faire les règles et la jurisprudence, mais qu'on n'avait pas voulu le comprendre, malgré l'exemple des anciennes lois romaines. » V. aussi sur cette entrevue Berriat Saint-Prix, *Napoléon à Grenoble, relation écrite en 1815 et publiée en 1861*, p. 83 et s., et surtout *Mémoire sur la législation relative à la vente du mobilier des mineurs* (extrait du *Journal des avoués*, t. LIII), p. 9 et s., 19, 21 et s.

sation à la fois libérale et impérialiste, la *Fédération dauphinoise*. Cet acte pouvait lui coûter cher. Et en effet, pendant la période de violente réaction qui suivit les Cent-Jours, un arrêté de la Commission de l'instruction publique du 9 novembre 1815 le suspendit de ses fonctions de professeur. La Faculté s'honora en demandant aussitôt (8 décembre) le prompt retrait de cette mesure. Mais un événement imprévu allait bientôt donner une nouvelle impulsion à la réaction royaliste dans le département de l'Isère.

Les Dauphinois connaissent tous la téméraire et tragique entreprise de Didier. Obligé, en 1809, pour des causes mal définies, d'abandonner ses fonctions de professeur et de doyen à la Faculté de Droit [1], Didier s'était lancé dans de vastes entreprises de travaux publics qui le conduisirent à la ruine. Nommé maître des requêtes par la première Restauration, à laquelle il sut opportunément rappeler les titres qu'il s'était créés avant le Consulat à la reconnaissance des Bourbons, il eut l'imprudence de solliciter, pendant les Cent-Jours, un emploi de l'Empereur.

Il ne fallait plus désormais songer à rentrer en grâce auprès du Gouvernement royal. Didier se jeta dans les conspirations : un premier échec à Lyon ne le découragea pas, et, dans la nuit du 4 au 5 mai 1816, il marchait sur Grenoble à la tête d'une bande peu nombreuse [2]; il comptait s'en emparer sans peine, grâce aux intelligences qu'il s'était ménagées dans la place. Les autorités, averties à temps, purent déjouer ses plans. Son échec fut complet. Il fut suivi d'une répression sanglante qui demeure l'un des souvenirs les plus douloureux de l'histoire de Grenoble. En ce qui concerne Didier, on ne peut dire qu'elle fût imméritée. Néanmoins, sa fermeté devant la Cour prévôtale,

---

[1] Je n'ai pu retrouver la date exacte de sa démission. Planel fut nommé doyen à sa place le 5 mai 1809.

[2] La conspiration de Didier a donné lieu à un grand nombre d'écrits divers, surtout sous la Restauration et sous la Monarchie de Juillet. Son histoire présentait alors un intérêt politique : il s'agissait surtout de savoir quel était le but qu'il poursuivait, et spécialement si, comme le croient plusieurs historiens, il cherchait à amener un changement de régime au profit du duc d'Orléans. V. la bibliographie de la conspiration de Didier dans la *Biographie du Dauphiné* de Rochas, à la suite de l'article *Didier*. V. également l'article *Ollivier (Jules)* et l'appendice du t. II. Aj. Genevay, *La conspiration de Grenoble en 1816*.

la loyauté avec laquelle il assuma toutes les responsabilités, son courage simple et sans défaillance sur l'échafaud lui valurent, à cette heure suprême, l'estime de tous les gens de cœur.

La conspiration ourdie par son ancien doyen n'était pas pour rendre le Gouvernement favorable à la Faculté de Grenoble. N'allait-elle pas lui attirer quelques représailles ?

Pour le moment, ce fut encore sur la seule tête du paisible, de l'inoffensif Berriat-Saint-Prix que l'orage éclata. Berriat était le beau-frère de l'un des Champollion, qui venaient l'un et l'autre de payer, de leur exil à Figeac, le rôle qu'ils avaient joué pendant les Cent-Jours et leurs tendances antidynastiques ; il avait eu le fâcheux honneur de recevoir, peu de temps avant les événements du 4 mai, la visite de son ancien doyen. Il n'en fallait pas davantage pour émouvoir le zèle d'un préfet de la Restauration. Toutefois, paternel dans sa rigueur, de Montlivaut se contenta de déporter l'honorable professeur..... à Gières, où nous savons qu'il ne risquait pas de demeurer sans abri. Et son exil ne paraît pas avoir dépassé la durée des vacances, à l'expiration desquelles Berriat-Saint-Prix fut remis en possession de sa chaire. Le Gouvernement de la Restauration ne lui tint pas rigueur, car, en 1819, il fut, sur sa demande, transféré à la Faculté de Paris [1].

La Faculté de Grenoble, elle, n'en avait pas fini de ses démêlés avec le Gouvernement du Roi. La jeunesse des écoles était, en général, peu favorable au régime et, spécialement dans les Facultés de Droit, à Paris, à Rennes, à Toulouse, des manifestations faisaient, de temps à autre, éclater ses sentiments. Divers incidents du même ordre, dont je passe le détail, avaient appelé l'attention de l'autorité sur le « mauvais esprit » qui régnait parmi les étudiants de Grenoble. Ils leur valurent un jour une admonestation du président de la Commission de l'instruction publique qu'un professeur résumait à peu près en ces termes : « Les étudiants sont autorisés à s'occuper de politique..... quand ils auront 40 ans. »

Le 20 mars 1821, le bruit se répandit soudain dans la ville de la mort du Roi, suivie d'une révolution dans le Gouvernement et d'un

---

[1] Il fut élu membre résidant de l'Académie des Sciences morales et politiques et mourut le 4 octobre 1845.

changement dans les couleurs nationales. Une vive agitation régna aussitôt : des groupes nombreux se formèrent et, malgré les démentis officiels, parcoururent les principaux quartiers, précédés de drapeaux tricolores, et poussant des cris variés, parmi lesquels prédominait celui de : *Vive la Constitution*. Il était de mode à ce moment d'opposer à la Charte la Constitution libérale votée par les Cortès espagnoles en 1812.

Le général Pamphile de Lacroix, qui commandait à Grenoble, proclama aussitôt l'état de siège et n'eut pas de peine à venir à bout, le plus pacifiquement du monde, de cette petite manifestation, qu'on s'empressa de décorer du nom de complot. Elle n'aurait laissé aucune trace si le Gouvernement, auquel la Faculté de Droit était déjà suspecte, n'avait cru devoir s'en prendre à elle. Bien qu'un seul de ses élèves eût été impliqué dans les poursuites auxquelles donna lieu le prétendu complot, une enquête administrative permit d'affirmer qu'un grand nombre avaient fait partie des attroupements et arboré des signes de rébellion et, par une ordonnance du 2 avril 1821[1], la Faculté de Grenoble fut purement et simplement supprimée. On comprendrait mal cette mesure disproportionnée avec l'incident qui y avait donné lieu, si l'on ne savait qu'il avait été précédé de beaucoup d'autres, si l'on ne connaissait d'autre part l'hostilité qui régnait alors dans les sphères dirigeantes contre les Facultés de Droit, dont le Ministre de la Justice allait jusqu'à proposer la suppression en bloc[2]. Ce fut celle de Grenoble qui paya pour toutes.

L'ordonnance du 2 avril 1821 laissait espérer cependant qu'elle pourrait être rétablie pour la rentrée prochaine. Le Conseil municipal s'empressa de solliciter l'exécution de cette demi-promesse. Il eût été imprudent de sa part de se porter garant du loyalisme des étudiants : mieux valait rappeler l'accueil chaleureux que la population grenobloise avait fait naguère au comte d'Artois, « les élans d'enthousiasme, la vive émotion produite par la vue de l'héritier du trône », et faire appel à la bienveillance du roi en faveur d'une ville si exemplaire, sans trop insister cependant sur ces souvenirs et surtout rappeler la date de la fameuse visite : car elle remontait à 1814, et depuis...

---

[1] *Documents*, n° III.
[2] Liard, *op. cit.*, t. II, p. 161.

Cette première délibération resta sans réponse. La situation devenait inquiétante. Valence, qui, en 1814, avait déjà réclamé le rétablissement de son Université, Valence comptait bien profiter de l'occasion pour enlever à Grenoble sa Faculté de Droit : elle avait, à cet effet, envoyé à Paris une députation munie d'un mémoire, où elle ne manquait pas de faire valoir que « la tranquillité publique n'était jamais troublée par ses bons et paisibles habitants, qui s'estiment heureux sous le gouvernement paternel du meilleur des Rois, assis sur le trône héréditaire de ses illustres aïeux ».

Le Conseil municipal de Grenoble décida donc à son tour de déléguer auprès des pouvoirs publics trois personnes connues pour leur attachement au régime : La Valette, maire de la ville et député de l'Isère, du Boys, président à la Cour royale, et Burdet, adjoint au maire, et l'un des professeurs de la Faculté supprimée. Les démarches de 1805 recommencèrent. Quelles furent leurs péripéties ? Le détail ne nous en est pas parvenu. La tâche des délégués paraît avoir été assez facile : tous les ministres se déclarèrent favorables ; plusieurs assurèrent que Valence n'avait aucune chance. Malgré ces dispositions bienveillantes, il fallut attendre plus de trois ans la mesure réparatrice. Le 22 septembre 1824 seulement, Charles X signait et le premier Ministre de l'Instruction publique, Frayssinous, contresignait une ordonnance [1] qui rétablissait la Faculté de Grenoble et lui accordait le même nombre de chaires et de suppléants qu'avant sa suppression. Cette tardive décision ne devait pas profiter à tous ses membres. Burdet et le successeur de Berriat-Saint-Prix, Bolland [2], retrouvaient leurs chaires. Planel, admis à la retraite en 1822, était remplacé à la fois comme doyen et comme professeur par un avocat distingué et dévoué à la monarchie, Auguste Gautier [3]. Pal et Bally étaient évincés au profit de deux magistrats : Bazille et de Monseignat. Les deux suppléants, Quinon et Pellat, le même Pellat qui

---

[1] *Documents*, n° IV.

[2] Bolland a fait imprimer ses leçons de droit criminel sous ce titre : *Cours abrégé de législation et procédures criminelles fait à la Faculté de Droit de Grenoble*, Grenoble, Baratier frères, 1828.

[3] Sur Gautier, v. la notice de P. Fissont (secrétaire de l'École) dans le *Courrier de l'Isère* du 25 octobre 1860, et celle de Burdet dans le *Bulletin de l'Académie Delphinale*, 2ᵉ série, t. I, p. 701 et s. (1856-1860).

devait plus tard acquérir, à la Faculté de Paris, le renom d'un savant romaniste, étaient aussi remplacés, ainsi que le secrétaire Cheminade. La passion politique avait dicté la plupart de ces changements.

IV

La Faculté sous le Gouvernement de Juillet et le Second Empire.

Après cette crise. la Faculté connut des jours plus tranquilles. Les événements de 1830 n'eurent d'autre conséquence notable pour son personnel que la réintégration de Quinon[1]. Le nouveau Gouvernement eut la sagesse de ne pas toucher aux situations acquises. Nous voyons seulement que Burdet dut opter entre ses deux fonctions de conseiller à la Cour et de professeur, qu'il cumulait depuis 1824. Gautier resta doyen, quoiqu'il se fût peu gêné pour témoigner son honorable fidélité au régime déchu [2]. Il apportait dans ses rapports avec ses collègues une bienveillance et une affabilité qui lui avaient valu leurs sympathies : « Il exerçait sans effort sur eux, dit un de ses successeurs dans le décanat [3], une influence qui les réunissait autour de lui et maintenait l'harmonie et la bonne direction ; sa connaissance des lois et le soin minutieux qu'il apportait aux détails de l'administration en faisaient un précieux auxiliaire pour les chefs de l'Académie. Son influence s'étendait aussi sur les jeunes gens et, depuis le rétablissement de l'École en 1824, on n'eut jamais à regretter les désordres et les agitations qui s'étaient produits aupa-

---

[1] Quinon devint ensuite titulaire de la chaire de droit romain. On a de lui : *Jus romanum secundum ordinem Institutionum imp. Justiniani*. Grenoble, Vellot, et Paris, Videcocq. — *Notice sur le canton de Meyzieu* (Bull. de la Soc. de statist. de l'Isère, t. II, p. 400 et s.) ; *Dissertation sur la gens et le droit de gentilité chez les Romains* (ib., t. IV, p. 6 et s.). Les journaux de Grenoble de 1851 contiennent une polémique entre Taulier et Quinon sur des questions locales.
[2] V. Burdet, *ibid.*, p. 707.
[3] *Ibid.*, p. 708.

ravant, quoique la difficulté des temps ait été quelquefois aussi grande. »

Des professeurs de cette époque et de ceux qui leur succédèrent immédiatement, le souvenir survit encore chez plusieurs de nos contemporains[1]. Je ne puis songer à parler de tous[2]. Je ne saurais du moins passer sous silence deux hommes distingués auxquels la création de nouvelles chaires vint fournir l'occasion d'entrer à la Faculté.

Celle de droit administratif fut confiée à un avocat d'un âge mûr, qui s'était fait une place importante au barreau, Jules Mallein[3]. Il devait s'y faire remarquer par la hauteur de la pensée, la noblesse des idées, la distinction du langage[4]. Mallein renferma le fruit de ses réflexions sur l'objet de son enseignement dans un ouvrage intitulé : *Considérations sur le Droit administratif*. Laferrière, dans le compte rendu qu'il en fit à l'Académie des Sciences morales et politiques[5], rendait justice aux vues judicieuses de l'auteur, à la variété de ses aperçus, à la distinction de son esprit[6]. Bien que la durée de son

---

[1] J'ai pu fréquemment, pour la période dans laquelle nous entrons maintenant, utiliser ce moyen d'information. Il complétera les renseignements que j'ai extraits, parfois littéralement, des notices biographiques citées aux notes, et des discours de rentrée, où les Doyens rendent hommage à leurs collègues décédés.

[2] On trouvera *infrà*, *Documents*, n° V, la liste des professeurs, suppléants et chargés de cours de la Faculté.

[3] Notices dans le *Bulletin de l'Académie Delphinale*, par de Boissieu et Louis Gautier, 3ᵉ série, t. IV (1868), p. 15 et 30.

[4] Le président Gautier qui dut entendre plus d'une fois Mallein, sinon dans la chaire, du moins à la barre, caractérise ainsi son talent : « Son sujet était patiemment exploré, traité dans une ordonnance parfaite, discuté avec une abondance qui n'était pas, chez lui, l'écart de l'improvisation, mais le fruit, un peu excessif peut-être, de l'art et de l'étude approfondie. Sa diction pure, élégante, recherchée même, sans être affectée, avait cette solennité naturelle à l'orateur pénétré de la bonté de sa cause et de l'autorité des raisonnements qui la justifient. S'il ne projetait pas autour de lui l'éclat du génie qui subjugue, s'il n'entraînait pas avec le flot de la passion qui déborde, il répandait cette lumière égale et soutenue qui éclaire sans éblouir ; il attirait par la forme, intéressait et persuadait par l'enchaînement et la gradation des idées, par la convenance et l'harmonie. » (*Ibid.*, p. 32.)

[5] *Séances et travaux de l'Acad. des Sc. mor. et polit.*, t. XLIV (1858), p. 265 et s.

[6] Mallein a également publié une brochure sous ce titre : *Faut-il codifier les lois administratives* (1860).

cours eût été fixée à un an, Mallein, convaincu qu'il était impossible d'embrasser dans un délai si court toutes les matières du droit administratif, les avait réparties sur trois années. Peut-être est-ce pour cela que son cours n'était pas apprécié de certains étudiants autant qu'il aurait dû l'être; ils se plaignaient d'y trouver des obscurités, qui se seraient dissipées s'ils avaient eu assez de zèle pour suivre le développement complet de la pensée du professeur.

De même que celle de droit administratif, la chaire de droit commercial ne fut pas donnée à un débutant, mais à un maître du barreau, à un avocat chez qui le talent et la science étaient à la hauteur d'un caractère universellement respecté. Le nouveau professeur, dont le nom est devenu doublement cher à la Faculté de Droit [1], Auguste Gueymard [2], semblait prédestiné à l'enseignement public. Esprit élevé, à la fois généralisateur et pratique, il réunissait tous les dons qui font le professeur parfait. Imposant par l'aspect et par le geste, il avait une parole à lui, lente, sobre, concise, qui imprimait profondément l'idée dans l'esprit de ses auditeurs. La méthode, l'ordre en toutes choses, qualités si précieuses au professeur, étaient un besoin de son esprit. Sa clarté intéressait et captivait l'attention la plus rebelle. Dans les exercices familiers qui accompagnaient ses leçons et tenaient lieu des conférences, instituées par la suite, il excellait à illustrer les principes qu'il avait exposés par des exemples, souvent empruntés à sa pratique d'avocat, et dont il savait résumer l'enseignement dans une formule saisissante, qui se gravait à jamais dans la mémoire des élèves.

Le droit civil était alors enseigné par le doyen Gautier, par Burdet fils et par de Monseignat, auquel Taulier allait bientôt succéder.

Gautier a laissé le souvenir d'un professeur consciencieux, clair, méthodique et sachant intéresser ses élèves.

---

[1] M. Alfred Gueymard, doyen honoraire de la Faculté de Droit, qu'entourent dans sa retraite le respect et l'affection de tous ses collègues, est le fils d'Auguste Gueymard. Celui-ci était le frère d'Émile Gueymard, qui tint une place considérable à la Faculté des Sciences, dont il fut le doyen. V. sur les deux frères l'*Éloge d'Émile Gueymard*, par Raoult.

[2] Notice anonyme dans *Le Courrier du Dauphiné* du 3o juin 1863.

Burdet [1], entré à la Faculté au moment où son père la quittait, devait y parcourir une longue carrière qu'il termina dans les fonctions de doyen. Il se signala par des travaux sur l'histoire du Dauphiné et de la Savoie et sur l'ancienne législation du Dauphiné, que l'exactitude et les recherches patientes de leur auteur recommandent encore à l'attention des érudits [2] ; ces qualités se retrouvent dans ses autres écrits juridiques [3]. Suivant un usage alors général, mais qu'il paraît avoir poussé plus loin qu'aucun de ses collègues, il consacrait la plus grande partie de son cours à des interrogations, et n'abordait que tardivement l'exposition proprement dite. Professeur disert, il se jouait alors avec une élégante facilité à la surface des problèmes de droit civil. Ses auditeurs goûtaient le charme de sa parole ; peut-être n'en retiraient-ils pas tout le profit possible : la méthode manquait de rigueur, et le professeur supposait trop aisément acquise la connaissance des principes qui lui étaient familiers et sur lesquels l'enseignement, pour être efficace, ne saurait au contraire trop insister.

Taulier [4] fut investi de sa chaire à la suite d'un concours très

---

[1] Notice par le président Gautier dans le *Bulletin de l'Académie Delphinale*, 3ᵉ série, t. II (1875), p. 117 et s.

[2] On les trouvera pour la plupart indiqués dans la *Table des mémoires, bulletins et autres documents publiés par l'Académie Delphinale de 1787 à 1886*. Aj. *Étude sur une question locale touchant à l'histoire de la Province du Dauphiné (les Sarrasins)*, mémoire lu à la Sorbonne en 1866. *De l'influence des anciennes institutions féodales sur la formation de quelques parties du droit civil en France et spécialement dans la province du Dauphiné*, Grenoble, 1858. Burdet a laissé aussi quelques petits écrits relatifs à des questions locales contemporaines.

[3] *Mémoire sur l'origine et la nature du droit de propriété*, dans le *Bulletin de l'Académie Delphinale*, 1ʳᵉ série, t. III, p. 513 et s. — *De la condition civile et politique des femmes* (ibid., 3ᵉ série, t. V, p. 562 et s.). — *Exposition de la doctrine romaine sur le régime dotal*. — *Programme d'un cours de droit civil français*, ouvrage où il a consigné, sous forme de programme, la substance de son enseignement. L'introduction est consacrée à l'étude des influences romaines et coutumières sur la formation du Code civil.

[4] Sur Taulier, v. le discours prononcé sur sa tombe par Burdet et les articles nécrologiques de Napoléon Maisonville et de J. C... dans la *Revue des Alpes* du 26 janvier 1861. Autre notice nécrologique de Frédéric Périer (*Courrier de l'Isère* du 24 janvier 1861). Éloge par Burdet (séance de rentrée du 14 novembre 1861). *M. Frédéric Taulier, sa vie et ses œuvres*, discours prononcé à la Faculté de Droit de Grenoble, le 18 novembre 1864, par M. Caillemer. *Frédéric Taulier, ancien maire*

disputé où il se trouva jusqu'à la dernière minute en balance avec un autre jurisconsulte qui, malgré la brièveté de sa carrière, a laissé un nom, Alban d'Hautuille. Il devait justifier la préférence que lui assura la voix prépondérante du président du concours[1] par les qualités éminentes qu'il déploya dans son enseignement et dans l'administration de la Faculté, dont il fut le doyen pendant cinq ans.

Doué d'une élocution facile et brillante, Taulier faisait son cours sans notes, et tenait ses élèves sous le charme par la chaleur de son improvisation. Cette méthode ne saurait être recommandée sans réserve ; elle exige une longue préparation préalable et une méditation approfondie. Taulier ne manquait pas de s'y astreindre. On eut la preuve du travail consciencieux et fécond auquel il se livrait pour l'établissement de son cours, lorsqu'il en publia la substance dans son grand ouvrage en sept volumes, intitulé *Théorie raisonnée du Code civil*[2]. Cette œuvre importante, d'une inspiration élevée, mérita les éloges de jurisconsultes tels que Rossi, Troplong, Hennequin et valut à Taulier une flatteuse notoriété. Si elle n'a pas réussi à se placer définitivement au rang qu'il avait pu ambitionner pour elle, si, aujourd'hui, elle ne trouve plus guère de lecteurs, qu'on n'aille pas en conclure à l'insuffisance de l'auteur. La vérité est, au contraire, qu'il a réussi son entreprise, telle qu'il l'avait conçue. Pour éviter, dit-il [3], des complications qui jettent l'hésitation dans les esprits, produisent des longueurs fatigantes, enlèvent aux principes leur netteté et les exposent à périr, il se contentera d'exposer « la loi considérée dans son individualité actuellement vivante : oubliant le droit romain, l'ancienne jurisprudence et la jurisprudence moderne, c'est par elle-même, ajoute-t-il [4], que je développe la loi et que je l'explique, m'adressant à la raison universelle, c'est-à-dire à la loi de Dieu, à ce sens moral commun à tous les hommes et qui est tou-

---

de Grenoble (le sociologue), le philanthrope, par M. de Beylié, Grenoble, 1898 (*Bull. de la Soc. de Statist. de l'Isère,* p. 29 et s.).

[1] Elle fut âprement critiquée par quelques-uns, notamment par l'auteur anonyme (mais qui passa pour être l'un des suppléants de la Faculté) de pamphlets intitulés parus sous le titre d'*Épîtres aux Corinthiens.*

[2] V. la bibliographie de Taulier dans Rochas, *Biographie du Dauphiné.*

[3] T. I, p. 6.

[4] *Ibid.*, p. 9.

jours sûr de rallier à lui la majorité des suffrages, m'adressant aussi à la raison relative, aux considérations sociales devant lesquelles la vérité générale a dû fléchir et m'efforçant d'asseoir chaque principe, chaque théorie sur la conciliation de cette double base. »

Comment Taulier n'a-t-il pas senti qu'à se priver ainsi, dans l'interprétation de la loi positive, du secours de l'histoire, qu'à négliger l'enseignement fourni par les applications concrètes des textes, il risquait de réduire sa discussion à une stérile phraséologie, qu'à isoler le Code civil du mouvement historique où il a sa place et du milieu social que ses préceptes sont appelés à régir, il allait faire de cet admirable monument comme la ruine d'un bâtiment inachevé, sur lequel les hommes ne jettent qu'un regard indifférent, parce qu'il n'a jamais abrité la vie. Si, malgré le parti pris étroit dans lequel il s'était enfermé, Taulier est loin d'avoir échoué, s'il a eu de nombreux lecteurs et conquis de précieux suffrages, il le doit surtout à ses qualités d'écrivain et de jurisconsulte, à la clarté de son style, à la judicieuse modération de ses décisions. Combien son succès n'eût-il pas été plus grand s'il s'était placé sur un terrain moins limité ! Rien ne lui manquait pour y réussir de l'envergure d'esprit ni des connaissances nécessaires : lui-même en a fourni plus d'une preuve dans ses autres écrits juridiques et même dans son grand ouvrage, quand, par une heureuse inconséquence, il s'est laissé aller à élargir son horizon [1].

Je n'ai garde de sortir du cadre, déjà trop vaste, qui m'est assigné. Comment cependant ne pas rappeler ici la place considérable occupée par Taulier dans la vie municipale de Grenoble, dont il fut par deux fois le maire actif et dévoué, la part prépondérante qu'il prit à la création de telle de ces œuvres charitables et sociales, si nombreuses dans notre ville, et dont, dans *Le vrai Livre du Peuple*, il devait écrire l'histoire et décrire l'organisation, aux applaudissements de juges tels que Michel Chevalier ?

Malgré les hommes distingués que comptait alors le corps enseignant, il paraît incontestable que, vers le milieu du XIXe siècle, la Faculté traversa une légère crise. Le nombre de ses étudiants tomba alors aux chiffres les plus bas qu'elle ait jamais connus [2]. Taulier, dans

---

[1] V. sur ce point Caillemer, *op. cit.*, p. 17 et s.
[2] V. *Documents*, n° VI.

une lettre qu'en sa qualité de maire il écrivait à l'inspecteur général Laferrière, a dit quelles étaient, suivant lui, les causes de cet affaiblissement momentané[1]. Il est difficile aujourd'hui de se rendre compte s'il a bien discerné les sources du mal. Retenons seulement de sa consultation une leçon qu'il est toujours bon de méditer. Il paraît que l'une des raisons qui éloignait nos grands-pères de la Faculté de Grenoble était — l'eussiez-vous deviné, Messieurs les étudiants ? — l'indulgence excessive qu'elle apportait dans les examens.

La crise fut courte et le terrain perdu vite reconquis. Aussi bien la Faculté se renforçait-elle alors de précieuses recrues comme Cantel, que sa science précoce de jurisconsulte et la rare distinction de son esprit allaient, après un trop court passage dans l'enseignement, porter aux plus hauts emplois de la magistrature; — comme Périer, laborieux et brillant élève de la Faculté, où il devait parcourir toute sa carrière, couronnée par les honneurs du décanat.

Spécialisé dans le droit romain, Périer s'en était assimilé les sources par un commerce assidu et avait su en tirer maintes théories nouvelles auxquelles, moins dédaigneux de la renommée, il aurait pu attacher son nom. Plus soucieux du fond que de la forme, il ne cherchait pas à captiver l'attention par les agréments de sa parole ; les bons élèves ne tardaient pas à discerner la valeur de son enseignement et à découvrir qu'il renfermait plus de substance qu'aucun des ouvrages les plus renommés du temps. Administrateur bienveillant, Périer savait, quand il le fallait, défendre avec fermeté les intérêts qui lui étaient confiés.

Périer, depuis longtemps attaché à la Faculté et déjà âgé de 37 ans, avait dû se soumettre aux épreuves du concours d'agrégation nouvellement institué. Jusque-là, les Facultés s'étaient recrutées par

---

[1] A côté de celle qui est notée au texte, il signale la négligence et la faiblesse de certains professeurs, et le personnel des suppléants qui se seraient acquittés de leurs fonctions de manière « à inspirer aux étudiants une répugnance invincible et à entretenir une indiscipline permanente ». Le doyen Gautier, à la même époque, parle de l'absence de bon vouloir de la part des suppléants, et l'attribue à l'âge de l'un, aux échecs répétés de l'autre dans les concours. On peut ajouter que la rareté des concours, qui leur ôtait presque tout espoir de voir grandir leur situation, était bien faite pour décourager les suppléants.

des concours spéciaux, généralement ouverts devant celle où se produisait la vacance. Les premiers concours d'agrégation furent tout à fait favorables au recrutement de la Faculté de Grenoble. Ils y amenèrent des hommes comme Bufnoir et Paul Gide qui y firent leurs débuts, et si ni l'un ni l'autre n'avaient encore adopté la spécialité où ils devaient s'illustrer, il était facile de prévoir, dès lors, la brillante carrière qui s'ouvrait devant eux.

Humbert posait les premières assises de ce cours qui, bien qu'il n'ait jamais été imprimé, devait fonder sa réputation, et passe pour avoir, pendant bien des années, exercé une influence marquée sur la direction de l'enseignement du droit romain en France. Ses goûts modestes, la simplicité de sa vie, son dévouement exclusif à sa tâche professionnelle et à ses élèves, dont il aimait à discerner et à encourager les aptitudes naissantes, ne pouvaient faire prévoir qu'il dût être appelé, par la suite, aux plus hautes fonctions du Gouvernement et de la magistrature financière. Nul cependant, parmi ses anciens collègues et élèves, qui connaissaient sa valeur, ne s'en étonna ; nul ne le jugea indigne de ces hautes situations.

Couraud, à son cours de droit administratif joignit, pendant plusieurs années, un enseignement original sur la politique coloniale de l'Angleterre. Il fut doyen deux ans avant d'aller occuper le même poste à Bordeaux.

V

La Faculté après 1870.

Après la guerre de 1870, la Faculté traverse une des périodes les plus brillantes de son existence, marquée notamment par de nombreux succès au concours général et au concours d'agrégation.

Parmi ceux qui contribuèrent à sa prospérité, plusieurs, hélas ! ont disparu, dont beaucoup de ceux qui sont ici ont conservé le souvenir.

Lamache, arraché par les événements à sa chaire de la Faculté de Strasbourg, venait reprendre à Grenoble l'enseignement du droit administratif. Sa préoccupation dominante était de l'adapter aux besoins de la majorité de son auditoire ; il insistait peu sur les détails d'organisation et, une fois dégagé de ce qu'il appelait « les sables mouvants du droit administratif », il consacrait la partie majeure de son cours à l'étude des lois administratives, dont la connaissance importe le plus dans la pratique des professions de magistrat et d'avocat[1]. Servi par une intelligence d'élite et par une profonde connaissance du droit, Lamache atteignait pleinement son but. Si, parmi ses élèves, un trop grand nombre, découragés par la rapidité de sa parole, se contentaient d'admirer la verve, le mouvement, la vie qui régnaient dans son discours, ceux qui avaient le courage de triompher de cette difficulté en étaient largement récompensés. J'ai entendu plus d'une fois des avocats distingués rendre ce témoignage qu'ils n'avaient nulle part trouvé de meilleur guide dans leur pratique de contentieux administratif que le cours de l'éminent professeur.

J'ai essayé d'esquisser la physionomie de son enseignement. Que ne resterait-il pas à dire de l'écrivain vigoureux, de l'homme de bien, du patriote ardent, de toute cette belle vie enfin, dont on a fait un livre attachant[2], sans réussir à épuiser ce riche sujet? Dans sa longue

---

[1] Tout en attachant au côté pratique de l'enseignement l'importance qu'il mérite, Lamache était un esprit trop élevé pour négliger les principes. Deux surtout l'ont constamment guidé dans sa longue carrière, le respect religieux de l'autorité et le culte de la liberté. « Je m'efforce, disait-il dans le programme de son cours de droit administratif de 1871-72, de faire pénétrer dans l'esprit de mes jeunes auditeurs cette idée que l'État c'est nous tous ; que lui refuser ou lui soustraire ce à quoi il a droit légalement, c'est faire acte de mauvais citoyen ; que la résolution, licite et même louable chez chacun, de défendre énergiquement son propre droit doit être accompagnée d'un respect sincère pour le droit d'autrui, pour le droit de tous ; et que ces habitudes de soumission à la loi et de sacrifice au bien public sont plus obligatoires encore sous le régime républicain que sous tout autre. » Mais il n'avait garde d'oublier les garanties nécessaires de la liberté ; il les trouvait surtout « dans ces principes d'équité et de justice sociale qu'on appelle principes de 1789 ; ils ont survécu, ajoutait-il, à la ruine successive de tant de constitutions, et, malgré des atteintes partielles et passagères, ils sont enracinés à tout jamais dans nos lois et dans nos mœurs ».

[2] *Paul Lamache*, par Paul Allard, Paris, 1893. M. J.-M.J. Bouillat a résumé cet ouvrage dans *Les Contemporains* (n° du 19 septembre 1897) (portrait). On trou-

carrière, Lamache avait beaucoup vu et beaucoup observé ; il avait été en relation avec des hommes éminents dont il aimait à retracer la physionomie. La mémoire meublée de traits, d'anecdotes qui jetaient un jour nouveau sur les événements auxquels il avait été mêlé, il les contait à merveille, en termes choisis, et sans se départir du ton soutenu auquel incline la fréquentation de la chaire professorale. Nulle amertume dans son entretien : ce grand chrétien oubliait le mal dont il avait été le témoin ou même la victime. Parfois, cependant, le spectacle d'une action vile ou lâche faisait éclater son indignation ; elle se faisait jour alors en termes véhéments et même d'une verdeur qui formait un piquant contraste avec la gravité de son maintien et de sa parole.

Lamache a joui, jusqu'à l'extrême vieillesse, du respect et de l'affection que lui avaient valus ses vertus et les dons de sa riche nature. La mort enleva à la fleur de l'âge l'un de ses jeunes collègues, dont les débuts donnaient plus que de brillantes espérances. Pailhé appartenait à une famille où la science juridique et la haute dignité de la vie sont de tradition. Il apportait à l'enseignement du droit romain une méthode impeccable qui lui permettait de tout dire en peu de mots sans cesser d'être parfaitement clair. Son talent oratoire, fait de finesse, d'élégance et de précision, malgré la sévérité des sujets qu'il traitait, enchantait ses jeunes auditeurs. Il n'excluait pas les dons moins fragiles et les fortes aptitudes scientifiques qui assurèrent le grand et légitime succès de son *Cours élémentaire de droit romain*.

Pailhé avait tracé sa voie dans les directions traditionnelles ; il transmettait, en le marquant de son empreinte personnelle, l'enseignement du droit romain tel qu'il l'avait reçu. Beaudouin, obéissant à ses tendances intimes plus encore qu'au courant qui portait une partie des jeunes professeurs à s'attacher surtout au développement historique des institutions, Beaudouin visa surtout, dans le cours dont il fut chargé d'abord, à faire l'histoire du droit romain. L'enseignement de l'histoire du droit français auquel il s'adonna ensuite par surcroît lui fournit une nouvelle occasion de satisfaire son goût dominant pour les études historiques. A quel point il y excella,

---

vera dans l'ouvrage de M. Allard l'analyse des publications de Lamache et l'indication des principaux articles nécrologiques qui lui furent consacrés.

à quelles patientes investigations il se livra pour satisfaire une conscience passionnée pour la recherche du vrai, les importants travaux qu'il a laissés sont là pour l'attester, comme aussi les regrets unanimes que sa fin prématurée causa dans le monde savant et dont mainte plume autorisée, en France et à l'étranger, se plut à retracer la touchante expression [1].

Beaudouin n'était pas seulement l'érudit qui se contente de collectionner des faits et des documents ; il n'était pas homme non plus à bâtir sur le sable, et ne commençait à construire qu'après avoir posé des fondements solides et amassé une riche provision de matériaux, dont, avec des scrupules infinis, il éprouvait la solidité. Mais cet appareil imposant de textes que, par souci de probité scientifique, il aimait à étaler sous les yeux de ses auditeurs ou de ses lecteurs, s'il déborde parfois dans ses écrits jusqu'à remplir des pages, ne lui cachait pas l'horizon : il possédait ce tact exquis, ce sens des complexités historiques et sociales, cette sorte de divination et de flair qui font le véritable historien et lui permettent de pénétrer le sens des événements et des institutions du passé. Sa parole incisive et primesautière lui assurait l'oreille des étudiants. C'est surtout dans l'enseignement du doctorat qu'il donnait toute sa mesure. Les jeunes gens, bien rares malheureusement, que leurs goûts et leurs aptitudes portent vers les études historiques trouvaient en lui un guide enthousiaste et dévoué.

Quelque ardeur qu'il y apportât, ses enseignements et les études qui s'y rattachent ne pouvaient suffire à un esprit aussi diversement doué que le sien. Avec l'histoire, l'art fut la grande passion de son esprit : peu d'hommes ont senti plus profondément le charme qui se dégage des belles œuvres. Il aimait à faire partager ses admirations, à les exprimer sans phrases, mais d'un accent qui ouvrait les yeux les plus rebelles à la compréhension de la beauté. Chacun appréciait la

---

[1] On trouvera la liste des discours et articles nécrologiques consacrés à Beaudouin dans la notice de M. Hitier *(Annales de l'Université de Grenoble*, t. XII, p. 47 et s.). Aj. *Édouard Beaudouin*, par R. Saleilles, *Revue internationale de l'enseignement* de 1900, et *Notice sur les écrits d'Édouard Beaudouin*, par Paul Fournier, *Nouvelle Revue historique de Droit français et étranger*, 1901. Les notices de MM. Hitier et Fournier sont suivies de la liste des publications de Beaudouin.

douceur de son caractère, l'originalité de sa conversation, souvent relevée d'une pointe de paradoxe.

Plus historien que juriste, plus artiste que logicien, Beaudouin s'imposait surtout par des aptitudes autres que celles que développe d'ordinaire l'étude du droit. Celles-ci brillaient, au contraire, d'un vif éclat chez deux maîtres de la science du droit civil, Trouiller et Testoud.

Trouiller[1] passe, à juste titre, pour avoir été l'un des meilleurs professeurs de droit civil de son temps. Ce n'est pas qu'il ait beaucoup écrit[2]. Sa grande modestie, les soins assidus qu'il consacrait à son cours et à ses élèves, le détournèrent presque complètement de tout autre travail que celui de l'enseignement oral. Il y avait atteint une perfection telle que sa réputation s'étendait bien au delà du cercle de sa Faculté, et que son nom était connu et respecté de tous ceux qui, dans les autres villes universitaires, poursuivaient les mêmes études que lui.

Trouiller fut l'un des plus éminents représentants de cette grande école exégétique qui, par l'étude attentive du texte, de ses origines, de ses travaux préparatoires, cherche uniquement à pénétrer la pensée du législateur et à tirer de cette pensée, une fois découverte, la solution de tous les problèmes juridiques, même de ceux qui sont restés les plus étrangers à ses prévisions. Nul n'a apporté dans le maniement de ces procédés plus de maîtrise, plus de finesse et de perspicacité que Trouiller. Nul ne savait mieux mettre en relief dans un article du Code le mot décisif et lui donner toute sa valeur. Nul aussi n'était plus habile à conduire une discussion, à suivre les conséquences des principes qu'il avait dégagés, à discerner les nuances les plus subtiles des espèces et à appliquer à chacune la solution qui lui convenait. Trouiller ne craignait pas d'être long, non seulement parce que la haute conscience qu'il avait de son devoir de professeur lui faisait désirer d'être complet, mais encore parce qu'il voulait être compris de tous, parce que l'idée devait être retournée, présentée sous toutes ses faces pour pénétrer facilement même dans les intelligences les plus lentes et les moins douées.

---

[1] V. l'allocution prononcée à ses obsèques par M. Tartari.

[2] On trouvera l'indication de ses publications dans l'allocution citée à la note précédente.

Que de peines pour atteindre ce résultat ! Ne rien abandonner à l'improvisation, écrire jusqu'au moindre des mots qui seront prononcés dans la chaire est déjà une tâche laborieuse ; elle ne lui suffisait pas : chacun de ces mots était pesé scrupuleusement, essayé, remplacé par un autre, puis repris, fortifié, complété, et cela juqu'à dix et vingt fois. Les manuscrits de Trouiller, criblés de ratures et de surcharges, sont les témoins du labeur acharné auquel il se livrait et qui finit par compromettre sa santé. La méthode, qui fournit l'ossature du cours, ne le préoccupait pas moins que la forme de l'exposition. Les divisions superposées, judicieusement établies et multipliées à dessein, contribuaient puissamment à la merveilleuse clarté de sa parole. Jusque dans ses dernières années, alors que sa démarche mal affermie trahissait les ravages du mal qui le minait, elle assurait le succès de son enseignement, et de nombreux élèves ne cessaient de se presser à son cours.

Non moins que leur admiration, Trouiller avait su conquérir leur affection par son dévouement. Comment ne pas aimer cet homme d'élite qui joignait à la distinction de l'esprit, à l'étendue et à la variété du savoir une bonté et une simplicité charmantes ? Quelques-uns de ses jeunes collègues, faut-il le dire ? mettaient parfois sa patience à l'épreuve ; l'excellent homme se prêtait avec une bonne grâce charmante à ce jeu : il n'altéra jamais ni la bienveillance qu'il leur témoignait, ni l'affectueuse vénération dont tous se plaisaient à l'entourer.

Bien différente était la nature de Testoud[1]. Ceux qui l'ont le mieux connu ont porté témoignage des qualités de son cœur. Il se faisait comme un devoir de les tenir cachées, et, par son esprit sarcastique et son ton gouailleur, par son scepticisme désolant, par son isolement voulu, de décourager les sympathies qui seraient allées à lui. Il ne pouvait empêcher du moins que chacun ne rendît justice à ses puissantes facultés. Sa mémoire prodigieuse, dont on cite des exploits déconcertants, et un labeur incessant lui avaient permis de réunir une masse énorme de connaissances, qui, dans cette tête bien organisée, s'accumulaient sans confusion.

---

[1] Notices par C. Tartari, *Annales de l'Université de Grenoble*, t. XV (1903), p. 1 et s., et par P. Arminjon (*Ses années d'Égypte*), *ib.*, p. 19 et s. Ces notices contiennent l'indication des publications faites ou préparées par Testoud.

Élève de Trouiller, Testoud s'était assimilé la substance de son enseignement ; mais il n'était pas à craindre que cet esprit vigoureux s'astreignît à une imitation servile. Testoud avait sa manière à lui, différente de celle de son maître, et qui pouvait soutenir la comparaison avec elle. Un juriste distingué, qui étudia sous l'un et sous l'autre, a finement noté le contraste et marqué les raisons de sa préférence et de son admiration pour Testoud. Son jugement ne sera pas ratifié par tous ceux qui ont pratiqué les deux maîtres ; plus d'un trouvera qu'il exalte trop l'un aux dépens de l'autre ; il est intéressant cependant de le rappeler car il caractérise bien la méthode de Testoud. « Son cours, dit M. Arminjon [1], était un modèle d'exactitude, d'érudition, de sagacité, de dialectique forte, claire et subtile... Sa façon d'exposer ses idées, de les ordonner, de les développer n'était pas moins admirable. Chez lui pas de ces distinctions subtiles, de ces divisions et de ces subdivisions prolongées à l'infini, de ces listes d'arguments et de réfutations interminablement numérotées, en un mot de tout ce vain et pesant appareil scolastique qu'on a reproché si durement, mais pas toujours injustement, à l'enseignement de nos Facultés ; une argumentation nerveuse, pressante, frappante, dépouillée de tout vain ornement, animée d'exemples et de rapprochements empruntés à la vie courante et à la plus récente jurisprudence, développée en une conversation familière avec une diction nette, un ton simple, bon enfant, parfois trivial, toujours attachant et surtout une clarté parfaite. Les matières juridiques les plus obscures devenaient lumineuses lorsqu'il les avait élaborées. »

Testoud termina sa carrière comme directeur de l'École khédiviale de Droit, au Caire, où ses rares talents de professeur et d'administrateur furent vivement appréciés.

L'époque où les hommes que je viens de nommer donnaient une autorité et un lustre exceptionnels à la Faculté fut cependant marquée pour elle par une des crises les plus redoutables de son histoire. La loi sur la liberté de l'enseignement supérieur avait amené la création à Lyon d'une Faculté libre : l'État crut de son devoir de ne pas lui laisser le champ libre et saisit cette occasion pour y organiser à son tour une Faculté officielle, depuis longtemps désirée par les autorités

---

[1] *Op. cit.*, p. 22.

locales. Cette double concurrence, si voisine, et rendue plus dangereuse encore par les attraits d'une grande ville, n'allait-elle pas porter un coup fatal à la Faculté de Grenoble ? Celle-ci ne pouvait se dissimuler que son recrutement en subirait une rude atteinte ; et ses effectifs s'abaissèrent en effet en peu d'années de plus de moitié [1]. A peu près à la même époque, un mouvement puissant portait une foule d'esprits vers la concentration, dans un petit nombre de villes, des ressources de l'enseignement supérieur. Notre Faculté se trouvait donc doublement menacée, et par les circonstances locales et par les tendances qui menaçaient de prévaloir dans l'organisation des futures Universités. Elle ne perdit pas courage : forte du sentiment de sa valeur, des souvenirs de son passé, de la sympathie des populations voisines, elle lutta courageusement pour son existence, et le succès couronna ses efforts.

Ils furent puissamment secondés par ceux des assemblées électives de l'Isère, et surtout des représentants de la ville de Grenoble. Depuis longtemps, la municipalité, dans sa conception élevée des intérêts supérieurs de la cité, a appliqué tous ses efforts à en faire un centre de haute culture. La Faculté de Droit lui doit sa création et n'a cessé de recevoir d'elle de précieux témoignages de son intérêt. A cette heure décisive, la ville n'épargna rien pour assurer son salut : c'est ainsi, notamment, qu'elle n'hésita pas, malgré l'incertitude de l'avenir, à poursuivre la construction du Palais qui, depuis 1879, abrite les Facultés.

Elle eut raison de ne pas désespérer : après un court déclin, le nombre des étudiants reprit une marche ascensionnelle [2] ; aux Français, des étrangers vinrent bientôt se mêler, d'abord des États de l'Europe orientale qui, depuis plus de dix ans, nous assurent une petite mais fidèle clientèle ; puis, grâce au précieux concours du Comité de patronage, des pays de langue allemande. Aujourd'hui, les étudiants immatriculés sont plus de 300, c'est-à-dire aussi et plus nombreux qu'ils le furent jamais dans les plus prospères des années qui précédèrent la création des Facultés de Lyon. Aussi, lorsque l'organisation des Universités, préparée par la création du Conseil général des

---

[1] V. *Documents*, n°ˢ VI et VIII.
[2] V. *Documents*, n°ˢ VI et VII.

Facultés, fut réalisée par la loi du 10 juillet 1896, personne ne supposa un seul instant que Grenoble pût être privée de sa Faculté de Droit.

Dès lors, son histoire se confond en partie avec celle de l'Université dont elle fait partie ; elle est d'ailleurs trop voisine de nous pour qu'il soit utile de la rappeler.

VI

Les étudiants. Conclusion.

J'ai essayé de faire revivre la physionomie de quelques-uns de nos prédécesseurs, et surtout de leurs enseignements. Je m'y suis attardé, et trop longtemps peut-être, car le corps enseignant n'est pas tout dans une Faculté : les étudiants ne sont-ils pas sa raison d'être, leur affluence, leurs aptitudes, leur ardeur au travail, des éléments essentiels de son succès ? Mais leur âge heureux n'a pas d'histoire, et si je voulais retracer les carrières de ceux qui étudièrent le droit à Grenoble au cours du xixe siècle, énumérer les hommes politiques, les magistrats, les professeurs, les avocats et les autres auxiliaires de la justice, voire même les industriels et les commerçants qui ont fait honneur à l'enseignement qu'ils avaient reçu sur les bancs de notre École, je m'écarterais trop de mon sujet. Je me reprocherais cependant de ne pas rappeler le souvenir de ceux qui, au jour du danger, ont spontanément volé au secours de la patrie et généreusement versé leur sang pour elle. De la guerre de 1870-71, plusieurs ont rapporté de glorieuses blessures, d'autres[1] payèrent de leur vie leur patriotique abnégation. Fortifiant exemple, dont leurs cadets sauraient, j'en suis convaincu, s'inspirer à l'occasion !

Comme le corps professoral, les étudiants ont une vie collective. Dès les débuts de l'École, dans les premiers jours de 1807, Didier cherchait à la manifester par la fondation d'un cercle, qui devait être

---

[1] Ce sont : Maurice Douillet, Octave Pascal, Casimir Julhiet, Édouard Rosset, Eugène Foncin, Paul Sauzet, Charles de Beylié.

un lieu non de récréation, mais d'étude : « Il s'agit, disait Didier, de donner des heures presque toujours perdues, et trop souvent d'une manière funeste, à des délassements instructifs, pour acquérir des connaissances précieuses, nécessaires, capables d'assurer la gloire et le bonheur de ceux qui en seront doués [1]. » Une bibliothèque bien pourvue [2] devait en fournir les moyens aux membres du

---

[1] Didier développait ainsi ce programme : « Apprendre à parler purement la langue française, talent si rare, surtout dans les provinces; se corriger des fautes d'expression, de prononciation; former son langage, son style; discuter avec netteté, avec décence, des questions de grammaire, de belles-lettres, d'histoire, de jurisprudence, etc., etc.; s'accoutumer à approfondir les sujets, à remonter aux causes, à descendre dans les détails, à embrasser toutes les conséquences; apprendre à écouter, à souffrir la contradiction; à répondre avec calme, à douter, à prononcer avec réserve; à se former des idées exactes sur toutes les professions de la société, à les respecter; à honorer les sciences et les arts; donner à son esprit, à son caractère, cette modération, cette sagesse qui rendent les hommes bons et heureux; se nourrir enfin de ces principes salutaires, de cette soumission aux lois, de ce respect pour leurs ministres, de cet amour sacré pour sa Patrie, pour son Prince, pour son Gouvernement; de tous ces sentiments purs, généreux, qui accompagneront toujours l'homme de bien, et lui feront traverser avec courage, avec honneur, tous les écueils de la vie humaine : telle est l'esquisse du bien que nous avons vu dans ce projet... A la fin de chaque mois, on soumettra à une discussion publique les ouvrages qui auront été vus pendant son cours; on proposera des sujets à traiter, des questions à résoudre, et le style sera toujours jugé sévèrement. Il en sera de même des expressions employées dans la discussion publique. Je dois vous parler d'un autre genre d'éloquence que j'appellerai *pratique*, qui est moins brillant que le premier, mais plus universel, et qui est nécessaire, on peut le dire, à tous les hommes bien élevés, destinés à exercer une profession honorable dans la société. Il consiste à rédiger avec clarté, avec ordre, avec précision tout ce qu'on veut écrire; ce mérite est encore beaucoup trop rare, et il sera bien important de s'exercer à l'acquérir. »

Ces passages, ainsi que les renseignements qui suivent, sont extraits d'un discours de Didier, imprimé pour servir de prospectus à la fondation projetée, et dont M. Maignien a bien voulu me communiquer l'exemplaire qu'il a pu recueillir.

[2] Il y a peut-être quelque intérêt, pour l'histoire de la littérature juridique, à dire quel devait être, aux yeux de Didier, le fonds de cette bibliothèque : elle sera formée, disait-il, de plusieurs parties. « La première de quelques ouvrages élémentaires sur le droit des gens, sur le droit public de la France : *Grotius, Puffendorf, Burlamaqui, Vatel, Montesquieu*, en formeront la base.

« La seconde concerne le droit civil : le *Corps du droit romain*, un excellent *Commentaire sur la loi des douze tables*, les *Institutes* de *Vinnius*, de *Schneidevin*, de

cercle[1]. Il paraît probable que l'Académie de législation, dont j'ai parlé précédemment[2], et dont le Conseil de discipline et d'enseignement élabora les statuts dans sa séance du 19 février 1807, ne fut autre chose qu'une transformation du cercle projeté par Didier[3].

Cette tentative, une autre au moins du même genre, paraissent

---

Serres, de Boutaric, Domat, Pothier, ont paru les meilleurs guides pour étudier les principes généraux de la législation.

« La troisième partie se compose : 1° des lois qui nous régissent ; 2° de la jurisprudence. Une collection des *Lois intermédiaires*, le *Code civil* avec les *Discours*, modèles d'érudition et d'éloquence ; l'*Esprit du Code Napoléon*, les instituts de *Bernardi*, M. de Malleville, quelques *traités* sur les principales matières, le *Répertoire de Jurisprudence*, les *Questions* de M. Merlin, la *Jurisprudence du Code civil*, celle de la *Cour de cassation*, offriront assez d'aliments à la curiosité et à l'instruction de ceux même qui auront le plus de zèle.

« La quatrième partie a pour objet l'éloquence : les orateurs grecs et romains, d'*Aguesseau*, les oraisons de *Bossuet*, de *Fléchier*, en sont les premiers éléments. Viennent ensuite les ouvrages de barreau : les mémoires de *Pélisson*, les plaidoyers de *Patru*, de *Cochin*, de *Loiseau-de-Mauléon*, de *Linguet*, les *Causes célèbres*, les mémoires particuliers de *Lally*, de *Bergasse*.

« *L'Esprit de l'Histoire*, de M. Ferrand, ouvrage qui honore notre siècle, devait entrer dans un recueil destiné à l'instruction et à l'éloquence.

« Une collection de quelques mémoires distingués de nos jours; le *Journal du Barreau français*, qui nous transmettra des extraits fidèles, nous ont paru dignes de notre intérêt.

« Enfin, les plus célèbres écrivains du Barreau de Paris, consultés sur cet établissement, ont daigné promettre de lui fournir les ouvrages qui paraîtront sur les causes les plus importantes : chaque mois offrira de nouveaux sujets à notre instruction.

« Quelques journaux étaient nécessaires : celui de l'*Empire* et le *Moniteur* nous ont paru suffisants. »

[1] Le discours dont j'ai cité plusieurs extraits fut prononcé le 5 janvier 1807 et suivi de la nomination, parmi les étudiants, de commissaires du cercle. On est assez surpris de voir que dès le lendemain, le directeur Ddier réunit les commissaires pour leur dire qu'il a fait, à ses frais, la collection des ouvrages nécessaires au cercle, et qu'il en sera remboursé par annuités : sur quoi la cotisation annuelle est fixée à 24 francs. On est tenté, étant donné le goût avéré de Didier pour les affaires, de se demander s'il n'avait pas eu en vue surtout une opération de librairie. Toutefois, il est à remarquer qu'à la réunion du 5 janvier il était assisté de deux de ses collègues, Berriat-Saint-Prix et Planel.

[2] V. *supra*, p. 87.

[3] Didier assistait à la séance, et le Conseil statua à l'unanimité.

avoir échoué devant les méfiances de pouvoirs hostiles à l'esprit d'association[1]. Ces préventions ne sont plus qu'un souvenir, et nos élèves unis à ceux des autres Facultés et de l'École de Médecine ont pu fonder et faire prospérer leur florissante Association.

Le rôle d'une Faculté ne consiste pas seulement à distribuer l'enseignement et à faire passer des examens. Son action, pour être féconde, doit rayonner au dehors : rien de ce qui intéresse l'objet de leurs études ne saurait demeurer indifférent à ses maîtres, rien non plus des intérêts de l'enseignement dans ses autres branches, rien des affaires publiques auxquelles un esprit cultivé ne saurait, sans être blâmable, demeurer indifférent. Nos prédécesseurs ont-ils eu conscience de ces multiples devoirs ? Les faits sont là pour répondre.

Depuis 1805, cinq Facultés de Droit nouvelles ont été créées par l'État. Lorsqu'il s'est agi de les organiser et de leur donner des chefs capables, c'est à Grenoble que, pour quatre d'entre elles, le Ministre est venu les chercher : les Facultés de Nancy, de Bordeaux, de Lyon et de Montpellier doivent à celle de Grenoble leurs premiers doyens, et, par là même, nul ne le contestera de ceux qui connaissent ces hommes éminents, une partie de leurs succès[2].

La Faculté a eu quelquefois l'honneur de donner ou de prêter des magistrats à la Cour et aux tribunaux de notre ville ; quelquefois elle s'est recrutée dans leur sein. Elle a reçu du barreau les Mallein, les Auguste Gueymard, déjà formés par une longue pratique. Plus souvent encore, et surtout à une époque où leur tâche était moins laborieuse qu'aujourd'hui, ses professeurs ont mené de front l'enseignement et l'exercice de la profession d'avocat : la liste serait longue

---

[1] Une délibération du Conseil académique de Grenoble du 6 août 1839, confirmée, sauf sur un point de détail, par un jugement du Conseil royal de l'Instruction publique du 16 du même mois, inflige une peine disciplinaire à deux étudiants pour avoir « agi en nom collectif, et provoqué, en ce qui dépendait d'eux, une sorte d'association des écoles ».

[2] J'ai déjà dit que Couraud quitta Grenoble pour aller occuper, à Bordeaux, les fonctions de Doyen. MM. Jalabert, Caillemer et Vigié furent placés à la tête des Facultés de Nancy, de Lyon et de Montpellier, après avoir joué à Grenoble un rôle considérable sur lequel je regrette vivement de ne pouvoir m'étendre pour rester fidèle à la règle que je me suis imposée de ne pas parler des vivants.

de ceux qui ont siégé dans le Conseil de l'Ordre. Les Mallein, les Gautier, les Gueymard, les Taulier, les Périer y ont été élevés aux honneurs du bâtonnat.

Une tradition, qui s'est heureusement perpétuée jusqu'à nos jours, a fréquemment appelé des membres de la Faculté de Droit à figurer dans les Conseils de la ville. Tous ceux qui sont familiers avec nos annales municipales savent que les Didier, les Claude Burdet, les Gautier, les Mallein, les Testoud, pour ne nommer que ceux-là, occupèrent une place parfois importante soit dans le Conseil municipal, soit dans la municipalité. Taulier a laissé le souvenir de l'un des maires les plus habiles qu'ait eus la ville de Grenoble.

La Faculté de Droit a toujours, au grand profit de ses maîtres et de ses élèves, entretenu les plus cordiales relations avec les autres établissements d'enseignement supérieur de la ville. Elles sont devenues plus étroites depuis que la conception, trop longtemps oubliée, de cet enseignement qui devait aboutir à la résurrection des Universités, eut rendu sensible à tous les yeux le concours que doivent se prêter ses divers organes.

Encadrées dans les Universités, dotées d'une foule d'enseignements nouveaux, les Facultés de Droit de nos jours ne ressemblent guère aux Écoles d'il y a un siècle. Petit à petit, le droit public, l'histoire du droit, puis les sciences économiques s'y sont fait une place à côté du droit privé; enfin, dans cette rénovation de l'enseignement supérieur qui fut l'œuvre de la troisième République, les Facultés de Droit sont devenues ces Instituts de sciences sociales qu'avaient déjà rêvés jadis Talleyrand et Condorcet. Au lieu des cinq chaires du début, la Faculté de Grenoble en compte aujourd'hui treize, et ses professeurs et agrégés distribuent plus de vingt-cinq enseignements divers.

Parmi les esprits qui s'intéressent aux sciences juridiques, quelques-uns, et des meilleurs, n'ont pas vu sans alarme cette transformation ; excellemment nourris de la substance des enseignements anciens, ils craignent que la multiplicité des cours ne disperse l'attention des étudiants, que des maîtres trop spécialisés n'entraînent leurs élèves dans la voie, sans issue pour la plupart, des recherches de pure érudition et que, somme toute, le nouveau système soit moins adapté que l'ancien à la formation de bons jurisconsultes, qui doit, personne ne le conteste, demeurer l'objectif essentiel des Facultés de Droit.

Fallait-il donc, pour donner satisfaction à ces préoccupations, renoncer à introduire dans les Facultés les disciplines nécessaires à la formation des administrateurs, des hommes politiques, de tous ceux qui, quelle que soit leur carrière, aspirent à connaître l'évolution des institutions et les leçons qu'elle suggère, les besoins économiques et sociaux de leur temps et les moyens d'y donner satisfaction? Fallait-il les cantonner à jamais dans leur fonction primitive d'Écoles préparatoires à la magistrature et aux professions qui s'y rattachent?

La conclusion s'imposerait sans doute s'il était démontré qu'il y a incompatibilité entre l'un et l'autre rôle. Mais la preuve est-elle faite? Les Facultés n'ont-elles pas le sentiment, aussi vif que jadis, de la responsabilité qui leur incombe dans le recrutement des professions qui touchent à l'administration de la justice? Leurs membres ne s'efforcent-ils pas, au contraire, de serrer de plus près qu'on ne l'avait jamais fait les éléments concrets de la vie juridique, les faits sociaux, les mouvements de la jurisprudence, les indications de la pratique? N'ont-ils pas renoncé à ces stériles controverses d'école qui tenaient naguère une si grande place dans l'enseignement? Et si, non contents de munir les élèves des notions de droit qui leur sont strictement nécessaires pour aborder le prétoire ou la barre, ils veulent encore leur ménager un accès facile à des domaines qui certes ne sont pas restés fermés à leurs aînés, mais où ceux-ci n'ont pu pénétrer qu'au prix de travaux individuels que tout le monde n'a pas le loisir et le courage d'entreprendre, faut-il se plaindre de cet élargissement de leur horizon? Faut-il regretter le surcroît de peine que coûte la formation plus complète des jeunes esprits qui nous sont confiés?

Assurément il y a une mesure à garder dans ce partage entre la théorie et la pratique, entre les sciences sociales d'application immédiate et celles qui se meuvent plutôt sur le terrain de l'histoire ou des idées abstraites. La tâche est difficile; du soin et du tact avec lesquels les Facultés s'en acquitteront dépendra leur succès ou leur échec. Celle de Grenoble s'efforce d'y apporter tout le zèle, tout le dévouement dont elle a trouvé l'exemple chez ces anciens dont j'ai évoqué la mémoire. A-t-elle réussi jusqu'ici? réussira-t-elle dans l'avenir? Je ne puis que poser la question. Si vous êtes curieux de connaître la réponse, sachez attendre. Peut-être, dans cent ans, quelqu'un se lèvera-t-il à cette place pour vous la donner.

DOCUMENTS
RELATIFS A L'ANCIENNE UNIVERSITÉ DE GRENOBLE

RÉUNIS PAR

Raoul BUSQUET,

Archiviste paléographe
Archiviste de la Ville de Grenoble.

Sauf un petit nombre de pièces ou d'extraits empruntés aux Archives municipales de Valence, tous les documents analysés ou publiés dans ce recueil proviennent du même dépôt : les Archives municipales de Grenoble. La majeure partie d'entre eux y est encore conservée ; quelques-uns, cependant, l'ont quitté, par suite de circonstances diverses, pour la Bibliothèque municipale de Grenoble ou les Archives départementales de l'Isère. Tous ensemble ils constituent un *fonds de l'ancienne Université,* assez compact quoique mutilé.

Aux Archives de l'Université proprement dites nous avons joint le résultat du dépouillement des Registres des délibérations du Conseil de Ville : la suite de ces extraits est un résumé de l'histoire de l'Université de Grenoble au xvie siècle ; c'est un commentaire continu des autres séries de documents.

PLAN DU RECUEIL

A. — Université du xive siècle.
B. — Université du xvie siècle.
    I. — Extraits des Registres des délibérations du Conseil de Ville.
    II. — Reconstitution et dotation de l'Université.
    III. — Organisation, personnel : *a)* Règlements, enseignement, élections du Recteur et de son conseil ; *b)* Personnel enseignant ; agrégations, conduites ; *c)* Bedeaux, secrétaire de l'Université ; *d)* Varia.
    IV. — Diplômes : *a)* Diplômes de doctorat en droit canonique et civil ; *b)* Diplômes de doctorat en médecine ; *c)* Diplômes de baccalauréat en droit canonique et civil ; *d)* Diplôme de baccalauréat en médecine ; *e)* Attestations d'études.
    V. — Le procès des régents grenoblois.
    VI. — Comptabilité des deniers de l'Université.
    VII. — Suppression de l'Université.
    VIII. — Listes des Recteurs et des Professeurs de l'Université de Grenoble, au xvie siècle, établies d'après les documents précédents.
C. — Tentatives de reconstitution de l'Université à la fin du xvie et au xviiie siècles.

A. — Documents relatifs à l'Université de Grenoble au XIVᵉ siècle.

1. — Avignon, 12 mai 1339. — Bulle de Benoît XII, rendue à la prière du dauphin Humbert II, portant fondation d'une Université à Grenoble *ut in civitate prefata sit deinceps in jure videlicet canonico et civili et in medicina et in artibus perpetuum studium generale.*

Texte, d'après les registres du Vatican, dans Marcel Fournier, *Statuts et privilèges des Universités françaises*, t. II, p. 723, nº 1546.— Copie vidimée du xvIᵉ siècle dans le ms. de la Bibliothèque publique de Grenoble, 1432, fol. 54.
— Texte publié avec une date erronée (13 mai) par La Bonnardière, *Origine de l'Université de Grenoble*, dans la *Revue catholique des Institutions et du Droit*, III, p. 388, d'après un vidimus de 1346 (vidimus du 16 mai 1346. Archives départementales de l'Isère, dossier de l'Université de Grenoble).— Cf. J.-M. Vidal, *Benoît XII, Lettres communes*, nº 7438, dans la publication des registres des Papes entreprise par l'École de Rome ; et Denifle, *die Entstehung der Universitäten*, p. 365.

2. — Avignon, 27 mai 1339. — Bulle de Benoît XII adressée *magistris et scholaribus studii gratianopolitani*, leur accordant pour cinq ans le droit de percevoir les fruits de leurs bénéfices sans être obligés à la résidence. — Le même jour, notification de cet acte est faite aux archevêques de Vienne et d'Embrun, ainsi qu'à l'évêque de Valence.
Texte dans Marcel Fournier, nº 1547 ; J.-M. Vidal, nº 7021.

3. — Saint-Étienne-de-Saint-Geoirs, 25 juillet 1339. — Lettres du dauphin Humbert II portant concession de nombreux privilèges aux maîtres et aux écoliers de l'Université de Grenoble.
Texte publié dans Valbonnais, *Histoire du Dauphiné*, II, 412 ; et dans Marcel Fournier, nº 1548. — Copie (xvIᵉ s.) d'après un vidimus d'Étienne de Roux, juge mage, du 10 décembre 1339, dans ms. 1432, Bibl. publ. de Grenoble, fol. 56 et suivants ; autre copie du même vidimus dans le Livre de la Chaîne (Arch. mun. de Grenoble, AA. 6), fol. 44. Ce vidimus porte la mention suivante : ... *licteram... per reverendum nobilem et circumspectum virum ac dominum dominum Amedeum Alamandi priorem prioratus Sancti Laurentii gratianopolitani, rectoremque venerabilis Universitatis, collegii seu corporis studii civitatis gratianopolitane memorate exhibitam...* [1]

4. — Avignon, 30 septembre 1339. — Bulle de Benoît XII concédant à Jean de Chissé, évêque de Grenoble, et à ses successeurs, à la

---

[1] Sur Amédée Allemand voir Em. Pilot de Thorey, *Les Prieurés de l'ancien diocèse de Grenoble*, dans le *Bulletin de la Société de Statistique de l'Isère*, 3ᵉ série, t. XII, p. 145-146.

requête du dauphin Humbert II, le pouvoir d'accorder aux personnes idoines la licence d'enseigner à l'Université de Grenoble.

Texte publié par Cocquelines, d'après les registres du Vatican, dans la *Bullarum Romanorum Pontificum Amplissima Collectio* (Rome, 1741), III, II, p. 286; — par Marcel Fournier, *op. cit.*, n° 1549. — Cf. J.-M. Vidal, *op. cit.*, n° 7366. — Le même texte a été publié par La Bonnardière, *op. cit.*, p. 389, d'après le vidimus du 16 mai 1346 (Arch. départ. de l'Isère, dossier de l'Université de Grenoble).

5. — 1339-1340. — Compte des deniers communs de la Ville de Grenoble (Archives municipales). Mentions diverses :

Sur ce compte voir Pilot, *Notice sur les Écoles de Grenoble* (Bulletin de la Société de Statistique de l'Isère) où les textes suivants ont été publiés en partie, et M. l'abbé Devaux, *Essai sur la langue vulgaire du Dauphiné septentrional au Moyen Age*, Grenoble, 1892, p. 61 et 62, qui a corrigé la publication de Pilot, mais n'a pu connaître l'original. Cf. également A. Prudhomme, *L'Enseignement secondaire à Grenoble avant la création du Collège des Dominicains (1340-1606)*, Grenoble, 1901, p. 4 et note.

Fol. 50. — Novembre 1339. — *Travaux de maçons pour les écoles en que leyt Moss. le prious (sic) de Saynt Dona*[1].

Fol. 55. — 7 janvier 1340. — Des charpentiers travaillent pour réparer les bancs de l'École *del devant dit Moss. lo priour de Seynt Donat*.

Fol. 62. — 1340. — *Payé a Peron de Quet mercer per mossen Henris de Dreynsz per lo loher de les escoles en les quaux leyt le prious* (sic) *de Saynt Dona de I ant passa et feni a la festa de la croys de setembro corrant MCCC°XL°*............ XII flor.

Item payé a moss. Geyri per lo loyer de les ecoles en que leyt moss. Jacquemos Bruners[2] *per lo dit ant*............. II flor.

restent à payer.................................. IV florins.

Fol. 67-68. — *Per les ecoles noves faites en rua Flandi. Premeyramen achateront li dit cossol per fare les ecoles en rua Flandi, apella rua Nova, per les banches, per los setyos et les rerebanches, per la cheyri...*, etc., etc...

Suit une série d'articles de dépenses nécessaires pour l'installation d'une école. Les travaux ont été commencés le lundi avant la Toussaint 1340.

---

[1] Ce prieur de Saint-Donat est sans doute Lenczo de Lemps, decretorum doctor, témoin dans plusieurs actes rendus par le Dauphin en 1344 et années suivantes (v. Valbonnais, II, p. 501-505 et *passim*). Il dut enseigner le droit canon à Grenoble en 1339-1340.

[2] Jacques Brunier, docteur en droit et conseiller delphinal, enseignait vraisemblablement le droit civil. Il y a tout lieu de croire que son école, comme celle du prieur de Saint-Donat, étaient les auditoires de l'Université. Au surplus, les comptes prouvent que ces écoles ne se confondent pas avec l'école de grammaire, établie *en la maison de la confrairie de Seynt Lorens*. — Nous signalerons encore la mention qui figure au fol. 50 du même compte et qui a trait au don de trois moutons et de trois pièces de bœuf fait le 31 octobre 1339 au prieur de Saint-Donat, à *Jacquemon Bruner* et à *Etenen de Ros* (Étienne de Roux), *grant jugo, per czo que fussent amif de la vila*.

6. — 1340, s. l. n. m. n. j. — Lettres du dauphin Humbert II portant règlement pour l'organisation de la maison du Dauphin et de l'Administration supérieure du Dauphiné. — Humbert II décide en particulier que le Conseil Delphinal, établi à Grenoble, comprendra, outre deux chevaliers, *quatuor doctores seu jurisperiti, ex illis qui in Gratianopoli habeant incolatum et sint de rectoribus studii.... ut studium magis vigeat ;* chacun d'eux recevra un salaire annuel de cent vingt florins d'or [1].

Texte dans Valbonnais. *Histoire des Dauphins,* t. II, p. 401-402.

7. — La Saone. 10 mai 1340. — Lettres par lesquelles le dauphin Humbert II, attendu que *propter martinetos antea factos in Gresivodano patria est deteriorata plurimum et debilitata nemorum scissione,* attendu qu'il s'est engagé à assurer aux maîtres et aux écoliers de l'Université la fourniture du bois de chauffage à bon marché, ordonne la suppression des forges depuis les abîmes au-dessus de Bellecombe en amont, jusques à Voreppe en aval de Grenoble, et confirme en outre les privilèges antérieurement accordés à l'Université.

Texte dans Valbonnais, t. II, p. 411 ; Marcel Fournier, n° 1550.

8. — Grenoble, 1er août 1340. — Lettres du dauphin Humbert II organisant et fixant définitivement à Grenoble le Conseil Delphinal :
... *Vos autem consilium nostrum predictum ex septem peritis in jure quorum saltem quinque sint doctores, actu legendi quatuor et quintus cancellarius, videlicet duo juris canonici et duo juris civilis in studio nostro gratianopolitano legentes seu legere et regere debentes, esse debere statuimus et etiam ordinamus, ut ex hoc idem studium nostrum adaugeri valeat manuteneri et etiam conservari.....* et plus loin : ... *Volumus eciam et vobis auctoritate presencium comitimus potestatem et auctoritatem perpetuam..... gubernandi gabellas nostras omnes et singulas... et proventus, per vos, scilicet per thesaurarium predictum dicti consilii, recipiendi, et vobis et notariis consilii predicti et doctoribus magistris in medicina et in artibus actu legentibus solvat secundum ordinacionem consilii...*

Texte dans Valbonnais, t. II, p. 410 ; Marcel Fournier, n° 1551.— Copie dans le Livre de la Chaîne (Arch. mun. de Grenoble, AA. 6), fol. 45 v° et suiv. Copie du XVIe s. d'après un vidimus de 1346 dans le ms. 1432 de la Bibl. publ. de Grenoble, fol. 61 et suiv.

9. — Avignon. — 2 octobre 1340. — Lettres du Dauphin Hum-

---

[1] En avril 1340, les jurisconsultes du Conseil sont : *Nicolaus Constantii, miles et legum doctor,* chancelier ; *Jacobus Brunerii et Rodulphus de Capriliis, legum doctores ; Raymundus Falavelli et Michael de Sezana, jurisperiti* (Valbonnais, t. II, p. 408).

bert II nommant Guigues *Galberti*, doyen de l'Église de Die, à la double charge de membre du Conseil delphinal et de professeur extraordinaire de Décrétales à l'Université, lui assurant cent florins d'or pour son salaire de conseiller et autant pour son salaire de professeur.

Texte dans Valbonnais, t. II, p. 424; Marcel Fournier, n° 1552.

9 bis. — Avignon, 4 juin 1343. — Rotulus adressé au pape Clément VI par l'Université de Grenoble en faveur de Laurent *Coticoti*, clerc du diocèse de Grenoble, maître ès arts de l'Université, si pauvre que, pour vivre, il a été obligé de servir les maçons, dur métier qui l'a rendu malade. En outre, il a été foulé aux pieds et gravement blessé lorsque, au joyeux avènement du pape, il a tenté de lui présenter une supplique, que les gardes ont jetée dans le Rhône. — Un bénéfice lui sera conféré, jusques à concurrence de 60 livres *cum cura animarum*, ou de 40 livres sans cure.

Texte dans Marcel Fournier, n° 1553. — Cf. Denifle, *die Entstehung der Universitäten*, p. 366.

10. — Grenoble, 27 mars 1345. — Lettres par lesquelles le dauphin Humbert II nomme membre du Conseil Delphinal et professeur à l'Université de Grenoble, Jacques de Roux, bachelier ès lois, frère d'Étienne de Roux, chevalier et docteur ès lois, son conseiller. Jacques de Roux aura charge d'enseigner à l'Université le droit civil ou le droit canonique *prout cum rectore dicti studii ordinabitur* et recevra annuellement cinquante florins d'or.

Texte dans Valbonnais, t. II, p. 505 ; Marcel Fournier, n° 1554.

11. — Ile voisine de Marseille, 2 septembre 1345. — Lettres du dauphin Humbert II partant pour la croisade, concernant diverses affaires relatives au gouvernement du Dauphiné.

Humbert II cite parmi les membres de son Conseil :

Guillelmum de Manso, legum doctorem, cancellarium dicti consilii legentemque in studio ;

Hugonem Bernardi, utriusque juris doctorem et militem, legentem etiam in studio.

Valbonnais, t. II, p. 520 [1].

---

[1] Les actes d'Humbert II citent en outre, parmi les témoins, nombre de jurisconsultes et quelques professeurs de droit, mais il n'est pas prouvé qu'ils enseignèrent à l'Université de Grenoble. Cependant nous signalerons un de ces juristes, en raison de la qualification précise qui lui est donnée: c'est *Franciscus de Fredulphis de Parma, dominus Asperimontis, utriusque juris professor.* Valbonnais, t. II, pp. 418, 513, 522, 545 (1340-1345). En outre, on trouve dans un acte d'appel au pape Benoît XII interjeté par Humbert II en 1341, le nom de *Guillelmus de Paredo lector conventus Prædicatorum et studii generalis gratianopolitani :* il fut probablement professeur de droit canonique, puisque l'enseignement de la théologie n'avait pas été organisé à Grenoble (Valbonnais, t. II, p. 443).

11 bis. — 26 mai 1346. — *Bernardus de Croyllis, archidiaconus Bisuldenensis in ecclesia Gerundensi (Gérone), rectorque venerabilium universitatum collegii seu corporis siudii civitatis Gratianopolitanæ.*

D'après une copie communiquée par M. Maignien, conservateur de la Bibliothèque publique de Grenoble. La source première en est inconnue.

B. — Documents relatifs à l'Université de Grenoble au XVIe siècle.

I. — Extraits des registres des délibérations du Conseil de Ville (Archives municipales de Grenoble, série BB).

N. B. — Les délibérations qui suivent peuvent avoir été prises par le Conseil ordinaire ou par le Conseil général des habitants de la Ville. Il s'agira de délibérations du Conseil ordinaire lorsque les extraits ne seront précédés d'aucune indication. Les extraits de délibérations du Conseil général seront précédés des initiales C. G.

12. — BB. 13. — Fol. 55. — 25 août 1542. — *Vendredi XXV jour du moys d'oust dans la tour de l'ile a esté appellé le conseil auquel ce sont trouvé Maistres George Rogier et Guillaume Perrot, consulz; maistre Anthoyne Motet, precempteur de l'église Nostre-Dame, maistres Guys de Ventes et Pierre Griffon, chanoynes de Sainct-André, messieurs m^{es} Glaude Michaellis, Pierre Buchichert*[1], *Anthoine Areoud, Pons Actuhier et Girard Servientis docteurs es droictz, m^{es} Yves Guyon et Henris Matheron*[2] *secretaires de la Chambre des comptes du Daulphiné, m^e Pierre Audeyard et Anemond Clacquin, despuis m^e...*

Pour la confirmation et novelle erection de l'Université de Grenoble. — *Proposé par monsieur le cosse Rogier que aultrefoys messieurs les daulphins crearent Université d'estudes tant en loys que*

---

[1] L'on rencontrera ce personnage sous les noms de Bucher, Buchier, Buchel, Buchicher, Buchichel. Son nom véritable est Bucher: il l'écrivait ainsi lui-même en signant. Néanmoins la forme Buchicher ou Buchichert est employée beaucoup plus fréquemment par les contemporains. Nous avons pris le parti de reproduire dans nos analyses la forme fournie par le document analysé. Sur le personnage lui-même et sur tous les personnages importants dont les noms paraissent dans ce recueil, voyez plus haut le texte et les annotations de M. Fournier, l'*Ancienne Université de Grenoble*.

[2] Yves Guyon fut nommé secrétaire des comptes en 1519. Il mourut en 1564. Henri Matheron était en fonctions depuis 1521. Pour les autres personnages énumérés ci-dessus, voyez les notes de l'*Ancienne Université de Grenoble* et le chapitre VIII des *Documents*.

medecine dans la présente cité de Grenoble, qu'a demouré long temps et que de nouveau monseigneur le gouverneur de ce pays a volu conferer yceulx privileges pour l'augmentation de la presente cité de Grenoble; par quoy demande si l'on doict poursuyvre ycelle erection et confirmation de université de ladicte presente cité ou non.

Les vix (sic) ouyees, conclu, actendu le bon voloir de monseigneur le gouverneur de ce pays et le proficit que s'en pourra ensuyvre, que l'on poursuyve le plus diligemment que l'on pourras la erection et confirmation de l'Université de la presente cité de Grenoble envers monseigneur le gouverneur de ce pays du Daulphiné et ycelle obtenue que l'on poursuyve l'internation et puis la manutencion et observation d'icelle et pour ce faire que l'on s'adresse à monsieur Buchichert, monsieur Servientis et a monsieur Actuhier, qui a ce ce veullent employer.

13. — Fol. 56 v°. — 1ᵉʳ septembre 1542. — *Vendredi premier jour d'oust (sic) an mil Vᶜ XLII n'a esté poin tenu de conseil pour l'occupation de ce que s'ensuit*

MISE EN POSSESSION DE L'UNIVERSITÉ[1]. — *Ledict jour et an en l'auditoire du bailliage de Graysivodan par monsieur mᵉ Abel de Buffevent vibailly a este interiné la confirmation de l'Université de la présente cité de Grenoble, octroyée et confirmée par monsieur le conte de Sainct-Pol gouverneur de ce pays du Daulphiné et; a l'apres diner, messieurs les cosses mᵉˢ George Rogier et Guillaume Perrot clers ont esté mis en possession d'icelle université par ledict vibailly dans le petit reffectoir des Cordeliers dudict Grenoble, auquel lieu a esté leue et publiée ladicte internation ensemble le rescript dudict seignieur gouverneur par mᵉ Chabert, clerc et greffier dudict bailliage, qui a receu les actes soubz ledict seignieur vibailly. Ce faict, ont commencé a lire audict reffectoir es presences dudict vibailly et plusieurs aultres y estans et assistans, en bon et gros nombre tant des eglises Nostre Dame, Sainct-André, des Prescheurs et des Cordelliers que d'aultres gens de raube longue et aultres tant au droict civil, théologie, medecine que es ars, a scavoir: In jure civili, monsieur mᵉ Pierre Buchichert; en théologie monsieur mᵉ René Perrucel, cordellier, docteur en théologie; en medecine, monsieur mᵉ Marquiot, docteur; en ars, mᵉ Jehan [Caméric], precepteur des escolles de ladicte ville.*

14. — Fol. 60 r°. — 30 septembre 1542. — Le Conseil ordinaire décide de faire fabriquer aux frais de la Ville la chaire et les bancs

---

[1] V. *Document* n° 208 *bis*.

nécessaires aux professeurs et aux étudiants de l'Université, et de faire aménager le réfectoire des Cordeliers qui doit servir de salle de cours. Pierre Buchichert et Girard Servient sont désignés *pour fere fere ladicte œuvre*[1].

15. — Fol. 98. — 12 janvier 1543. — M. de Saint-Romans, conseiller, propose *de avoir ung lecteur fameux pour lire*, et déclare *que il y a ung homme fameux sçavant qu'a leu a Thoulouse, a Seys* (?), *Vallance et a certeyns aultres lieulx que se nomme monsieur de Farges, lequel est auprès de Nexi en Scavoye*[2]. Le Conseil décide en conséquence de remontrer au Conseil général *le bien, profit et utilité que la Ville peut rapporter de ladite Université*, et de lui proposer d'employer une somme que la Ville attend du trésorier delphinal à conduire *ung lecteur estrangier nommé monsieur de Farges pour lire aux estudes, lequel est homme sçavant et bien famé et que l'on pourroit avoyr en brief temps, actendu qu'il est pres d'ici*.

16. — Fol. 102-103. — 14 janvier 1543. C. G. — Gilles de Saint-Germain, 1er consul, présente au Conseil général la proposition discutée à la précédente réunion du Conseil ordinaire. Il *fest... les remonstrances du bien profict et utilité que la Ville pourra avoir tant en general que particullier a l'ocasion de l'Université nouvellement érigée et confermée en la présente cité de Grenoble, pour laquelle mayntenir et augmenter seroit de neccessité avoir quelque homme de bien, lecteur estrangier pour lire continuellement, lequel l'on ne pourroit avoir sans gaiges et avoir d'argent pour poyer yceulx gaiges.*

Cette proposition est défendue par *monsieur me Anthoyne Motet, chanoyne et preceptteur de l'eglise Notre Dame de la presente cité de Grenoble, recteur moderne de ladicte Université* qui fait un don de 20 écus *pour employer en un lecteur estrangier*. Elle est acceptée à l'unanimité, ainsi que le don du recteur, par le Conseil général.

17. — Fol. 105. — 19 janvier 1543. — M. Etienne Roybon[3], official,

---

[1] Arch. mun. de Grenoble. Comptes des deniers communs, CC. 636, fol. 62... *pour la faictures des bancz et chieres des auditoyres de l'Université de la presente cité nouvellement erigee et pour le remenage et couvert du grand reffectoir des Cordelliers... XIII l. XVI s.* (1542).

[2] Messy. Il existe dans le département de la Haute-Savoie deux localités du nom de Messy : l'une est un hameau de la commune de Cluses, l'autre un hameau de la commune de Mieussy. Il s'agit vraisemblablement de Messy près Cluses.

[3] Ce personnage s'appelle en réalité Royboux. Son nom, qui se rencontre trente fois peut-être dans les documents relatifs à l'Université, ne peut en aucun cas être lu *Roybon*; la forme latine est *Roybosius*. Néanmoins — et

ami de M. de Farges *lequel peult estre volentiers viendroit lire en ceste ville et peult estre a bon compte,* s'est offert pour entrer en pourparlers avec lui : il reçoit la mission d'aller le chercher et de lui offrir 400 livres de gages par an et 50 l. t. pour la location d'une maison.

18. — Fol. 128. — 30 mars 1543. — Ordonnancement du salaire du père Cordelier qui a prêché le Carême. Il est décidé que *si ledict beau pere cordellier lict en theologie en l'Université de la présente cité que la Ville aura esgard a ses poynes et travaulx.*

19 — Fol. 129-130. — 3 avril 1543. — Lecture du rapport de M. Roybon, revenu de *Mexi en Savoye* : l'official rend compte que M. de Farges n'a pas voulu se contenter de ses offres ; que *pour avoyr ledict monsieur de Farges qui estoit neccessere, ledict Roybous fust contrainct audict monsieur de Farges promectre troys cens escus d'or sol pour un an ; qu'il l'a affermé et promis luy poyer au commencement de son an cent escus d'or sol; lequel monsieur de Farges est a present venu en ceste ville et prest a commencer a lire et demande que l'on luy bailhe les cent escus d'or sol.* — Et. Roybon a donc traité pour 100 écus plus cher que ne l'autorisait sa procuration. Roybon et *certeyns aultres* offrent de prendre cet excédent à leur charge. Le Conseil accepte et décide de faire payer les arrhes réclamées par M. de Farges[1].

20. — Fol. 196. — 14 décembre 1543. — Réclamation des Cordeliers en raison *des tuylles qu'ils disent leur estre rompues en mectans les chassis de l'Université.* — Accordé 3 l. t.[2]

21. — Fol. 216. — 1er février 1544. — M. l'official (Roybon) sera prié de s'informer des intentions de M. de Farges, dont la conduite approche de son terme d'expiration.

22. — Fol. 231. — 17 mars 1544. — MM. Servient, P. Buchichert

---

quoique l'usage ait certainement pour origine une faute de lecture — nous avons voulu nous conformer à l'usage et nous avons reproduit en dehors des citations la forme Roybon, qui est partout admise aujourd'hui.

[1] Voyez document n° 236. Conduite de M. de Farges.

* N. B. — Nous ne renvoyons qu'exceptionnellement d'un document à un autre document. L'on devra donc, si l'on veut rapprocher des extraits des délibérations du Conseil de Ville les analyses et copies de pièces se rapportant à une même affaire, se reporter au *Plan du Recueil* et à la table.

[2] Arch. mun. de Grenoble, CC. 636, fol. 71... *pour les chassis, clauture des fenestres et aultres besoignes... faictes en l'auditoyre de l'Université... VIII l. II. s.* — Fol. 85. — *A Barthomeu Reynier barbier... pour la factures des chassis de papier des auditoires de l'Université... XXI s. III d.* (1543).

et Roybon ont reçu de M. de Farges la déclaration qu'il *demourera encore une aultre annee pourveu que l'on luy augmente ses gaiges de cinquante escus et en veult avoir responce;* il demande aussi qu'*on luy avance vingt escus en deducion de ses gaiges de l'annee qui vien.* Le Conseil augmente ses gages de 50 l. t. ce qui en porte le total à 500 livres et consent à l'avance de 20 écus.

23. — Fol. 238. — 18 avril 1544. — Les consuls sont chargés de retenir à Grenoble le frère jacobin Bassinet, prédicateur du dernier carême[1] — *homme de grand sçavoir* — pour *prescher les dimenches et lire en la saincte écriture.* Son salaire incombera entièrement à la générosité privée.

24. — Fol. 242. — 5 mai 1544. — Ordonnancement d'un mandat de 80 écus d'or pour M. de Farges, *en deducion de ses gaiges de la secunde annee*[2].

25. — Fol. 287 v°. — 24 octobre 1544. — *Pour l'auditoire de l'Université.* — *Conclud que l'on prie messieurs les cordelliers vouloir encore prester a la Ville leur grand reffectoir pour lire a l'Université; et ce faict que l'on face faire les chassis aults dudict reffectoir de toilhe ciree, et les chassis bas de papier.*

26. — Fol. 325. — 28 janvier 1545. — Le Conseil décide de prier le frère Bassinet *de prescher les festes et lire en theologie en l'Université durant toute l'année,* pendant un an à partir de Pâques. Il sera payé par souscription publique : *l'on fera un rolle des gens notables... qui seront de bon voloir.*

26 bis. — Fol. 355 v°. — 8 mai 1545. — M° Antoine Dalphas, avocat, exhibe au Conseil *ses lettres de doctorat par lesquelles appert ycelluy estre passé docteur en l'Université de la presente cité de Grenoble* et demande à être exempté des tailles. Ses lettres seront enregistrées et l'exemption lui sera accordée, comme il est d'usage.

27. — Fol. 362. — 5 juin 1545. — *Conclud que Messieurs les consulz ailhent parler a Monseigneur de Grenoble et le prier voloir retenir M° Bassinet pour prescher la caresme procheyne....*

28. — Fol. 404. — 13 novembre 1545. — *M° Pierre Nicolay*

---

[1] Arch. mun. de Grenoble, CC. 636, fol. 93-94. Il touche de ce chef, *pour ses poynes de ce qu'il a presche en ceste ville durant la caresme... XXII. l. X s.* (26 avril 1544).

[2] *Ibidem,* fol. 146-148... *Payementz... faictz a Monsieur de Farges* (1543-1545) en tout : 1.035 livres.

advocat a exhibé ses lettres de doctorat en droit civil passees en l'Université de la presente cité de Grenoble, pour obtenir l'exemption des tailles : ses lettres seront enregistrées et *il joyra de l'exemption telle quant aux tailhes que joyssent les aultres docteurs semblables.....*

29. — Fol. 417. — 11 décembre 1545. — Mandat de 20 écus à M⁰ Bassinet qui *a presché les adventz passes et les festes durant toute l'annee et leu en theologie en l'Université de la présente cité*, sans avoir rien reçu de la Ville[1].

30. — Fol. 421. — 16 décembre 1545. — M⁰ Pierre Bressieu, avocat, docteur en droit canonique et civil, *comme appert par ses lettres doctorales passees a Caors en Gasconie*, les exhibe et demande l'exemption des tailles. On décide de lui *permectre jouyr et user de telz et semblables privileges et libertés que jouyssent et usent les aultres telz et semblables docteurs passés en Université fameuse.*

31. — Fol. 471. — 5 mars 1546. — Le bruit ayant couru que le lieutenant général (Maugiron) s'oppose aux prédications de M⁰ Bassinet, le Conseil décide que l'on fera des démarches auprès du lieutenant général et de l'évêque pour que l'on revienne sur cette décision, *attendu que ledict Bassinet est si sçavant homme et a fait si beaux presches et telz que long temps y a que n'en fust ung semblable en ceste ville*[2].

32. — Fol. 543, r⁰. — 1ᵉʳ novembre 1546... *Suyvant la coustume... jusques a present observee ceulx qui ont faict lectures les ont faict dans le grand reffectoire des Cordelliers et chapelle en laquelle ils tiennent leur chappitre, lesquelz lieulx ont esté preparés de chières et bancz opportuns ; et a present l'on voloit commencer a lire a la manière accoustumee, ce que l'on ne peult faire, causant le reffus que les cordelliers ont faict cejourdhuy aux consulz de la presente cité et a tous les advocatz et aultres de l'Université, et non contens dudict reffus ont dict et proféré plusieurs propos fascheux et desonetes...* — *Conclud que l'on ailhe lire au grand reffectoir des Cordelliers lieu acoustumé pour faire les lectures de l'Université et actendu que de present la porte dudict reffectoir est sarrée, conclud que pour y entrer que l'on ailhe passer de derrier par la porte de la tour du pays ; et si ycelle porte est serrée que l'on œuvre par force ou aultrement la porte dudict reffectoir*

---

[1] Cf. Arch. mun. de Grenoble, CC. 636, fol. 157 v°.
[2] En mars, avril et jusqu'en juillet 1546, les consuls firent démarche sur démarche en faveur de Bassinet auprès du lieutenant général et auprès de l'évêque de Grenoble, qui paraît avoir été l'auteur et l'instigateur des mesures prises contre le jacobin. Ce fut sans succès. Voy. Arch. mun. de Grenoble, BB. 13, fol. 473, 474, 475, 476, 478, 483, 489, 516, 544.

estant au cloeistre et que l'on face a present quelque lecture pour continuer le possessoire dudict reffectoir.

33. — Fol. 543 v°. — Même jour... *a esté proposé comme suyvant la conclusion suscripte ce jourdhuy faicte, l'on est volu entrer dans le grand Reffectoir des Cordelliers pour lire, ce que l'on a faict ; et y entrant, les cordelliers ont faict grande resistence tant de parolles que de faict, et ung cordellier nomme frère Fiquet c'est trouvé saignant par le front, ne scaict l'on par quelque moyen... Conclud que l'on continue le possessoire de lire au grand reffectoir des Cordelliers et que l'on ailhe parler a messieurs de la court du Parlement... et que l'on bailhe requeste a la court du Parlement ou bien a la chancellerie du Roy estant en ceste ville pour estre maintenu au possessoire de lire audict reffectoir et aussi pour informer sus la baterie, menasses, forces, reffus et fracture des bans et aultres males versations que lesdicts cordelliers ont faict ce jourdhuy.*

34. — Fol. 544. — 5 novembre 1546. — Requête a été adressée au Parlement. Le Conseil décide de poursuivre l'action judiciaire aux frais de la Ville, de donner mandat dans ce but à son procureur François Bernard, *et que l'on bailhe aultre nouvelle requeste contre lesdictz Cordelliers pour informer contre eulx super mala versassione, vita et moribus d'iceulx pour puys s'en ayder contre eulx la out et quant besoing sera.* — Une somme de douze à quinze francs est votée pour parer aux frais de la réfection des bancs rompus[1], *sauf a les reprendre et precompter ausdictz cordelliers.*

35. — **B B. 14.** — Fol. 85. — 20 septembre 1547. — Les États de Dauphiné viennent de voter 500 livres tournois pour l'Université de Grenoble, *lesquelles fault employer pour avoir ung regent :* il se trouve que M. Corras, régent à l'Université de Valence, va être nommé conseiller au Parlement[2] ; les Valentinois font des démarches pour qu'il continue à professer à leur Université ; les États au contraire

---

[1] Arch. mun. de Grenoble, CC. 636, fol. 184, 185. — *Item ce vingt et sixiesme jour du moys de janvier an mil cinq cens quarante sept a paye a maistre Pierre Buchichert doyen du Collège de l'Universite de la presente cité de Grenoble la somme de quinze livres tournoyses pour reffaire les bans et chieres rompus et rompues de ladicte Université comme appert par mandatum et quittance. XV l. t.*

[2] Jean Corras ou Coras ne fut pas nommé Conseiller au Parlement de Grenoble. Il quitta Valence pour Ferrare en 1548. Il avait été conduit, à Valence, en 1544, au prix de 1.400 livres : ce n'était pas dans les prix des conduites de Grenoble. Voy. abbé Nadal, *Hist. de l'Un. de Val.*, p. 42 et s. et les *Mémoires de divers évènements qui ont eu lieu en Dauphiné...* (de François Joubert) édit. Maignien, 1886.

ont fait écrire à M. Roybon, official, qui est à la Cour, afin qu'il s'emploie à faire fixer à Grenoble la résidence de M. Corras qui deviendrait régent à l'Université de cette ville. — Le Conseil joindra ses instances à celles des Etats auprès de M. Roybon

36. — Fol. 86. — 14 octobre 1547. — *Suyvant les remonstrances faictes par monsieur Servientis, conclud que l'on face faire les chassis du reffectoir de l'Université en toille et le boys d'iceulx aux dépens de la Ville.*

37. — Fol. 91. — 28 octobre 1547. — Aumône de 10 l. aux cordeliers pour la réfection d'une cloche *en deduction de ce que la mayson de la Ville leur doict.*

38. — Fol. 92 *bis.* — 11 novembre 1547. — Mandat de 14 l. à M. P. Buchicher pour paiement de la *facture des chassis de l'auditoire de l'Université* [1].

39. — Fol. 111. — 30 décembre 1547 (n. s.) — *Proposé que monsieur Royboux officiel de ceste ville estant a la court du Roy a obtenu du Roy d'a present confirmation de l'Université de la presente cité avecques ampliassion de tous privileges semblables que ont les aultres grosses bonnes villes de France...* L'on décide d'acquitter aux dépens de la Ville le complément des frais de chancellerie soit 34 écus d'or *actendu que desgaz l'on y a employe tant de deniers et que ne reste plus que cella* [2].

40. — Fol. 184. — 18 août 1548. — P. Buchicher expose qu'il a *obtenu lettres du Roy* [3] *par lesquelles il estoit permis imposer et lever sur les deniers du prix du tiraige du sel la somme de quinze cens livres tournoyses pour chascun an pour l'entretenement et payement des sal-*

---

[1] Cf. Arch. mun. de Grenoble, CC. 636, fol. 238 (17 décembre 1547).

[2] Cf. *ibidem*, fol. 239 v°:... *paye a maistre Pierre Buchichert docteur es droictz la somme de trente quatre escus d'or sol vallans septante six livres dix solz pour le seel de la confirmation des lettres de l'Université de la presente cité et ampliation de privileges d'icelle Université... L XXVI l.*

[3] V. *Document* n° 213. Au sujet des démarches faites à Paris par Bucher, nous devons mentionner ici un document publié par M. J. Roman dans le volume de la *Réunion des Sociétés des Beaux-Arts.... du 11 au 15 juin 1889*, p. 620, à la suite d'une étude sur le *Sculpteur Pierre Bucher*: c'est une lettre, datée de Lyon, du 11 avril 1548, de Bucher au duc d'Aumale. Bucher lui dit qu'il a laissé divers écrits à son secrétaire pour qu'il les lui remit, l'un, etc.... *l'autre pour l'Université de Grenoble, suyvant les propouz que mieux je antandys parlant a Monsieur le Président Bertrandi le soyr avant vostre departeman de Fonteynebleau.* La référence, fournie par M. J. Roman, est la suivante : Autogr. Bibl. nat., ms. fr., 20548, p. 122.

laires des docteurs estrangiers qui liront aux Universités de Grenoble et Vallance... L'on dispose donc pour l'Université de Grenoble de 750 livres, *et pour ycelles bien employer fault avoir ung docteur ultramontein.* Or M. de Farges, ancien régent à Grenoble, *estant a present lisant dela les montz en l'Université de Padue*, à qui l'on s'est adressé pour qu'il trouve ce docteur ultramontain, a écrit a P. Buchicher *qu'il en a arresté ung, homme de bien, audict lieu de Padue, lequel ce nomme Me Jeroesme Actheneus au pris de quatre cens livres tournoyses pour an durant troys ans.* Buchicher demande en conséquence que l'on passe procuration à *Me Mathieu Gribal de Maupha seignieur de Farges*, pour qu'il traite avec Jerome Atheneus. — Adopté ; les frais de voyage du docteur (40 l. t.) seront mis à la charge de la Ville.

M. P. Buchichert remet ensuite aux mains des consuls l'arrêt duquel il appert que le Parlement a enteriné les lettres royaulx autorisant le prélevement des 1.500 l. *sur les deniers du pris du tiraige du sel*. Il déclare en outre *qu'il remectra... dans la mayson de ville toutes les lettres royales et aultres papiers qu'il ha de l'Université de la presente cité et que la ville ne payera jamays rien des deniers et gaiges dudit Me Jeroesme Acthenee susmentionne et si besoing estoit que il promectroit en garentir la ville.*

41. — Fol. 185-187. — Même jour, 2e réunion. — Le secrétaire de la Ville n'a pas voulu signer la procuration destinée à M. de Farges et qu'a redigée M Buchichert, parce que le rédacteur y a introduit une clause en vertu de laquelle les consuls promettent de payer les gages de M. J. Atheneus et obligent à cet effet les biens de la Ville (suit le texte de la procuration). — L'on décide de passer outre et d'expédier la procuration telle qu'elle est, en raison de la déclaration faite par M. Buchichert, à la fin de la précédente délibération.

42. — Fol. 322. — 27 septembre 1549. — *Proposé du lecteur de l'Université de le contremander actendu son incapacité.* — Le Conseil décide de passer procuration à *Me Pierre Buchichel* afin qu'il fasse *tout ce qu'il sera neccessaire pour soy despartir d'avec la personne de Messire Heroesme Acthenee a present lisant audict Grenoble* ; l'on conduira à sa place un ou plusieurs autres docteurs [1].

43. — Fol. 355. — 7 janvier 1550. — *A este avisé retirer dans la mayson de la Ville tous les documens de l'Université de la presente*

---

[1] Cette décision n'eut aucune suite : nous avons des quittances signées de M. Jérôme Athénée, du 8 mai et du 6 août 1550. Voyez le chapitre VI des présents *documents* : Comptabilité des deniers de l'Université. V. aussi la délibération du 3 mars 1550, n° 44.

cité pour y estre seurement et fidellement conserves et gardes[1].

44. — Fol. 392-395. — 3 mars 1550. — Humbert Girard, consul, expose que M. J. Atheneus doit quitter la ville au mois d'août prochain. Il s'agit de lui trouver un remplaçant et *messieurs de l'Université prient les consuls d'en charger M. Antoine de Ruyns*[2] *qui s'en vaict à Salluces estre procureur du Roy audict marquisat de Salluces.* — Le consul demande en outre si *l'on doict retirer dans la mayson de Ville l'erection, confirmation et privileges et aultres papiers de ladicte Université.* — Enfin il fait observer que *en toutes les villes ou sont semblables Universités qu'est en ceste ville, en toutes les assemblées que ce font par cause desdictes Universites l'on y appelle le premier ou aultres des consulz et aussi quant ilz passent quelzques docteurs que ilz y preignent quelque chose.*

Le Conseil, ayant reçu de M. Buchicher communication d'un extrait du contrat de la ferme du sel (art. 27) relatif à la subvention accordée aux Universités dauphinoises et du rescrit du Roi du 19 juin 1548[3], et considérant que *noble Anthoine Audeyer fermier du sel, est tenu payer annuellement durant dix ans la somme de sept cens cinquante livres pour l'Université de la presente cité*, décide de passer procuration à *Messieurs Me Pierre Buchichert et à Antoine de Ruyns, docteur es droictz pour et au nom de la Ville conduire ung docteur estrangier homme de bien scavant et souffisant pour lire aux loix en ladicte presente Université pour le temps et terme de troys ans que commenceront a la sainct Luc procheyn.....* Les gages seront fixés par les mandataires et l'un ou deux des consuls. Il est stipulé que pour la conclusion de cette conduite MM. Buchichert et de Ruyns ne *prendront rien.*

Il est également décidé *que de ceste heure en avant messieurs de ladicte Université quant ilz passeront de docteurs et feront aultres assemblées pour ladicte Université seront tenus y appeller ung consul et fere comme font aux consulz messieurs de l'Université de Vallance et que Monsieur Buchichert doyen de l'Université de ladicte presente cité et aultres docteurs agregés d'icelle seront tenus et debvront remectre et randre dans la presente mayson de ville l'erection, confirmation, privileges et tous autres papiers de ladicte Université en ung coffre que pour ce sera faict expressement, ensemble les quictances et*

---

[1] A cette date nous voyons les États de Dauphiné s'installer momentanément dans le réfectoire des Cordeliers : Arch. mun. de Grenoble, CC. 640..... à un menuisier pour enlever les bancs de l'Université pour la tenue des États le 5 janvier 1550, 5 s. (voy. *Inventaire sommaire des Archives communales de la ville de Grenoble,* 2e partie, p. 109).
[2] Consul de Grenoble en 1546, docteur en droit.
[3] *Document* n° 213. Analyse.

acquectz du payement faict et que se fera audict Me Jeroesme Actheneus docteur a present lisant en ladicte presente cité et Université, retenans iceulx docteurs agregés de ladicte Université riere eux ung vidimus signé deuement desdicts papiers si bon leur semble.

Enfin M. Buchicher reçoit procuration pour toucher pendant cinq ans (1548-1553) les 750 livres de la ferme du sel, à la charge d'en rendre compte, de payer Me Atheneus et son successeur et *de prester le reliqua à la ville.*

45. — Fol. 402. — 21 mars 1550. — Jean Mil, clerc et M. de Mura, bedeaux de l'Université sont exemptés de tailles.

46. — Fol. 477-478. — 19 décembre 1550. — Le fermier du sel, noble Ant. Audeyer s^r de Mens refuse de payer à M. Buchicher la subvention qu'il doit à l'Université et ne veut avoir affaire qu'aux consuls. — L'on décide que la quittance sera établie et signée par les consuls et qu'elle sera remise à M. Buchicher, lequel devra se conformer, pour la gestion de ces fonds, aux décisions antérieurement prises. On l'invite également à déposer à la maison de Ville tous les papiers de l'Université.

47. — Fol. 566. — 10 septembre 1551. — P. Buchicher expose que le 3 mars 1550[1] il fut chargé de conduire un docteur étranger et qu'il n'en trouva point *si non Monsieur Riquerius, pour ung an, lequel lict a present ;* mais que *M. de Boyssone conseillier de Chamberi,* qu'il a été question de conduire autrefois, serait actuellement disposé à venir lire à Grenoble moyennant *quatre cens escus d'or sol pour ung chascun an de troys ans et oultre ce cinquante frans pour le louage d'une mayson ;* que, d'autre part, cette dépense peut être faite au moyen des économies réalisées sur les deniers du sel. Il demande donc qu'on lui passe procuration et qu'on lui donne mandat d'aller à Chambery, *sans rien demander à la Ville pour ses vaccations,* pour traiter au prix indiqué avec M. de Boissonné *qui est grandement fameux — actendu,* ajoute-t-il, *que desga il a este deputé par messieurs de l'Université pour aler conduire ledict de Boissone*[2]. — En outre le reliquat des deniers du sel permettrait de conduire de nouveau pour un an, aux gages de 400 l., M. Riquier. — Ces propositions sont acceptées, *pourveu qu'il y aye des deniers du pays pour payer le tout sans rien prendre de la Ville pour ce faire.* Il est dit, du reste, que M. Buchicher ne pourra en aucun cas traiter à un prix plus élevé que celui qui est indiqué, qu'il devra auparavant remettre à la Ville tous

---

[1] Le texte dit 1551, mais l'erreur est manifeste : le renvoi ne laisse aucun doute à cet égard.

[2] Voy. doc. n° 239. Conduite de M. de Boissonné (extraits).

les papiers de l'Université, rendre compte de la gestion des deniers du sel, et en prêter à la Ville le reliquat.

48. — Fol. 568. — 11 septembre 1551. — LES PAPIERS PAR MONSIEUR BUCHICHERT REMIS DANS LA MAYSON DE LA VILLE. — *Les pièces par monsieur Buchicher renduez à la Ville ce jourdhuy sont les lettres patentes soubsscriptes de la meyn de Monseignieur Humbert, daulphin, du premier d'oust mil troys cens quarantes, seelleez de son grand sel couvert d'une boyte de boys, contenant l'establissement de son conseil a Grenoble et l'institucion des lecteurs es droictz et medecine en l'Université. Item ung vidimus par le Juge mage de Graysivodan, d'octobre mille troys cens trente neufz, de l'institucion faicte par ledict messire Humbert daulphin, suyvant celle du pape Benoict avecques privileiges de ladicte Université du vingt et cinquiesme julliet mil troys cens trente neufz scelle de seel delphinal.*

49. — Fol. 619. — 11 décembre 1551. — Le fermier du sel fait payer une somme de 1.110 livres qu'il doit à la Ville pour l'Université. Les consuls en donnent quittance et remettent la somme à Buchicher, en écus d'or *pour icelle employer a payer les docteurs estrangiers.*

50. — **BB. 15.** — Fol. 23. — 18 mars 1552. — Jean Brun Mil, bedeau de l'Université, est exempté de la taille.

51. — Fol. 60-61. — 29 juillet 1552. — Le fermier du sel a versé la somme de 562 l. 10 s. t. entre les mains de M. Buchicher, qui a payé les docteurs étrangers. — Quittance sera délivrée au fermier par l'intermédiaire de M. Buchicher qui rendra ses comptes et prêtera le reliquat de la somme à la Ville.

52. — Fol. 65. — 12 août 1552. — Le contrat de Me Bernard, précepteur des écoles de la Ville, est prorogé jusqu'à la Saint-Jean prochaine, *a la charge de faire son debvoir et de ne lire plus en l'Université.*

53. — Fol. 107. — 30 décembre 1552 (n. s.). — Girard Servient, avocat de la Ville, expose que *M. Riquerius, docteur estrangier qui a leu en l'Université durant deux ans* ne se contente point des gages qui lui sont alloués, et demande 50 livres à titre de frais de voyage, aller et retour. Il a l'intention de poursuivre la Ville, mais offre de s'en rapporter à des arbitres. — Le Conseil répond que *la Ville ne prétend rien lui debvoir... et se pourra pourvoir comme bon luy semblera.*

54. — Fol. 146. — 14 avril 1553. — L'exemption de la taille est refusée à Jean Mil, bedeau de l'Université.

55. — Fol. 149. — 21 avril 1553. — Jean Mil et Claude Gardien de Mura, bedeaux de l'Université, procèdent contre la Ville au sujet de l'exemption des tailles. — Les bedeaux paieront la taille et seront poursuivis pour les *paroles injurieuses* que renfermait leur requête, à l'égard des consuls et du Conseil de ville.

56. — Fol. 158. — 26 mai 1553. — M. Buchichert *ayant charge du regime et gouvernement de l'Université* a reçu du fermier du sel la somme de 562 l. 10 s. t., *laquelle despuis il delivre au docteur estrangier lisant journellement en ycelle.* — Quittance, demande de compte à M. Buchichert.

57. — Fol. 251. — 2 mars 1554. — Le fermier du sel a fait un versement entre les mains de M. Buchichert, *a present procureur general du Roy*[1]. — Quittance, etc... comme précédemment. M. Buchichert est en outre invité à *remettre les originaulx papiers de ladicte Université..... rière la mayson de la Ville.*

58. — Fol. 258. — 9 mars 1554. — Répétition des formalités habituelles relativement au paiement de 375 l. qui a fait l'objet de la délibération précédente : quittance sera délivrée au fermier, Buchichert se rend responsable des fonds qu'il a reçus et qu'il administre.

59. — Fol. 276. — 4 mai 1554. — M. Buchicher *a receu les deniers du premier quarton de ceste année.* — Quittance, etc... comme précédemment.

60. — Fol. 364. — 28 décembre 1554 (n. s.). — ...M. Buchichert, *procureur général du Roy et doyen de l'Université*, a fait connaître au premier consul que *M. d'Avansson qui a present s'en vat en embessade*[2] *pour le Roy nostre sire a Rome par devers le pape a promis de recommander au St-Père la dotation* de l'Université. En retour les membres de l'Université ont décidé de *prendre Me Honorat, maistre de ses enfans pour lire en l'Université... aux loys, aux gaiges de centz livres t. pour chascun an et pour le temps que sera avisé, lesdictes cent livres payables audict Me Honorat des deniers... du sel, ce que lesdicts de l'Université n'ont voulu faire sans le sceu, voloir et consentement des consulz...* — Le Conseil décide de s'en rapporter à M. Buchichert et à ses collègues *pourveu que lesdictes cent livres t. gaiges dudict Me Honorat ne se payeront des deniers de la Ville.*

---

[1] Nommé par lettre du 10 juin 1552, reçue le 15 avril 1553.
[2] Jean de Saint-Marcel d'Avanson, frère du futur évêque de Grenoble, envoyé en ambassade auprès de Paul IV pour négocier la création d'une ligue en vue de la conquête du royaume Naples.

Buchichert devra en outre fournir les quittances des paiements, *ensemble les tiltres originaulx de l'erection de ladicte Université et toutes les escriptures originelles en ung coffre que pour ce sera faict que sera remis dans la tour de l'ile, que fermera a deux clefz desquelles les consulz de ladicte Ville en auront l'une et ledict monsieur Buchichert pendant quil vivra en aura l'aultre, et, apres son trespas, messieurs les docteurs agrégés de ladicte Université suyvant ce que desga aultreffoys a esté conclud sur ce.*

61. — Fol. 438. — 9 août 1555. — M. Buchichert, doyen de l'Université, accompagné de M. Ant. Dalphas[1], vient exposer en personne au Conseil qu'ils ont cherché *en plusieurs lieulx... un docteur fameux estrangier et n'ont trouvé homme a present fameux que ung portugaloys qu'est lisant a present a . Vallance que l'on nomme messire Anthoyne de Govea, qui a leu longuement en l'Université de Caors en Gasconie.* Il communique au conseil la lettre par laquelle Govea fait connaître ses conditions et son programme d'enseignement et demande qu'il lui soit passé procuration pour qu'il traite avec lui, *pour ce que l'on craindroit que le Roy ne ostat les deniers qu'il a donne a ceste ville sur le pris du sel pour l'entretenement d'ung docteur estrangier si l'on n'en avoit ung docteur fameux estrangier lisant en ceste dicte ville.*

Le Conseil acquiesce *à la charge toutteffoys que la Ville ne consulz d'icelle n'en payent rien*, que Buchichert rende compte des deniers employés et qu'il *s'enquerra de la religion dudict de Govea, docteur estrangier, de quoy est entièrement chargé*[2].

62. — Fol. 459. — 11 octobre 1555. — M. Buchicher expose qu'il a traité avec M. de Govea, mais que les Valentinois, l'ayant appris, lui ont fait écrire par leur évêque, — à lui, Buchicher — *aulx fins de vouloir leur delayser ledict s*^r*de Govea et ne le actirer en ladicte présente cité.* L'Université a délibéré que la convention *faicte avec ledict s*^r*de Govea sourtiroit son effet mais en refere* au Conseil de ville. Le Conseil conclut que *l'on fera observer audict M. de Govea la promesse par luy faicte a la Ville... et que sera faicte response au consulz de Valence sur la lettre par eulx au consulz de la presente cite envoiée;* par laquelle leur serat remonstre comme la conduicte dudict s^r de Govea a plustouz procédée de par le s^r de Govea que des consulz de ceste ville.

63. — Fol. 462-464. — 18 octobre 1555. — M. Buchicher annonce qu'il a reçu du fermier du sel la somme de 562 l. 10 s. pour laquelle

---

[1] Voy. p. 52, note 6.
[2] Voy. *Doc.* n° 245, la 2me conduite de Govea (24 août 1558).

il demande quittance, sauf à rendre compte de son emploi. Il annonce également que *en ceste [ville] est venu de nouveau ung homme, docteur es droictz, nommé Mons. Friol qu'est de dela les montz, de l'obeissance des Venissiens, lequel a demande licence de lire es loys en ceste ville, lequel despuis a leu et bien doctement*... Celui-ci propose de demeurer à l'Université de Grenoble et Buchicher conclut à le garder au prix de 100 ou 120 l. par an, — puisqu'il y a des fonds disponibles. — En outre il a remontré *comme le carme nouvellement venu en ceste ville nommé Monsieur Ranconius que l'on dict estre de della les montz, de Cremone et docteur de Sorbonne en saincte theologie, qui a desgaz faict en la presente Université plusieurs lectures en la saincte escripture et mesmes ce jourdhui par devant le president Truchon*[1], *plusieurs religieulx et aultres gentz d'eglise et advocatz et luy mesme present, lequel a dict et exposse bien doctement — actendu son bon scavoir et pouvreté d'icelluy, non obstant que quelzques foys il soit subjet a quelques imperfections, pour l'honeur de dieu seroit bon le faire remectre en quelque lieu honeste pour le faire nourrir honestement et soubrement quelzques temps, et luy mesme du scien privé lui fera quelque bien comme feront plusieurs aultres notables et gentz de bien et a son avis seroit bon que la Ville luy fict quelque bien.*

En ce qui concerne la rente du sel, il est procédé comme d'habitude, et à ce propos, l'on réclame de nouveau au doyen les papiers de l'Université *puis que la presente Université est erigee pour et au nom de la Ville et au despens d'icelle.* — En ce qui concerne Friol, la proposition du doyen est adoptée à la condition qu'en aucun cas il n'en coûtera rien à la Ville. — Pour le *calme*, il est décidé *que la Ville luy face aulmosne jusques a la vallue d'un abict... et mesmes que la Ville poursuyve la requeste bailhee contre ceulx qui l'ont batu comme l'on dict, en ayne de ce que en ses lectures il parle tropt contre les leuteriens*[2].

64. — Fol. 469. — 25 octobre 1555. — La reddition des comptes des deniers du sel par M. Buchicher et le dépôt des titres originaux de l'Université à la maison de ville sont fixés au vendredi suivant.

65. — Fol. 472. — Vendredi 8 novembre 1555. — M. Buchicher présente ses comptes. Quatre conseillers sont commis pour les examiner.

---

[1] Jean Truchon, reçu premier président du Parlement de Dauphiné en mars 1555 ; ancien second président du Parlement de Savoie.

[2] Cf. Arch. mun. de Grenoble, CC. 643, compte des deniers communs de 1554-1556 : don d'une somme de 11 l. 8 s. à un carme étranger *nommé frère Jean-Baptiste qui journellement lisoit en saincte théologie durant demy an environ en l'Université de ceste ville.* — *Ibidem*, au frère Jean-Baptiste Franconien *carmeliste pour lectures et predications* 4 l. t. (Inventaire, p. 110).

66. — Fol. 481. — 29 novembre 1555. — *Monsieur Rogier*[1] *de Vallance veult venir lire en ceste ville en l'Université d'icelle, aux gaiges touteffoys de troys centz livres pour an tournoyses et le charrey de son menaige.* — L'on s'informera auprès du doyen si, sur les deniers du sel, reste disponible une somme qui permette de souscrire à ces conditions.

67. — Fol. 488. — 14 décembre 1555. — *Emologation du conte de Monsieur Buchicher des deniers de l'Université*[2].

68. — Fol. 500 — 20 décembre 1555. — Versement par le fermier du sel d'une somme de 375 l. représentant deux quartiers de la subvention due pour l'année 1555. — Quittance, etc..., voy. plus haut.

69. — **BB. 16**. — Fol. 37. — 25 février 1556. — *Me Jehan Baptiste Franconien, calme* (sic) *qui a faict plusieurs lectures en saincte theologie en ceste ville est prest a s'en aller si la Ville ne le veult plus retenir...* Il demande une aumône *pour s'en aller à Lyon.* — Le Conseil décide qu'on le conduira à cheval jusqu'à Lyon aux frais de la Ville et qu'une fois arrivé à destination, on lui donnera deux testons.

70. — Fol. 114. — 15 août 1556. — *M. Collaret* (sic) *docteur estrangier lisant en l'Université de la presente cité demande vingt frans d'augmentacion de gaiges pour l'année passée.* — Refusé; pour l'avenir l'on pourra satisfaire à sa requête, si l'Université a de l'argent *sans touteffoys... en pouvoir rien demander ne faire payer a ladicte Ville.*

71. — Fol. 118. — 25 septembre 1556. — *Monsieur le recteur de l'Université de la presente cité acompagnié avecques luy de une bonne compagnie d'estudians est venu empersonne au Conseil et la a remontre audict Conseil et present monsieur le procureur general monsieur Buchichert, comme monsieur Goveanus docteur estrangier lisant en l'Université de la presente cité estoit logié en la mayson de feu monsieur le panatier Seignioret pres le four, et de là, contremandé; puis en apres avoit loué la mayson de monsieur de Chabon et avant que de entrer dedans ledict seigneur de Chabon a vendu sadicte mayson a Pierre Fumet*[3]. *Par quoy a present est improveu de*

---

[1] Voy. Nadal, *Histoire de l'Université de Valence*, p. 85 et s.
[2] Voy. *Doc.* n° 352.
[3] Ce M. de Chabon est probablement un membre de la famille Gallien de Chabons qui donna, au xvie siècle, deux conseillers au Parlement (Jacques Gallien, conseiller au Parlement en 1514, s^r de Chabons en 1521, et J. G., con-

mayson; et actendu que il sert au public et que sans logis il ne pourroit servir, est venu prier messieurs les consulz et la Ville voloir soy ayder a trouver logis audict Goveanus affin que il ne s'en ailhe. Et apres avoir ouy ce que dessus et oppine, a este conclud que les consulz et Conseil de la ville s'en employeront a faire ayde de trouver logis audict seignieur Goveanus.

72. — Fol. 137. — 6 novembre 1556. — L'avocat J. Robert[1] annonce que *Monsieur de Collereto lisant en l'Université... est detenu en grande maladie auquel a grande pitié... et seroit bien augmosne luy donner quelque chose...* — Le Conseil décide que *la presente affaire est remis a messieurs du Colleige de l'Université pour par eulx y faire ce que ilz aviseront estre neccessere.*

73. — Fol. 147. — 27 novembre 1556. — M. Limojon, avocat consistorial et agrégé de l'Université, demande l'exemption des tailles. — Refusé.

74. — Fol. 179. — 15 janvier 1557. — M. Limojon ayant présenté une requête, au sujet de l'exemption des tailles, est invité à se pourvoir comme bon lui semblera.

75. — Fol. 182. — 17 janvier 1557. — Pour le faict de l'Université. — *Mis en deliberation par monsieur le premier consulz comme monsieur le procureur general avoit donné charge faire remonstrance au Conseil que si la Ville voloit fournir de trente escus a present, l'on poursuyvroit de obtenir du Roy ung office de conseillier au parlement du Daulphiné qui auroit les gaiges de conseillier oultre les gaiges que l'Université luy donneroit, que causeroit que par si apres l'on pourroit tousjour avoir de gentz de grand scavoir; et apres avoir oppiné, actendu la matière de laquelle s'agit qu'est de grande conséquence, pour ce conclud que le present affaire est remis a une aultre plus grande assemblee.*

---

seiller au Parlement en 1564). R. de la B., *Armorial du Dauphiné.* Voy. Arnaud, *Hist. des Protestants en Dauphiné,* t. I, p. 212. Pierre Fumet s'appelait de son nom véritable Michon. Il fut consul en 1531 ; voy. ég. n° 269.

[1] Jean Béatrix-Robert, seigneur de Bouquéron, docteur en droit, fut d'abord avocat, puis conseiller au Parlement (1568). Il mourut en 1586. Il avait été le premier consul de Grenoble en 1553 et en 1554. Il ne faut pas le confondre avec Louis Robert, docteur en droit, premier consul en 1557. Jean Robert fut à Grenoble l'un des chefs du parti catholique. Il fut banni en 1562, sous peine de la hart, par le baron des Adrets. Voy. Prudhomme, *Inv. som. des Arch. communales de Grenoble,* p. 56 et 57, et Pilot, *Récit de ce qui s'est passé de plus remarquable à Grenoble en l'année 1562,* dans l'*Annuaire statistique de la Cour Royale de Grenoble pour l'année 1842,* p. 21.

76. — Fol. 194. — 26 février 1557. — Le Procureur général en personne, avec M. Dalphas, est venu au Conseil parler de la nouvelle conduite de Govea et *des médecins lisans en ladicte Université*. — Le Conseil décide que *le menagement de la location dudict monsieur Goveanus est remis a messieurs du College de l'Université a la charge touteffoys que la Ville n'en payera rien... et que messieurs de l'Université bailheront lieu et place aux consulz de ceste ville asseurée aux entrees que ilz feront passant les docteurs, ensemble les profictz requis; pour ce, avant que leur declarer la presente conclusion et quant a messieurs les medecins avant que de rien conclure, leur parler et scavoir d'eux que ilz veullent dire.*

77. BB. 17. — Fol. 9. — 19 mars 1557. — Versement de quartiers de la subvention prélevée sur la ferme du sel entre les mains de M. Bucher, procureur général. — Quittance, etc..., voy. plus haut.

78. — Fol. 42. — 14 juillet 1557. — *Idem*, paiement de 395 l. t.— ... *auquel* (M. Bucher) *sera remontré de donner place aux consulz aux assemblés de ladicte Université qu'il se font pour passer ung docteur comme ceulx de Valance ont, avec les honeurs et proffictz qu'ilz s'ensuyvent.*

79. — Fol. 69. — 15 octobre 1557. — ... *l'ong a entendu que les regentz de l'Université estrangiers pretendent demander augmentation de gaiges.* — *Conclud actendu que monsieur le premier consul sans va* (sic) *a Valance, qu'il se enquerra quel place en l'Université dudict Valance ont les consulz et quelles qualités, et que jusques a son retour l'ong ne ordonnera aulcune chose pour le faict de ladicte Université.*

80. — Fol. 82-83. — 9 novembre 1557. — Mémoire adressé au Roi au sujet de la fourniture de salpêtre, demandée à la Ville. La mauvaise situation financière de la Ville y est exposée ; l'on y énumère les charges de la communauté et les catégories de citoyens exemptés de taille : *ecclesiastiques, messieurs de la Court et de la Chambre des Comptes, les advocats consistoriaulx de ladicte Court et les docteurs regents de l'Université* (fol. 83 r°).

81. — Fol. 91. — 3 décembre 1557. — L'Université prie le Conseil de donner satisfaction ou tout au moins réponse à *M. de Coloreto* qui voudrait qu'on augmentât le prix de sa conduite et qui a obtenu des lettres de recommandation de Mgr de Guise, gouverneur de Dauphiné. — Le Conseil renvoie le suppliant à l'Université : la Ville n'a point d'argent, attendu les charges *insupportables* qui lui incombent.

82. — Fol. 111. — 7 janvier 1558. — Versement de quartiers échus de la subvention prélevée sur la ferme du sel, entre les mains de M. le Procureur général. — Quittance, etc., voy. plus haut.

83. — Fol. 113. — 21 janvier 1558. — *Jean Brun dit Mille* (bedeau de l'Université), demande le salaire qui lui est dû pour avoir écrit *le livre des libertés de la Ville*[1]. — Renvoyé aux conseillers qui ont traité avec lui.

84. — Fol. 133. — 3 mars 1558. — En prévision du renouvellement du contrat de la ferme du sel, l'on priera les États du Pays d'ordonner que les consuls de Grenoble recevront du nouveau fermier, pour l'Université, la même subvention que par le passé.

85. — Fol. 148. — 15 avril 1558. — *A esté proposé ceans par Monsieur Me Anthoyne Dalphas, l'ung des agreges de l'Université de reconduire Monsieur de Govea, maistre regent de ladicte Université, actendu que sa première conduite sans va* (sic) *expiree.* — *Conclud, advant que de fere aulcune conduite audit monsieur de Govea, de proposer le faict de ladicte reconduite au Conseil général, dymanche prochain, ensemble le faict de Me Pontius maistre d'escolle…*

86. — Fol. 150. — 17 avril 1558. C. G. — M. Govea demande à être reconduit et réclame une augmentation de gages. — *Conclud de reconduire ledict M. de Govea pour aultres troys annees au pris et qualites pourtees par sa premiere conduite et a la charge aussi de résider en son estude mesmes le jour de ses lectures et de fere en icelles son debvoir sellon et a la forme des aultres Universités, et aussi de conduire avecques luy Monsieur de Farges s'il se treuve des deniers destinés a ce*[2].

87. — *Idem.* — M. de Coloreto demande à être payé de ses lectures *aiant esgard qu'il est estrangier*. — L'on demandera à M. Buchicher s'il y a de l'argent disponible ; s'il n'y en a pas, les premiers fonds reçus lui seront destinés.

88. — Fol. 154. — 29 avril 1558. — Versement d'un quartier de la subvention prélevée sur la ferme du sel. — Quittance, etc…, voy. plus haut.

— L'on décide de mettre à exécution les décisions prises par le

---

[1] Ce livre des *Libertés de la Ville* n'est autre que le ms 2096 de la Bibliothèque de Grenoble (voy. Ed. Maignien, *Suppl. au Cat. gén. des Bibl. publ. de Fr., Grenoble*). A cette délibération correspond une mention dans les comptes des deniers communs : voy. Prudhomme, *Inv. som. des Arch. com. de Grenoble*, 2e partie, p. 112 (CC. 649). Le livre en question est une copie incomplète du *Livre de l'Évangile* (Arch. mun. de Grenoble, AA. 4).

[2] Voy. n° 245. 2e conduite de M. de Govea.

Conseil général au sujet de MM. Govea et de Coloreto : Govea sera conduit pour trois ans, au prix de sa précédente conduite, *aux qualités qu'il résidera dans la Ville, qu'il interpretera le Bartolle et lira tout ainsi que long faict aux aultres Universités, aussi après sa lecture fera es[c]ripre et residera en sa maison le jour de ses lectures, lequel lira deux heures.* Les délégués du Conseil, pour la rédaction et la signature du contrat, sont deux des consuls, *en l'assistance tousteffoys dudict Sr Procureur General, de messieurs de Boneton et Loys Robert*...

89. — Fol. 157. — 6 mai 1558. — *M. de Coloreto* prétend être payé pour deux années complètes de cours à l'Université, à raison de 120 l. par an ; car s'il a chômé pour cause de maladie, il a rattrapé le temps perdu *en lisant en temps des feries.* — Le Conseil ordinaire décide de s'en tenir aux décisions du Conseil général : *M. de Colloreto* sera payé à raison de 120 l. par an et *pour le temps qu'il se trouvera qu'il a servi,* — aux frais de l'Université.

90. — Fol. 161. — 27 mai 1558. — M. de Coloreto réclame de nouveau ses gages : le Conseil confirme ses décisions antérieures.

91. — Fol. 172. — 17 juin 1558. — *Monsieur Me Pierre Buchel* (sic) *procureur général pour le Roy en Daulphiné et doyen de l'Université de Grenoble* fait savoir que M. de Coloreto engage un procès devant le Parlement au sujet de ses gages : — le Conseil décide de s'en tenir aux décisions qu'il a prises. — En ce qui concerne M. de Farges, P. Buchel a reçu un avis de M. Roybon, conseiller à Chambéry ; — l'on charge en conséquence le procureur général d'envoyer un messager exprès, *aux despens tousteffoys de ladicte Universite et non de la Ville,* pour s'informer des intentions du professeur.

92. — Fol. 176. — 27 juin 1558. — Govea, maître régent de l'Université, demande une augmentation de gages *par plusieurs moyens.* — Refusé.

93. — Fol. 179. — 15 juillet 1558. — Il faut envoyer *ung homme d'aulthorité* à M. de Farges *pour luy parler et entendre de luy sa volunte :* cet homme sera Me *Glaude Valier* avocat[1] *aux despens tousteffoys des deniers de ladicte Université.*

94. — Fol. 182. — 22 juillet 1558. — L'on décide de surseoir à l'exécution de la décision précédente *actendu que monsieur Buchicher*

---

[1] Docteur en droit, avocat à la Cour, premier consul de Grenoble en 1545 et en 1560.

procureur general ayant la principale charge de ce, n'est en ceste Ville. L'on attendra son retour.

95. — Fol. 191. — 6 août 1558. — *Monsieur le recteur de l'Université, avec luy plusieurs escolliers, ont faict plusieurs remonstrances, mesmes la discontinuation des lectures des regenz lisans journellement a l'Université de faire lire le temps de vaccacion qu'est depuis la my-aoust jusques a la Toussainctz — Conclud par tous les assistans, actendu que les quatre cenz livres alleguees par le recteur susdict ne sont encores plainement acquises a l'Université de la presente cité et que il fault encores faire poursuites a Montpellier et aultrepart où sera de besoing, a Monsieur de Govea lecteur regent en l'Université de la presente cité, aultre chouse n'appareyssant, ne donner rien pour les causes susdites.*

96. — Fol. 199. — 2 septembre 1558. — Pour Messieurs les Médecins. — *Messieurs maistres Pierre Aréoud et Nycolas Alard docteurs en médecine ont remonstré audict conseil comme ilz ont faict par si devant pour l'augmentacion de l'Université lectures publiques sans en avoir heu aulcung payeman, tousteffoys l'estrangier en a le profict, ont requis y avoir esgard et aultrement comme en leur requisicion verbale. — Conclud que tempore et loco long aura esgard aux requisitions des suppliants* [1].

97. — Fol. 206. — 11 novembre 1558. — Le recteur de l'Université vient demander au Conseil qu'on avance 50 écus à M. de Govea *sur son prochain quartier* attendu, dit-il que M. de Govea est *chargé de grand menaige* et qu'il a fait *quelque provision*. — Le Conseil décide que *s'il y a des deniers de ladicte Université que d'iceulx en soit baillee la somme de cinquante escus audict Me de Govea pour l'avance de son quartier prochain ; mais que s'il n'y a deniers, qu'il luy plaist actendre son quartier, suyvant la forme de sa conduite.*

98. — Fol. 236. — 17 février 1559. — *Sur la proposition faicte par Mes Pierre Areoud et Nycolas Allard, medecins, tendant d'avoir participacion aux deniers ordonnes pour le faict de l'Université dudict Grenoble, actendu qu'ilz lisent et qu'ilz d'icelle Université ilz sont aggrégés. Conclud que lesdicts messieurs les medecins et suyvant la conclusion faicte en l'estat général, participeront aux mil livres ordonnes estre payes par ledict estat pour ladicte Université de Grenoble et pour la somme de cent livres t. chacun an et d'ores en advant, en lisant tousteffoys actuellement et nom aultrement.*

---

[1] Voyez *Documents* B., chap. V.

99. — Fol. 240. — 3 mars 1559. — *Sur le faict des deniers de l'Université et de conduyre aultre régent avec monsieur de Govea*, conclud de conduire aultre regent avec monsieur de Govea et de l'argent d'icelle qui se pourra trover suyvant la conclusion generale precedente.

100. — Fol. 241. — 10 mars 1559. — Des *ecoliers* de l'Université ont remontré au Conseil *comme ilz sont troys docteurs regentz et agregés de ladicte Université qui font lectures journellement, et ont faict par si devant, sans en avoir heu aulcung salaire ; et pour ce que le Roy ordonne quatre cens livres a ladicte Université, lesdicts troys regentz se sceroient retirés en l'estat general du pays pour avoir declaracion de leursdicts salaires ; lequel estat general auroit renvoyé ceans a vous messieurs de la Ville pour leur porvoir et leur faire raison de leurs peynes et salaires...* — Le Conseil *conclud par la pluralité des voix, actendu que le Roy a volu et expressement declare qu'il entend que tout les deux mil francz donnes aux Universités de ce pays a prendre sur le sel, que les huyt cens livres en dernier lieu aussi donnees ausdictes Universités, soient appliques a conduire docteurs estrangiers et que les demandeurs n'ont jamais estez conduictz par les consulz de ladicte Ville de Grenoble, et qu'ilz ne peuvent ny doibvent exceder le bon plaisir du Roy, lesdicts deniers sceront appliques a conduire quelque docteur fameux estrangier, a ce que par tel moyen ladicte Université et sa reputacion puisse estre augmentee.*

101. — Fol. 260. — 19 mai 1559. — Confirmation des délibérations précédemment prises au sujet de la *conduite* éventuelle de M. de Farges.

102. — Fol. 262. — 26 mai 1559. — *Sur le faict de la conduicte de Monsieur de Farges que doibt estre prochainement a Tullin*, le Conseil décide que conformément aux délibérations antérieures M. le Procureur général sera chargé de la *mesnager... sans qu'il soit a aulcungs despens de la Ville*.

103. — Fol. 267. — 16 juin 1559. — Le Procureur général annonce que M. de Farges *est présentement ici* et rappelle que des délibérations ont été prises au sujet de sa conduite[1]. — Le Conseil décide de le conduire *proveu qu'il ne couste a la Ville rien, d'aultant que Mes Limojon, de Villiers, Loscure et Narcié docteurs regentz en icelle, poursuyvent d'avoir argent des quatre cens livres donnés par le Roy, et en sont en procès par devant la Court. Lesdictes quatre cens livres et les*

---

[1] Cf. n° 321.

quatre vintz livres restans des mil livres tournoyses pour an, le tout pour la conduyte des regentz estrangiers, sceront appliques pour la conduyte dudict sieur de Farges, ensemble aussi les aultres deniers qui sceront deubz du passé et qui escherront pour l'advenir destinés et de la nature que dessus a conduire docteurs regentz estrangiers en ladicte Université suyvant l'expres voloir du Roy et de ses lectres patentes tant pour le regard des mil livres que quatre cens livres par an a la part dudict Grenoble. Et néanlmoings des deniers de la Ville, et sans conséquence, sont accordees audict sieur de Farges pour la conduyte de ses ardes et livres la somme de soysante livres tournois.

104. — Fol. 268. — 23 juin 1559. — Ordre est donné de surseoir à l'expédition de la conclusion relative au salaire des médecins agrégés à l'Université jusqu'à la prochaine réunion du Conseil général.

105. — Fol. 269. — 25 juin 1559, C. G. — Me Pierre Aréoud, docteur en médecine, comparaît ; *lequel tant en son nom que de Me Nycolas Alard aussi docteur en medecine a dict et remonstré qu'il luy est venu a notice comme long veult casser et annuller une conclusion faicte a leur proffict pour le regard des deniers de l'Université, que la et quant long la vouldroit casser et annuler, que des maintenant... il se pourtoit comme appelant... requerant acte dudict appel.*

Le Conseil général cependant, *apres avoir ouy lecture des doms et permissions faictes par le Roy des deniers des Universités de Grenoble et Valance... et pour aultant que iceulx deniers sont affectés ausdicts docteurs estrangiers lisantz en droictz, sans avoir esgard a la conclusion de l'estat general par laquelle lesdictz docteurs medecins furent renvoyes aux Consulz de Grenoble, administrateurs des deniers de leur Université pour les rendre comptans, d'aultant que plusieurs moys apres ladicte conclusion par le vingt huytiesme article dudict bail de la ferme du sel courant, il a pleu au Roy permetre la levee... des deniers desdictes Universités estre converties et employees, comme dict est, ausdicts estrangiers lisantz en droict et par ainsi que ladicte conclusion est couverte par la declaracion du prince ; sans aussi avoir esgard a la conclusion du Conseil ordinaire de la Ville... comme aiant esté faicte par inadvertance... que le tout est renvoyé aux prochains estats généraulx pour, suyvant leurs advis, estre sur le tout prouveu ausdicts docteurs medecins ainsi qu'ilz verront a fere ; et neanlmoings que ce pendant ladicte conclusion ordinaire ne leur scera expediée.*

106. — Fol. 273. — 14 juillet 1559. — M. de Farges, conformément aux conclusions précédentes, sera *conduit* par MM. les Consuls *en l'assistance de monsieur le presenteur*[1], *messieurs Mes Glaude Valier,*

---

[1] Antoine Mottet, préchantre de N.-D. de Grenoble, ancien recteur de l'Université.

Loys Robert et Pierre Nicolay, en priant deux du coliege pour y assister si bon leur semble.

107. — Fol. 277. — 4 août 1559. — Sur la requête de *M. Buchichel procureur général et doien de l'Université et de maistre Gaspard Baron, lieutenant particulier au siege de Graysivaudan... procureur dudit s^r de Farges*, la conduite de ce dernier sera conclue aux conditions précédemment fixées *pour le temps de trois ans, a la charge qu'il ne coutera rien a la Ville, ains que ledict procureur general en garentira la Ville du payement et en passera promesse* [1].

108. — **BB. 18**. — Fol. 9. — 27 octobre 1559. — Le receveur Jean Philoux annonce qu'il a payé 60 livres à M. de Farges pour les frais de son déménagement[2].

109. — Fol. 14. — 17 novembre 1559. — Procuration sera passée à M. P. Buchicher pour qu'il puisse poursuivre le recouvrement de la subvention annuelle de 400 livres récemment accordée par le Roi à l'Université de Grenoble.

110. — Fol. 18. — 8 décembre 1559. — M. P. Buchier se présente pour rendre compte de la gestion des deniers de l'Université. L'on désigne trois auditeurs, outre les consuls.

111. — Fol. 35. — 12 janvier 1560. — *Remonstré par lesdictz s^{rs} consulz qu'ilz ont heu plaincte de monsieur le Procureur général Buchier doyen de l'Université de ceste cité que plusieurs escoliers estantz venuz ici pour estudier en l'Université de ceste cité de Grenoble, a faulte d'havoir peu trouver lougis se seroient en allez, chouse que ne peult estre que au préjudice de la re publique; a ceste cause, ledict s^r Buchier supplie la Ville en voloir donner quelque ordre et trouver lougis a ceulx qui viendront par cy apres.*
Conclud que messieurs les consulz de seans exorteront et feront scavoir aux hostes que quant quelque escoler estrangier sera venu en ceste dicte cité, de le leur venir declairer pour luy trouver lougis, chargeant ledict conseil lesdictz s^{rs} consulz de meynager cella comme sera par eulx advisé.

112. — *Même date*. — MM. Limojon et Merlin de Villiers, tant en leur nom qu'au nom de Me Jean Lescure, demandent à être payés de

---

[1] Voy. n° 248. — Deuxième conduite de M. de Farges et n° 355, convention entre les consuls de Grenoble et P. Bucher.
[2] Voy. n° 247.

leurs lectures conformément à l'arrêt du Parlement[1]. — Il est décidé qu'on examinera la question et qu'on en conférera avec le doyen et les intéressés.

113. — Fol. 46. — 19 février 1560. — Le premier et le second consul exposent que les États du Pays, à la suite d'une démarche du recteur et des écoliers, ont décidé qu'à l'avenir M⁰ Antoine de Govea serait *conduit* au moyen d'une partie des 1.400 livres destinées à l'Université et que le reste de la subvention serait distribué aux docteurs régents. — Il est décidé que l'on appellera de cette *conclusion*[2], après toutefois que la question aura été examinée par M⁰ Louis Robert et par M. le Doyen de l'Université.

114. — Fol. 47. — 23 février 1560. — La Ville a interjeté appel devant le Parlement de la décision des Etats de la Province *actendu que ladicte conclusion dudict estat general est directement contrevenir a la volonté du Roy... et a l'administration ausdictz s^rs consulz balliee d'iceulx deniers par lesdictz estats.* — Il est décidé que cette affaire sera soumise au Conseil général.

115. — Fol. 50. — 25 février 1560. C. G. — Le Conseil général *conclud suyvant la pluralité des voix qu'on poursuyvra diligemment ledict appel par tous les meillieurs moiens que fere se porra...*

116. — Fol. 52. — 1ᵉʳ mars 1560. — M. de Govea fait demander au Conseil si on a l'intention de le reconduire, sa conduite actuelle approchant de son terme. Il a joint à sa requête *plusieurs aultres remonstrances.* — On lui répondra d'attendre jusqu'à la prochaine réunion du Conseil général qui statuera sur son cas, — après toutefois qu'il en aura été conféré avec le doyen et le collège de l'Université.

117. — Même date. — Les commis des États s'opposent au paiement de la subvention de 400 l. accordée sur les gabelles de Pont-Saint-Esprit. — MM. Louis Robert, François Paviot[3] et l'un des consuls leur présenteront des remonstrances *afin qu'il leur plaise de n'empescher monsieur le Procureur General du Roy* de recevoir l'argent *pour paier monsieur de Farges...*

118. — Fol. 107. — 19 juillet 1560. — M. Buchier demande qu'on lui délivre la somme de 250 l. due pour un quartier de sa conduite à

---

[1] Il s'agit de l'arrêt du 20 déc. 1559, voy: n° 326.
[2] Voy. n° 327.
[3] Avocat. Premier consul l'année précédente.

M. de Farges, attendu que la Ville ne lui fournit pas les *acquits* nécessaires pour toucher les 400 l. des gabelles de Pont-Saint-Esprit. — On lui répond que l'on examinera auparavant les conclusions antérieures du Conseil et le contrat de M. de Farges.

119. — Fol. 109. — 26 juillet 1560. — L'on doit encore 40 francs (50 l. t.) à MM. Limojon, Lescure et Merlin de Villiers *pour reste de la somme que levr fut adjugee.* — Le paiement sera effectué par les soins de M. Myard, 3me consul.

120. — Même date. — Réponse à la requête présentée au Conseil par M. Buchier le 19 juillet : il est décidé *actendu que ladicte cité a proces contre Monsieur le Procureur du Pays, pour raison duquel on ne peut avoir les acquitz de luy pour exhiger les quatre cens livres, et, ce que reste apres avoyr paye monsieur de Govea donnez a ladicte Université, que on prestera audict monsieur le Procureur general la somme de cent cinquante livres t. moiennant obligation de la rendre et sans consequence*[1].

121. — Fol. 112. — 2 août 1560. — Le Conseil décide de s'en remettre aux consuls pour fixer les honoraires de *monsieur Le Maistre advocat pour ladicte cité en une cause qu'elle a en matière d'appel contre monsieur le Procureur du Pays pour raison de l'Université, lequel a fait un corrigé de plaider de grande contenance monstré audict Conseil*[2].

122. — Fol. 134. — 15 octobre 1560. — *Pour le regard de monsieur de Farges si on le entretiendra ou nom? — Conclud que MM. le premier consul, Laurens Gallien, François Pavioct et Jehan Marrel*[3] *se transporteront par devers monsieur le Procureur général du Roy pour conferer de la matière avec luy et sur le tout ouyr son advis pour apres au premier conseil fere le rapport...*

---

[1] C'est-à-dire qu'on permettra à M. Bucher de payer M. de Farges avec l'argent qui restera des deniers de l'Université après le paiement de M. de Govea, soit environ 100 l.; et 150 l. lui seront prêtées par la Ville pour parfaire la somme de 250 l. due à M. de Farges.

[2] Une note manuscrite nous apprend que ces honoraires ont été fixés à 11 livres t. Il doit y avoir dans la délibération ci-dessus une erreur quant au nom de l'avocat. Le document visé paraît bien être celui que nous cataloguons sous le n° 331 et qui est signé Robert.

[3] Le premier consul est Claude Vallier, avocat, docteur en droit. Laurent Gallien est un professeur de droit canonique, agrégé de l'Université. V. n° 421, Jean Marrel, avocat, célèbre pour le pathétique discours qu'il adressa au Parlement afin de le retenir à Grenoble menacé par Crussol (1567). Voy. Prudhomme, *Histoire de Grenoble*, p. 383. Il était agrégé de l'Université.

123. — Fol. 140. — 10 novembre 1560. — *Semblablement a este mys en deliberation, actendu que la maison de seans[1] se trouveroit diffamée en la presente cité de Grenoble, de ce qu'on la voldroit charger d'havoir entretenu ja monsieur de Farges qu'on voldroyt charger estre mal sentant de sa foy crestienne ainsi qu'a esté mandé par lettres missives par monseigneur de Guyses[2] u la Court et de donner congé audict s^r de Farges[3], si on envoieroyt quelque homme a la Court avec bonnes memoires et instructions pour rabatre les diffamations desquelles on a vollu charger ledict Monsieur de Farges et la presente cité, aux despens de la dicte cité.* — *Conclud qu'on fera entendre au premier conseil general ce que dessus et si on envoiera home expres aux despens de ladicte cité en Court, tant pour rabatre les susdictes diffamations que pour l'entretenement de ladicte Université la et quant l'on la voldroyt oster de ceste dicte cité[4].*

124. — Fol. 141. — 11 novembre 1560. C. G. — Saisi de l'affaire exposée dans la délibération précédente, le Conseil général décide *de, pour celluy qui sera commis et nommé de ceste ville pour porter les doleances aux estatz generaulx de France, de fere ce que sera neccessere pour la conservation de ladicte Université dudict Grenoble et innocenter ledict s^r de Farges.* Au cas où le personnage député aux États généraux ne pourrait s'acquitter de cette mission on en chargerait l'avocat de la Ville, Me Jean Robert ou quelque autre personne.

125. — Fol. 143. — 24 novembre 1560. — ... *A este proposé audict Conseil comme l'Université de ladicte cité commense fort a dyminuer et deschoir pour l'absence de Monsieur de Farges et que les escoliers venuz ici pour estudier en ladicte Université commencent a s'en aller pour ladicte absence dudict s^r de Farges et le bruict qu'on faict corir qu'il ne retornera plus, a cause de ce qu'on le diffame envers le Roy et monsegneur de Guyse, qu'on fera audict faict ?* — *Conclud actendu que[5] etc... a cause de que on le diffame envers le Roy et monseigneur le duc de Guyse, qui ont escript a la court de le fere sortir des pais de l'obeissance dudict seigneur, et que la Ville a grand interestz a la conservation de ladicte Université et d'obvier que les docteurs qu'on y volera conduire ne soient par cy apres detornez a y venir de peur d'en estre chassez avec telle notte sans estre ouyz et aussi de pouvoir monstrer que la Ville n'a que bien versé en cella, de bailler charge expresse a Monsieur Robert, advocat de ladicte Ville, allant d'allieurs*

---

[1] La Maison de Ville.
[2] François de Lorraine, duc d'Aumale, puis de Guise, gouverneur de Dauphiné de 1547 à 1561.
[3] *Qu'a esté la cause qu'il auroit heu congié de ne lire plus en l'Université de ladicte cité de Grenoble*, dit le texte de la délibération suivante.
[4] Cf. n°s 378-380.
[5] Même phrase qu'au début : *les escoliers venuz ici*, etc.

en court pour les afferes du païs de faire entendre ce faict bien amplemant a mondict Seignieur de Guyse et obtenir par son aide et faveur lettres de Justice addressantz a ladicte court pour enquerir au vray de la vie et conversation dudict segneur de Farges quant a ce dont on l'a diffamé, luy appellé, et en apres ordonner de son retourt ainsi qu'elle verra ce fere par raison.

126. — Fol. 163. — 14 février 1561. — L'on avance à M. de Govea 20 francs sur le prochain quartier de sa conduite.

127. — Fol. 170. — 7 mars 1561. — *Sur la requeste verbalement faicte par m^e Jehan de Lescure aux fins qu'il pleust au Conseil commander au secretaire de seans de luy expedier certaynes conclusions et aultres chouses qu'il auroit baillé par declaration audict secretaire* (toutes pièces utiles au procès pendant devant le Parlement), il est décidé de rechercher les documents en question et de les soumettre à Me Robert, avant de donner au secrétaire l'autorisation d'expédier.

128. — Fol. 191. — 23 mai 1561. — *Monsieur Me Anthoine de Govea docteur regent en l'Université de Grenoble, par les raisons par luy advanseez et dictes audict Conseil, mesme qu'on le tient en proces a la persuasion de certains siens malveillantz, a prins congé de ladicte cité, ne pouvans plus servir icelle cité*[1]. *Conclud que messieurs les Consulz se retireront par devers messieurs les agregez de l'Université de la presente cité pour leur fere entendre et aussi a monsieur le Procureur General doyen de ladicte Université, ledict congé prins par ledict s^r de Govea et pour deliberer sur ce faict.*

129. — Fol. 193. — 30 mai 1561. — *A esté remonstré audict conseil comme les quatre docteurs regens estantz tenuz lire actuellement ne font leur debvoir et ont cessé leurs lectures, qu'est au grand prejudice de l'Université et d'ailleurs qu'il y a quelques anneez qu'on n'a receu ny exhigé les quatre cens livres donnez par le Roy sur le grenetier ou gabellier de Sainct Sperit pour l'entretenement de ladicte Université.*

En ce qui concerne les docteurs, on les invitera à reprendre leurs lectures, et on les remettra aux tailles s'ils ne se conforment pas à cet avis. — En ce qui concerne les 400 livres du grenetier de Pont-Saint-Esprit on s'adressera *a Monsieur le Procureur General pour entendre de luy les moiens par lesquelz on porroyt obtenir paiement de ladicte somme et arrerages d'icelle.*

---

[1] Cf. n° 337. Govea, d'ailleurs, ne quitta pas Grenoble, voy. n°s 133 et 338.

130. — Fol. 203. — 4 juillet 1561. — L'on décide de *mettre a la taille* les quatre docteurs régents qui ont cessé leurs lectures.

131. — Fol. 207. — 1ᵉʳ août 1561. — Pierre Buchier demande à rendre compte de l'emploi des deniers de l'Université qu'il a reçus. — On nomme des auditeurs, choisis parmi les conseillers.

132. — Fol. 209. — 8 août 1561. — La Ville a appelé des *conclusions* des États de la Province relatives au salaire des docteurs régents ; un arrêt a été rendu par le Parlement à la suite de cet appel[1] : — le Conseil, en ayant entendu la lecture, décide *de deffendre en jugement contre les docteurs regentz de l'Université pour les consulz de Grenoble, en qualité d'administrateurs des deniers de ladicte Université et non aultrement, et en ceste qualité communiquer les comptes desdictz deniers de la precedente et presente ferme du sel pour monstrer que n'y a aulcuns deniers de ceulx qui sont ordonnez pour l'entretenement de ladicte Université et que ce que resulte par lesdictz comptes a este utilement emploié*[2] *; et que advenant le paiement desdictz deniers, lesdictz administrateurs obeyront a l'arrest de la Court pour le regard desdictz docteurs regentz et docteurs medecins comme de raison ; a qualité touteffoys que, lesdictz deniers recouvertz, lesdictz docteurs medecins seront premierement paiez que lesdictz docteurs regentz, aiant esgard a la nécessité et utilité de leur profession ; et quant au paiement demandé par Monsieur Buchier, de luy passer condempnation en qualité dessusdicte exequutoire sur les deniers plus clers ordonnez pour l'entretenement de ladicte Université soit de la ferme ou des gabelles a sel, escheuz ou a eschoir, pour evitter plus grandz despens a la Ville.*

133. — Fol. 212. — 29 août 1561. — *Sur la proposition faicte par monsieur le premier consul (Jacques Servient)*[3] *pour avoir ung regent qui est a Cahors pour secunder monsieur de Govea en l'Université de ladicte cité de Grenoble, qui se nomme Monsieur Roaldès docteur, pour rendre plus fameuse ladicte Université et melheure. — Conclud qu'on scaura la volunté dudict docteur et s'il se voldroyt contenter du reste des deniers qui sont destinés et affectez pour l'entretenement de ladicte Université, apres estre payé monsieur de Govea, et si on ne treuve homme commode, d'y envoyer homme de pied exprés.*

134. — Fol. 216. — 12 septembre 1561. — Jacques Servient,

---

[1] Voy. n° 338.
[2] C'est ce que tend à démontrer le mémoire catalogué sous le n° 338 *bis*.
[3] Jacques Servient était frère jumeau de Girard Servient, agrégé de l'Université, que nous avons plusieurs fois rencontré. Il avait été premier consul en 1547 et en 1548 ; il le fut de nouveau en 1561 et 1562.

premier consul, communique au Conseil la lettre qu'il a écrite à M. Roaldès, par laquelle il lui propose de venir lire à l'Université de Grenoble moyennant 500 l. par an : à ce prix la Ville n'aurait à payer que 20 livres et les frais de voyage du docteur. — Le Conseil approuve la lettre et décide qu'elle sera remise à son destinataire, par l'intermédiaire d'un courrier exprès, s'il est besoin.

135. — Fol. 217. — 3 octobre 1561. — Ont été convoqués, outre les Consuls, les Conseillers de la Ville et l'avocat Jean Robert, MM. le Procureur général P. Buchier, Nicolas de Bonneton, Antoine de la Rivière, Antoine Limojon, Jean Narcié, docteurs en droit, Pierre Aréoud, Nicolas Allard et Hugues Sollier, médecins, tous agrégés de l'Université.

P. Buchier communique à l'assemblée une lettre qu'il a reçue de la Cour, de Jean Robert, *contenant en somme comme ceulx de Vallance ont homme expretz en Court, nommé Monsieur Montbrun, consul dudict Vallance, sollicitant au privé Conseil l'abolition de l'Université de la presente cité...* [1] *L'assemblée conclud, d'aultant que la matiere est de grand importance, qu'elle est renvoiee au premier conseil general et ce pendant de prier ledict Procureur General et Monsieur Me Anthoine Aréoud comme bien informez dudict faict de ladicte Université, de dresser memoires pour la deffence et tuhicion de ladicte Université de Grenoble.*

136. — Fol. 219. — Vendredi 17 octobre 1561. — Le premier consul[2] expose que le mercredi précédent *messieurs de l'Université et plusieurs aultres notables personnages furent assemblez... aux Cordeliers pour parler du faict de l'Université* et qu'ils ont émis l'avis de députer à Paris le premier consul. — Le Conseil décide que le Conseil général sera consulté sur les mesures à prendre attendu *qu'il s'agist de fere despencè*, et que l'on convoquera M. le Procureur Général *pour scavoyr de luy s'il a entendu quelque chose de nouveau qui requiert celerité d'envoyer en Cour pour le faict de ladicte Université*[3].

137. — Fol. 233. — 31 octobre 1561. — *Semblablement a esté remonstré audict Conseil comme les consulz de Valance ont obtenu du Conseil privé ou Grand Conseil une provision pour informer super commodo vel incommodo de l'Université de ceste cité de Grenoble qu'ilz*

---

[1] Il s'agit d'Amé de Montbrun, gentilhomme de la maison de François Ier, puis de Henri II, qui prit part aux batailles de Césirolles et de Renty et fut armé chevalier par le roi en 1557 (R. de la B., *Armorial du Dauphiné*).

[2] Jacques Servient, s^r de la Balme.

[3] Il n'est pas question de l'Université lors de la réunion suivante du Conseil Général qui a lieu le 24 octobre 1561.

voldroyent fere abolir, a raison de quoy on auroit presenté requeste a la Court pour appeller lesdictz de Vallance [1]. — Le Conseil décide *de fere exequuter la provision obtenue par ladicte cité contre lesdictz de Vallance sur sa requeste*, et d'inviter les membres de l'Université à *dresser memoires pour envoier en court quelque personnage pour poursuyvre les droitz de ladicte Université de ceste cité et retention d'icelle.*

138. — Fol. 234. — 7 novembre 1561. — L'avocat Robert annonce que le Procureur Général rédige actuellement un mémoire pour défendre l'Université [2]. Il estime qu'il faudrait prendre aussi l'avis d'autres personnes compétentes sur cette affaire et *crainct que ceulx de Vallance ne usent de quelque surprinse contre ladicte cité de Grenoble, mesme qu'ilz ne facent aller hors le Daulphiné les tesmoingtz* de l'enquête. Il annonce enfin que le chanoine Gallien, agrégé de l'Université, va en Cour et propose de lui confier des mémoires et de lui donner des instructions. — Le Conseil, *actendu la célérité de la matière,* approuve cette proposition et décide d'envoyer un sergent à Valence *expressement pour exequuter la provision obtenue par ladicte cité de Grenoble contre les consulz de Vallance.*

139. — Fol. 238-239. — 21 novembre 1561. — Le recteur Gauteron, M. de Govea et d'autres membres de l'Université ayant appris que *ceulx de Vallance font informer a Lyon super commodo vel incommodo de l'Université de ceste cité pour la osier et la unir a la leur,* insistent auprès du Conseil afin que l'on prenne des informations précises et que l'on agisse.

D'autre part, la Ville est en procès avec l'Évêque de Valence à propos des péages. — Jacques Servient, premier consul, qui doit aller à la Cour avec le Président Truchon pour des affaires particulières, s'offre à s'employer en faveur des intérêts de Grenoble.

On le remercie. On proposera par son entremise à l'Évêque de Valence de résoudre par compromis le litige des péages. En ce qui concerne l'Université, si le chanoine Gallien *qui a prins la charge du faict de l'Université* est obligé de quitter la Court avant d'avoir abouti, Jacques Servient *reprendra si luy plaict la poursuyte dudict faict et y fera ce qu'il porra.*

140. — Fol. 240. — 28 novembre 1561. — Le premier consul annonce que le Procureur Général, pour récupérer une avance faite

---

[1] Voy. premiers articles du chap. VII des présents *Documents.*
[2] C'est peut-être de ce mémoire que nous donnons un extrait au n° 391.

par lui à l'Université, a saisi chez le Sr Jean Paviot les deniers du sel destinés à payer Antoine de Govea ; celui-ci parle de cesser ses lectures. — On fera des démarches auprès du Procureur Général, et auprès du Professeur, si le premier ne veut rien entendre.

141. — Même jour. — Confirmation pure et simple de la conclusion du 21 novembre au sujet de la mission éventuelle du premier consul à la Cour.

142. — Fol. 242. — 8 décembre 1561. — Les Consuls de Valence présentent une requête invitant la communauté de Grenoble à contribuer à la réparation de la maison léguée *avec certains aultres biens* aux Universités de Grenoble et de Valence par feu *Pierre Morel*[1], ou à *leur permettre de la bastir pour y longer quelque docteur estrangier*.

On demandera une consultation sur ce point à Jean Robert qui examinera le testament de Pierre Morel et l'on répondra aux consuls de Valence suivant l'avis qu'il aura exprimé.

143. — Fol. 276. — 3 avril 1562. — Le Procureur Général Bucher, chargé par les consuls de l'administration des deniers de l'Université, demande des auditeurs pour vérifier ses comptes.

144. — Fol. 279. — 10 avril 1562. — J. Servient, premier consul, remontre *que messieurs les docteurs regents luy sont tousjours apres et a ses compagnons pour estre paiez suyvant l'arrest de la Court des deniers et arrerages deubz par le grenetier de Sainct Sperit*[2]. Il rappelle que les Consuls ont passé procuration au Sr Claude Amel pour qu'il reçoive du grenetier les 400 l. allouées par le Roi, mais que le SrAmel ne donne pas signe de vie. — On accepte l'offre du Sr Paviot[3], consul, qui va partir pour Valence et propose d'aller à Pont-Saint-Esprit s'occuper sur place de cette affaire.

145. — Fol. 384. — 5 mars 1563. — La tour de l'Ile ayant reçu une garnison, les Conseillers ordinaires proposeront au Conseil général de décider que ses assemblées auront lieu dans *la grand salle joignante*

---

[1] L'on ne voit pas de quelle manière la fondation de Pierre Morel faite à Valence en 1541 (voy. Nadal, *Histoire de l'Université de Valence*, p. 40) pouvait intéresser l'Université de Grenoble. Il n'en est d'ailleurs plus question nulle part, ni dans les délibérations du Conseil de Ville, ni dans les documents de l'Université.

[2] Voy. chapitre v des *Documents*.

[3] Jean Paviot, dit Bersat, marchand, 4ᵉ consul. C'était un des chefs du parti catholique. Il fut expulsé par le baron des Adrets, avec Pierre Bucher, l'avocat Jean Robert et le vibailli Abel de Buffevent (voy. n° 72, note). Il était associé du fermier du sel.

a la maison du peys, a la place des Cordeliers, ou les docteurs regens souloient fere leurs lectures ¹.

146. — Fol. 440. — 17 septembre 1563. — M. Fustier, recteur, expose qu'il n'y a plus de chaire ni de bancs dans la salle des Cordeliers. Il demande à la Ville le mobilier indispensable *aux fins qu'on puisse commenser a fere quelque chose en ladicte Université.* — Le Conseil décide qu'on installera dans cette salle une chaire et quelques bancs, aux frais de la Ville, sauf à recupérer la dépense sur les revenus de la dotation de l'Université.

147. — Fol. 443. — 22 octobre 1563. — Le recteur de l'Université, accompagné de quelques étudiants, vient exposer au Conseil que *par faulte de paier a messieurs les docteurs regens... ilz ne veullent lire et que fut amené, y a quelque temps sur le fleuve de l'Isere a bateaulx, certain blé que Me Amelli avoyt envoyé pour vendre et fere quelque contentement ausdictz docteurs regens, touteffoys qu'on ne sçait qui est devenu ledict blé* ². — Il rappelle également la promesse du Conseil relativement à l'aménagement de la salle des Cordeliers.

Le Conseil ratifie, sur ce dernier point, sa délibération précédente et décide que l'on s'informera de ce qu'est devenu le blé des docteurs.

148. — **BB. 19.** — Fol. 3. - 3 janvier 1564. - M. Fustier, recteur, vient rapporter au Conseil qu'il a reçu réponse de M. le docteur Loriol qui offre d'enseigner à Grenoble moyennant un salaire annuel de 800 l. et le logement. Il rappelle également que l'Université a besoin de bancs et d'une chaire. — A cet égard le Conseil confirme ses conclusions précédentes. Au sujet de la proposition de M. Loriol il commet le 1er consul et M. de Brigondières ³ pour conférer avec M. le Procureur

---

¹ De mai 1562 à la fin de l'année 1563, les cours de l'Université ont été complètement suspendus en raison des troubles religieux.

² Le 28 janvier 1564 (BB. 19, fol. 13) Claude Amel présente sa note: y figure le prix de 450 sestiers de froment et 200 sestiers de blé maigre qu'il prétend avoir livrés aux Consuls l'année précédente (et sur la revente desquels les Consuls avaient compté peut-être pour payer les docteurs régents). On lui répond par une fin de non-recevoir. Cette affaire des blés donna lieu par la suite à de longues discussions et à un procès. Voy. BB. 19, fol. 44 v°, fol. 156 v°, etc... Il y a lieu de croire que ce Claude Amel est le même personnage que le réformé Amelli fréquemment cité par Arnaud dans son *Histoire des Protestants en Dauphiné*, t. I.

³ Le premier consul est Pierre Maistre, le même sans doute qui fut recteur de l'Université en 1550 et en 1567. C'est d'ailleurs un avocat bien connu. Le sieur de Brigondières se nommait Claude Chappuis ; il était réformé (voy. Prudhomme, *Inv. som. des Arch. com. de Grenoble*, 1re partie, p. 63) ; il fut successivement substitut du procureur des États de Dauphiné et procureur des États ; il l'était à sa mort en 1591. Il avait épousé Gasparde de Monin (note fournie par M. Maignien, d'après les protocoles du notaire Charbot), voy. n°s 195, 397.

Général *qui par cydevant s'est voluntiers employé pour la restauration et entretenement de ladicte Université*. L'on décidera ensuite.

149. — Fol. 10. — 14 janvier 1564. — ... *a esté conclud sur les remonstrances faictes par Monsieur Fustier, recteur de l'Université de ceste cité, de conduire quelques docteurs pour lire en ladicte Université*, que sont commis Monsieur le premier consul et Monsieur le preceptpeur Aquier pour entendre de Monsieur de Mens fermier du sel comme ilz porront avoir deniers pour paier lesdictz lecteurs ; octroiant mandat de dix escus a Anthoine Boyssier, chappuis, qui a faict la chese et bancz de nouveau pour ladicte Université, sauf a les reprendre sur ladicte Université[1].

150. — Fol. 15. — 28 janvier 1564. — L'on décide d'écrire à M. Loriol pour conclure sa conduite. La rédaction de la lettre à lui adresser est confiée au 1ᵉʳ consul, qui la montrera avant de l'envoyer : il importe qu'aux termes de cette invitation, les gages du docteur soient garantis par les biens de l'Université seuls, non par ceux de la Ville.

151. — Fol. 28. — 29 février 1564. — Les réformés ont adressé au Parlement qui les renvoie aux consuls, une requête tendant à ce que le réfectoire des Cordeliers fût affecté à l'exercice de leur religion. Le Conseil décide de *respondre que la Ville est en possession du lieu mentionne en icelle* (requête) *par le moien des lectures et exercice de l'Université que s'y faict journellement, en laquelle elle requiert estre maintenue contre tous*, d'autant que ce local est le seul où puisse s'établir l'Université.

152. — Fol. 36. — 27 mars 1564. — Le Conseil priera M. de Maugiron d'abandonner *le temple de Sainte Clere a messieurs de la religion pour l'exercice de leurdicte religion, pour ne incommoder messieurs de l'Université de leur audictoire estant aux Cordeliers*.

153. — Fol. 43. — 21 avril 1564. — Régularisation de comptabilité : l'ex-consul Galleys[2] rend une quittance qu'il avait fournie pour toucher de la ferme du sel une somme de 200 livres destinée au paiement de M. de Govea (août 1562) et qui était restée en sa possession.

---

[1] Arch. mun. de Grenoble, CC. 660, compte des deniers communs (1563-1565)... *pour la facture de la chièze et bancz de l'auditoire de l'Université*, 24 ll. (24 janvier 1564. Voy. *Inventaire*, 2ᵉ partie, p. 118).

[2] Jacques Galleys, docteur en droit, protestant, avait été élu premier consul en mai 1562, lors de l'arrivée à Grenoble des troupes protestantes du baron des Adrets (voy. Prudhomme, *Inv. som. des Arch. com. de Grenoble*, 1ʳᵉ partie, p. 56).

154. — Fol. 54. — 29 mai 1564. — Procuration sera passée à Jacques Galleys pour qu'il touche du fermier du sel, Audeyer seigneur de Mens, les six cents livres d'arrérages dus à l'Université. Il est en même temps chargé d'emprunter mille francs au fermier et d'acheter un vase antique pour M. le Gouverneur [1].

155. — Fol. 57. — 8 juin 1564. — J. Galleys rend compte au Conseil qu'il a reçu du fermier du sel les 600 l. t. représentant les arrérages échus de la subvention due à l'Université, et qu'il a employé une partie de cette somme (800 testons) à l'achat du vase antique destiné au Gouverneur; mais que le fermier ne la lui a fournie qu'à titre de prêt, parce que déjà le Procureur Général Bucher avait fait saisir entre ses mains une somme équivalente. — Le Conseil décide que des démarches seront faites auprès du Procureur Général pour qu'il restitue cette somme et que Jacques Galleys sera déchargé par la Ville de l'obligation qu'il a souscrite envers le fermier.

158. — Fol. 64. — 29 juin 1564. — MM. Galleys, Marrel et le receveur de la Ville sont commis pour arrêter, de concert avec M. Bucher, le compte des sommes que la Ville doit à ce dernier et de celles dont il est responsable envers la Ville [2].

159. — Fol. 72. — 5 juillet 1564. — A la suite du règlement de comptes prescrit par la délibération précédente, la Ville se trouve être redevable à M. Bucher d'une somme de 250 livres, qui sera payée au Procureur Général [3].

160. — Fol. 80. — 21 juillet 1564. — Mandat de 200 l. t. à *Monsieur Loriol docteur regent en l'Université de ceste cité... pour le quartier escheu le premier de juing dernier passé de sa conduicte.*

161. — Fol. 101. — 16 février 1565. — Pour M. Loriol, mandat de 600 l. pour trois quartiers de sa conduite.

161 bis. — Même jour. — *Et semblablement* (a este octroyé mandat) *de la somme neccessere pour fere une porte neuve a l'auditoire de ladicte Université et pour icelle fere fere sont commis les sieurs Ennemond Robinet et Jehan Myard conseillers de séans.*

162. — Fol. 104. — 10 mars 1565. — M. l'audiencier Antoine Fiquel demande à être rayé des rôles de la taille pour des motifs divers, entre

---

[1] Charles de Bourbon, prince de La Roche-sur-Yon, nommé en 1561 : il fit son entrée à Grenoble en juillet 1564.
[2] Voy. chapitre VI des *Documents*.
[3] Le règlement définitif n'eut lieu que plus tard, en octobre 1565. BB. 20, fol. 298. — Il y avait eu procès. — Cf. nos 355-363, dossier de ce procès (lacunes).

autres parce que *son feu pere estoyt docteur avocat consistorial et des aggregez en l'Université dudict Grenoble usant d'exemption de tallye*. Le Conseil fait droit à sa demande, *actendu que notoirement le pere dudict M° Fiquel estoyt advocat consistorial et des aggregez de l'Université et lisant actuellement en ladicte Université et du nombre des exempts de tallye*[1]...

163. — Fol. 130. — 1ᵉʳ juin 1565. — ... *ont este commis Monsieur le premier consul*[2] *et le sʳ Jehan Verdoney, conseiller de seans, de ballier a priffaict la reparation que se trouvera estre neccesere en l'auditoire de l'Université, des deniers touteffoys de ladicte Université et aussi pour aller parler a Monsieur de Mens qu'il luy plaise de laisser icy home a qui la Ville se puisse adresser tant pour le paiement de Monsieur Loriol que aultres chouses neccesseres.*

164. — Fol. 146. — 29 juin 1565. — ... *sont este commis Monsieur le consul Pasquet, M. Marrel advocat et Sʳ Hugues Damolet consellier de seans de compter avec Monsieur de Mens des arrerages des deniers de l'Université en ceste Ville.*

165. — Fol. 150. — 14 juillet 1565. — *Monsieur de Briansson, comme aiant charge de Monsieur de Govea par une missive auroit requis le Conseil luy voloir delivrer ce qu'est deub audict sieur de Govea pour raison de sa conduite a luy passee par la Ville par le temps qu'a esté verifié durant les troubles de guerre, attendu qu'il n'a tenu audict sʳ de Govea qu'il n'ayt poursuyvy ses lettures*... Le Conseil désigne trois de ses membres, Claude Chapper, Pierre Maistre et Jean Marrel, pour conférer de cette affaire avec les gens du roy *pour resouldre s'il sera deub quelque chouse audict sieur de Govea ;* l'on priera M. de Briançon de communiquer à ces délégués *la conduicte qu'a faict dudict Sʳ de Govea le prince de Savoye*[3].

166. — Fol. 155. — 20 juillet 1565. — L'ex-consul Guillaume Fornet[4] a remis au Conseil des documents concernant la comptabilité du grenetier de Pont-Saint-Esprit, débiteur de l'Université.

---

[1] Cette conclusion est révoquée par le Conseil à la date du 24 mars (fol. 112 v°) *actendu qu'il y a arrest ou bien edict du Roy qui deffent que les enfans des advocatz par cy apres ne jouyront d'exemption de tallye fortque* (sic) *leurs veuves*... — Il y eut procès, v. BB. 20, f° 172 v°.
[2] Ennemond Bectoz, seigneur de Valbonnais; il avait été premier consul une première fois en juin 1562, lorsque l'approche de Maugiron avait mis en fuite le premier consul protestant, Jacques Galleys. Il le fut de nouveau en 1565 et 1566.
[3] Cf. chapitre VI des *Documents*, n°ˢ 367 et s.
[4] Second consul protestant en 1562, lors de l'occupation de Grenoble par le baron des Adrets.

167. — **BB. 20.** — Fol. 184.— 5 octobre 1565. — *Monsieur Loriol au nom de son pere docteur royal et lisant en l'Université dudict Grenoble a requis audict Conseil voloir paier ledict s^r Loriol son pere de ce que luy est deub pour reste de sa conduite*[1] *et d'ailleurs de fere fere les chassis de l'auditoire de l'Université.* — *Conclud que messieurs les Consulz parleront au s^r Jehan Pavioct dit Bersat*[2] *s'il a poinct charge de delivrer argent pour le paiement dudict s^r Loriol et par mesme moien qu'ilz feront fere les chassis dudict auditoire.*

168. — Fol. 196. — 9 novembre 1565. — Mes Chamoux et Gallien, professeurs de droit, demandent à être rayés du rôle des tailles *attendu leur pretendue noblesse.*

169. — Fol. 210. — 14 décembre 1565. — *Le Conseil a commis Messieurs Galleys et Marrel advocatz pour verifier ce qu'il estoyt deub a l'Université de ceste cité par Monsieur le fermier du sel avant les inhibitions que ceulx de Vallance auroient faict audict S^r fermier de ne paier plus rien a l'Université dudict Grenoble, aux fins de paier a Monsieur Loriol ce que luy est deub, si ledict fermier est redevable.*

170. — Fol. 213. — 28 décembre 1565. — La Ville est poursuivie par M. de Govea et M. Loriol, *de present lisant a l'Université...; pour ausquelz paier et satiffere est de besoing de treuver deniers.* — Le Conseil décide de charger le premier consul Ennemond Bectoz, coseigneur de Valbonnais, qui va à Valence, de se faire payer par le fermier du sel, si celui-ci doit quelque somme à l'Université, — et par le grenetier de Pont-Saint-Esprit. MM. Marel et Jean Paviot-Bersat rédigeront les mémoires dont il sera nanti ; il pourra intenter des actions en justice au nom de la Ville.

171. — Fol. 218. — 11 janvier 1566. — On attendra le retour du premier consul avant de signifier à M. Loriol *l'inhibition que ceulx de Valance ont faict fere a Monsieur le fermier Audeyer de ne paier plus a l'Université de Grenoble les deniers qu'elle souloit recepvoir, sauf a reprendre le propoz au premier Conseil si l'on assemblera le Conseil general pour contremander ledict sieur Loriol ou bien adviser que sera de fere audict faict.*

172. — Fol. 222. — 18 janvier 1566. — Le Conseil particulier décide qu'on convoquera le Conseil général afin de lui soumettre les

---

[1] Cf. n°s 368 et suiv.
[2] Associé du fermier du sel, voy. n° 233 et note.

affaires concernant l'Université et M. Loriol, *la matière de quoy s'agist estant de grand prix*[1].

173. — Fol. 223. — 20 janvier 1566. C. G. — Le consul Claude Pasquet expose *que messieurs de Vallance ont obtenu certaine provision du Roy ou bien de son Conseil privé, par laquelle il ne veult en Daulphiné que une Université*[2] *; lesquelz de Vallance ont faict inhiber a Monsieur Audeyer fermier du sel de ne bailler plus poinct d'argent et deniers destinez pour l'entretenement de l'Université dudict Grenoble, attendu ce que dessus, a laquelle inhibition lesquelz de Grenoble se seroient renduz opposantz*. Le Conseil demande s'il faut persévérer dans cette opposition et s'il faut donner congé à M. Loriol. — Le Conseil général décide *que la matière est renvoiee au Conseil particulier pour assembler quelque nombre de gens doctes et messieurs du college et aggregez de l'Université... pour suyvant leur conseil et advis fere toutes poursuytes neccesseres... et ce, des deniers affectez a ladicte Université s'il y en a, ou bien des deniers communs et advertir les seigneurs de ceste ville estantz presantement a la Court...Et cependant que on ne innovera rien a la conduite de M. Loriol en la forme qu'elle est presantement*.

174. — Fol. 224. — 25 janvier 1566. — Le Conseil envoie à Valence le s^r Hugues Damolet avec mission de régler les comptes de l'Université avec Antoine Audeyer, fermier du sel, et le grenetier de Pont-Saint-Esprit.

175. — Fol. 229. — 8 février 1566. — *... a esté conclud suyvant la precedente conclusion que dymenche prochain l'on fera consultation des droitz de l'Université de ceste cité*.

176. — Même date. — *Semblablement a esté conclud que l'on presentera requeste a la Cour aux fins que luy plaise declairer que l'arrest par elle donné sur le paiement de M. de Govea ne se porra exequuter que sur les deniers de l'Université, suyvant les convencions faictes avec ledict s^r de Govea et que l'on presentera aussi requeste aux fins d'havoir mainlevee des deniers saisiz es mains de noble Anthoine Audeyer fermier du sel de ce pays, a la requeste de la Ville de Vallance*.

177. — Fol. 236. — 1er mars 1566. — Le fils de *Pierre Loriol, docteur regent en l'Université de Grenoble*, réclame pour son père

---

[1] Cf. derniers articles des chapitre VI et chapitre VII des *Documents*.
[2] Cf. n° 385-388, chapitre VII. Suppression de l'Université.

600 l. t. qui lui sont dues pour trois quartiers de sa conduite, et menace la Ville de poursuites judiciaires. — Le Conseil lui offre 300 livres d'acompte, en faisant remarquer *que la Ville est toujours après pour soliciter d'en avoir davantage et pour recevoir de ceulx qui doyvent a ladicte Université.*

178. — Fol. 241. — 14 mars 1566. — ... *plus a esté remonstré audict Conseil il est fort neccessere d'envoier en court quelque personnage en poste pour le faict de l'Université de ceste ville pour estre retenue et maintenue en ceste ville non obstant la poursuyte que ceulx de Valance font au contrere.* — L'on charge MM. de Valbonnais et Pierre Maistre de trouver *quelcun de longue robe* pour aller en poste à la Cour, après avoir étudié les mesures à prendre[1]; *et est octroié mandat a celuy qui fera le voiage adressant au s^r Claude Pasquet qui a eu garde des deniers de ladicte Université, de la somme que sera advisé par lesdictz sieurs commys et deputés.*

179. — Fol. 242. — 15 mars 1566. — L'on décide de surseoir à l'exécution des mesures prises la veille *attendu la venue de Monsieur le Procureur General qui a apporté quelque bonne chouse pour ladicte Université*[2].

180. — Fol. 244. — 17 mars 1566. C. G. — Le Conseil général décide que *sont commis Messieurs Pierre Maistre et Jehan Marrel conseiller et advocat commys de la maison de séans pour proposer ledict faict de l'Université a l'Estat General qui se tiendra de prochain, s'il est treuvé par eulx faisable.*

181. — Fol. 263. — 3 mai 1566. — MM. Jean Marrel et Humbert Girard, procureur, viennent déclarer au Conseil que, conformément à l'arrêt de la Cour, ils ont estimé le montant de la somme due à M. de Govea à 609 l. 7 sous t.

182. — Fol. 276. — 7 juin 1566. — L'on passera procuration à M. Boyssat[3], docteur de Vienne, qui s'en va en Cour pour s'occuper des

---

[1] MM. de Valbonnais et Pierre Maistre allèrent eux-mêmes à la Cour. Voir les lettres écrites par le premier à ses collègues les consuls durant son absence. mai-juin 1566, chap. VII.
[2] Il s'agit de l'arrêt de renvoi au Parlement de Grenoble de la procédure relative à l'Université, n° 391. Pierre Bucher avait été appelé à la Cour en janvier-février 1566; il fut entendu au Conseil du Roi (à Moulins), à propos des protestations des catholiques contre l'attitude du lieutenant général de Gordes. Voy. N. Valois, *Le Conseil du Roi aux XIVe, XVe et XVIe siècles*, p. 369.
[3] V. n° 405.

procès de la Ville : le procès relatif à l'Université pendant au Conseil privé et le procès *des foulles*.

183. — Fol. 278. — Même date. — MM. Marrel, Galleys et Girard sont priés de s'entendre avec M. Boyssat.

184. — Fol. 280. — 14 juin 1566. — MM. le consul Canel, Galleys et Hugues Damollet sont commis pour entendre le compte des deniers de l'Université rendu par le consul Pasquet.

185. — Fol. 282. — 21 juin 1566. — M. Laurent de Briançon, avocat, procureur de M. de Govea, réclame de la Ville le paiement des 609 l. 7 s. t. qui ont été alloués à son client. — Le Conseil charge le consul Pasquet de lui délivrer cette somme, *moiennant souffisante caution, collaudee en bonne forme comme estant ladicte Ville contraincte par commandementz de la Cour, et ou ledict s^r de Briansson ne voldroit ce fere, de depositer plustoust lesdictz deniers*.

186. — Fol. 285. — 28 juin 1566. — Le Conseil octroie un mandat de six florins à Hugues Damolet, outre 24 fl. qu'il a déjà reçus *pour le voiage par luy faict a Valance en dernier lieu pour aller querre et recepvoir quatre cens et tant de livres de Monsieur le fermier Audeyer, de l'argent de l'Universite pour ses vaccacions de six jours*.

187. — Fol. 286. — Même date. — Répétition de la délibération du 14 septembre 1565 (M. Galleys remplace le premier consul absent).

188. — Fol. 287. — 30 juin 1566. — Il est décidé qu'un certain nombre de conseillers *ce jourdhuy apres vespres iront solliciter Messieurs les presidens et Messieurs de la court pour avoir expedition de ladicte mainlevee desdictz deniers de ladicte Université de Grenoble*.

189. — Fol. 299. — 9 août 1566. — *Mr Loriol a ballié requeste a la Court contre messieurs les consulz pour estre paié de sept cens livres ou environ qu'il dict luy estre deu*. — On demandera à M. Loriol un délai pour trouver de l'argent.

190. — Fol. 302. — 23 août 1566. — M. de Valbonnais a quitté la Cour et sera bientôt de retour à Grenoble : *il seroit fort neccessere d'envoier quelcun en Court pour solliciter la vhuydange du proces de l'Université et pour s'en prendre garde, joinct que ceulx de Valence y ont ordinairement gens pour eulx*. — L'on décide d'attendre le retour de M. de Valbonnais pour désigner son successeur.

191. — Fol. 308. — 6 septembre 1566. — ... *A esté conclud aussi de prier Monsieur Loriol de ne soy fascher pour ce, de ce que luy est deub ; que la Ville fera toutes diligences pour trouver deniers pour luy fere quelque contentement sans aulcune innovacion de sa conduite.*

192. — Fol. 317. — 8 novembre 1566. — M. Marrel écrira à M. Mitalier à la Cour et le priera de *soliciter au Conseil privé la mainlevee des deniers deubz à l'Université de ceste Ville par le fermier du sel.*

193. — Fol. 318. — 15 novembre 1566 — M. de Valbonnais annonce qu'il a reçu de M. Urbain Mitalier qui est à la Cour une lettre l'informant que *l'on auroit obtenu la mainlevee des deniers de l'Université de ceste Ville et qu'il ne restoyt que mettre les lettres au seau.* — On fera part de cette bonne nouvelle au Conseil général.

194. — Fol. 320. — 22 novembre 1566. — M. de Valbonnais présente la note des sommes qu'il a dépensées à la Cour pendant qu'il s'y occupait du procès *des foulles* et du procès de l'Université. — La *parcelle* est arrêtée à 37 livres et 18 s. t. qui lui seront remboursées.

195. — Fol. 328. — 13 décembre 1566. — M. Loriol poursuit la Ville pour être payé d'une somme de onze cents livres qu'il prétend lui être due en raison de sa conduite ; *et fut dict dernierement par la Court que la Ville feroit apparoir comme la Ville n'a nulz deniers de ladicte Université...* MM. Claude Chappuys, Jacques Galleys et Ennemond Charvet sont chargés de s'assurer de ce dernier point.

196. — Fol. 357. — 17 janvier 1567. — ... *A esté aussi conclud d'assembler quelques notables advocatz avec ceulx du Conseil de seans pour adviser que sera de fere au faict de Monsieur Loriol, tant pour le paiement de ses arreraiges que aultrement.*

197. — Fol. 358. — 24 janvier 1567. — Le résultat de la consultation, décidée huit jours auparavant, est que la Ville doit payer M. Loriol. — L'on en référera au Conseil général *pour deliberer tant sur le paiement des arrerages demandez par ledict s^r Loriol de sa conduicte, que si l'on le conduira de nouveau.*

198. — Fol. 360 - 361. — 26 janvier 1567. C. G. — Le Conseil général décide que l'on hypothéquera les biens de la Ville pour payer M. Loriol *attendu l'advis de Messieurs les advocatz et conseil de ladicte Ville...* — Pour l'avenir, l'on proposera à M. Loriol de continuer ses lectures pour l'année 1567 - 1568 (le terme de sa conduite échoit en février) ; mais il est bien entendu qu'il ne sera payé que si l'on obtient un arrêt qui confirme l'attribution d'une subvention à l'Université de Grenoble ; dans le cas contraire *ledict s^r Loriol ne porra avoir recourtz contre lesdictz consuls de Grenoble, ne sur les deniers de ladicte Ville.*

199. — BB. 21. — Fol. 13. — 13 juin 1567. — Antoine de la Rivière, avocat consistorial et agrégé de l'Université, accompagné d'un grand nombre d'étudiants, présente au Conseil une requête tendant à ce que les Consuls *instent et face toute poursuite vers le Roy pour avoyr la mainlevee des deniers sequestrés entre les mains de Monsieur Me Anthoine Audeyer, seigneur de Mens, aux fins de pouvoyr entretenir les lecteurs d'icelle qui ont delayssé de lyre, qu'est la cause que lesdictz escolliers ou parties d'iceulx seront cause* (sic) *aller alliers.* — Les consuls s'adresseront à M. Carles, seigneur de St-Jean, écuyer du Cardinal de Bourbon, à M. Urbain Mitalier, à M. Marquet[1], et les prieront de faire des démarches en vue de la restauration de l'Université ; .... *Cependant, mesdictz sieurs les Consulz, sur la requeste d'iceulx s^{rs} escolliers, prieront messieurs les docteurs regentz et notamment ceulx qui sont de ladicte cité, de lire pendant la susdicte diligence et poursuyte, sauf a les payer ayant heu la susdicte main levée, si ilz ont.*

200. — Même date. — M. Loriol a obtenu un arrêt du Parlement obligeant la Ville à le payer. — Le 1er et 2me consul et M. Jean Paviot feront une démarche auprès du fermier du sel, pour qu'il prête à la Ville, contre garantie, la somme dont elle a besoin pour satisfaire le docteur.

201. — Fol. 22 - 23. — 1er juillet 1567. — Afin de payer entre autres dettes les 1.100 livres qui sont dues à M. Loriol, et puisque le domaine communal a été saisi par un créancier de la Ville, Louis Chosson, le Conseil décide qu'on demandera au s^r Plovier de prêter à la Ville une somme de trois cents écus ou davantage et qu'on lui permettra de racheter une rente de deux sous et demi.

---

[1] La famille Carles est célèbre : Geoffroy Carles fut président du Parlement de Grenoble au commencement du XVIe siècle, puis vice-chancelier du Sénat de Milan. Nous ignorons quel est le membre de cette famille, l'une des plus importantes du parti réformé, dont il est question ici. Voy. Rivoire de la Bâtie, *Armorial du Dauphiné,* et Rochas, *Biographie du Dauphiné.* Voy. les mêmes ouvrages sur la famille Mitalier, originaire de La Tour-du-Pin. Urbain Mitalier, avocat, est peu connu. Nous l'identifions avec l'agrégé de l'Université, voy. n° 228. — La famille Marquet était valentinoise : François Marquet fut pendu à Valence, en 1560, comme propagateur de la Réforme. Barthélemy Marquet était, en 1575, agrégé de l'Université de Valence ; il devint conseiller à la Chambre de l'édit, au Parlement de Grenoble, en 1582.

202. — Fol. 26. — 4 juillet 1567. — L'on empruntera de l'argent à M. de Châteaudouble pour donner un acompte à M. Loriol ; on contractera plus tard un emprunt à intérêts, aux meilleures conditions possibles, pour achever de le désintéresser [1].

203. — **BB. 33.** — Fol. 87. — 19 mai 1581. — *Sur la proposition faicte au Conseil par Monsieur Marrel, advocat de ville sur les lettres obtenues par ceulx de la Ville de Vallence pour imposer sur le sel ce que leur est deub d'arrerages par le pais pour l'Université dudict Vallance, sy ou non l'on empeschera l'intherination desdictes lettres, a este opiné puis conclud que Monsieur le premier Consul et Monsieur Marrel sont commis pour empescher la verifjication desdictes lettres obtenues par ceulx de ladicte Ville de Vallence pourtant dimposer sur le sel pour l'Université, de negotier avec eulx ce que concerne ceste dicte ville touchant le faict de l'Université.*

204. — Fol. 189-190. — 19 décembre 1581. — Jean de Marrel expose que pour mettre fin aux dissensions qui divisent les deux villes au sujet de l'Université [2], les consuls de Valence proposent de payer à la ville de Grenoble la somme de mille écus, dont le revenu serait affecté au paiement des régents de l'École publique ; ils ont présenté un projet de transaction à conclure sur ces bases. — Le Conseil décide d'accepter l'offre des consuls de Valence, avec cette réserve que l'Université de Grenoble récupérerait sa subvention propre au cas où elle serait rétablie et séparée de celle de Valence.

205. — **BB. 34.** — Fol. 7-8. — 19 janvier 1582. — Le Conseil délègue le premier et le deuxième consul [3], MM. Jean Marrel, avocat, Félix Basset, Pons de Gentil, docteurs et avocats consistoriaux, et Yves Rostaing, procureur et conseiller de la Ville, pour conclure, aux meilleures conditions possibles, la transaction proposée par les Consuls de Valence, sans toutefois *soy departir de poursuivre par tous moyens possibles le retablissement de ladicte Université en ceste dicte Ville.*

206. — Fol. 11. — 25 janvier 1582. C. G. — Le Conseil général ratifie la transaction projetée entre les consuls de Valence et les délégués de la Ville de Grenoble [4].

---

[1] Voy. BB. 21, fol. 28 et 29, les difficultés éprouvées par le Conseil au sujet de l'emprunt municipal.
[2] J. Marrel rappelle que leurs dissentiments portaient en particulier sur la subvention annuelle de 100 écus, à prélever sur les deniers du sel, que le Parlement avait attribuée à Grenoble par arrêt, lors de la vérification des lettres d'union.
[3] Laurent de Chaponay, seigneur d'Eybens, et Pierre Marchier, procureur.
[4] Le texte de cette délibération, ainsi que celui de la délibération précédente,

II. — Reconstitution et dotation de l'Université.

207. — Valence, 16 août 1542. — Lettres de François d'Estouteville, comte de Saint-Pol, gouverneur de Dauphiné, rétablissant l'Université de Grenoble.

Françoys duc d'Estouteville, comte de Sainct-Pol, gouverneur et lieutenant general pour le Roy en Daulphiné, A tous presans et advenir scavoir faisons nous avoir receu l'humble supplication des Consulz, manans et habitans de la cité de Grenoble, contenant que en l'an mil trois cens trante neufz du temps que messire Humbert daulphin fit transport du pais de Daulphiné a nos seigneurs Roys de France, au paravant et apres, avoit en ladicte Ville et cité de Grenoble estude general en droict canon, civil, medecine et aultres artz, ou docteurs maistres scavans lisoyent et les escoliers estudioyent liberemant avec puissance de y passer docteurs, maistres et graduez idoynes et souffisans. Et laquelle Université ledict seignieur Humbert daulphin volut si curieusement maintenir, entretenir et augmanter, qu'il deputa quatre de ses conseillers lecteurs ordinaires en ladicte Université, leur donnant en outre plusieurs aultres beaux privileges et libertez, desquelz lesdicts supplians s'offrent fere apparoir en temps et lieu, que depuis ledict transport auroit esté discontinué ; et desquelz privileges touteffois en tant qu'il y en auroit aulcuns qui concerneroyent le prejudice et interest du Roy, comme successeur dudict Humbert daulphin, declarent lesdicts supplians ne s'en vouloir aider ny en user sans premier sur ce avoir declaration et intention dudict seigneur Roy, mais vouldroyent tant seulement comme imitateurs de vertuz desirant de tout leur pouvoir fuyr ignorance et acquerir prudance, science et doctrine, et icelle multiplier et augmanter a tous personages qui diligemmant soy y vouldroyent entendre et employer, qu'il nous pleust de nostre grace, pouvoir et auctorité leur permettre au bien et profit de tout l'estat public user de ladicte Université ainsi comme dessus discontinuée, attendu mesmemant que ladicte ville de Grenoble est plus propre, apte et commode audict estude et Université, tant es droictz canon et civil, medicine, que aultres artz, qu'elle n'estoyt lors qu'elle fut delaissée et discontinuee, tant pour le passage qui est par ladicte ville que pour le Parlement, par le moyen duquel y sont residans plusieurs bons docteurs et maistres esdictes facultez, plusieurs

---

est imprimé dans l'*Institutio, privilegia e statuta almœ Universitatis Valentinœ...* d'André Basset. Tournon, chez Claude Michel, 1601, in-8°, p. 155 et 158. La transaction elle-même, dont nous donnons l'analyse au n° 416 s'y trouve également à la p. 147 et s. — André Basset était fils de Félix Basset, docteur de l'Université de Grenoble et conseiller au Parlement. Il fut lui-même conseiller au Parlement en 1612. Il mourut en 1642.

personnages jeunes et aultres desirans scavoir et fuyr oysiveté, nous requerant humblement sur ce leur ottroyer permission, provision et remede convenable. Pourquoy, nous, ces choses considerees, inclinans liberalement a la requeste d'iceulx supplians, en usant du pouvoir et auctorité a nous sur ce donnez par ledict seignieur Roy daulphin ; ayant en consideration que le vouloir dudict seignieur Roy a tousjours esté et est de present de croistre et augmanter le scavoir, doctrine et cognoissance de toutes lettres ; a l'imitation duquel, nous, de tout nostre pouvoir, desirant que la science, prudance et vertu soit de bien en mieux acquise, continuee, multipliee et augmantee, avons permis et permettons ausdictz supplians de user de ladicte Université et estude sans avoir egard a ladicte discontinuation de l'Université et cessation d'icelle, de laquelle discontinuation et cessation nous les avons relevé et relevons de grace speciale en vertu de nostredict pouvoir. Si donnons en mandemant par ces presantes a nostre bien aymé le vibailly de Graysivodan ou son lieutenant, et a tous aultres justiciers et officiers dudict pais qu'il appartiendra, que, s'il leur conste et appert souffizammant des choses susdictes, erection et establissemant de ladicte Université en la cité de Grenoble, iceulx supplians remettant en la possession et jouyssance d'iceulx estude et Université, et appellez avec luy cinq ou six des notables personnages scavans et experimentez d'icelle ville, il procede au reiglemant des choses necessaires pour la conservation de ladicte Université tant pour le regard des docteurs lisans en icelle que escoliers, ministres et officiers d'icelle et en tout et par tout ou besoin sera ; et lequel reiglemant depuis ilz envoyeront par devers ledict seigneur Roy ou nous, pour depuis estre pourveu sur ledict reiglemant ainsi qu'ilz verront estre a fere par raison, sans discontinuer cependant et doresnavant toutes et chascunes les lectures de ladicte Université. Car ainsi nous plaict il et voulons estre faict. Et affin que ce soit chose ferme et stable a tousjours nous avons faict mettre le seel royal et dalphinal de nostredict gouvernemant et lieutenance generale a cesdictes presentes. Donné a Valance le seziesme jour du mois d'aoust l'an mil cinq cens quarante deux. (Bibl. publ. de Grenoble, ms 1432, fol. 72 et ss. Copie du 5 juin 1566.)

208. — Grenoble, 1ᵉʳ septembre 1542. — Sentence d'Abel de Buffevent, vibailli de Graisivaudan, commissaire député par le gouverneur, remettant les Consuls de Grenoble en possession de l'Université. (Fol. 75 r⁰ et ss. *Ibidem* et *idem*.)

208 bis. — Grenoble, 1ᵉʳ septembre 1542. — Procès-verbal de mise en possession.

L'an mil cinq cens quarante deux et le premier jour du mois de septembre, a Grenoble, par devant nous Abel de Buffavent, vibalhy de Viennoys au siege royal dalphinal de Graysivodan dans nostre estude se sont presentez et comparuz maistre Fiacre Coct, docteur es droitz, et George Rogier, comme consulz de la cité de Grenoble, qui nous ont

requis pour et au nom des habitans de ladicte cité de vouloir mettre a
deue execution la santance par nous donnee au proficit desdictz habitans, ledict jour, concernant le restablissemant de l'estude et Université
par cy devant ordonné et establly en ladicte cité, et, pour ce fere, de
nous vouloir transporter dans la grand salle des Cordeliers de ladicte
cité ; auquel lieu, ont offert nous nommer et presenter gens qualiffiez
et lettrez et maistres pour lire en toutes facultez, comme est requis en
aultres Universitez de France et coustume fere. Suyvant laquelle
requisition et offre nous sommes offert vouloir mettre a execution
deue nostredicte santance; et, de faict, nous sommes transporté audict
lieu et sale des Cordeliers, acompagne desdictz consulz et de plusieurs
des habitans de ladicte cité. Et illec estant, lesdictz consulz pour et au
nom que dessus, nous ont nommé et presanté pour maistres et fere
lectures requises a Université, a scavoir maistres P. Bucher, docteur
es droictz civil, Reynat Perucel, cordelier, docteur en theologie,
Merchiot Payen docteur en medicine et Jehan Cameric bachelier[1],
regent des escolles de ladicte cité de Grenoble. Lesquelz par nous
interrogez s'ilz avoyent désir et bon vouloir de lire en ladicte Université, chascun respectivement en son regard esdictes facultez et sciences,
et apres avoir ouy leur offre qu'ilz et ung chascun d'eulx ont faict par
devant nous, avons, procedant au faict de l'execution de nostredicte
santance, remis lesdictz consuls, manans et habitans de ladicte cité de
Grenoble et restablly en leur possession et jouyssance de pouvoir cy
apres fere lire en ladicte Université et cité en toutes facultez licites ; si
avons enjoinct ausdictz maistres nommez et presantez et permis de fere
respectivement toutes lectures licites et requises a Université ausdites
facultez et aultres comme bon leur semblera. Et lesquelz maistres
depuis en nostre presance et assistance de plusieurs notables personnes
et gens lettrez, ont faict lectures l'ung apres l'autre respectivement
ausdictes facultez. Apres lesquelles lectures lesdictz consulz pour et au
nom que dessus ont requis du tout actes leur estre faictes pour leur
valloir et servir ce que de raison ; ce que leur avons accordé. Et furent
a ce presans audict lieu et salle des Cordeliers, maistre Anthoine Grevol,
prebstre de Tours, Jehan Roland, apoticaire de Lyon, Loys Bozon, clerc
de Sainct-Pierre de Chandieu, Janot Juve du Monestier de Clermont,
Christofle de la Porte, clerc de Tournon, frère Jehan Claude Morcel,
religieux du prieuré Sainct-Martin de Misere[2], Philippe Guiffe, de la

---

[1] Sur les agrégés de l'Université de Grenoble, voy. l'*Ancienne Université de
Grenoble* de M. Fournier et ses annotations, en ce qui concerne des plus
célèbres d'entre eux ; pour les moins connus, voy. les annotations qui accompagnent les listes que nous avons dressées au chap. VIII des *Documents*.

[2] Sur la célèbre abbaye de Saint-Martin-de-Miséré, voisine de Montbonnot,
et qui appartenait à l'évêque de Grenoble, voy. Em. Pilot de Thorey, *Les anciens
Prieurés du diocèse de Grenoble*, dans le *Bulletin de la Soc. de Stat. de*

Coste-Sainct-André et Jehan Giroud du lieu de Bourgoin, et plusieurs aultres en grand nombre; en foy de quoy, icy, nous sommes soubzsigné A. de Buffevant vibalhy et commissaire. — Et ainsi que dessus est contenu fut procédé par mondict seigneur vibalhy et commissaire, moy greffier dudict Graysivodan cy soubzsigne escripvant soubz icelluy. Chabert. (Fol. 78 v°. *Ibidem* et *idem*.)

209. — Fontainebleau, 1ᵉʳ mars 1543 (n. s.). — Lettres de François d'Estouteville, gouverneur de Dauphiné, instituant Laurent Allemand evêque de Grenoble, chancelier de l'Université de cette Ville.

Françoys duc d'Estouteville, comte de Sainct-Pol, Gouverneur et lieutenant general pour Monseigneur le Roy en ses pays de Daulphiné, comté de Valentinoys et Dioys, a tous ceulx qui ces presentes lettres verront [salut]. Comme des long temps pour la decoration et augmantation de la Ville et cité de Grenoble principalle et capitale dudit pais de Daulphiné et pour le bien, profit, utilité et commodité de la chose publique, les Daulphins, que Dieu absoille, heussent en icelle cité créé, erigé et estably Université et escolles generalles en toutes professions, facultez et disciplines de bonnes lettres, et mesmemant es droictz ; laquelle Université par la frequentation que y ont faicte les gens doctes et scavans et aultres bons et louables espritz a esté par le passé de grande reputation et renommee ; mais pour ce que depuis quelques ans ainsi que avons este advertyz n'y a eu de chancelier qui est le chef de ladicte Université qui doibt avoir l'œil, regard et superintandance sur les principaulx docteurs maistres regens, escolliers et suppoz d'icelle, et a la conservation de leurs privileges, immunitez et droictz, elle s'est trouvee vyduee et quasi en tout habandonnee, non sans grande diminution et incommodité de ladicte cité, dommages et interestz de la chose publique d'icelle et generalement dudict pais ; parquoy est plus que requis et necessaire pour la restaurer et remettre sus, y pourvoir d'un chancelier bon, notable, vertueux, scavant et diligent, personnage d'autorité et crédit ; scavoir faisons que nous, ce consideré et que nous ne scaurions fere melhieur election pour cest effect que de la personne de nostre tres cher et bien amé Messire Laurans Alemand, evesque et seigneur dudict Grenoble, confians a plein de ses sens, souffizance, vertuz, merites, bonnes meurs et louables qualitez, icelluy pour ces causes et pour aultres bonnes considerations, avons en usant des pouvoir et faculté a nous concedez par ledict seigneur Roy Daulphin faict, créé, ordonné et estably, faisons, creons, ordonnons et establissons chancelier de ladicte Université et conservateur des droictz et privileges

---

l'Isère, 3ᵉ série, t. XII (1883), p. 271. — Saint-Pierre-de-Chandieu, aujourd'hui commune du canton d'Heyrieux, arrondissement de Vienne (Isère). — Le Monestier-de-Clermont, chef-lieu de canton de l'arrondissement de Grenoble.

d'icelle ; et icelluy estat de chancellier et conservateur qui dés pieça est demeuré vacant, ainsi que dict est cy dessus, luy avons donné et ottroyé, donnons et ottroyons par ces presentes avec les honneurs, auctoritez prerogatives, preheminances, franchises et libertez, droictz, profitz, revenuz et emolumans qui y appartiennent, et que ses predecesseurs chanceliers et conservateurs ont eu par le passé et dont jouyssent et usent es aultres Universitez de ce royaulme et pais de Daulphiné les chanceliers et conservateurs d'icelles, tant qu'il plairra audict seigneur Roy Daulphin et a nous. Sy donnons en mandemant a noz tres chers et grandz amyz les gens tenans la cour de Parlement de Daulphiné seant audict Grenoble que, prins et receu dudict Allemand le seremant en tel cas requis et acoustumé, icelluy recoivent, mettent et instituent en possession et saisine dudit estat, et d'icelluy, ensemble des honneurs auctoritez, prerogatives, preheminances, franchizes et libertez, droictz, profitz, revenuz et emolumantz dessusdictz le facent, souffrent et laissent jouyr et user plainement et paisiblement et a luy obeir et entendre par les maistres principaulx docteurs regens, officiers, escolliers et suppoz de ladicte Université et tous aultres qu'il appartiendra ces choses touchans et concernans icelluy estat et charge de chancelier et conservateur. Car tel est le plaisir du seigneur et le nostre. En tesmoin de ce, nous avons signé ces presentes de nostre main et a icelles faict mettre le seel de nostre gouvernement. Donne a Fontainebleau le premier jour de mars l'an mil cinq cens quarante deux. Françoys. (Fol. 80 v° et s. *Ibidem* et *idem*.)

210. — Procédure de mise en possession de Laurent Allemand, évêque de Grenoble, de la charge de chancelier et de conservateur des privilèges de l'Université (Fol. 83 - 89. *Ibidem* et *idem* [1].)

211. — Fontainebleau, septembre 1547. — Lettres de Henri II confirmant la restauration de l'Université de Grenoble et les privilèges accordés à ses membres.

Henry par la grace de Dieu, Roy de France, Daulphin de Viennoys, comte de Valentinoys et de Dioys, a tous presans et advenir salut. Scavoir faisons que nous, voulans continuer a noz chers et bien amez les consulz manans et habitans de nostre ville de Grenoble en nostredict pais de Daulphinée, les dons graces, faveurs et liberalitez a eulx ottroyees par nostre sainct pere le pape et nos predecesseurs Daulphins, lesquelz par leurs bulles et lettres patantes cy attachees soubz le contreseel de nostre chancellerie, ont institué cree, erige et establi,

---

[1] Le Commissaire député par le Parlement pour cette mise en possession fut le Conseiller Aimar du Rivail, désigné par l'arrêt du 5 mai 1543 (fol. 84. *Ibidem*.) — La mise en possession eut lieu le 13 juillet 1543. (Procès-verbal, fol. 85 v° et ss.)

dotté, fondé et reiglé une estude et Université general en nostredite ville de Grenoble pour en icelluy y estre leuz, interpretez et declarez les droictz civil et canon et aultres artz liberaulx, avec puissance de creer et fere docteurs, regens, maistres et tout ce qui est requis et necessaire a une Université, l'exercice de laquelle ayant esté por quelque tamps discontinué, nostre tres cher et tres ame cousin le duc de Tousteville (*sic*) lors gouverneur et lieutenant general audit pais, auroit par ses lettres patantes cy pareilhemant attachees, restably a iceulx manans et habitans supplians pour les mesmes causes et considerations contenues esdictes lettres et aultres a ce nous mouvans, avons en continuant approuvant et esmologant le contenu esdictes lettres et restablessement de nouvel en tant que besoin seroit, créé, erigé et estably et de noz certaine science, pleine puissance et autorité royal et dalphinal, creons erigeons et establissons par ces presentes en nostredite ville de Grenoble estude general, college, escolle et Université en droict canon civil et aultres artz et facultez acoustumez en noz universitez de Tholoze et Orleans; [et], pour la conservation et augmantation d'icelle, avons donné et ottroyé, donnons et ottroyons a icelle Université, college, faculté, docteurs regens, maistre, bacheliers, graduez, estudians, escoliers, bedeaux, messagiers et aultres officiers d'icelle Université presantz et advenir et qui en icelle vacqueront, estudiront, deserviront sans fraude, telle et semblable jurisdiction puissance, auctoritez, privileges, immunitez, libertez, exemptions et franchises que ont et ont acoustumé avoir les Universités dessusdictes et les docteurs regens, maistres, bacheliers, graduez, estudians, suppoz, officiers et messagiers d'icelles et chascunes d'elles, que voulons estre de tel effect force et vertu comme s'ilz estoyent de poinct en poinct exprimez, declarez et inserez en cesdictes presantes; et pourront les docteurs maistres graduez d'icelle Université eslire, instituer et creer recteur et tous aultres officiers d'icelle Université et aultrement fere et jouyr desdictz privileges tout ainsi et par mesme forme et maniere que font nozdictes aultres Universitez. Et a fin que nostredicte Université de Grenoble et suppoz officiers d'icelle puissent mieulx cognoistre entendre et jouyr desdictz privileges, voulons et ordonnons qu'ilz puissent fere fere extraict autentique et prandre copie et vidimus des privileges des aultres Universitez, ausquelles copies et vidimus faictz soubz seel royal nous voulons foy estre adjouxtée comme au propre original et que s'ilz estoyent, comme dict est, contenuz inserez et declarez en cesdictes presentes. Par lesquelles donnons et mandons a nos amez et feaulz les gens tenans et qui tiendront nostre cour de Parlement de Grenoble et aultres de nostre Royaulme, gens de noz comptez, generaulx de la justice de noz aides, tresoriers et generaulx de noz finances, et a tous noz aultres justiciers et officiers ou a leurs lieutenans presans et advenir et a chascun d'eulx, si comme luy appartiendra, que cesdictes presentes ilz facent lire publier et enregistrer en leurs sieges, auditoires et jurisdictions, icelles enterinent et veriffient selon leur forme et teneur et de l'effect d'icelles facent jouyr et user nostredicte Université, tous troubles, debatz et empeschemans cessans, nonobstant oppositions ou appellations quelzconques faictes ou a fere, relevees ou a relever, et sans prejudice d'icelles, pour lesquelles ne voulons estre différé. Car tel est nostre plaisir. Et a fin que ce soit chose ferme et stable a tousjours, nous avons faict mettre nostre seel en cesdictes presantes, sauf en aultres choses nostre droict et l'aultruy en toutes. Donné a Fontainebleau au mois de septembre l'an de grace mil cinq cens quarante sept et de nostre regne le premier. Par le Roy daulphin M⁰ Charles de Milly maistre des requestes ordinaire, presant Bochetel. (Fol. 93 et ss. *Ibidem* et *idem*.)

212. — Grenoble, 14 août 1548. — Arrêt du Parlement de Dauphiné portant enregistrement des lettres précédentes sous les réserves suivantes :

... La Cour du consantement des gens du Roy a enteriné et enterine lesdictes lettres de confirmation et privileges et erection de ladicte Université, réservé touteffois les articles contenuz esdictz privileges faisans mention que si dans le temps y contenu les escolliers estans offancez ou oultragez n'estoyent satisfaictz, Monseigneur le Daulphin seroit tenu de les recompenser, et aussi l'article faisant mention de la fourniture des bleez dudict seigneur[1]... (Fol. 96-97. *Ibidem* et *idem*.)

213. — Grenoble, 14 août 1548. — Arrêt du Parlement portant enregistrement des lettres royaux du 19 juin 1548 (Joinville) qui attribuent aux Universités de Grenoble et Valence un don annuel de 1.500 livres prélevé *sur le pris du tirage du sel*.
(Arch. mun. de Grenoble.)

213 bis. — Voy. n° 323. (Compiègne, 27 juin 1557. Bail de la ferme du sel.)

---

[1] Les articles visés sont des paragraphes des lettres d'Humbert, datées de Saint-Étienne-de-Saint-Geoirs, 25 juillet 1339 : *Nos... commorantes ibidem et recedentes exinde recipimus in nostra salva gardia et protectione speciali, ita quod si veniendo ad predictum studium vel commorando vel recedendo ab aliquo subdito nostro offenderetur aliquis ex predictis... Nos dictus Dalphinus infra quindecim dies a denunciatione legitima nobis facta computandos, satisfieri faciemus de ablatis et injuriis perpetratis ; alias, lapsis dictis quindecim diebus... infra quindecim dies proximos de nostro proprio satisfaciemus et emendabimus integre et perfecte, et ad hoc obligamus omnia bona nostra.* Et plus loin : *Item quod Nos, Dalphinus predictus, ad hoc ut bladi caristia vitetur, teneamur singulis annis assignare et tradi facere certis mercatoribus pro Universitate dicti studii eligendis, mille et quingenta sextaria frumenti de bladis nostris Graisivodani, pro pretio quo communiter valebunt in Graisivodano ante festum Omnium Sanctorum et Beati Andree ; ita tamen quod ab ipsis mercatoribus pretium dicti bladi exigi non possit per Nos vel alium nostro nomine ante festum sequens Beati Johannis Baptiste et tunc, cautione primo prestita, solvere teneantur ; quod bladum non vendatur nisi scolaribus studentibus et residentibus in studio antedicto.* (Marcel Fournier, *Statuts et Privilèges*... n° 1548.)

214. — Compiègne, 6 juillet 1557. — Lettres du Roi Henri II attribuant aux Universités de Grenoble et de Valence *pour les docteurs etrangers lisans en droit* une subvention de 800 livres à prélever sur la ferme *du tirage du sel qui se faict contremont les rivieres du Rosne et de l'Ysere a la part du Dauphiné*, pour une durée de 10 ans à partir du 1er octobre 1558 et prescrivant que cette subvention sera payée par le grenetier de Pont-Saint-Esprit au Procureur du Pays de Dauphiné.
(Copie du 12 mai 1559. — Arch. départementales de l'Isère, dossier de l'Université de Grenoble.)

III. — Organisation de l'Université. — Personnel.

a). — **Règlements.** — **Enseignement.** — **Élections du Recteur et de son Conseil.**

215. — S. d. — Election de Recteur.

C'est que premierement le recteur quand il est a la fin de son annee et qu'il sohaicte soy passer docteur, avant tout œuvre il fault qu'il le face assavoir a Monsieur le doyen Bucher affin qu'il le donne a entendre a l'Université si bon luy semble. Et despuis avoir sceu l'intencion dudict recteur, ledict recteur pourra faire assembler les estudians qui sont de son conseil, dont voluntiers il y en a six, ensemble Monsieur Bucher, doyen, ou celluy qui pour lors sera, deux juges, comme Monsieur Bonneton, Monsieur Vermond, l'ung ecclesiastique et l'aultre temporel, Monsieur de la Riviere advocat de ladicte Université, le plus ancien medecin et theologien, comme Monsieur me Pierre médecin et Mr Baraton, gardien des Cordelliers, theologien, et le secretaire Besson, au jour qui sera advysé par ledict sr Bucher et recteur. Lesquelz seront appellez par le bedeau de l'Université audict jour a soy trouver a une heure apres midy aux Cordellier, a la Chapelle Sainct-Ennemond, et illec pour eslyre ung nouveau recteur.

Et fault noter que ladicte assemblée est audict recteur, et qu'il la peust faire faire sens appeller aultres que ceulx qui sont icy nommez ou ceulx qui seront en leurs lieux et qui feront pour eulx, estantz agregez.

Puis, l'election faicte, on s'en va desdictz Cordelliers. Ce faict, le recteur donne a entendre quel jour il se veult graduer. Ung jour devant, il fault appeller tous messieurs, pour luy donner ses poinctz. Et le jour qu'il les doibt rendre et avant qu'il les rende, il fault assigner tous lesdictz aggregez a l'heure de midy a soy trouver a Nostre Dame, laquelle chose se peust faire tout par mesme moyen en portant lesdictz poinctz, leur disant qu'il se treuvent lendemain tous en la maison du vieulx recteur. Lesquelz se trouvant la, ledict recteur pren son chaperon et ses accoustremens honestes, comme de coustume; et despuis tous ensemble on le ameyne a ladicte Nostre Dame; et au despartement de sadicte maison, jusques a ce qu'il soit arrivé a ladicte Nostre Dame l'on faict sonner la grosse cloche.

Et quant ilz sont tous assemblez a ladicte Nostre Dame, il y a ung qui faict l'oraison a la louange du nouveau recteur ; et puis le secretaire le publie et ung peu devant ladicte publication, on faict sonner la grosse cloche jusques a ce que tous les aggregez soient assemblez a ladicte esglize, et ce faict, l'on faict cesser ladicte cloche, et puis on le publie[1].

Et ce faict tous s'en vont par ordre, et ledict recteur premier avec sondict chapperon, et vont trouver le nouveau recteur. Et, l'avoir trouvé, ledict recteur vieulx faict audict recteur nouveau une oraison, luy declairant comme il a esté esleu, nommé et publié. Et l'aultre dict recteur nouveau luy en faict une aultre oraison en le remerciant et toute la compaignie. Ce faict ledict recteur nouveau prent ses meilheurs accoustremens et iceulx prins, ledict recteur vieulx, avec toute ladicte compaignie le meyne a l'evesché a la grand salle. Et illec arrivé, Monsieur l'official luy baille le serment sur les sainctz euvangilles, et despuis tout incontinent ledict recteur luy baille et remect son chaperon, et ledict recteur nouveau s'assied au lieu dudict vieulx, et ledict vieulx recteur vet rendre ses poinctz. Et apres qu'il les a rendu et ont argumenté on le met dehors ladicte salle ensemble ses promoteurs ; et apres qu'ilz ont oppiné, on les appelle ; et estre dedans, on baille despuis la collation ; et estre faicte ladicte collation, on ouvre les portes et chascun entre dedans qu'il veult et alors on le gradue. Et icelluy estre gradué, ledict recteur nouveau vet avec ledict vieulx recteur docteur, avec toute la compaignie, et vont dire ung *Pater* et *Ave Maria* devant Nostre Dame, et puis l'en meyne a son longis. Et estre entré a sondict longis, toute ladicte compaignie en meyne ledict recteur nouveau aussi en son longis.

Et plusieurs foys j'ay veu faire devant les festes de Noël le recteur nouveau.

Et la messe du recteur nouveau ce dict voluntiers la dimenche apres les roix ; et puis icelledicte messe, l'on faict la procession le dimenche apres, a laquelle fault assembler tous messieurs de ladicte Université chieux ledict recteur nouveau, lequel faict pourter ses armoyries en une torche devant luy sens estre allumee en point *(sic)* d'esglize. Et lors quand on est assemble a Nostre Dame l'on sonne l'appeau et quand

---

[1] Var : (le texte suivant, auquel le texte transcrit ci-dessus a été substitué, n'est cependant pas biffé sur le document dont nous donnons la copie)... *Et quant ilz sont tous assemblez a ladicte Nostre Dame ilz s'en vont tous au cueur et ledict recteur se mect au lieu plus emynent et estant la tous assis, il y a l'ung desdictz agregez qui faict ung oraison, et avant que icelle faire, le secretaire publie a haulte voix le recteur qui a esté esleu. Et ce faict tous s'en vont...*

les Cordelliers sont arrivez, l'on faict le tour par la ville, et apres ledict tour, l'on faict l'oraison ; et estre faicte, l'on s'en vet aux Cordelliers, la ou l'on dict la messe ; et lors ledict recteur offre sadicte torche et ce que bon luy semble et les aultres le suyvent.

Et fault noter qu'il fault advertir ung jour devant l'ung des chanoynes qui est le chaspicier[1], pour avoir la grosse cloche et celluy qui sera sepmaines pour haster l'office, et aussi le maniglier[2] pour estre d'accord avec luy. (Archives municipales de Grenoble.)

1543 (n°ˢ 216-220). — Notes diverses. — Formules de serment, d'immatriculation. — Horaire des cours. — Composition du Conseil du Recteur. — Avis aux écoliers au sujet de l'immatriculation.

216. — Forma juramenti prestandi a scolaribus. — Ego N. promicto quod ero fidelis et obediens vobis domino rectori vestrisque successoribus utilitatemque [et] honorem hujus Universitatis pro posse curabo, damnum et incomoda victabo et statuta Universitatis observabo. Et ita juro super hec sancta dei evangelia in manibus vestris corporaliter tacta.

217. — Anno etc... Ego, N, filius nobilis etc... talis loci, fui matriculatus et incorporatus in hac alma Universitate gratianopolitana, juramentumque prestari solitum in manibus magnifici, egregii et nobilis, talis, rectoris moderni [prestiti]. Et ita actestor.

218. — Lune 15 Janu[arii] 1543.
Hora 7ª de mane d. Anthonius Dalphas[3].
Hora 8 d. Enodus.
Hora 9 d. Allemandus.
A meridie hora I. d. Servientis.
Hora 2. d. de Vermondo.
Hora 3. d. Fiquellis.

219. — Messeigneurs deu Conseil de Monsieur le Recteur :
Premier Monsieur le Prieur de la Magdaleyne pour le droict canon,
Monsieur le Prieur des Precheurs pour la teologie,
Monsieur Phelix Guerre [et M.] Buchichar pour le droict civil,
Monsieur Servientis comme conseillier de la Ville,
Monsieur m⁰ Pierre pour les medecins,
Messire Juvenis et Jullian Eme pour les escolliers[4].

---

[1] Capicerius, chevecier.
[2] Maniglerius, matricularius, marguillier.
[3] Voy. p. 52, note.
[4] Ce messire Juvenis est le futur docteur du Mas, dit Le Jeune, protestant. C'est un des signataires de la lettre (publiée par J. Roman dans ses *Documents sur la Réforme en Dauphiné, Bull. de la Soc. de Stat. de l'Isère*, 3ᵉ série, t. XV, p. 114) adressée, en 1562, par les réformés de Grenoble à ceux de Genève pour demander des ministres. — Quant aux Emé, seigneurs de Saint-Julien, ils sont

220. — Ex parte magnifici d[omini] Rectoris signiffico d. scolasticis si quis velit se matriculari facere, ut gaudeat privelegio scolarium, accedat ad domum prefati d. Rectoris et ibi matriculabitur. (*Ibidem.*)

221. — 1543-1545. — Immatriculations. — Notes diverses :

Les escolliers bailhent deux solz pour se volloir matriculer chascun.

Le jour du sabmedi le bedeau doibt annuncer de la part de monsieur le recteur ainsi qu'il s'ensuyt :

Ex parte egregii et magnifici domini rectoris mandatur omnibus ut crastina die, hora octava de mane eum commictim (?) habeant eundo et redeundo, prout moris est et fieri consuevit.

In vigiliis festorum eis denunciare dicendo :

Egregii domini, cras non legetur propter festum sancti Johannis vel alius.

Et quando non erit aliquod festum in ebdomada denuncietur die mercurii quod die jovis non legetur.

222. — Attestation d'études délivrée à Jacques d'Arcys. V. n° 308. (*Ibidem.*)

1546 - 1551. — Extraits, délivrés le 10 février 1583, de délibérations du Collège de l'Université relatives au programme, à l'horaire, à la réglementation des cours et à la composition du collège des docteurs (n°ˢ 223-228) :

223. — Le XVI° septembre 1548 a l'Evesche et chambre de Monsieur l'official, presentz le Doyen, item M° Bertalet theologien, item Mr Servientis, Roybous, Borrel, Valanbert, Riviere, Baro jurisconsultes, P. Areo et Guillaume du Puys medecins, et Esprit, m° es arts et philosophe, les aultres appellez par M° Millo.

M° Bertalet communiquera avec M° Baraton pour lire en theologie.

Servientis lira le second quarton qui sera incontinent apres Noiel.

Borrel le 1er.

Valambert le 3.

Rivière le 2.

Baron le 1er.

Le Doyen fera l'entree de la Sainct Luc[1] et 2 foys la septmayne le 1er quarton. (Note marginale : Baro l'a faict ob hujus absentiam.)

P. Areo lira tout l'ordinaire.

....

également connus (v. Rochas). L'on peut supposer que ce Jullian Emé n'est autre que Guillaume Emé de Saint-Julien, qui fut docteur en droit, vibailli de Briançon et conseiller au Parlement de 1568 à 1588, date de sa mort. (Voy. Pilot, *Inventaire des Arch. dép. de l'Isère*, t. II, Introduction.)

[1] C'est-à-dire qu'il commencera son cours à la rentrée d'octobre (Saint-Luc : 18 octobre).

224. — Quarta die novembris 1546 mane, exeuntes missam dominicalem in minori auditorio penes Franciscanos, decanus Bucher, domini Gallien, Vermon, Fornet, Areo, Borel, Dalphas, Vachon, Valembert jureconsulti, Baraton, theologi (*sic*), ceterisque vocatis per nuntium aut absentibus.

Do. Borel docebit hinc ad festa natalia § nihil commune L. Naturali FF. de Acq. poss. [1] hora 7ª matutina.

Do. Dalphas tit. de oper. nov. nunciat. [2] hora IX ª.

Do. Baro perseverat de usucapionibus [3].

Do. Vermon docebit canones hora 1 a meridie bis in hebdomada.

Do. Gallien dixit se docturum canones post Natalia usque Pascha.

Do. Rostolan post Pascha usque festum Joannis.

Do. Areo leget per idem tempus.

Do. Valembert equidem.

Do. Fornet a festo Joannis usque vaccationes.

Do. Vachon efficiet doceri a Natalibus usque festum Joannis.

. . . .

225. — Die dominica et prima mensis Junii 1550.

In majori auditorio apud Franciscanos congregatum fuit Collegium Academiæ in quo intravit magnificus rector dominus Pierre Maistre [4].

P. Bucher, decanus,
Nicolaus Boneton,
Hugo de Vermundo,
Antonius Areoud,
Stephanus Roybosius,
Hugo Valambertus,
Andreas Ponatus,
Raymundus Rostolanus,
Gaspar Baro, jureconsulti.
Magister Valentinus,
Magister Nicolaus Baratonus, theologi.
Joannes de Auriaco,
Spiritus Martinus, medici.
Bernardus, artium magister.

Ceteri in eorum domicilio aberant.

Conclusum fuit esse stabilitos octo, si reperiri possint, aut sex, [aut], si plures non reperiantur, quatuor doctores jurium regentes seu publice docentes in dicta academia, scilicet illos ex collegis qui volue-

---

[1] Digeste, liv. XLI, t. II. *De acquirenda vel amittenda possessione.* l. 12.
[2] *Ibidem*, liv. XXXIX, t. I. *De operis novi nuntiatione.*
[3] *Ibidem*, liv. XLI, t. IV. *De usurpationibus et usucapionibus.*
[4] Voy. notre liste de Recteurs, chap. VIII.

rint subire id munus per ordinem, tamen quo priores subire volentes preferantur sequentibus. Et si ex eis nunc existentibus non comperiantur sex, admictantur alii ad hoc idonei doctores ideo aggregandi collegio, quorum quilibet tenebitur publice docere ordinarie in dicta academia duobus quadrantibus anni seu dimidio anni cujuslibet.

Habebunt omnes prerogativas quascunque habent doctores regentes in aliis universitatibus, et bes pecuniarum obveniendarum doctoribus collegii ex iis qui promovebuntur ad aliquos gradus doctoris vel inferiores jurium [1], attribuetur dictis regentibus tanquam talibus, et triens tribuetur inter collegas tunc presentes, ipsis regentibus connumeratis et percipientibus tanquam presentes [2].

Item pecuniæ obventuræ ex sigillo dictæ Academiæ applicabuntur dictis regentibus.

Item, si quæ aliæ pecuniæ aut aliæ res quæcunque obventuræ impendendæ et distribuendæ doctoribus docentibus, ipsi præferentur, nisi utilitas publica et Academiæ in contrarium vigent, adeo quod aliter non poterunt removeri.

Super ea conclusione quilibet nostrum subsignatorum interpellati aut subire ita dictum munus aut declarare voluntatem, respondentes ut sequitur :

(Brunus)

Ita subeo. Bucher.

Ita subeo in facultate canonica. Galliani.

Pro nunc abstineo citra prejudicium jurium doctoralium et collegialium. 6 julii 1550. N. de Boneton.

In præsentiam abstineo sine prejudicio juris et prerogativarum, alio tempore explicandum. Actum die 25 junii 1550. Servientis.

Ego abstineo, de Vermund, die 25 junii 1550.

In presentiam abstineo ex causa. Areoud. 25 junii 1550.

In presentiam abstineo a lecturis, actum 25 junii 1550. Fornetus ; — citra prejudicium jurium doctoralium et collegiatorum.

Ita subeo 25 junii 1550. Antonius de Alphassiis (*sic*).

Ad presens abstineo, 1550, 27 junii. Borelus.

Abstineo a lecturis pro presenti, meliora sperans in futurum. 25ª junii 1550. A. Riparius.

Ita subeo, 5 julii 1550. Hugues Valambert.

Subeo ita, 25 junii 1550. Rostolan.

Subeo si bene omnibus placitum sit. Gaspard Baro, 25 junii 1550.

Superiora ordinum decreta probo et laudo, interpretationis publicæ

---

[1] Ceci indique que le diplôme de baccalauréat en médecine catalogué sous le n° 307 est une exception.

[2] 225 *bis*. — Extrait de la délibération du 1ᵉʳ juin 1550, jusqu'à... tanquam presentes (Arch. mun. de Grenoble).

munus detrecto in presentiam, salvo jure in posterum alio tempore mutandi consilii, 7ᵃ julii 1530. — Vachon, collega.

Et successivement après au mesme caher est contenu ce que s'ensuit :

226. — Dominus vice cancellarius desiderat convocari collegium Academiæ gratianopolitanæ et convenire in palatium episcopale hodie statim a meridie, ut provideatur super frequentibus scholarium precibus et instanciis quo ex ordine continuo doceantur jura. Decanus ideo rogat dominos collegas convenire.

Omnes de collegio fuerunt vocati ad actum prescriptum eis editum, dempto D. Vachon absente, quorum præsentes convenerunt in palatio episcopali hodie 5ᵃ februarii 1531.

Interfuit etiam dominus Rabot.

Et primo S. D. Franciscus de Sancto Marcello, consiliarius dalphinalis,

D. Stephanus Roybosius. vicecancellarius.

D. P. Bucher, decanus.

D. Nicolaus Baratonus.

D. Servientis.

D. Alphasius.

D. de Vermundo.

D. Valambertus.

D. Rostolanus.

D. Baro.

D. Eybertus.

D. Jacobus, medicus [1].

Dominus decanus proposuit querelam scholasticorum ratione defectus prælectionum in dicta Universitate et recitavit deliberationes antehac habitas pro certa continuatione ordinariarum lecturarum quæ frequenter deticiunt, et retulit modos docendi per quandrantes hactenus non observatos fuisse, ne deinceps in eis sit ulla reliqua spes ut satisfiat voto scholasticorum. Ideo existimavit desliberandum esse super institutione nova certi numeri doctorum regentium, ut prius conclusum fuerat.

Super quo omnes supra nominati domini doctores suffragia sua dederunt, et concluserunt institutionem et erectionem octo doctorum regentium necessariam esse et exequendam ad instar academiarum Tholosanæ et Aurelianensis, quoad hæc quæ in precedenti supra his conclusione expressa non fuerunt, et, pro executione conclusionum hujusmodi, esse præsentandam omnibus doctoribus prædicti collegii secundum ordinem receptionis eorumdem, ut iterum unusquisque eorum qui ordinarie legendi provinciam suscipere aut detrectare

---

[1] Jacques d'Alechampière, médecin. Voy. n° 283.

maluerit, et scripto et subscriptione votum suum aperiat, ut tandem votis omnium et subscriptionibus in collegio congregato relatis provideatur.

Hoc decretum certam ac statam professorum normam præscribere non solum utile sed etiam necessarium antebac existimavi. In quorum albo tam lubens me subscriberem, quam moleste hanc provinciam, aliis etiam invitis, relinquo, tum propter publicum judicandi munus, tum propter adversam valetudinem. G. de Portes. — Ita videtur, d'Avanson.

Quæ supra conclusa sunt, mihi exequenda videntur ; verum professionem regentiæ mihi impossibilem esse dico, ob munus a Rege mihi inditum. Du Vache.

Bucher. Subeo, ut prius, modo prelatio et prærogativæ secundum Tholosanam Universitatem et jus commune officio professionis hic observentur.

Et ego, ut jam declaravi subeo id munus, ea lege tamen et conditione per egregium D. Bucher decanum reservata. L. Galliani.

Differo et consentio prout e. d. officialis Roybosius. De Boneton.

Abstineo. Servientis.

Ego detrecto et obnixe rogo alios ut acceptent. de Varmond.

Item ut precedens, dans locum uni dominis regentibus qui eligetur, Areoud.

Aliis distractus negotiis non possum vaccare prælationibus, ideo abstineo. J. Fornetus.

Verum ex memet ipso non pendeo et fidem, quam huic Academiæ lubens in ordinario prælegendi munere devoverem, cogerer frequentissime infringere, negotiis repentinis ; obnixius differo et consentio prœmiis et honoribus ordinarie regentibus debitis. Ste Roybosius.

Hoc munus tanquam utile Reipublicæ libenter subeo et tamen lege si præmia laboris ea tribuantur, quæ doctoribus regentibus Academiæ Tholosanæ constituta sunt. — Antonius de Alphasiis.

Et ego in eorum sententiam descendo, qui sua diligentia negotia Universitatis utiliter gesserunt, cedans lubentissime locum regentis illis qui onus tam laboriosum suis humeris volent imponere. Borel.

Laudo vehementissime eorum vota qui, privatorum rerum spreta conditione, publice operas impendere, suscepto prælectionum munere, dignantur. Assentior ut decretis amplioribusque præmiis, si liceret, gratia referatur ; quo salvo, cum licebit, eorum honestissimam professionem imitabor. J. Vachon.

Ego munus legendi dectracto et renuo. A. de la Rivière.

Subeo ea lege qua dominus decamus. Hugues Vallembert.

Ego veluti respondit dominus Borellus respondeo. A. de Ponsonnat.

Subeo eis omnibus expressis a prioribus dominis subeuntibus legibus 18. februarii 1551. Rostolanus.

Subeo legibus prius conventis. Gaspard Baro.

Utilem ac necessariam reipublicæ nostræ literariæ constitutionem et creationem doctorum regentium, ego collegarum minimus, approbo. Chr. Hebertus.

Munus subeo et qua conditione cœteri profitebor. Die 30 septembris 1531, scripsi Chr. Hebertus.

....

227. — Dimanche dixiesme aoust 1550 a este faicte assemblee en l'Evesche, ou estoyent

Premierement Monsieur de Portes.
Monsieur du Vache, consiliarii.
M. le Recteur.
M. Eybert vichancellier.
M. Berthalet.
M. Guillier.
M. Baraton, docteurs theologiens.

Docteurs civils.

M. Bucher, doyen.
M. le Prieur de la Magdaleyne.
M. Servientis.
M. Fornet.
M. Dalphas.
M. Vachon.
M. La Riviere.
M. Baro.

Médecins.

M. Pierre Areoud.
M. Jehan d'Auriac.
Mᵉ Jacques.
Mᵉ Bernard[1].

Nous soubzsignez, prometons de lire chascun son quarton ainsi que sera par nous escript cy apres. Faict en la sale de l'Evesché ce dixiesme jour du moys d'Aoust l'an mil Vᶜ cinquante.

Je promets lire le premier quarton commençant prima novembris. L. Vachon.

Bucher. Et moy le dernier quarton.
Galliani. Au deuxiesme quarton.
Idem au deuxiesme. Servientis.
Au deuxiesme. Borrel.
Je liray le dernier quarton pour certain. G. Baro.
Hugues Vallambert. Pour le second quarton.

---

[1] Il s'agit évidemment de Mᵉ Bernard Duchêne, recteur des écoles. Nous ne croyons pas qu'il fût médecin. Il devait enseigner les arts à l'Université: c'est du reste ce qui est indiqué au *Document* n° 225.

Et moy le dernier a la Sainct-Jehan. Areoud.

De Varmond. Et moy le quarton commençant apres Pasques.

Et moy au troysiesme quarton. Antoine Dalphas.

Je liray au quarton qu'il plairra a messieurs de l'Université m'assigner, modo adsint auditores. Chr. Hebert.

228. — Ce que s'ensuyt a aussi esté extraict desdictes Archives de l'Université estans en un feul de papier a part, signé par les soubznommes estant de tele teneur. Août [1548 ou 1549].

Plaise a Messieurs les docteurs de l'Université declairer ou soubscrire quelle matiere plairra lire ceste annee et a ceulx qui peuvent fere le premier quarton le declairer in specie au present a quelle heure plairra lire, pour l'affiger dans...... les tiltres de toute l'annee et en special de ce quarton qui commencera ces jours prochain. De Boneton, domino decano absente.

Ce premier quarton prouchain Mr Athenaus lira titulum de verb. oblig. [1].

Antonius Dalphas rubr. de nov. oper. nunt.[2] hora nona.

Joannes Marrellus. Hora prima a meridie interpretabitur tit. de oblig. Instit.[3] die lunæ.

Ce premier quarton je liray tractatum universum usucapionum et præscriptionum suyvant ma promesse. G. Baro.

A la derniere assemblee, je promectés lire au quarton de Pasques, que tiendray si Dieu plaict. Hugues Vallambert.

Au premier quarton je liray, Dieu aydant, le tiltre de re judic[ata][4]. Mitalier.

....

(Arch. mun. de Grenoble.)

229. — 1er janvier 1554. — Délibération du Collège des agrégés : Élection du Conseil du Recteur ; création d'un *registre des Conclusions* du Collège.

....

1554 a la nativité et le premier de janvier, au petit chappitre des cordelliers, presentz M^{rs} le Recteur Gabier, Bucher doyen, de Vermond et Fornet juges de la conservation, Robert, premier consul, Gauteron abbé, Masson et Vernin conseillers,

Ont esleu pour cest annee en conseillers, oultre ledict s^r abbé,... de la Baulme d'Orenge, Anthoine Materon, Pierre Olivier nepveu de Monsieur de Boyssone, Claude Perrot, Françoys de Brianson.

Doresnavant le secretaire ou pour luy l'yussier apportera en chascun

---

[1] Digeste, liv. XLV, tit. I. *De verborum obligationibus.*
[2] *Ut supra*, liv. XXXIX, tit. I.
[3] Institutes. Tit. *De obligationibus.*
[4] Dig., liv. XLII, tit. I. *De re judicata et de effectu sententiarum et de interlocutionibus.*

conseil ung livre a y escripre par ordre les decretz et conclusions que s'y feront.

Le livre et la matricule sera remis par devers Monsieur le Recteur, devers lequel ledict huyssier viendra escripre chascune matricule que s'y faira, au sallaire de deux solz, et quant il expediera lettres, en aura cinq solz. *(Ibidem.)*

230.— 10 novembre 1555.— Procès-verbal de convocation d'agrégés et d'étudiants pour l'élection du recteur.

Le dixiesme jour du moys de Novembre mil cinq centz cinquante cinq, je Jehan Brun dict Mil, huyssier bedeau de l'Université de Grenoble, certiffie a vous Monsieur Pierre Bucher procureur du Roy en son Parlement de Daulphiné et doyen de ladicte Université, que par vostre commendement ay appellé messieurs Anthoine du Motet vifrecteur, Nicolas de Boneton, Hugues Vermond et Anthoine de la Rivière, docteurs es droictz, aggregez de ladicte Université et aussi George Rogier escuyer, second consul, Vernin, Laurens de Brianson, Gauteron et Chappellain, estudians et au maistre clerc substitué de Monsieur le secretaire Besson, a soy trouver aux Cordelliers a ce dict jour, heure de midy precizement, pour illec eslire et traicter d'un nouveau recteur en ladicte Université et ainsi le certiffie. Brun. M. *(Ibidem.)*

231. — 11 juillet 1557 (?). — Formule de serment, écrite par Jean Brun Mil, bedeau de l'Université.

Ego juro sanctissimo Domino Pontifici, Summo christianissimo Francorum Regi et Reverendissimo Cancellario hujus Academiæ sacrosanctæ, obedientiam, fidelitatem, scilicet incolume, tutum, honestum, utile, facile, possibile, consilium et auxilium præstare, et eidem Academiæ secreta eorum non pandere, et utilitates procurare, et omnia que in forma fidelitatis continentur.

(Sur une seconde feuille en même écriture de type réduit :) [*l'a*]*n mil* Ve *LVII et le XI [de] julliet Jan Brun Mil bedeau [de l']Université de la Cité de Grenoble [ay] peinct, escript et faict.*

232. — 29 décembre 1557. — C'est l'election de Messieurs les gentilzhommes escolliers admy (?) en conseilliers de Jehan de Buffavent escuyer recteur de l'Université... de Grenoble, en l'an mil v^c LVII et le XXIXe decembre.

Premier Monsieur Me Pierre Vernin escuyer estudiant[1],

Monsieur Jehan Chappellein estudiant et chanoyne de l'esglize cathedrale Nostre Dame de Grenoble,

---

[1] Juge épiscopal de Grenoble en 1582. Voy. Prudhomme, *Inventaire des Archives hospitalières de Grenoble*, p. 28.

Monsieur Me Jehan Blanc, escuyer sr d'Almet, estudiant[1],
Monsieur Me Guigues Callignon, estudiant, bachillier en droict[2].

Lesquelz ont promiz et juré ez mains dudict sr Recteur de tenir secret, de procurer le bien et evicter le mal de ladicte Université. (*Ibidem.*)

233. — 19 décembre 1558. — Procès-verbal de convocation des agrégés et du Conseil du recteur pour l'élection d'un nouveau recteur :

Ce dixneufviesme jour du moys de decembre mil cinq centz cinquante huict, je soubzsigné, huyssier bedeau de l'Université de Grenoble, par commendement verbal de Monsieur Mre Pierre Bucher, conseillier du Roy et son Procureur Général au Parlement de Daulphiné, doyen de ladicte Université, certiffie avoir appellé a ce jour d'huy au couvent des frères mineurs, heure de midy, Messieurs les docteurs aggregez de ladicte Université cy apres nommez aux fins d'eslire ung recteur nouveau.

Premier ledict sr Bucher,

Mr Jehan de Buffavent, Recteur,

Mr m{e} Pierre le médecin,

Mr Vermond, juge de l'Espiritualité de ladicte Université, lequel m'a responcu qu'il ne se trouveroit jamais dans ladicte, que premier on ne luy aye faict raison sur sa requeste de ce que luy est deu.

Monsieur de la Riviere, advocat de ladicte Université,

Mr Lymojon, commis de juge temporel de ladicte Université par Monsieur Boneton,

Monsieur Pavioct, premier consul dudict Grenoble,

Mr le secretaire Besson, secretaire de ladicte Université,

Plus les conseilliers dudict Monsieur le Recteur Buffavent, qui sont Mr Chappellain, chanoyne, Mr Falconnet, Mr de la Tour-Ricquo, Mr Ruffi prïeur du Thouvet, Mr des Vignes, Mr Ambal de Buffevent[3]. Et ainssi que dessus, ledict jour, le certiffie. Brun M. (*Ibidem.*)

234. — 23 décembre 1558. — Creation et continuation des conseillers faictz et nommez par Monsieur m{e} Guillaume de Boneton, Recteur, ce vendredy 23e de décembre 1558.

---

[1] Les archives de l'hôpital de Grenoble possèdent le contrat de mariage de noble Jehan Blanc avec Théodore de Chissé, fille de feu Pierre de Chissé, 6 mars 1571 (Titres de la famille de Chissé, H. 346). Voy. *Inventaire*, p. 193. Est-ce le même personnage que le seigneur d'Almet ?

[2] Guigues Callignon devint docteur en droit, curé de Saint-Jean et de Saint-Hugues, official et vicaire général de l'évêque de Grenoble. Par un codicille de son testament du 7 juillet 1598, il légua 30 livres aux pauvres de l'hôpital général. Voy. *Inventaire des Archives hospitalières de Grenoble*, p. 4 et 253.

[3] Louis Roux était prieur du Touvet dès le 19 mars 1540, époque à laquelle il fournit au vibailli de Graisivaudan le dénombrement de ses biens. Voy. Em. Pilot de Thorey, *Les Prieurés de l'ancien diocèse de Grenoble*, op. cit., p. 390.

Et premierement Monsieur M⁰ Girard de Ricco escuyer, nomme et continué conseiller dudict recteur,

Item Ambal de Buffevant escuyer,

Item Monsieur m⁰ Jehan Chappellain a esté aussi nommé et continué conseiller,

Item Monsieur m⁰ Guigo Callignon a esté aussi nomme et continué conseiller,

Plus Monsieur Faure, demeurant en la maison de Monsieur le Procureur de Grangia.

Supra nominati consilliarii prestiterunt juramentum fidelitatis in manibus supradicti domini Rectoris, ut moris est. (*Ibidem.*)

235. — Voyez n° 246. — Attribution des boites de dragées des candidats au doctorat. Délibération du Collège de l'Université du 18 avril 1561.

b). — **Documents relatifs au personnel enseignant. — Agrégations. — Conduites. — Listes d'agrégés.**

236. — Farges[1]. — 21 février 1543. — Première conduite de M. de Farges.

Conduicte de Monsieur M⁰ Mathieu Gribauld sʳ de Farges docteur en drois pour lire en l'Université de Grenoble au Daulphiné faycte par le consul modernes du dict Grenoble ou leur procureur duhemant a ce fondé.

L'an de grace mille sint cens quarente et troys et le vintg et ungeyme jour de febvrier en la presense de moy notayre public en la baronnie de Gex et des tesmoyens soubescript, establi en personne maytre Estienne de Roybous escuié docteur en droyt pour et au non de Giles de Sainct Germein escuié et honnorables personnes Crespin Colliard, Bernardin Curiat et Nycolas de La Gorge citoiens et consulz de la cité de Grenoble au Daulphiné, comment (*sic*) procureur de duemant fondé par lesdict sur nommés consulz, faysant foys dessa procure si apres inseree, receue par m⁰ Michel Pommer notaire roial et secretayre de ladicte Ville et cité de Grenoble en l'annee presente mille sint cens quarente troys et le vint et uniesme du moy de janvier, — lequel de Roybous, au nom que dessus, conduit et loue l'ouvre et industrie de Monsieur M⁰ Mathieu Gribauld dit Mopha docteur en droys et seigneur de Farges en ladicte baronnie de Ges present et de sa pure et franche volenté acceptant pour et aus fins de lire en droit civil en l'Université de ladicte cité de Grenoble par l'espace de ung an entier commensant au premier jour du moys de mars prochaynement venant et semblable jour finissant; et c'est pour le pris et au nons de pris de troys cens escus d'or soloel pour an, poiables de quatre en quatre moys en troys

---

[1] Farges, commune du canton de Collonges, arrondissement de Gex (Ain).

pars, chescun quatre moys cent escus, commensant la premiere paie audict premier jour de mars prochain; et c'est sus les pas, conventions et condictions qui s'ensuivent. Premierement que ledict segnieur seraz tenu les jours de la sepmeine si soub descript lire en la dicte Université le droyt civil ordinayrement et avec apparat, tel qu'est observé es fameuses Universites de Itallie et aultres de Franse ou il se lict avec apparat, et fere tres bonne utile et profitable lecture a ses audicteurs. Idem que pour cest fere, les jours que le dict segnieur aura a lire se abstiendra de consulte par le temps precedant chescune lecture, selon que estre requis a ung docteur fameux pour virylemant prenuncer lecture pregnante et don resulte profis aux audicteurs. Idem que le dict segnieur, actendu l'indisposition presente de sa personne et que nagueyres est sorty de maladie de fiebvre quarte, don les reliques on long traict, pour les quatre moys premiers prochains ne seraz tenu lire pour sepmene plus de quatre lectures, a scavoir le lundy, mercredy, vendredy et samedi, pourveu touteffoys que, se lesdicts jours escherient jour de feste, le jour suivant il reconpenserat et lira jasoit que se soyt des jours qu'il l'auraz accoustumé de ne lire. Le surplus de l'annee seraz tenu lire, selon la coustume des aultres huniversites, tous les jours hors mys les vaccations ordinayres et accoustumees. Les quelles chouses les dictes parties ont promis et juré actendre l'un a l'autre, a scavoer ledict de Roybous sous expresse ypotheque et hobligation de ses biens propres et personne et des biens de la dicte ville et cité de Grenoble selon la forme et teneur de sa puissance, et le dict signieur pareilliement soub semblable ypotheque [de] tous ses biens et personne en quelque lieu qui soyent; renunsant les dictes parties a tous drois, previleges et allegations par les quelles porront venir au contrayre. Faict au chasteaux et meyson forte de Farges et recité par moy notayre en presence de honestes personnes Anthoynenne Charles, sindic de Farges et Glaude de la Court de Vausiez (?), tesmoens a cest que dessus appellé, et de moy notayre soubsigne.

Analliés (?).

Ainsi que dessus est escript, a este par nous susnommes accordé.

Matthieu Gribald segnieur de Farges.

Estienne de Roybous, au non que dessus.

(Original papier. Bibl. publ. de Grenoble, ms. 1660.)

237. — 1549. — M. Bovier, préalablement créé docteur en droit canonique et civil par M. Rostolan, vice chancelier, est agrégé à l'Université de Grenoble, et s'engage *a lire une annee entière les jours feriaulx... a faulte de ce baillera XX escus sol.* — Minute. (Arch. mun. de Grenoble.)

238. — 11 septembre 1551. — *Instructions bailhees par messieurs les consulz de Grenoble a Messire Bucher, pour conduire Monsieur de Boyssone a lire en l'Université de Grenoble. 2 fol. papier. (Ibidem.)*

239. — Chambéry, 22 septembre 1551. — Conduite de M. de Boissonne.

L'an mil cinq cens cinquante ung et le vingt deuxiesme jour de septembre..... ledict s^r messire de Boyssone..... a promys et promect ausdictz sieurs consulz et communaulté de Grenoble absens, ledict sieur messire Bucher comme procureur susdict et moy dict notaire etc. stipulans pour eulx, de lire publicquement et en premiere chaize esdictz droictz, mesmement civilz en ladicte Université, par troys annees que commenceront a la prochayne feste Sainct Luc et percevereront jusques au compliment d'icelles, et lira une foys chascun jour accoustumé de y lire ; et quant es droictz canons, ce sera au cas que les escoliers y soyent affectionnez quelque temps. Et ce aux sallaires de quatre cens escus d'or sol, et cinquante livres tournoyses adjutoires par chascune année, que ledict s^r messire Bucher procureur susdict promect payer, bailler et delivrer audict s^r messire de Boyssone present et stipulant etc. chascune annee, moytié a chascune feste de Toussainctz et l'aultre moytié a chascune Penthecoste avec interestz et despens. Et si par peste ou guerre ledict s^r messire de Boyssone estoit empesché de y lire, neantmoins sera il payé pour le reste de l'annee commencee laquelle reste d'année il parachevera de lire en lieu seur et hors de danger qu'il plaira ausdictz s^{rs} consulz assigner. Et pour ledict temps de ceste conduicte ledict s^r messire de Boyssone sera agrege et incorpore au colliege de ladicte Université en l'ordre du premier lecteur regent, participera comme tel en tous et chescuns les prouffictz et droictz que y viendront hors les sallaires des autres docteurs regens, promectans lesdictes partyes.....

Suit la procuration passée à Bucher par les consuls de Grenoble, le 11 septembre 1551. — Signé Rancurel. (Copie papier. — *Ibidem.*)

240. — 18 février 1552. — Certificat de bonne doctrine délivré par le Recteur à M. Antoine Dalphas[1], docteur régent de l'Université de Grenoble. — Minute.

Nos, Rector et Universitas gratianopolitanæ Academiæ, cunctis pre-

---

[1] M. Paul Fournier poursuivant ses recherches sur la famille d'Antoine Dalphas (v. p. 52, note), remarque dans les *Notes pour servir à l'Histoire de Madame de Tencin* (A. Prudhomme, *Bull. de l'Acad. Delph.*, 3e série, t. XVIII, 1904), que François Guérin, conseiller au Parlement, avait épousé, vers 1640, Justine du Faure, fille du président François du Faure et de sa femme Justine Dalphas. Cette Justine Dalphas qui avait des enfants à marier en 1640 peut bien être une petite-fille de l'agrégé Antoine Dalphas. — C'est elle qui, devenue veuve, constitue en 1648, en achetant pour 6.000 livres au duc de Lesdiguières la seigneurie de Tencin, le grand domaine de Tencin transmis par elle aux Guérin, qui le transmirent à ses propriétaires actuels. Cette acquisition n'était point simplement occasionnelle : nous avons vu en effet qu'Antoine Dalphas était originaire de Tencin et qu'il y fut enterré; sa famille y possédait évidemment des biens que Justine voulut étendre. — Il résulte donc de ce qui précède que les Guérin — devenus Guérin de Tencin — se sont greffés sur les Dalphas, et Antoine Dalphas serait l'ancêtre du Cardinal de Tencin, de Madame de Tencin et de d'Alembert.

sentes litteras inspecturis notum facimus, quod cum Antonius de Alphasiis, civis Gratianopolis, amicorum, ut asseruit, suasionibus incitatus ad dignitatem senatoriam aut alium regium vel delphinalem magistratum aspiraret expeteretque, probitatis atque doctrinæ authentico testimonio donari, ut ædicto regio satisfaceret, jamdicte Universitatis imploravit. Itaque nobis congregatis omnis ante acte vitæ modum exposuit. Inter alia autem ingenue fassus est : se cum esset ætatis decem et octo annorum vel circa, in quosdam reprobatæ lectionis libros incidisse; hinc perversas aliquot opiniones hausisse, ad Gebennenses et Bernenses convolasse non sine gravi famæ jactura. Ante tamen lapsum anni dei gratia, sine aliqua hominum interpellatione, sponte rediisse in gremium ecclesiæ, et, a suo episcopo benigne receptum, certa cum penitentia dimissum fuisse ; penitentiae autem capita omnia implevisse ; atque ideo tandem absolutum fuisse. De quibus omnibus, perlustratione publica nobis exhibita, fidem fecit. Ab illo autem tempore reliquum vitæ suæ cursum paucis recensuit. Inter alia satis jam explorata, postquam publicis interpretationibus jurium in hac Universitate se exercuisset, hic se doctoralibus insignibus cum honorificis titulis donatum, a senatu in numerum advocatorum consistorialium receptum, a collegio hujus nostræ Universitatis in numerum doctorum regentium cooptatum, in hac Universitate per novem annos publice docuisse. Demum a christianissimo rege nostro Henrico in pristinam famam restitutum fuisse atque ad omnia et quecunque officia, etiam senatoriæ dignitatis habilem redditum speciali hoc edicto rescripto fuisse ; rescriptumque illud regium in senatu seu parlamento gratianopolitano receptum, visum, approbatum, seu, quod dicitur, interinatum fuisse, litteris ad hoc concessis, anno millesimo quingentesimo quadragesimo octavo. Ab eo autem tempore, necnon antea et ab hinc decennio vel circa, in fide sacratissimæ romanæ ecclesiæ catholicæ vivere visum fuisse, recteque vitæ conversationis et famæ semper fuisse et esse ; statuta etiam ac constitutiones ecclesiasticas pie observasse, eaque fecisse quæ christianum et catholicum virum decent; pro quibus testimonium Universitatis invocavit atque obtinuit. Hinc nos prefati Rector et Universitas notum facimus atque attestamur predicta partim dictis instrumentis publicis in cetu nostro lectis, partim actis nostris comperta ; cetera vero decennali conversatione notoria esse et quod tam pie, tam religiose et catholice secundum traditiones sacrosanctissime ecclesiæ romanæ visus sit vivere et conversari, jura docere, sanam doctrinam et mores probatissimos observare et apud omnes bene audire. In quorum fidem dicto Antonio de Alphasiis acta hœc fieri ordinamus majorisque fidei causa sigillo nostre Universitatis muniri jussimus. Datum Gratianopoli anno millesimo quingentesimo quiquagesimo secundo, die decima octava februarii. (*Ibidem.*)

241. — 22 février 1557. — Agrégation de Jean Narcié, docteur en droit au Collège de l'Université de Grenoble. — Minute.

Anno a nativitate domini millesimo quingentesimo quinquagesimo septimo et die lune vicesima secunda februarii, pro decisione propositionum infranominatarum, fuit, more consueto, coactum collegium doctorum gratianopolitane Universitatis apud Franciscanos in sacello sive cappellania divi Annemondi, ubi erant egregii et Venerabiles domini Gaspar Marrellus dicte Universitatis Rector et doctores Bucher Petrus, dicte Universitatis decanus, Nycolaus Baratonus, theologius et franciscanus, Anthonius Goveanus, regius et publicus juris professor, Laurentius Gallianus, prior prioratus dive Magdalenes, Joannes Borellus, A. Ponsonnat, Joannes Vachon, Christophorus Eybertus, Anthonius Lymojon, vocati mandato domini decani per me nuncium dicte Universitatis subsignatum, qui et vocavi alios dominos doctores collegas etiam absentes, omnes et singulos. Porro dictus dominus decanus proposuit plura, quorum unum fuit an dominus Joannes Narcié doctor aggregaretur ei collegio tanquam professor ordinarius et publicus jurium interpres. Super quo, exquisitis omnium dominorum doctorum astantium votis, singuli unanimiter in eam sententiam venerunt, ut prefatus dominus Joannes Narcié, doctor hujus civitatis, sit ex nunc et habeatur ex sex dominis doctoribus aggregatis publice docentibus, suo ordine, ex regis prescripto, in hac eadem Universitate publice interpretaturus jura ordinaria; ea lege ut potiatur privilegiis, libertatibus et immunitatibus competentibus similibus ejusdem Universitatis professoribus, et cumprimum predicte Universitati facultas aderit remunerandi dictum Narcié doctorem, stipendiis aut gratiis eadem facultate statim erga eumdem utatur. Quodquidem predictus dominus Narcié presens acceptum habuit et habet, promisit etiam se munus hoc pro posse impleturum, juramentumque prestitit ad hec solitum in manibus prefati domini decani cum gratiarum actione. Decisiones autem reliquorum sunt in regesto quod remanet penes dictam Universitatem. Atque ita fuit conclusum, me ejusdem Universitatis bidello et notario regio delphinali in omnibus presente et jussu dicti domini decani et totius collegii acta hujusmodi recipiente in absentia secretarii dicte Universitatis ad premissa vocati per me bidellum predictum subsignatum. — Verum est Bucher decanus. — Brunus M. bidellus. — Brunus bidellus et notarius. (*Ibidem.*)

242. — 10 juin 1557, *aux Cordelliers*. — Assemblée du Collège de l'Université : — Le doyen de l'Université déclare *qu'il ne se peut plus entendre aux affaires de l'Université concernant l'office de doyen attendu qu'il a des aultres empeschements et d'affaires* [1].

---

[1] La décision prise à ce propos par le Collège n'est pas mentionnée. Les documents prouvent du reste que le doyen ne donna pas suite à ses projets de démission.

243. — 1557-1558. — Listes d'agrégés.

S'ensuyvent les noms de messieurs les aggregez de la presente cité de Grenoble [1557].
Premier M. l'official Rival, vichancellier en ladicte Université.
M. Gaspard Marrel, recteur.
M. Motet, vice-recteur.
M. l'ambassadeur du Roy, M. Jehan d'Avanson.
M. le prevost d'Avanson, conseillier au Parlement de Daulphiné.
M. de Portes, président au Parlement de Savoye.
M. Servientis, conseillier au Parlement de Daulphiné.
M. Royboux, conseillier au Parlement de Savoye.
M. du Vache, conseillier au Parlement de Daulphiné.
M. André Ponnat, conseillier audict Parlement.
M. de Brie, advocat du Roy en Daulphiné.
M. le procureur général du Roy Bucher, doyen de ladicte Université.
M. de Govea, premier liseur.
M. le Prieur de la Magdellaine.
M. Baraton, gardien des Cordelliers.
M. Boneton.
M. Areod, médicin.
M. Vermond.
M. Anthoine Areod.
M. Dalphas.
M. de Ponsonnat.
M. Vachon.
M. de la Riviere.
M. Valambert.
M. Baro.
M. Rostolan.
M. Eybert.
M. Nicolas, medecin.
M. Limojon.
M. Emeric.
M. Charbonel, medicin.
M. du Chastellar [1].
M. Narcié.
M. de Villiers (ajouté en marge) [1558].

---

[1] C'est Soffrey de Bocsozel du Châtelard, ancien recteur de l'Université, dont l'agrégation est mentionnée dans le même document, quelques lignes plus bas. Il était clerc et fut official du diocèse de Grenoble (v. n° 259), puis devint avocat, se maria et fut conseiller au Parlement de Dauphiné (1573). Il mourut en 1595 ou 1596. (Voy. dossiers Badin, *Documents généalogiques sur les Bocsozel*, t. IV, p. 21 et s., Bibl. publ. de Grenoble.)

M. Lescure (ajouté en marge) [1558].

M. Louys Robert premier consul (en interligne Monsieur du Fayet premier consul [1558]).

M. Prost, recteur des escolles.

M. Me Hugues medicin (ajouté en marge) [1558].

Me Besson secretaire.

S'ensuyvent les noms de messieurs les conseilliers dudict s^r Recteur Marrel lesquelz prestarent serment de fidelité entre ses mains en la maison d'habitation de Monsieur son pere le 15e janvier 1557, en laquelle annee il fut fait Recteur.

Premier Laurens de Briançon abbé de ladicte Université.

Anthoine Gauteron.

Jehan Chappellain.

Jacques Mainquet.

Francisquin Jehan.

S'ensuyvent les noms des susdictz s^{rs} aggregez qui ont commencé de faire le pain benict en ladicte année 1557.

Et premierement ledict s^r Recteur.

M. le Vicerecteur.

M. Bucher.

M. le Prieur de la Magdelaine.

M. de Govea.

M. Boneton.

M. Areod, medicin.

M. de Vermond.

M. Areoud, docteur aux loix.

M. Dalphas.

M. de Ponsonat.

M. Vachon.

M. de la Rivière.

M. Vallambert.

M. Baro.

M. Eybert.

M. Nicolas, medicin.

M. Lymojon.

M. Emeric.

M. Charbonel.

S'ensuyvent les noms desdictz s^{rs} aggregez qui ont heue la boyte de ceulx qu'ilz ont passé docteur, du temps du rectorat dudict s^r Marrel en l'annee susdicte 1557.

Premier M. l'Official a heue celle de monsieur Bossozel jadis Recet despuis aggregé [1].

---

[1] Cf. *Documents*, n° 274.

M. Bucher a heue celle [de celluy] qui (*sic*) presenta M. Lymojon, qui estoit de Nioms.

M. de Govea a heue celle de celluy de Gap qui passa aux Cordelliers.

M. Areod, docteur, pour ce qu'il ne se treuve au precedant roolle qu'il ayt heue du consentement de la compaignie, a heue celle du vibailly de Gap, duquel il estoit promoteur.

M. le Prieur de la Magdelaine a heue celle de Monsieur Consonat du lieu du Pays Bas.

M. Vermond a heue celle de celluy qui demeurat chieu Monsieur du Mas, qui estoit d'a bas, lequel fust renvoyé et ne passa pas.

M. Jehan Vachon a heue celle dudict Monsieur du Mas dict Juvenis[1], lequel passa docteur.

M. Dalphas a heue celle de Monsieur Albice[2].

M. Boneton a heue celle de Monsieur de Villiers.

Monsieur de la Riviere a heue celle de Monsieur Lescure[3].

M. Vallambert et M. Eybert ont heu chascun une boyte de Monsieur Jehan Acquin[4].

Commence le rectorat de Monsieur de Buffavent, en l'annee susdicte 1557 et le 29e de decembre :

Monsieur Limojon a heue celle de Monsieur Me Hugues[5], medicin.

Monsieur de Ponsonat a heue celle de Monsieur Innocent Gentil que presenta Monsieur Jehan Vachon.

Monsieur Baro a heue celle de Monsieur Mitallier[6].

Monsieur Me Nicolas Medicin a heue celle de Monsieur Mathieu Anthoyne de Domene.

Monsieur Charbonel a heue celle de Monsieur de Laulbepin[7].

Monsieur Me Pierre medicin a heue celle de Monsieur de Luzerne[8].

Monsieur Narcié a heue celle de celluy que presenta Monsieur Lescure, qui estoit de Saluces.

M. de Villiers a heue celle de Monsieur Byars.

M. Me Huguet a heue celle de Monsieur Vienney (?)

---

[1] C'est le docteur Lejeune, protestant, que nous avons déjà rencontré. Voy. n° 219.

[2] Il était du diocèse de Pampelune. Cf. n° 314.

[3] Cf. n°s 257 et 275.

[4] Jean Acquin fut docteur en droit et avocat consistorial. Il acquit en 1593, du chapître de Notre-Dame de Grenoble, la maison de la Toussaint, située rue des Prêtres (rue Pasteur), au prix de 358 écus 20 sous. Cf. Prudhomme, *Inventaire des Arch. hosp. de Grenoble*, p. 248.

[5] Il s'agit d'Hugues Sollier. Voy. chap. VIII.

[6] Probablement Thomas Mitalier, avocat au siège de Vienne, conseiller au Parlement du Dauphiné en 1573.

[7] Cf. n° 277.

[8] Cf. n° 278.

Monsieur Lescure a heue celle du filz de M⁰ Ruffi[1].
(*Ibidem.*)

244. — 28 février 1558. — Enquête dirigée par Hugues de Vermond juge et conservateur des privileges de l'Université au sujet de la scolarité de M. Merlin de Villiers, docteur regent : dépositions d'étudiants témoins (Pierre Vernin et Allain Pinard, du diocèse de Rouen). Il résulte de ces dispositions que Merlin de Villiers a étudié à l'Université de Grenoble de janvier 1555 à juin 1557, époque à laquelle il a été promu docteur. (*Ibidem.*)

245. — Grenoble, 24 août 1558. — Deuxième conduite d'Antoine de Govea.

Conduicte de Monsieur maistre Anthoyne de Govea, docteur ez droictz et professeur royal en l'Université de Grenoble.

L'an mil cinq cens cinquante huyt et le vingt et quatriesme jour du moys d'aoust, establis en leurs personnes par devant moy notaire royal dalphinal et commis pour le secretaire de la Ville de la presente cité de Grenoble, maistres Jaques Rebolet et Guigues Chappot consulz dudict Grenoble en l'assistance touusteffoys de messieurs maistres Nicolas de Boneton et Loys Robert, docteurs ez droictz et en ensuyvant la conclusion generale sur ce faicte du dix septieme d'avril dernier d'une part, et ledict Monsieur maistre Anthoyne de Govea, docteur ez droictz d'aultre, ont faict et convenu comme s'ensuyt. Assavoir que ledict seignyeur de Govea a promis par foy et scerement presté sur les sainctes escriptures, de lire en l'Université de ladicte cité de Grenoble aux loix le temps et terme de troys ans accomences le lendemein du jour et feste de Sainct Luc au moys d'octobre prochain venant et semblable jour finissant lesdictz troys ans passes et revolus. Item que ledict seignyeur de Govea ne cessera de lyre par quelque empechement que surviengnie, de peste ou aultre, sinom que le Parlement cessa ; et la ou la court de Parlemant se changeroit, aussi sera loysible ausdictz consulz de changer ladicte Université ou par eulx et l'Université susdicte scera convenu et advisé, et par tel temps que scera arbitré. Item scera tenu ledict seignyeur de Govea, comme il a promis et juré bien et deubment resider en ladicte cité, ou la ou scera ladicte Université, durant le temps qu'il doibt ; et est tenu lyre et respondre ou resouldre aux escolliers d'icelle au temps que long a accostumé faire aux aultres Universités ; et en ses lectures exposer les textes et gloses et la theorique du Barthole et aultres docteurs que luy semblera, comme font aux aultres Universités fameuses comme Tholouse, Bordeaux, Avignon et Valance. Item scera ledict de Govea agrege comme il a este par si devant le premier en l'Université apres le doyen, joiyera de tous privileges d'icelle et participera aux honneurs, profflctz et emolumentz de ceulx qui y

---

[1] François Roux était procureur des États de Dauphiné en 1549. Il s'agit peut-être de son fils.

prendront degre comme l'ung des agreges d'icelle. Aussi a promis ledict seignyeur de Govea de lyre aux jours ordinaires une heure durant et apres immediatemant dicter aux escolliers ladicte lecture du mesme jour, luy mesmes, de ne consulter les jours ordinaires des leçons. Item que si pendant sa conduite et temps dessusdict le Roy establit les quatre escriptz conseliers a y lire aux droictz, comme elle est instituee ladicte ville poursuyvra et instera que ledict seignyeur de Govea soit le premier, si nom que l'ung de messieurs les conseliers en la court de Parlement le feust, auquel cas il tiendra le second et plus proche. Item lesdictz consulz au nom de ladicte communauté de Grenoble en tous aultres affaires concernans l'honneur et proffict dudict seignyeur de Govea, sans toustefloys le dommaige et interest de ladicte ville, l'aurout pour recommandé et luy pourteront tel honneur et faveur que leur scera possible. Item lesdictz consulz, au nom que dessus et comme administrateurs et distributeurs des deniers donnes a sces fins pour le pays, ont donné et donnent audict seignyeur de Govea la somme de neuf cens vingt livres tournoyses, laquelle scera payee audict seignyeur de Govea par quatre quartiers toutes les années, a accomancer en fin de checuns quartier et a continuer jusques a la fin desdictes troys annees. Lequel present instrument de conduite ont promis et juré lesdictes parties respectivement, scavoir lesdictz consulz au nom susdict et suyvant ladict conclusion, et ledict seignyeur de Govea, par leur scerement par ung checun d'eux faict, et soub l'hobligacion de leurs biens, avoir et tenir ferme, estable et agreable et ne venir au contraire avis l'une partie a l'aultre et au contraire maintenir actendre et observer, soy pour ce et leurs biens soubmetant a toutes cours royales dalphinales, renuncianl a tous droictz par lesquelz pourroient venir au contraire. Faict a Grenoble en l'estude dudict sieur de Boneton, presens Laurens de Brianson, escuyer, maistre Merlin de Vilers, docteur en ladicte Université et maistre Jehan Bayard, procureur en Parlement audict Grenoble tesmoingtz, et moy notaire royal dalphinal soubsigné. Perroct. (Bibl. publ. de Grenoble. Ms. n° 1660).

246. — 1559-1561. — Attribution des boîtes de dragées des candidats au doctorat. — Listes d'agrégés. — Délibération du Collège de l'Université du 18 avril 1561.

NOMS DE MESSIEURS LES AGGREGEZ DE L'UNIVERSITÉ DE GRENOBLE [1]

[1559]

Premier M. d'Avanson, m⁰ des requestes du Roy.
M. de Portes, président secund du Daulphiné.

---

[1] On lit en marge : *ceulx qui sont tracez sont ceulx qui ont faict le pain benict du temps du Rectoriat de Monsieur Guillaume de Boneton* (il s'agit des noms précédés d'un trait) ; *ceulx qui sont tracez a la fin de leurs noms sont ceulx qui ont heu les boytes.*

M. le doyen d'Avanson, conseillier audict Parlement.
M. Servientis, conseillier audict Parlement.
M. du Vache, conseillier audict Parlement.
M. Ponnat, conseillier audict Parlement.
M. de Brié, advocat du Roy premier audict Parlement [1].
M. de Ponsonat secund advocat audict Parlement [2].
M. le Conseillier Royboux [3].
M. Rivail, vichancellier [4]. —
M. de Buffavent, Recteur [5].
— M. Bucher doyen de ladicte Université [6]. —
M. de Govea. —
— M. Gallien chanoyne. —
M. Baraton gardien des Cordelliers. —
— M. Boneton. —
— M. Areoud, medicin. —
M. Vermond [7]. —
— M. Anthoyne Areoud.
— M. Dalphas. —
— M. de Ponsonat [8]. —
— M. Vachon [9]. —
— M. de la Riviere. —
— M. Vallambert. —
— M. Baro. —
M. Eybert.
— M. Me Nicolas medicin. —
— M. Limojon. —
— M. Charbonel. —
M. du Chastellar [10].
— M. Narcié. —
— M. de Villiers. —
— M. Lescure. —
— M. Me Huguet medecin [11].

---

[1] Félicien Boffin, v. n° 421, note.
[2] Rayé.
[3] Ajouté en interligne, écriture différente.
[4] Rayé ; remplacé par *Monsieur du Chastellar vichancellier* ; écriture différente. Il s'agit d'Henri de Bocsozel, official et vichancellier en 1561.
[5] Rayé.
[6] En face de ce nom et des deux noms suivants sont écrits, de la même main, et rayés, les noms de M. de Farges, M. Merquyot, M. Guillaume de Boneton.
[7] En note : *Monsieur Vermond a heue celle de... Randon, assavoyr la boyte.*
[8] Rayé.
[9] En face de ce nom : *M. le secund president des comptes son frère* (c'est le candidat dont il a eu la boîte).
[10] Rayé.
[11] En face de ce nom : *le filz de Monsieur Boneton*. Même remarque que ci-dessus.

— M. le Recteur Buffavent a este aggregé[1].

M. M⁰ Martin, recteur des escolles.

Le secretaire Besson.

M. Paviot premier consul[2].

Icy commencent de nouveau Messieurs les docteurs aggregez derniers nommez qui auront les boytes de ceulx qui se vouldront graduer en ladicte Université, estant encore recteur M⁰ Jehan de Buffavent en l'annee 1559; dont M. Lescure fut le dernier qui heust la boyte du filz de M⁰ Ruffi en ladicte annee.

Et premierement M. l'official le 9ᵉ décembre an que dessus a heue celle du filhastre de feu M⁰ Amyen Ponnat.

M. le Doyen Bucher a heue celle de Monsieur le Recteur Buffavent le 18ᵉ decembre an que dessus et fust aggrege.

M. Goveanus a heue celle de Monsieur Terminus de Vienne.

M. Gallien a heue celle de celluy qui fust presenté par Messieurs Vachon et Lescure, qui estoit aussi de Vienne.

M. Baraton a heue celle de Monsieur Falconet de Virieu.

M. Dalphas a heue celle du M⁰ des enfans de Monsieur Ruynat qui fust conduict chieu Bernardin Curial[3].

M. de Ponsonat advocat du Roy a heue celle de Monsieur Mainquet.

Monsieur de la Riviere a heue celle de Monsieur Guilhaume de Boneton jadis recteur, lequel fust docteur et aggrege le 17ᵉ de decembre an que dessus[4], et cedict jour fust faict recteur le filz de Monsieur de Brianson.

Du Rectoriat de Monsieur Laurens de Brianson :

Monsieur Valambert a heue celle du filz de feu M⁰ Roux de Romans.

M. Jehan Vachon a heue celle de Monsieur Franciscin de Cremieu.

Monsieur M⁰ Pierre medecin a heue celle de Monsieur Chati qui passa le 4ᵉ d'aoust 1560[5].

M. M⁰ Nicolas medicin a heue celle de Monsieur Bolaye de Chamberi.

---

[1] En face de ce nom : *Besson*. Idem.

[2] Les trois derniers noms sont rayés. — Cette liste, dressée en 1559, a été utilisée et corrigée postérieurement, jusqu'en 1561.

[3] L'un des chefs du parti réformé à Grenoble en 1566.(Voy. Prudhomme, *Invent. des Arch. comm. de la ville de Grenoble*, 1ʳᵉ partie, p. 62.) Il était marchand et fut consul de Grenoble en 1543.

[4] Guillaume de Boneton et Jean de Buffevent auraient donc été promus docteurs le 17 et le 18 décembre 1559. Lequel des deux était recteur en 1559 ? La phrase annotée désignerait G. de Boneton, auquel Laurent de Briançon succède; mais le début du paragraphe désigne Jean de Buffevent. D'autre part, nos diplômes de baccalauréat nous apprennent que celui-ci était recteur en 1558, et le texte n° 234 nous apprend que G. de Boneton était recteur le 23 décembre de la même année. Le problème reste insoluble. Des circonstances inconnues durent faire succéder à G. de Boneton, dans le cours de l'année 1559, l'ex-recteur de 1558, J. de Buffevent.

[5] M. Chati : Claude Chat. Cf. n° 279.

Monsieur Baro a heue celle de Monsieur Gentilis.

Monsieur Lymojon a heue une boyte des deux flamans qui passarent, et

Monsieur Charbonnel a heue l'autre.

Monsieur Narcié et

Monsieur de Villiers ont heu celles des aultres deux flamans leurs compaignons.

Monsieur Lescure a heue celle de Monsieur Chappan.

Monsieur Faure a heue celle du filz de Monsieur d'Huriaige[1].

Monsieur Boneton a heue aussi celle dudit d'Huriage, et ainsi sont deux boytes.

M. Buffavent a heue celle de Monsieur de Brianson.

Du temps du Rectoriat de Monsieur Gauteron en l'annee 1561 ceulx qui ont heue les boytes de dragee :

Monsieur Gaspard Marrel a heue celle de Monsieur Callignon.

Celle de Monsieur de Saulzet[2], je l'ay mys dessus la table, dont ont dict que Monsieur de Brianson la print.

Monsieur le Recteur jadis Boneton a heue celle de Monsieur Replatius (?).

Le mardy 18e en avril, dernier jour de Pasques 1561, dict a esté par Messieurs de l'Université,

Premier Monsieur du Chastellar vichancellier, official.

Monsieur le chanoyne Gallien vidoyen.

M. de Govéa.

M. Vallambert.

M. Me Nicolas.

M. Limojon.

M. Charbonel.

M. Narcié.

M. Lescure.

M. Buffevant.

Pour raison du different de la boyte que le filz de Monsieur de Boneton qui voloit avoir la boyte qui venoit a Monsieur Me Huguet, a ceste cause a esté conclud et dict que les boytes se bailleront par ordre suyvant le rolle, soit presentz ou absentz, pourveu que les absentz ne soyent trop absens ne tardifz de venir, et que ledict Me Huguet auroyt ladicte boyte, ce que il a heue, mesmes celle de Monsieur des Vignes, de Vienne, lequel a passe ledict jour.

---

[1] La baronnie d'Uriage appartenait à cette époque aux Alleman. Soffrey Alleman, premier baron d'Uriage (1496) et seigneur du Molard, était mort à la bataille de Ravenne ; le jeune docteur, dont il est question, appartient à sa descendance.

[2] Il s'agit sans doute de Louis Sauget, de Besançon, promu docteur le 23 mars 1561. Cf. n° 280.

Le xiie de may 1561. Icy commencent de nouveau Messieurs les docteurs, d'avoir les boytes des docteurs.

Et premierement Monsieur l'official, seigneur du Chastellar a celle de Monsieur Raffin de Chamberi.

Le 29 de juin an que dessus, Monsieur Me Nicolas a heu celle de Monsieur Françoys Besson [1].

Monsieur Vermond a heue celle de Randon.

Monsieur Besson a heue celle de Monsieur Faure de Vienne qui demeuroit chieu de Grangia.

Le 22e décembre 1561, Monsieur Vallambert a heue celle de M. Michel Charpena.

Le 28e dudict moys Monsieur Limojon a heue celle de M. Claude Royboux [2],

et ce du temps de M. Gauteron.
(Arch. mun. de Grenoble.)

247. — 1559. — Liasse comprenant :
1° Minute de la conduite de M. de Farges (31 juillet 1559).
2° Original de la procuration passée par M. de Farges à MM. Gaspard Baron, lieutenant particulier au bailage de Graisivaudan et Antoine Dalphas, agrégés de l'Université de Grenoble, en vue de la conclusion de sa conduite (18 juin 1559).
3° Copie de la conduite de M. de Farges (4 août 1559).
4° Certificat de réception de la conduite de M. de Farges, fournie par Jean Foucheran, notaire royal de Grenoble.
5° Reçu, signé Mathieu Gribald, *de la somme de soyssante lyres tournoyses... pour le voiage et vecture de moy et de mes robbes jusques au present lyeu...* (16 octobre 1559) et mandat de pareille somme délivré par les consuls (27 octobre).
(*Ibidem.*)

248. — Grenoble, 4 août 1559. — Deuxième conduite de M. de Farges.

Contract de la conduicte du segneur de Farges.

Ce quatriesme aoust mil cinq cens cinquante neufz, estably en personne, Monsieur Gaspard Baron docteur es droitz, procureur par

---

[1] Voy. n° 259.
[2] Claude Roybon, fils de Bermond Roybon de Tullins et frère de l'official Étienne Roybon qui s'occupa fort des affaires de l'Université vers 1549, avait été reçu bachelier en droit le 7 juillet 1555. Cf. n° 293. Le même jour, il lui était délivré une attestation d'études (voy. n° 312) que Pilot, dans ses notes manuscrites (Bibl. publ. de Grenoble), a confondue avec un diplôme de doctorat. En outre, une erreur de lecture lui fait découvrir dans cet acte un recteur Actuhier et un vice-recteur Guillaume Gabier. Ce dernier personnage, qualifié en réalité d'ancien recteur, *nuper rectoris*, y figure effectivement en qualité de simple témoin et le *substitutus actuarii* (traduit Actuhier par Pilot), c'est-à-dire le clerc de notaire qui dresse l'acte, reçoit sa déposition.— Claude Roybon, avant d'être docteur, fut lieutenant au siège de justice de Calais, dont son frère Étienne fut nommé juge. Reçu docteur en 1561, il succéda, en 1571, à ce frère, comme conseiller au Parlement de Dauphiné. Il mourut en 1590 (note manuscrite Pilot).

procuration cy en bas transcripte, de laquelle la teneur s'ensuyt (suit le texte de la procuration passée à Grenoble pardevant M° Bovier le 18 juin 1559)... Confesse que Monsieur Mathieu Gribalde Moffa, seigneur de Farges, promict environ la fin du moys de septembre dernier a messieurs les consulz de Grenoble, en la personne de Messire Bucher, docteur, faisant pour eulx, estant lors a Chambery dans la maison d'habitation de Monsieur Messire Estienne de Royboudz consellier du Roy en son Parlement de Savoie, et en sa presence, de venir lire en l'Université dudict Grenoble es droitz comme cy en bas sera escript, proveu qu'il heust permission de ses superieurs, laquelle il eust despuys, tellement que en fevrier dernier il feit assavoir audict sieur Royboudz que absoluement le feroit, pour en fere advertir lesdictz sieurs Bucher et consulz, ce que entend avoir este faict environ ledict temps. Dont en ensuyvant ce que ledict sieur de Farges a accorde verbalement, et pour le reddiger par escript, il, sieur Baro, promect audict nom a Messieurs les Consulz de Grenoble cy presentz, assavoir, de lire avec apparat es droitz publicquement en ladicte Université, et que les jours de lecture il ne consultera ny soy absentera loingt pour incommoder sa charge; et ce par le temps de troys ans prochains, a commenser a la feste Sainct Luc prochaine, et a finir semblable jour, tous les jours ouvriers que ne peuple n'y fera feste, excepté que, quant la sepmayne sera de six jours sans feste, il cessera la jovine, excepté aussi les vaccations, commensantz le jour Sainct Thomas avant Noel et finissantz le jour des Roys, item celles dez le jeudy gras jusques au mercredi des Cendres, item dez le jour de Pasques flories jusques a Quasimodo, item dez Nostre Dame d'Aoust jusques a la Sainct Luc inclusivement; reservant aussi cas de telle necessité a laquelle il fut contrainct obeyr. Et moiennant ce, Messieurs lesdictz Consulz luy ont promis et promectent mil livres tournoyses pour chescun an, paiables assavoir cinq cens livres a la prochaine feste Sainct Luc, deux cens cinquante livres t. à Pasques prochaines, et deux cens cinquante livres a la my aoust mil v° soixante, et les aultres deux annees, quarton pour quarton, a la fin de chescun quarton, de troys en troys moys. Et ont promis et juré lesdictz sieur Baro procureur susdict et consulz dudict Grenoble soubz expresse obligation des biens de ladicte maison de ville, et ledict sieur Baro de ceulx dudict sieur de Farges, tout le contenu au susdict contract, comme chescun concerne, actendre et maintenir a peyne de tous despens, dommages et interestz avec submissions, renunciacions et aultres clauses a ce neccesseres. Faict a Grenoble dans ladicte maison de ville et commune dudict Grenoble, auquel lieu estoient assemblez les consulz assavoyr maistre Anthoyne Ryves et Jehan Corrier Grasset, et conselliers de ladicte maison tenant leur conseil ordinaire; presens a ce, maistre Jehan Philoux, recepveur des deniers de ladicte ville, Jehan Pellieu costurier, Laurens Manein appotiquere et Claude Poyet, tous habitans audict Grenoble, tesmoingtz, et de moy Jehan Foucheran, notaire royal dalphinal dudict Grenoble soubzsigné, et a la part desdictz sieurs consulz expedie en foy et verité de toutz ce que dessus. Foucheran. (Original. — Bibl. publ. de Grenoble, ms. n° 1660.)

c). — Bedeaux. — Secrétaire de l'Université.

249. — 6 mai 1543. — Lettres de Laurent Allemand, évêque de Grenoble, chancelier de l'Université, nommant Jean Brun, dit Mil[1], notaire royal, bedeau de l'Université. Copie papier. (Arch. mun. de Grenoble.)

250. — 14 avril 1553. — Requête de Jean Brun, dit Mil, et de Claude Gardien, dit de Murra, appelant de la délibération par laquelle le Conseil de la ville de Grenoble les ont privés de l'exemption des tailles. Minute. (*Ibidem*.)

251. — Fin avril 1553. — Requête adressée au Parlement par les bedeaux de l'Université, tendant au rejet de la requête des Consuls du 27 avril 1553, qui est fondée sur les prétendues injures adressées par les bedeaux aux Consuls dans une requête antérieure[2]. Minute. (*Ibidem*.)

252. — 19 mars 1564. — Délibération du Collège de l'Université par laquelle *Giraud de Brun, le filz de M° Millo bedeau de l'Université* est nommé bedeau lui-même, à la requête de M° Limojon, *au lieu du secund bedeau deffunt*. (*Ibidem*.)

253. — Fin mars 1564. — Lettres de François de St-Marcel d'Avançon, évêque de Grenoble, chancelier de l'Université, nommant Giraud Brun, dit Mil, bedeau de l'Université, en remplacement de Claude de Murra, décédé. Minute. (*Ibidem*.)

254. — 25 mars 1565. — Lettres de François de Saint-Marcel d'Avançon, évêque de Grenoble, chancelier de l'Université, par lesquelles Jean Brun, dit Mil, notaire royal et bedeau, est nommé greffier et secrétaire de l'Université en remplacement de M° Besson, décédé. (*Ibidem*.)

d). — Varia.

255. — 15 février 1550. — Opposition des Cordeliers contre l'affectation de leur réfectoire aux cours de l'Université de Grenoble. (*Ibidem*.)

256. — 8 octobre 1553. — Procuration passée par le doyen et les docteurs de

---

[1] Dans le fonds de l'Université figurent aussi les lettres de l'évêque de Grenoble (1551) chargeant Jean Brun Mil, notaire, de l'enregistrement et du contrôle des attributions de bénéfices ecclésiastiques, conformément au rescrit du roi publié à Grenoble le 14 janvier 1549. Voy. aussi n° 83, note. Jean Brun Mil fut fréquemment employé par la Ville comme calligraphe et *peintre de lettres* en particulier en 1548, à l'occasion du passage du Roi à Grenoble, et en 1564, lors de l'entrée du prince de La Roche-sur-Yon. (*Invent. som. des Arch. commun. de Grenoble*, 2° partie, p. 108 et 119.)

[2] Il s'agit de la requête précédente du 14 avril. Cette requête, dont le texte n'offre pas grand intérêt, ne contient en réalité aucune injure; tout au plus peut-on dire qu'on n'y trouve pas les formules et le ton d'humilité qu'on aurait attendus de la part de ces officiers inférieurs.

l'Université de Grenoble à Antoine Rives[1], procureur au Parlement de cette ville, chargé de gérer les affaires d'intérêt de l'Université. (*Ibidem.*)

1557-1561. — Extraits des Archives de l'Université : délibérations du Collège relatives à des agrégations, à des doctorats, aux lectures, etc... (N°ˢ 257-259 *bis*.)

257. — 22 février 1557. — Agrégation de M. Narcier (v. n° 241)...

...Plus on a conclud et assigne a Maistre Lescure la loy *filium quem habentem*[2] pour la repeter publicquement et solemnellement dans deux moys et soubstenir propositions et disputes publiques au moins troys jours, pour, s'il est treuvé suffisant le recepvoir a estre docteur aggrege, regent ordinaire en icelle ; et si Monsieur Consorat y veult pervenir, luy sera baillee la mesme matière a semblables fins, si que le plus duisant a l'utilité publicque l'emportera. Semblablement sera procédé aux regences quant provision y escherra, et que les docteurs regens y liront ordinairement ; si par maladye ou aultre urgence ne peuvent lire, substitueront docteur a ce suffisant durant l'excuse non longue. Plus que Messieurs le doyen, de Govea, Borrel et Vachon et les deux d'iceux sont commis a dresser le reiglement de toute l'Université pour le tout veu au collège y resouldre...

258. — Du lundy neufviesme d'octobre 1559 a Grenoble en la grand salle de l'Evesché se sont assemblez messieurs les aggregez de l'Université cy apres nommez.

Et premierement M. Charles Ricoz de la Tour, vice recteur.

M. André Ponnat conseiller du Roy,

M. de Ponsonas, advocat general.

M. Bucher, doyen.

M. Baraton.

M. Govea.

M. Merchiot.

M. Dalphas.

M. Eybert.

M. Mᵉ Nicolas.

M. Lymojon.

M. Narcier.

M. de Villiers.

Et, plusieurs parolles dictes par monsieur Bucher et monsieur Govea,

dict a esté par ledict college et aggregez tout d'une voix, nemine discrepante, que nouveau roolle des lectures sera faict pour estre affigé aux lieux publicques, et dans lequel roolle seront inscripts les

---

[1] Consul de Grenoble en 1559 et 1571. Est-ce le maître des comptes Ant. de Rives pourvu de cet office en 1578 ? (Voy. Pilot, *Invent. som. des Arch. dép. de l'Isère*, t. II, Introd., p. 89.)

[2] L. 24, C. III., 37, *familiæ erciscundæ*.

docteurs lisants, selon l'ordre des heures ausquelles ils liront sans avoyr esgard a l'ordre de leurs dignitez et precedences. Besson.

259. — Le vingt huictiesme juin mil V^e soixante un, par moy Jean Brun dict Mil, premier bedeau de l'Université et secretaire commis en cest, soubzsigné, ont este appellez par le commandement de Monsieur Bucher, doyen d'icelle Université, M. le Vichancellier, M. le Recteur et touts messieurs les docteurs aggregez, lesquels se sont trouvez en la salle episcopale ou l'on a coustume de fere des actes d'icelle Université, au nombre qui s'ensuyt :

Premier Monsieur le Chancellier Bocsozel.
M. le Recteur Gauteron.
M. de Govea, liseur.
M. le Chanoyne Gallien.
M. Jean Vachon.
M. Gaspar Baro.
M. Lymojon.
M. Narcier.
M. de Villiers.
M. Lescure.

Auquel lieu Me Antoine Besson, secretaire de l'Université a presenté Maistre François Besson, son filz et requis Messieurs de luy vouloyr conferer le degre de docteur es droicts et a ces fins luy donner les poincts, selon la coustume. Sur quoy Me Jean de Lescure a faict raport avoyr ouy ledict Me Françoys Besson en poincts privez, et a afferme que le college le treuvera capable du degré. Quoy faict, a este conclud que les poincts luy seront baillez et qu'il seroyt faict docteur sans argent pour le merites dudict Besson son père in Academiam. Et luy a este baillée la loy Si non donationis C. de contrahendo emptionem[1], et le chapitre accepta de restit. spol. en extra[2] ; lesquels poincts il rendroyt le landemain a semblable heure.

Landemain en mesme lieux et en mesme heure se sont trouvez Messieurs de l'Université aux fins que dessus, selon le nombre qui s'ensuyt.

A scavoyr ledict Monsieur le Vichancellier.
M. le Recteur Gauteron.
M. le President de Portes.
M. Du Vache.
M. le doyen d'Avanson.
M. Servientis.
M. André Ponat, conseilliers au Parlement de ce pays.
M. de Govea, liseur.
M. le chanoyne Gallien.

---

[1] L. 8. C. IV. 38, *de contrahenda emptione et venditione*.
[2] Décrétales, 3. X. II. 13.

M. Mᵉ Pierre, medecin.
M. Dalphas.
M. Vallambert.
M. Vachon.
M. Lymojon.
M. Mᵉ Nicolas, medecin.
M. de Villiers.
M. Gaspard Marrel.
Le filz de M. Boneton.
M. le second consul Jean Verdonay.

Ou, après la lecture faicte par ledict Besson et les disputes, estant assisté de Monsieur Lescure et Monsieur de Buffevant, ses promoteurs et patrons, a esté concluld que ledict Mʳᵉ Françoys Besson seroyt prononcé docteur es droicts canons et civils avec les tiltres supremes optime meritus de rigore examinis nemine discrepante. Et au mesme instant fust requis par ledict Besson qu'il pleust au college d'aggreger son filz en consideration des services faicts par luy a l'Université. Aussi fust proposé et requis par Monsieur le President de Portes qu'il pleust au college d'aggreger semblablement M. Mᵉ Françoys Vachon tiers president de la Chambre des Comptes de cedict pays. Sur quoy fust conclud que lesdictz Besson et Monsieur le President Vachon estoyent aggregez et receus au college d'icelle Université. Et après fust ledict Maistre Françoys Besson prononce docteur et aggrege par Monsieur le Vichancellier selon la conclusion que dessus ; et a receu insignia doctoratus par les mains de Monsieur Lescure.

Et ainsi a esté procédé, et par moy Jean Brun dict Mil notaire, bidel et commis susdict soubzsigné receu ledict an et jour que dessus.

H. (sic) de Boczosel, official et Vice-Chancelier[1].

Brun, premier bidel, notaire et commis susdict.

259 *bis*. — Liste de convocation pour une réunion du collège de l'Université (26 septembre 1561) *pour traiter de toute l'assistance de l'Université* :

M. le President de Portes.
M. le doyen d'Avanson.
M. Servientis.
M. du Vache.
M. Ponat.
M. de Bryé, conseilliers du Roy au Parlement de Daulphiné.
M. Vachon, Président en la Chambre des Comptes.
M. le Recteur Gauteron.

---

[1] Le document porte très lisiblement l'initiale *H*. de Bocsozel. Néanmoins, il ne peut être question ici que de Soffrey de Bocsozel du Châtelard. Il faut considérer que les *Documents* 257-259 *bis* sont une copie et que, dans l'écriture du temps, l'*H* et l'*S* peuvent se ressembler jusqu'à l'identité : cette faute de copiste n'est donc pas de nature à nous surprendre.

M. le Chanoyne Gallien.
M. Baraton, cordellier.
M. de Govea, liseur ordinaire.
M. Boneton.
M. Maître Pierre, medecin.
M. Anthoine Areoud, son filz.
M. Dalphas.
M. de la Rivière.
M. Vallambert.
M. Jean Vachon.
M. Baro.
M. M⁰ Nicolas, médecin.
M. du Chastelar.
M. Limojon.
M. Narcié.
M. M⁰ Huguet, medecin.
M. Charbonel, medecin.
M. de Villiers.
M. Lescure.
Le filz de Monsieur Boneton.
M. Gaspar Marrel.
M. de Mollysolle, vibaly.
M. Besson.
M. le Secretaire Besson.
M. de la Balme Servient consul.
(*Ibidem.*)

260. — 20 avril 1558. — Délibération du collège de l'Université.

Le vingtiesme d'avril mil V⁰ cinquante huict, en la grande salle de l'Evesche de Grenoble ont este assemblez messieurs de l'Université dudict Grenoble pour doctorer Monsieur de Laulbepin[1].
Premier Monsieur Rivail, Vichancellier.
M. Buffavent, recteur.
M. de Govea, liseur.
M. Gallien, chanoyne.
M. Boneton.
M. Areod.
M. Ponsonat.
M. Dalphas.
M. Vachon.
M. Eybert.
M. Limojon.

---

[1] Cf. nos 277 et 243.

M. Nicolas, medicin.
M. Charbonel, medicin.
M. Narcié.
M. Merlin de Villiers.
M. Lescure.
M. Marrel.
M. Huguet medicin.
Et Mᵉ Rebolet consul.

Le susdict jour noble Philibert Gaste, seigneur de Laulbepin, a este cree docteur in utroque jure canonico et civili, summo et splendidissimo titulo optime meriti cum exactissimo examine nemine doctorum discrepante; promotores ejus fuerunt dominus Antonius Areodus insigniens et dominus Joannes Lescurius, orans.

Le mesme jour susdict les susdictz seigneurs tenantz leur conseil au rapport de Monsieur de Govea a dict que despuis la Sainct Luc dernierement passee, que Monsieur de Colloreto a leu jusques a Noel, Monsieur Merlin de Villiers rapporte et tesmoigne que Monsieur de Colloreto a leu dernierement despuis quinze jours ou troys sepmeynes apres la Sainct Jehan 1557 jusques a Nostre Dame de septembre oudict an ou envyron, ce qu'il dict scavoir pour avoir veu ledict sieur de Colloreto se trouver aux estudes tous les jours de lecture a troys heures au sourtir et sur la fin de la lecture dudict de Villiers pour lyre apres, et pour l'avoir ouy dire aux escholliers qui sortans de la leçon dudict de Villiers s'arrestoyent pour ouyr celle dudict sieur de Colloreto; et plus n'en dict. Et en oultre Mᵉ Rebolet, secund consul a rapporte que sur le dire de Monsieur de Ponsonat au Conseil général de la Ville tenu dimenche dernier, fust conclud que seroyt poye audict Monsieur de Colloreto pour le temps qu'il se trouveroyt avoir leu au profit de ladicte Université, et a este conclud de moyenner envers Messieurs de la Ville de le faire payer suyvant la conclusion dudict Conseil general.

Item le dernier nommé, Monsieur Rival vichancellier a dict avoir exorté Monsieur Marrel jadis recteur que si il ne lysoit ainsi qu'il avoit promis a Messieurs de l'Université a la passation de son doctorat, que a faulte de ce faire, l'on le suspendroit de l'entree du colleige; ce que a este confirme et conclud cedict jour par ledict college et que il luy seroit notiffie par moy huyssier de ladicte Université. (*Ibidem.*)

1563-1564. — Registre des délibérations du Collège de l'Université :

261. — 2 octobre 1563. — Présents : MM. le Recteur, Mᵉ Pierre, Gallien, Limoyon, Charbonel, Narcier, d'Auriliac, Le Maistre. — Le Collège décide d'offrir un salaire de 800 l. à M. Loriol qui propose de venir lire à l'Université de Grenoble. On lui adressera une lettre, dont le texte suit : ... *s'il vous plait fere cest honneur a nostre Université que de venir, nous avons estes d'advis que messieurs les consulz vous baillassent de l'argent de l'Université la somme de huict cens livres.*

Nous scavons bien que est trop peu selon la grandeur de vostre estimation et vostre merite, mais asseurés vous que ne pouvons pour le present faire aultre chose. Si nous pouvions faire plus grand chose, il ne vous seroyt pas espargné pour le désir qu'avons de vous ; et encores, de ladicte somme ne sommes pas fort asseurés... Vous bons amis les aggregiés de l'Huniversité.

262. — 17 décembre 1563. — Présents : M. le Recteur, M. Gallien, M. Rostolan, M. Maistre Nicolas, M. Limogion, M. Narcier, M. Besson, M. d'Aurilias. Le Collège décide qu'on retiendra un logis pour M. Loriol et qu'on enverra un docteur pour l'aller chercher.

263. — Délibération du 21 janvier 1564. — Présents : M. le Recteur, M. Maistre Pierre, M. Maistre Nicolas, M. Charbonnel, M. Narcier, M. Besson, M. d'Auriliac. — *Et ont baillie les poinctz en medecine a M. Cornelius Boclandus*[1] ; *le premier c'est l'aphorisme 15ᵉ de la première section d'Ipocraies, duquel le commencement est :* Ventres hicine ; *le second est d'Avisenna doct. 3ᵃ cap. 2°, cujus initium :* dico quod deus ; *lesquelz il doibt rendre le jour ensuivant a une heure apres midi.*

264. — 22 janvier 1564. — Présents : M. Narcier, vichancelier, M. le Recteur, M. Buchicher, doyen, M. d'Alphas, M. Maistre Nicolas, M. Limoyon, M. Charbonel, M. de Viliers, M. d'Auriliac. — Promotion au doctorat de Corneille *Boclandus... Et lors qu'il est venu a cullir les voys pour la creation du docteur susdict, M. Narcier comme vi-chancelier c'est opposé a se que Monsieur le Doyen s'estoyt mis a les cuillir, disant que de coustume les chanceliers les devoyent cullir ; tellement que a sa demande estans interrogues, messieurs les aggregiés ont repondu que c'estoyt l'office du doyen, non poynt du chancelier, et sur ce M. Narcier a requis comme vi-chancelier que ladicte response fust sans prejudice du chancelier ou de ceulx qui tiendroyt son lieu.*

Le mesme jour a este deliberé sur l'argent qui seroyt baillié par le susdict docteur a Messieurs les aggreges de l'Huniversite, et ordonne que veu les raisons par eulx considerees, il balieroyt dis escus seulement et ce sans consequence, reservant touteffoys les droictz du secretayre et bedeau, lesquelz seroyent payes comme de coustume.

265. — 19 février 1564. — Présents : M. le Recteur, M. le Doyen, M. l'Official, M. Maistre Pierre, M. Maistre Nicolas, M. Limoyon, M. Narcier, M. de Villiers, M. Besson, M. d'Auriliac, M. Le Maistre. — MM. l'Official, Ariot (*sic*) et de la Rivière sont envoyés à M. de Maugiron pour empêcher que l'auditoire de l'Université soit affecté aux offices religieux des Réformés, comme ceux-ci le réclament.

---

[1] Voy. n° 286.

266. — 18 mars 1564. — Présents : M. le Recteur, M. l'Official, M. Bonnetton, M. Maistre Pierre, M. Limojon, M. Narcier, M. Besson, M. d'Auriliac, M. Le Maistre, M. Loriot, M. de Viliers. Le Collège fixe au lendemain la réception du nommé Olivier Cosme, de Carpentras, comme docteur en droit civil, et réduit ses droits d'examens à 8 écus.

267. — 19 mars 1564. — Présents : MM. le Recteur, Gallien vi-chancelier, Maistre Pierre vidoyen, Loriot *parrin du docteur ci desoubz nomme*, Dalphas, Limoyon, Charbonel, Narcier, Valambert, de Villiers *2 parrin*, Maistre Nicolas, Besson, d'Auriliac, Le Maistre. — Olivier Cosme est cree docteur *avec ces tiltres optime meritus et nemine discrepante... Et lors qu'il est venu a cuillir les voyx touchant la creation du docteur susdict, s'est de rechef mue une controverse a scavoir si il falloyt que le chancelier cuillit les voys ou le doyen.* Me Pierre Aréoud vi-doyen intervient dans le débat et rappelle la délibération du 22 janvier précédent (n° 264). *Sur quoy nonobstant ceste proposition a este dict que c'estoyt l'office du chancelier, comme chef de l'Université, non point du doyen, de cuyllir les voys. Et sur ce M. Maistre Pierre a protesté a se que telle ordonnance ne fut poynt au prejudice de ceulx pour lesquelz il tenoyt le lieu.* — Le mesme jour ausi a esté fait bedeau a la requeste de Monsieur Limoyon, au lieu du second bedeau defunct, Giraud de Brun, le filz de Maistre Milo, bedeau de l'huniversité, nemine discrepante (suit la requête de Giraud Brun au Collège).

268. — 24 juin 1564. — Présents : MM. Fustier, recteur, Bucher douien, Loriot docteur regent extraordinaire, M. Mc Pierre Areoud medecin, M. Gallien, M. Dalphas, M. Alard medecin, M. Limojon, M. Charbonel, M. de Villiers, M. Besson, M. d'Auriliac. — ... *A este dict qu'il sera bon que a la venue de mondict seigneur le Gouverneur*[1] *Monsieur le Recteur luy face la harangue ; et pour raison de la difficulté qui pourroyt advenir de mesdictz seigneurs de l'Universite et Monsieur le Vibally, qu'il sera bon que ledict sieur Recteur, acompagnié de quelques ungs de ladicte Université presente requeste verbale a Messeigneurs tenans la cour de Parlement de ce pays, tendent aux fins qu'il soyt enjoinct audict sieur Vibally de ne preceder ceulx de ladicte Université lors qu'on ira au devant de mondici seigneur le Gouverneur ou bien du Roy a leur venue, atendu mesme que a l'entree du Roy Henry en ceste ville et de feu Monseigneur de Guyse lors gouver-*

---

[1] Charles de Bourbon, duc de Beaupréau, prince de La Roche-sur-Yon, nommé gouverneur en 1561. Il fit son entrée dans Grenoble le 15 juillet 1564.

neur de ce pays[1] les *Recteur et agreges de l'Université marchoient immediatement pres Messeigneurs de la Cour et des Comptes, et ledict Vibally, docteurs et aultres avocatz plus loing du Roy et de Monseigneur le Gouverneur près l'Université. Et quant a l'habit auquel on doibt aller, a ce qu'on cognoisse les docteurs agreges avec les aultres qui ne le son et qui suivront ledict sieur Vibally, dict a esté et avisé que tous les agreges marcheront en leur ranc suyvant leur reception, a cheval, avec la housse, leurs raubes longues et chaperon de satin noir doublé de rouge, sans que aulcung desdictz aggreges s'en puisse exempter sinon par maladie ou legitime empeschement, a peyne au deffaillant de suspension de son agregation pour l'espace d'ung an et de ne jouyr des droictz privileges et prerogatives appertenans ausdictz agreges durant ladicte annee; et a ces fins sera supplié par mondict sieur le Recteur a mesdictz seigneurs de Parlement vouloyr esmologuer et ratiffier la susdicte poyne contre lesdictz deffallians; et sera tout ce que dessus signiffie a un chascun desdictz agreges par le bedeau a ce qu'aulcung n'en pretende ignorance.*

(Le reste du registre n'a pas été utilisé.) (*Ibidem.*)

269. — 1566. — Trois pièces secondaires d'un procès plaidé devant Nicolas de Boneton, *juge temporel et subconservateur des privilèges de l'Université.* L'objet du litige est inconnu. Les parties sont : Antoine Dalphas docteur regent demandeur, Pierre Michon Fumet, les hoirs de feu Jehan Michon Fumet, Laurent Gaspard dit d'Antoine défendeurs et le syndic et économe du prieuré de Domène, partie intervenante.

IV. — Minutes de Diplômes conférés par l'Université de Grenoble.
(Archives municipales de Grenoble.)

a). — **Diplômes de doctorat en droit canonique et civil**[2].

270. — 25 février 1545. — Diplôme conféré à Antoine de la Rivière, de Romans. Promoteurs : P. Bucher, doyen de l'Université *insigniente* et *Mathieu Gribald Mopha, orante*[3].

---

[1] François de Lorraine, duc de Guise, gouverneur du Dauphiné, entra dans Grenoble dans les premiers jours de juillet 1548 ; Henri II, le 10 septembre de la même année.

[2] Les diplômes de doctorat sont conférés au nom de l'évêque, chancelier de l'Université ; les diplômes de baccalauréat et les attestations d'études au nom du Recteur. Nous publions *in extenso* un spécimen inédit de chacune des catégories de ces diplômes.

[3] Diplôme publié par M. Gueymard, professeur à la Faculté de Droit, dans son discours sur les *Origines de l'enseignement du Droit à Grenoble*, note, p. 47. *Séance annuelle de rentrée des Facultés du 20 novembre 1875.* V. n° 286, note.

271. — 30 septembre 1551. — Note relative à la promotion au doctorat de Bernardin Canal, de Bennes[1], *insigniente domino Anthonio Areodo*.

272. — 26 mars 1553. — Diplôme conféré à André Aréoud[2]. Promoteurs : Pierre Bucher et Jean Fornet.

Littere doctoratus domini Andree Areodi.

In virtute Dei maximi Laurentius Allamandus, miseratione divina Episcopus et princeps gratianopolitanus, abbas Sancti Saturnini, Cancellarius Antiquissime Academiæ gratianopolitane salutat vos horum programmatum receptores. Optimus Deus Academicorum opera, sed doctoribus eximiis atque disertissumis de his qui ad honorem tendunt in jurisprudentia periculum facientibus, hic eos duntaxat ad sublimem doctoris gradum provehit, qui post assidua studia in ea facultate peritissimi jam comperti sunt, et ea donati benigna facultate que efficiat, ut, toto opere legitimo ita perfecto, cura Reipublice tutius eis et committatur et credatur. Celeberrimi ergo jureconsulti Bucher Petrus, decanus, ac Joannes Fornetus, doctores hujus ordinis et veraces hic jurium professores publici, obtulerunt nobis seu gerenti vices nostras et horum collegis doctissimis ad hæc congregatis, nobilem Andream Areodum, civem gratianopolitanum, continua morum modestia candidatum, Achademiæque actibus frequentissimum, ac in jure apprime doctum, dignumque ut signis utriusque juris doctorum insigniatur, nempe pontificii et cæsarei, quo his legitimis comprobatus exornaretur. Nam is, tanquam vir, hac in solertia fortissimus huic acerrimo certamini tam animose se gessit, ut in hoc facunde negotium sibi creditum recenseret, interpretareturque doctissime propositos tum juris canonici, tum civilis locos, recollegitque argumenta acutissimosque objectus, eosque adversarios, docte, subtiliter, et perspicue dissolvit; id quod factum fuit in presentia magnifici domini Michaellis de Gives, secundi præsidis dalphinalis, et magnificorum Senatorum Henrici Marrelli, Guydonis du Vache, Francisci a Sancto Marcello, Claudii Veilhier, necnon magnifici domini Joannis de Lantier procuratoris generalis regii[3], omniumque dominorum hujus nostri coetus, quorum concordi assensu ille fuerit tanquam benemeritus de mera justicia tum de rigore examinis nemine discrepante, dijudicatus et approbatus vir sufficiens et idoneus. Quam ob rem eundem supplicantem meritissimum cum predictis titulis pronunciavimus et declara-

---

[1] Bennes, aujourd'hui hameau de la commune de Camburat, canton et arrondissement de Figeac (Lot).
[2] André Aréoud était fils de Pierre Aréoud, professeur de médecine à l'Université et frère d'Antoine Aréoud, professeur de droit. Il fut avocat consistorial et consul de Grenoble en 1575.
[3] Voy. ch. VIII, n° 421.

vimus doctorem utriusque juris canonici et civilis, illique publice docendi ac ea jura in cathedris doctori decentibus hujus Academiæ, et omnium aliarum interpretandi, consiliumque dandi justissime, œquissime, sanctissimeque potestatem fecimus, uti facultatem suscipiendi ac probe gerendi omnia et quecumque officia et honores que talibus doctoribus possunt accomodari. Ideo illi concessimus a dictis optimi zeli ejus promotoribus insigniri, ut moris est, doctoratu utriusque jurisprudentiæ et canonici et civilis. Et factum est ita solemniter splendide et felicissime, dictis Buchero fidelissime insigniente et Forneto orante, ut triumphalem coronam quam tot et tantis laboribus durissime comparavit assequutus fuerit, idque prestans ceteris exemplum splendidissimum, quo fiant ad studia tanto ceteris promptiores quanto uberiora prœmia speraverint se consequuturos. Acta fuerunt hœc in doctorum coetu, in aula nostra majori episcopalis palatii gratianopolis, vigesima sexta die marcii, anni salvatoris millesimi quingentesimi quinquagesimi tercii.

273. — 10 novembre 1556. — Diplôme conféré à Jean Favel, de Pagney[1], au diocèse de Besançon. Antoine de Govea *insigniente*.

274. — 6 janvier 1557. — Diplôme conféré à Soffrey de Bocsozel[2]. Promoteurs : Antoine de Govea et Hugues Vermond.

275. — 6 juin 1557. — Diplôme conféré à Jean Lescure, de Montréal[3], près Carcassonne, *cum utriusque juris operam strenue dedisset decennio Tolose, Cadurci, Valentiæ, Gratianopolis*[4]. Promoteurs : Antoine de Govea et Hugues Vermond. — Deux minutes : au dos de l'une d'elles est mentionnée l'agrégation immédiate du nouveau docteur au collège de l'Université.

276. — 11 juin 1557. — Diplôme honorifique conféré à Jean de Montluc, évêque et comte de Valence et de Die, investi par Pierre Bucher, doyen... *Universi item doctores et magistri collegam eum sibi cooptaverunt et allegerunt*[5].

277. — 20 avril 1558. — Diplôme conféré à Philibert Gaste, seigneur de Laulbepin[6]. Promoteurs : Antoine Aréoud et Jean Lescure.

---

[1] Pagney, aujourd'hui commune du canton de Gendrey, arrondissement de Dôle (Jura).

[2] Recteur en 1556.

[3] Montréal, chef-lieu de canton de l'Aude, arrondissement de Carcassonne.

[4] Il avait étudié à Grenoble du 1ᵉʳ décembre 1555 au 30 janvier 1556. — Voyez attestation d'études, n° 314.

[5] Publié par M. Gueymard, *op. cit.*, note.

[6] V. n° 260. Philibert Gaste de Laubepin fut, cette même année 1558, nommé et reçu conseiller au Parlement de Dauphiné. Il mourut non l'année suivante, comme le dit Pilot, en tête du 2ᵉ vol. de l'*Inventaire des Arch. dép. de l'Isère*, mais en 1560. Ancien luthérien, il fut au nombre des plus ardents catholiques parmi les membres du Parlement. En 1559 il fut rapporteur de la Commission chargée de poursuivre les hérétiques à Valence et à Romans. Voyez à ce sujet et sur sa mort prématurée, Arnaud, *Histoire des Protestants en Dauphiné*, t. I, p. 53.

278. — 30 avril 1558. — Diplôme conféré à Antoine Laurent, de Luzerne[1], *urbis Luserne transmontane diocesis Taurinensis*. Promoteurs : Jean Vachon et Jean Lescure.

279. — 4 août 1560. — Diplôme conféré à Claude Chat. Promoteurs : Merlin de Villiers et Jean Lescure.

280. — 23 mars 1561. — Diplôme conféré à Louis Sauget, de Besançon[2].

281. — 4 avril 1562. — Procès-verbal de la convocation du Collège des docteurs de l'Université pour la promotion au grade de docteur en droit canonique et civil de M. Félix Basset[3]*.

b). — Diplômes de doctorat en médecine.

282. — 16 juin 1547. — Diplôme conféré à Pierre Daquet, d'Ypres, au diocèse de Therouanne, m° es arts *annuentibus dominis Petro Buchero hujus inclyte Academie Decano, Enemondo Bertaleto, Nicolao Baratono, sacre theologie magistris ac Petro Areodo doctore medico, Ludovico* (sic) *Galliano, Nicolao Bonetono, Girardo Serviente, Johanne Forneto, Johanne Vachono, Anthonio Ripario, Andrea Ponato, utriusque juris doctoribus, Spiritu Martino artium magistro et in his publico professore.*

283. — 25 juillet 1551. — Diplôme conféré à Nicolas Brongniard, de Béthune, créé docteur par Pierre Aréoud, reçu par MM. Pierre Bucher, doyen, Laurent Gallien, juristes, Ennemond Berthallet, Valentin Gauteron, théologiens, Girard Servient, Jean Vachon, Hugues Valambert, juristes, Pierre Aréoud, Guillaume Dupuis, Jacques d'Alechampierre, médecins, sous le rectorat de Claude de Saint-Rémy.

284. — 12 août 1553. — Diplôme conféré à Nicolas Allard[4], d'Uzès, *natione occitanum*, docteur ès arts et bachelier en médecine de l'Université de Montpellier, créé docteur par Pierre Aréoud, en présence d'Aimar Rivail, vice-

---

[1] Au Sud-Ouest de Pignerol. Pays vaudois. Les Vaudois des vallées du Cluson et de Luzerne livrèrent, en mai 1562, de sanglants combats à La Cazette, gouverneur de Briançon, qui les massacra à Césanne. V. Arnaud, *Hist. des Prot. en Dauph.*, t. I, p. 185.
[2] V. n° 286, note.
[3] Félix Basset fut juge royal de la cour commune de Grenoble, puis conseiller au Parlement (1591). Mort en 1623.
* Pilot, dans ses notes manuscrites de la Bibliothèque de Grenoble, signale, en outre, un diplôme de doctorat en droit conféré à la date du 18 novembre 1565 à Étienne Barlet, avocat-consistorial, fils d'Étienne Barlet, auteur de l'ouvrage intitulé *Stephani Barleti, Allobrogis, jurisperiti gratianopolitæ, absconditarum rerum et mirabilium gentis suæ monumenta*, dont un exemplaire se trouve à la Bibliothèque Sainte-Geneviève. Cf. Rochas. — Ce diplôme, qui se trouvait autrefois dans un des dossiers du procès de l'exemption des tailles (sans doute CC. 630), a disparu.
[4] Nicolas Allard se fixa à Grenoble, fut agrégé de l'Université et se distingua pendant la peste de 1564. Cf. *Inventaire sommaire des Archives communales de la ville de Grenoble*, t. I, p. 61, et Bordier, *La Médecine à Grenoble*, ouvr. cit., chapitre III.

chancelier de l'Université, de P. Bucher, doyen, Ennemond Berthallet, Nicolas Baraton, docteurs en théologie et ès arts, Laurent Gallien, Antoine Dalphas, Antoine de la Rivière, Hugues Vallambert, André Ponnat, Gaspard Baron, Christophe Eybert, docteurs en droit canonique et civil, et Bernard Duchesne (*quercinus*), docteur ès arts.

285. — 17 février 1555. — Diplôme conféré à Guy Jessey, de Tullins (deux minutes).

In virtute dei maximi, nos Laurentius Allamandus, miseratione divina Episcopus et princeps Gratianopolis, abbas ecclesie secularis Sancti Saturnini Tholose ac Sancti Martini, decanusque Sabaudie et sacræ Universitatis Gratianopolitanæ cancellarius, universis et singulis presentes litteras inspecturis, lecturis vel audituris salutem. Jamdudum amplissimi collegii nostri decreto sancitum est, ut hi condigna laude celebrarentur qui de sciencia medica optime meriti censerentur quo preclarum institutum prosequendo illud tandem proficeretur quod ab Atheniensium more probatissimo initium sumpsisse videtur, qui cum Thesei gloriosam et memorabilem virtutem posteris esse vellent, pluris fecerunt præclara illius gesta litterarum monumentis consecrata, quam admirando picture alicujus artificio expressa. Quapropter, ut studiosorum animi ad doctissimorum medicorum imitationem allicerentur, tum ut virtutem nostris ingeniis insita conditionis specie fucata et adumbrata conspurcari prohiberentur, tum etiam quo rebus publicis consuleretur eos demum professores ac medicine interpretes esse debere, visum est quos apud nos celeberrimæ Academiæ nostræ censura communi suffragio approbaret, ne interpretatur falsa studiosis detrimentum importaret. Itaque hujus Academiæ administri Isocratis sentencia ducti illas solum animi imagine, posteritati jure commendandas in ævumque transmittendas rati sunt que et virtutibus et scienciis depicte et exornate censerentur. Nam ex his et vitæ degendæ et rerum gerendarum omnis ratio in medium affertur. Quamobrem hoc diplomate cunctis innotescere volumus eruditissimum virum dominum Guidonem Jesseyum Tullini, natione dalphinalem, gratianopolitani diocesis, a theologis, juriscousultis et medicis nostri Collegii sanctissimis literatissimisque viris multis item aliis uniuscujusque ordinis examinatum et judicatum tanquam benemeritum de mera justicia dignum licencia in medicina et doctoris gradu fuisse, et Domino Nicolao Allardo, doctore medico, doctoris insignia suscepisse, cum ejus honoris insignibus, pilleo cum serico rubeoque flocco, veste medica, anullo singulo, philira cerica, apperto vicissim et clauso libro. Cum ergo eum honorem merito consequutus sit supradictus dominus Jesseyius, nos illum auctoritate qua hic fungimur licentia datum et doctorem medicine pronunciamus et declaramus doctorumque privilegiis et immunitatibus hic ac ubique frui posse ac debere testamur, et, ut his omnibus fides certior habeatur, Academiæ nostræ sigillum his tabulis addi volumus. Datum Gratianopoli in aula nostra majori episcopalis palatii, anno a partu virgineo millesimo quingentesimo quinquagesimo quinto et die decima septima februarii.

286. — 22 janvier 1564[1]. — Diplôme conféré à noble Corneille Blockland, de Montfort, au diocèse d'Utrecht, *natione hollandum*, créé docteur par Pierre Aréoud (deux minutes).

c). — **Diplômes de baccalauréat en droit canonique et civil**[2].

287. — 25 juillet 1546. — Diplôme conféré par Antoine Motet, recteur, à Jacques Bernard de... (?), fils de feu Antoine Bernard, seigneur de Chinctot(?), ancien clerc de l'Université de Paris, présenté par Girard Servient et Pierre Bucher.

288. — 21 mars 1549. — Diplôme conféré par Antoine Motet, recteur, bachelier en droit civil et canonique, à Soffrey Combans, de Fontaines[3] (diocèse de Grenoble), présenté par Gaspard Baron.

289. — 5 mai 1549. — Diplôme conféré par Antoine Motet, recteur, à Claude Finaud, de Saint-Martin-du-Frêne[4] (diocèse de Lyon), et à Étienne Cornu, de Nevers, présentés par Raymond Rostolan, Gaspard Baron et Hugues Vallambert.

290. — [Fin 1551 ou 1552.] — Diplôme conféré par François Lesquaud, recteur, à Sébastien Requand, présenté par Hector Riquier, témoins : Guillaume Gabier, Claude Robert, Esprit Girard [étudiants] et Jean Brun Mil, bedeau de l'Université.

291. — 18 août 1553. — Diplôme conféré par François de Flandre, de Gap, à Honoré Roux, d'Upaix[5], au diocèse de Gap, ancien élève des Universités d'Avignon et de Toulouse, présenté par François de Saint-Marcel, doyen de l'église de Grenoble, Antoine Aréoud, professeur de droit, et Christophe Eybert.

292. — 20 mars 1555. — Diplôme conféré par Antoine Motet, vice-recteur, à Adrien Bazemont, du diocèse de Chartres, *ex clara familia*, présenté par Jean Borel, docteur en droit ; témoins : Guillaume Bernard, prêtre de l'église cathédrale, Mathieu Gallard, clerc du diocèse de Grenoble.

---

[1] L'une des minutes de ce diplôme porte la date du 22 janvier 1563, — date manifestement erronée, puisqu'en 1563, en raison des troubles religieux, l'Université avait fermé ses portes. — Voy. d'ailleurs n°° 263 et 264. — C'est cette minute qu'a connue Berriat Saint-Prix, qui nous apprend (*Coup d'œil sur l'emploi de la langue latine dans les actes anciens et sur sa prohibition au XVI° siècle* publié dans le t. VI des *Mémoires de la Société royale des Antiquaires de France*, note B.), qu'il l'a présentée, ainsi que celles du diplôme de doctorat d'Antoine de la Rivière (n° 270) et de celui de Louis Sauget (n° 280) à la Société des Antiquaires. — Cf. également n° 286.

[2] Nous ne publions pas de diplôme de baccalauréat de droit. Voir le diplôme de baccalauréat en médecine, n° 307, et Gueymard, *op. cit.* Diplôme de Claude Roybon (7 juillet 1555), n° 293.

[3] Commune du canton de Sassenage, arrondissement de Grenoble.

[4] Arrondissement et canton de Nantua (Ain).

[5] Upaix, canton de Laragne, arrondissement de Gap.

En note : *ipse creatus fuit prius scolasticqus quam bacalarius* (lisez : prius baccalarius quam scolasticus).

Illicquo anno et die predictis, testibus quibus supra dominus Bazemont promisit et juravit in manibus etiam domini vice-rectoris esse tanquam bonus scolasticus, legalis et fidelis dicto vicerectori et dicte Universitati, et secreta nemini pandere, bona et jura toto suo posse procurare, et hodie in manibus dicti domini vicerectoris se matriculavit in presentia quorum supra.

(Au dos de l'attestation d'études délivrée à Philippe de Brun, n° 310.)

293. — 7 juillet 1555. — Diplôme conféré par Antoine Motet, vice-recteur, à Claude Roybon, fils de noble Bermond Roybon, de Tullins, présenté par Pierre Bucher et Gaspard Baron, docteurs[1].

294. — 11 janvier 1556. — Diplôme conféré par Soffrey de Bocsozel, recteur, à Jacques Anglency, de Bourgoin, présenté par Antoine de Govea.
(Au dos de l'attestation d'études délivrée au même à la même date.)

295. — 3 juillet 1556. — Diplôme conféré par Soffrey de Bocsozel, recteur, dans la maison de *Pierre de Lémeric, doctor et lector,* à noble Jean d'Aragon[2], présenté par led. *Pierre de Lémeric.*

296. — 9 mars 1557. — Note relative à la promotion au grade de bachelier en droit canonique et civil de Raymond Montoyson, de Crest[3], présenté par Hugues de Vermond ; témoins : André de Milerysin, docteur, Denis Beaugerin de Charon et Claude Croix.

297. — 26 juillet 1557. — Note relatant que François Sigaud, dit du Palais, fut créé bachelier en droit canonique et civil par M. le recteur Marrel, sur la présentation de M. Merlin de Villiers et en présence de Jean Chappellain, bachelier ès droits, chanoine de l'église cathédrale de Grenoble, et de noble Abel de Buffevent, écoliers de l'Université.

298. — 25 octobre 1557. — Note relative à la promotion au grade de bachelier en droit canonique et civil de François Pinel, d'Avignon *(civis Avinionensis),* présenté au recteur Gaspard Marrel par M. Merlin de Villiers ; témoins : Charles Flot, chanoine de N.-D., et M° Claude Croix, clerc de La Tour-du-Pin.

299. — 6 novembre 1557. — Diplôme conféré par Henri *(sic)* Marrel[4], recteur, à Denis Chappuis, procureur au Parlement de Dauphiné, présenté par M. Merlin de Villiers.

---

[1] Minute publiée par M. Gueymard, *op. cit.,* en note. — Voy. n° 246, note.

[2] La famille d'Aragon était grenobloise au XVI° siècle. Elle se rattachait vraisemblablement à Jean Cid, conseiller au Parlement de 1508 à 1513, dont Pilot *(Inv. som. des Arch. dép. Isère,* t. II, Introd.) signale l'origine aragonnaise. — Un Jean d'Aragon est, en 1525, exécuteur du testament de grâce d'Archelles, fondateur de l'hôpital des pestiférés de l'Ile. Voy. Prudhomme, *Études historiques sur l'assistance publique à Grenoble, Bulletin de l'Académie Delphinale,* 1895, 4° série, t. IX, p. 131. Nous voyons plus loin, n° 310, un Hugues d'Aragon. Aux Archives de l'hôpital de Grenoble se trouvent divers titres intéressant la même famille au XVII° siècle (H. 18).

[3] Crest, chef-lieu de canton de l'arrondissement de Die (Drôme).

[4] Ce recteur est connu sous le nom de *Gaspard* Marrel. Henri est le nom de son père, conseiller au Parlement. Voy. n° 381, note.

300. — 7 septembre [1558]. — Diplôme conféré par Jean de Buffevent, recteur, à Pierre Bernard, de Saint-Égrève, prêtre de l'église Notre-Dame de Grenoble.

301. — 4 décembre 1558. — Diplôme de baccalauréat en droit canonique conféré par Jean de Buffevent, recteur, à Pierre Porret, prêtre, chanoine de N.-D. de Grenoble, présenté par Christophe Eybert.

302. — 17 décembre 1558. — Diplôme conféré par Jean de Buffevent, recteur, à noble Abel de Buffevent, fils de noble Abel de Buffevent, vibailli de Graisivaudan, présenté par M. Limojon.
(Minute écrite au dos de la nomination des conseillers du recteur, du 23 décembre 1558, n° 234.)

303. — 16 septembre 1561. — Diplôme conféré par Antoine Gauteron, recteur, à frère Louis Chaudausson, commandeur de Sauveterre, religieux de St-Antoine, présenté par Merlin de Villiers.

304. — 18 novembre 1563. — Diplôme conféré par François Fustier, recteur, à noble André Gauteron, religieux de Saint-Pierre de Valbonnais, natif de Saint-Étienne-de-Saint-Geoirs, présenté par Merlin de Villiers.

305. — 17 février 1565. — Diplôme de baccalauréat en droit canonique conféré par François Fustier, recteur, à noble *Johannes de Guburo*, prieur du prieuré de La Murette[1], au diocèse de Vienne.
(Minute écrite au dos de la minute du diplôme de Lescure, qui mentionne son agrégation, n° 275.)

306. — 10 mai 1567. — Diplôme de baccalauréat en droit canonique conféré par Pierre Maistre, *aggregatus et rector*, à Jean Philippon, prêtre de Tullins, présenté par Antoine Limojon.

d). — Diplôme de baccalauréat en médecine.

307. — 30 mai 1555. — Diplôme conféré à Vincent Barlet, de La Flachère :

In virtute domini nostri Jesu Christi, Anthonius Mottetus, canonici juris baccalaureus, præcentorque eclesiæ cathedralis Beatæ Mariæ Gratianopolis civitatis meritissimus ac Vicerector ejusdem Universitatis et Academiæ gratianopolitanæ magnificus, has litteras visuris, lecturis et inspecturis salutem impertitur. Cum in omnibus celeberrimis Universitatibus et Academiis, in more ac consuetudine longa positum ac demum ratione et lege confirmatum esse perspiceremus, ut qui in re medica aut alia facultate versati, suæ eruditionis condignum specimen palam ac publice edidissent, aliquo dignitatis gradu quasi debita laborum mercede decorarentur et exornarentur, anno nativitatis dominicæ millesimo quingentesimo quinquagesimo quinto et die penultima mensis maii, postquam vir singularis virtutis et eruditionis, dominus Nicolaus Alardus, doctor medicus dictæ universitatis

---

[1] Canton de Rives, arrondissement de Saint-Marcellin (Isère).

aggregatus, nobis honestum virum dominum Vincentium Barletum, ex legitimis parentibus utrisque natum, oriundum Flacheriæ, mandamenti Busseriæ, parrochiæ Sancti Vincentii Mercusæ [1] diocesis gratianopolitani, ad gradum bacalaureatus faciendum et promovendum præsentavisset et jurejurando illum tali gradu dignissimum esse affirmasset, quod præsentibus dicte imprimis domino presentante, necnon domino Petro Areodo doctore medico ejusdem civitatis cæleberrimo, multisque aliis doctoribus medicis et testibus subscriptis, palam ac publice medicas conclusiones sustinendo aptus et idoneus habitus sit et judicatus, Nos, audita relatione dicti Domini Nicolai præsentantis et reliquorum et demum perspecta singulari eruditione et etate legitima moribusque laudatissimis et aliis multis virtutibus dicti domini Barleti, considerantes æquum esse ut qui summis vigiliis et laboribus in medica disciplina insudavissent, aliquod tandem laborum suorum præmium assequerentur, auctoritate qua in hac parte fungimur, dictum dominum Vincentium Barletum bacalaureum in facultate medicinæ creamus, pronunciamus, declaramus et ordinamus; damus et concedimus eidem nomen et titulum veri bacalaureatus, cum potestate jura et præcepta dictæ facultatis medicinæ interprætandi, cathedram ascendendi et omnibus bacalaureorum juribus et privilegiis utendi ; in quorum omnium et singulorum fidem et testimonium, has presentes literas fieri et per nostrum secretarium infra subscriptum sigillique nostri appensione muniri et confirmari jussimus et mandavimus. Acta fuerunt hæc Gratianopolis in domo nostræ solitæ habitationis, anno et die prædictis, præsentibus ibidem honestis viris Matheo Bonaffide, Stephano ab Uxiaco et Renaudo Bernardo, scholasticis et auditoribus in dicta facultate medicinæ et tunc habitatoribus Gratianopolis, testibus ad hæc assistentibus.

(Au bas de la page : « Iste sunt vere littere baccalaureatus dominorum medicorum, que fuerunt in hac forma dicto domino Barleto expedite. »)

e). — **Attestations d'études.**

308. — 19 mars 1545. — Attestation délivrée par Antoine Motet, recteur, à Jacques d'Arcis, qui a étudié en droit canonique à l'Université de Grenoble, du 8 juin 1543 au 19 mars 1545.

308 *bis*. — 20 octobre 1545. — Attestation délivrée au même personnage qui a étudié en droit canonique à l'Université de Grenoble pendant une année complète.

---

[1] La Flachère, La Buissière, Saint-Vincent-de-Mercuze : auj. communes du canton du Touvet, arrondissement de Grenoble.

309. — 23 juin 1546. — Attestation délivrée par Antoine Motet, recteur, à noble Henri de Saluces.

(Au bas de cette attestation est la note suivante : *24 avril 1547 es presences de Messieurs le doyen, M° Berthallet prieur des jacopins, Pierre le medecin, Jehan Auriac aussi medecin, Servientis, Vermond, Borrel, Areoud, la Rivière, Alphas, a este institué aggrege M° Sperit regent des escolles de ceste ville.*)

310. — Octobre 1546. — Attestation délivrée à noble Philippe de Brun, du diocèse de Verdun, qui a étudié en droit civil à l'Université de Grenoble, de la Toussaint 1544 au 15 juillet 1546, *ut eatius in registris nostre Universitatis continetur* [1]; témoins Simon Repellin, Hugues d'Aragon et Christophe Terme, étudiants.

311. — 7 novembre 1554. — Attestation délivrée par Guillaume Gabier, recteur, à Jacques Michon, dit Fumet, de Grenoble, qui a étudié en droit canonique et civil à l'Université pendant trois ans et au delà, sur le témoignage de Jean Ramus, âgé de 27 ans, de Jacques Galleys, âgé de 27 ans, de Jean Narcié, âgé de 25 ans, professeurs de droit [2], d'Antoine Materon et de Claude Finaud, bacheliers.

312. — 7 juillet 1555. — Attestation délivrée à Claude Roybon, de Tullins, fils de noble Bermond Roybon, qui a étudié en droit canonique et civil à l'Université de Grenoble pendant plus de quatre années, d'après le témoignage de Jean Chapelain, Jean Daguin, Claude de Roux, étudiants, Guillaume Gabier, docteur en droit, ex-recteur, et d'Antoine Limojon, professeur de droit.

313. — 11 janvier 1556. — Attestation délivrée par Soffrey de Bocsozel, recteur, à Jacques Anglency, de Bourgoin, qui a étudié en droit à l'Université de Grenoble depuis quatre ans, sur le témoignage d'Antoine Materon, bachelier, Pierre Vernin, Jean Daguin, Claude de Roux, de Montchenu (dioc. de Grenoble), étudiants.

(Au dos, procès-verbal de la déposition des témoins et minute du diplôme de baccalauréat, n° 294.)

314. — 30 janvier 1556. — Attestation délivrée par Soffrey de Bocsozel, recteur, à Jean Lescure, de Montreal, du diocèse de Carcassonne, qui a étudié en droit canonique et civil à l'Université de Grenoble, du 1er décembre 1555 jusqu'à ce jour, sur le témoignage d'Antoine de Govea, de Jean Albuet, de Renage, bachelier, de Sébastien *Arbitius* du diocèse de Pampelune, et d'Antoine Laurent, de Luserne (au dos du n° 311).

315. — 30 mars-5 avril 1557, six pièces. — Enquête ordonnée par Hugues de Vermond, juge de l'Université, et faite par Brun Mil, bedeau et vi-secrétaire

---

[1] Note marginale : *non apparet de aliqua matricula neque registro; ideo advertatur si debemus ponere predictam clausulam signatam et si prefate bene stent.* Réponse : *Licet non apparere de matricula et registro nihil obest; ideo grossentur in hujus modi forma.* — Au dos est le diplôme de baccalauréat n° 292.

[2] L'expression n'est pas rigoureusement exacte : aucun de ces personnages n'est professeur de droit en 1554. Jean Narcié seul, à notre connaissance, fut agrégé à l'Université, et cette agrégation eut lieu en 1557. Jean Ramus, Jacques Galleys, qui fut premier consul protestant en 1563, et Jean Narcié sont donc tout simplement docteurs ès droits.

de l'Université, substitué à M. François[1] Besson, secrétaire, au sujet de la scolarité de M. François Ponnat[2], docteur en droit, et attestation d'études délivrée au nom du Recteur et de la Faculté de Droit. — Les témoins de l'enquête sont : *Pierre Actuer*[3], François Faure, Laurent Falque, docteurs ès droits, noble Guyot de Brianson[4] et Henry Materon[5], secrétaire des comptes.

V. — LE PROCÈS DES RÉGENTS GRENOBLOIS.

1557-1559. — Liasse comprenant (n°ˢ 316-321) :

316. — 16 février 1557. — Délibération par laquelle les États de Dauphiné, sur la requête de M. Marrel, recteur de l'Université de Grenoble, décident que *pour l'entretenement desdictes deux Universités de Grenoble et Vallance, leur sont ordonnez deux mil francz... qui seront prins sur le pris du sel de la future ferme du sel; et pour ce fere en seront faictes les poursuictes nécessaires par devers qui il appertiendra.*

317. — Compiègne, 27 juin 1557. — Bail de la ferme du sel, copie 18 feuillets papier (v. n° 323). Art. 28 : don de 2.000 l. aux Universités de Grenoble et Valence pour l'entretien des docteurs étrangers.

318. — Compiègne, 6 juillet 1557. — (V. n° 214.) Lettres patentes du roi Henri II attribuant aux deux Universités un don de 800 l. sur les gabelles de Pont-Saint-Esprit.

319. — 1558-1559. — Délibérations du Conseil de Ville des 17 avril 1558, 10 mars et 25 juin 1559 (v. n°ˢ 86, 100, 105).

320. — 1559. — Actes signifiés aux consuls le 23 mars 1559 : copie de la requête adressée au Parlement par MM. le Vice-Recteur, Antoine Limojon, Merlin de Villiers et Jean de Lescure, pour réclamer l'exécution de la délibération des États du 23 février 1559 ; copie de la requête adressée par les mêmes aux États afin d'être payés de leurs peines au moyen de la subvention de 400 l. à prendre sur les gabelles de Pont-Saint-Esprit et qui n'a pas d'emploi ; copie de la délibération des États du 23 février 1559 qui *conclud... que lesdicts suppliants soient satisfaicts de leurs peines sur ladicte somme de trois cens quatre vings livres par les mains de messieurs les Consuls de Grenoble.*

321. — 17 juin 1559. — Délibération des docteurs agrégés de l'Université *pour le faict de la conduyte et retenue de M. de Farges.*

... Et premierement a este propose par Monsieur le Doyen de lad. Université, apres avoir faict discours sommaire de ce que a esté faict

---

[1] Lisez Antoine.
[2] François Ponnat est désigné dans l'enquête comme fils de Pierre Ponnat, seigneur de Vif, conseiller au Parlement (1554-1564), et de Jeanne Vallière.
[3] Voy. p. 20, note.
[4] C'est à noble Guyot de Briançon que la ville de Grenoble, pour couvrir les frais de la réception du Roi en 1548, vendit au prix de mille écus d'or le poids à farines, qui lui fut racheté trois ans plus tard. V. *Inv. som. des Arch. com. de Gren.*, p. 43 et 45.
[5] Henri Materon, secrétaire des comptes de 1521 à 1568.

sur la conduite de Monsieur de Farges pour venir lire ez droictz en ceste Université, entre les aultres propoz, que dimanche dernier feurent passez trois septmaines, a Tullins, en presence de Monsieur le Conseillier Roybous chieuz son pere, ledict sieur de Farges dict que combien qu'il, doien, et de Farges, apres vendanges dernieres, a Chambery, chieux ledict sieur Conseillier Roybous et en sa presence, eussent accordé ladicte conduite (suspendue seulement d'en avoir permission de ses superieurs, laquelle il auroit heu, tellement qu'il en avoyt par lettres missives adverty resoluement ledict doyen), touteffois avoit il aucunement rescentu que aucuns en pourroient estre desplaisantz, dont ne vouldroit venir fere telle charge de lire au desplaisir de personne quelle que soyt, et sur ce estoyt venu veoir ses amiz de temps passé en ceste ville ou il estoit et desiroit d'en estre certain; parquoy besoing estoit de tracter et opiner sur ce, et notamment s'il y a personne qu'on puisse cognoistre ou pencer d'en estre desplaisant. Ledict seigneur de Farges present en ladicte assemblée, après quelques aultres parolles de bien veullance, est revenu a ce mesme poinct puis s'en est sourty.

Et incontinent, ledict s^r Bucher, doien de l'Université, a demandé leurs voix et advis touchant la conduite et retenue dudict seigneur de Farges, particulierement, comme s'ensuit :

Et premierement Monsieur le doyen d'Avanson qui a dict qu'il seroit très bon et utile de retenir et conduire ledict s^r de Farges sans toutesfoys prejudice du tiers.

Item Monsieur Ponat, conseillier du Roy, a dict le semblable.

M. Baraton, docteur en theologie, a dict qu'il seroit très bon et utile pour l'Université de avoir ung tel homme que Monsieur de Farges.

Item Monsieur de Govea, premier regent docteur de l'Université, qui a dict et requis le retenir et conduire et qu'il se offre plus tost bailler du sien pour le grand plaisir qu'il en a.

Monsieur Me Pierre, medecin, dict que pour le grand scavoir et vertu dudict s^r de Farges, lequel il a cogneu des long temps, qu'il seroit bon et très utile a l'Université de retenir et conduire ledict s^r de Farges, se offrant plus tost bailler sa part pour ladicte conduite.

Monsieur Paviot, premier consul de Grenoble, dict pour la commune et Université dudict Grenoble que on doibt retenir et conduire ledict s^r de Farges pour le proficit de ladicte Université et de la Ville, ce qu'il requiert au nom que dessus.

Monsieur Me Anthoine Areoud dict qu'il est très bon et utile de le retenir et conduire.

Monsieur Dalphas le semblable.

Monsieur Vachon dict qu'il est bon et profitable de le conduire sans prejudice du tiers et avec les conditions qu'il ne veult pas dire.

Monsieur Valambert dict qu'il est très bien de retenir et conduire ledict s^r de Farges pour la chose publicque, sans toutesfois prejudice du tiers.

Monsieur Rostollan le semblable.

Monsieur Baro dict qu'il est très utile et necessaire pour le bien public de retenir et conduire ledict seigneur de Farges et qu'il baillera plus tost argent du sien la ou il n'y auroit pour ladicte conduite.

Monsieur M⁰ Nycolas, medecin, dict qu'il est bon et très utile a l'Université de le conduire, sans prejudice du tiers.

Monsieur Lymojon dict qu'il, seigneur de Farges, merite d'estre retenu et conduit, sans toutesfois prejudice de ses prerogatives et du procès pendent devant la court.

Monsieur Charbonel dict qu'il est très bien et utille de conduire et retenir ledict Monsieur de Farges.

Monsieur Narcié dict le semblable, sans toutesfois prejudice des tiers et du proces pendent.

Monsieur de Villiers dict qu'il est bon et utille pour ladicte Université de retenir et conduire ledict s^r de Farges ; toutefois qu'il y a procès pendent devant la Court et que l'on ne doibt poinct toucher a la conduite sans que le proces soyt deffini, de quoy il proteste.

Monsieur Lescure dict le semblable.

Monsieur de Buffevent[1] dict qu'il est très bon et utille a ladicte Université de conduire et retenir ledict s^r de Farges.

Me Anthoine Rives, second consul de Grenoble, dict pour la commune et utilité de ladicte Ville qu'il est bon et utille de conduire ledict seigneur de Farges comme a dict le premier consul dudict Grenoble.

Dict a esté d'ung commung accord de toute la compagnie susnommee qu'il est bon que ledict seigneur de Farges soyt retenu et conduit pour lire les loix en ceste Université, actendu qu'il n'y a heu personne desdictz assistans qui aye dict en avoir desplaisir ; vray est que lesdictz docteurs regentz ont protesté et oppiné que ce soit sans prejudice de la litispendence desdictz docteurs regentz et la commune voix a respondue que on ne tene pas de prejudicier au tiers. Faict au lieu que dessus, les an et jour susdictz. Besson. (*Ibidem.*)

322. — 20 février 1557. — Extrait d'une délibération des États de Dauphiné :

Il a esté meu propost de faire declerer si l'on n'entend pas que la somme qu'a esté ordonnee estre mise sur le pris du sel pour l'entretenement des Universités de Grenoble et Vallence ne doibt pas estre distribuee racte pour racte aux docteurs lisans en medecine. Sur quoy a este conclud qu'on en laisse l'entiere administration a messieurs les consulz des villes de Grenoble et Vallence qui auront esgard de rendre comptens Messieurs les docteurs actuellement lysans en medecine comme la raison le veult. (Copie du 13 mars 1560. — *Ibidem.*)

---

[1] C'est le recteur. Le rectorat de Guillaume de Boneton se placerait donc entre le 23 décembre 1558 et le 17 juin 1559. (V. n° 246, note.)

323. — Compiègne, 27 juin 1557. — Extrait du bail de la ferme du sel, article 28. Don de 2.000 livres pour le paiement des gages des docteurs étrangers conduits aux Universités de Grenoble et de Valence.

S'ensuit l'article necessaire audict proces :

« Et sur ce que lesdictz gens des estatz du Daulphiné ont dit et remonstré comme l'entretenement des Universitez de Grenoble et Vallence importent grandement a la decoration et reputation dudict pays de Daulphiné, oultre le grand bien, utilité et commodité qui en provient a iceluy pays et aultres circonvoysins et consequemment a nous, lesquelles Universitez se pourroient discontinuer a faulte de gages des docteurs scavantz et estrangiers qui font et entretiennent icelles Universitez, nous avons permis et accordé, permettons et accordons a iceulx gens du pays de Daulphiné de mettre et incorporer avec le pris du sel que leur sera baillé comme fermiers ou a leur administrant ou trateur d'icelle durant lesdictes dix annees pour une chascune desdictes annees, la somme de deux mil livres t. pour estre convertie et employee audict payement des gages desdicts docteurs estrangiers suivant la délibération faicte aux estatz dudict pays dernierement tenuz. Et ce oultre et par dessus la somme de huit centz livres t. dont nous leur avons faict et faysons don, durant lesdictes dix annees, en consideration de ce que liberallement ilz sont entrez au bail d'icelle ferme, pour icelle somme estre par eux convertie et employée a partie du payement desdictz docteurs estrangiers lisantz en droict esdictes Universitez de Grenoble et Vallence, a prendre par les mains du grenetier de Pont-Saint-Esprit des deniers provenantz de ladicte ferme du tirage, dont luy sera expedié l'acquit pour ce necessere... » (Arch. dép. de l'Isère, série D, dossier de l'Université de Grenoble.)

324. — Grenoble, 6 mars 1558. — Délibération des États de Dauphiné prescrivant la délivrance, aux consuls de Grenoble et de Valence, des deniers attribués aux Universités *pour par eulx estre distribuez pour cest effect ainsi qu'ils verront estre affaire par raison.* (Arch. mun. de Grenoble.)

325. — Grenoble, 30 juin 1559. — Arrêt du Parlement qui condamne les consuls de Grenoble à payer sur la somme de 380 livres, restant des deniers de l'Université, Mes Antoine Limojon, Merlin de Villiers et Jean de Lescure, docteurs régents, conformément à leur requête du 14 mars 1559, *pour avoir publiquement leu en ladicte Université de Grenoble, et ce depuis le vingt troisieme febvrier dernier, jour de la conclusion faicte par les gens desdicts estatz sur la requeste a eulx presentée par les demandeurs jusques au jour qu'il y aura aultres docteur ou docteurs conduictz et lisans en ladicte Université de la qualité specifiée aux dictes lettres patentes de don et permission, sellon et touttesfois que sera verifié et taxé par Mes Laurent Rabot, Guy du Vache et Gerald Servient, conseilliers du Roy en ladicte cour pour ledict temps qu'ilz ont leu ou qu'ilz liront.* (Expéd. parchemin *ibidem* et copie Arch. dép. de l'Isère, série D, dossier de l'Université de Grenoble.)

326. — Grenoble, 20 décembre 1559. — Arrêt du parlement fixant à cinquante livres les honoraires dus par par les consuls de Grenoble administrateurs des deniers de l'Université à MM. Antoine Limojon, Merlin de Villiers et Jean de

Lescure, docteurs régents à l'Université de Grenoble. (Expéd. parch. Arch. mun. de Grenoble.)

327. — 19 février 1560. — Délibération des États de Dauphiné assemblés à Grenoble, prise à la suite d'une démarche du recteur et des étudiants, et qui détermine l'emploi de la subvention accordée à l'Université sur la ferme du sel et les gabelles de Pont-Saint-Esprit.

Lundy dix neufieme de febvrier 1560 a Noel, aux generaulx estatz.

Sur les remonstrances faictes par Monsieur de Briançon, recteur de l'Université de ceste ville, par luy baillees comme s'ensuit :

Messire Laurens de Briançon, recteur de l'Université de Grenoble, accompeigné de grand nombre d'ecoliers a remonstré, apres avoir remercié Messieurs du pays des biens et honneurs faictz par eulx a ladicte Université, que aujourdhuy en icelle seroient lisans entre aultres Monsieur Me Anthoine de Govea et Monsieur Me Mathieu Gribal dict Maufa, pour l'entretenement desquelz ensemble ne seroient souffisans les deniers donnez par ledict Pays a ladicte Université ; par quoy supplient lesdicts seigniers du pays que si leur commodicté le permectoit il leur pleust donner encore, et oultre la somme de XIIII ^{c} l. t. par eulx donnee a ladicte Université, aultant comme il pourroit souffire pour l'entretien desdicts deulx docteurs ensemble ; toutesfoys que si leur commodité ne permectoit d'avanser par dessus ladicte somme de XIIII ^{c} l. t. et que a faulte de deniers ilz feussent contrainctz de perdre l'un des deux il leur pleust ordonner que le retenu pour le service de ladicte Université seroit ledict Me Anthoine de Govea.

Davantaige a remonstre que, depuis trois ans en ça, Mes Anthoine Limojon, Jehan Nercier, Merlin de Villiers et Jehan de Lescure, docteurs regens agregez de ladicte Université, auroient continuellement leu, comme de faict ilz font encores, sans jamays heu aultre recompense digne de leur labeur, esperant en la liberalité des dicts seigniers du pays, lesquelz de faict leur auroyent aux estatz precedens assignez gaiges sus ce que restoit des XIIII ^{c} l. donnees par le Pays a l'Université, desduictz les gaiges de Monsieur de Govea ; toutesfoys que pour avoir esté la conclusion de l'Estat couchee en parolles obscures ou embigues, les consulz de la Ville de Grenoble leur y auroient faict controverse, de maniere que la court en donna son arrest declaratif, par le moyen duquel et les dicts seigniers du Pays furent soustrez de leur volenté, qui estoit telle qu'ilz seroient payez sur ladicte somme tant pour le passe que pour l'advenir, et lesdicts docteurs regens des gaiges par les dicts seigniers du Pays a eulx assignez. Par quoy en la compagnye des dicts escolliers supplireoient les dicts seigniers du Pays de leur impartir quelque argent pour leur entretien, a ce que par faulte des dictes recompensez de leurs labeurs ilz ne quictassent la lecture tres utile et necessaire a ladicte Université, comme les dicts Recteur et escolliers affermoyent

Conclud que pour les causes remonstrees par le Recteur de l'Université de Grenoble, Monsieur de Govea sera encore conduict aux gaiges acoustumez pour tout le temps de la ferme du sel, si ainsi luy plaict ; les gaiges duquel seront pris sur les XIIII ^{c} l. ordonnees pour le docteur estrangier. Du residu l'Estat a déclairé et déclaire avoir entendu et entendre estre employé et fourny cent livres t. pour les medecins regens actuellement lisant, et tout le surplus a l'entretenement de quatre docteurs regens lisans en droict, et qu'auront leu en ladicte Université de Grenoble, ausquelz ilz seront delivrez et distribuez par messieurs les consulz de Grenoble.

Donne pour coppie extraict des registres des Estatz par moy secretaire d'iceulx soubzsigné. Rossignol.

(Ibidem.)

328. — Grenoble, 1ᵉʳ mars 1560. — Délibération des États de Dauphiné portant interdiction de payer aux consuls de Grenoble la subvention accordée à l'Université, jusqu'à ce que le Parlement ait statué à cet égard *actendu que les dictz consuls de Grenoble sont portés pour appellans de la conclusion faicte aux generaulx estatz touchant la declaration de l'administration et delivrance desdictz deniers.* — Le Procureur du Pays est en même temps autorisé à faire payer les consuls de Valence, *actendu l'accord qui est entre eulx.* (Ibidem.)

329. — Grenoble, 9 juillet 1560. — Arrêt du Parlement assignant un délai de huit jours avant forclusion, pour déposer leur procès au greffe à MM. les consuls de Grenoble, appelant d'une délibération des États, à M. le Procureur des États et à M. de Govea que la Cour admet comme partie intervenante. (Expéd. parchemin. *Ibidem.*)

330. — 7 février-4 novembre 1560. — Copie des quittances de la somme de 150 l. payée à Anthoine Limojon, Merlin de Villiers et Jean Ferrand, procureur de Jean de Lescure, sur les deniers de l'Université, en exécution de l'arrêt du Parlement du 20 décembre 1559. (*Ibidem.*)

331. — Grenoble, 21 novembre 1560. — Délibération des États de Dauphiné renvoyant au Parlement où se juge le procès intenté aux consuls de Grenoble par les docteurs regens de l'Université, M. de Lescure qui *verbalement a faict des grandes remonstrances tendentes aux fins estre payé et satisfait des peynes et travaulx qu'il a prins aulx lectures qu'il a faict en ceste ville...* (Ibidem.)

332. — [Fin 1560.] — Mémoire signé Robert, [avocat de la ville], pour :

Les consulz et communaulté de Grenoble appellans de la conclusion faicte aux estatz generaulx de ce pays du XIXᵉ febvrier mil Vᶜ soixante touchant la conduicte et sallaires des docteurs regens de l'Université dudict Grenoble, contre le syndic desdictz estatz inthimé, pour leurs griefs.

L'avocat plaide l'incompétence des États, qu'il prétend, en outre, avoir été mal informés, et défend Farges très vivement, aux dépens de Govea :

..... Pendant quatre ou cinq annees que ledict Mʳᵉ de Govea a este en ladicte Université seul docteur estrangier, il y a heu en icelle notoirement beaucopt moindre nombre d'escolliers que despuys l'advenement dudict de Farges, apres lequel ledict nombre acommença a augmenter et a este plus grand que oncques on ne l'y a veu. Et seroit encores plus grand sans le bruit qu'on a faict que ledict de Farges n'y lirat plus ceste annee finye. Et est très notoire que au commencement desdictes quatre annees dudict de Govea, avoit deux foys plus d'escolliers en ladicte Université que a la fin d'ycelles, et que incontinent que ledict de Farges y fust elle commencea a croistre d'escolliers,

Pour ce que ledict de Farges a este et est docteur es droictz ayant leu aux Universités plus fameuses, tant deça que dela les montz, publiquement et ordinairement, sont environ trente ans passés et a continué tellement que long temps a qu'il a heu des plus frequens et celebres audictoires, et a acquis la reputation d'estre l'un des premiers et plus extimés lecteurs qu'on puisse trouver et comme tel est fort suyvy des escolliers, qu'est chouse tres notoire et evidante.

Sic que lesdictz appellans estans par eulx et leurs predecesseurs en ladicte quasi-possession et jouyssance de pourvoir ladicte Université de docteurs et les conduire, l'ayant proveu de tel docteur qu'est ledict de Farges, n'y doibvent estre troubles et moins spoliés, comme on auroit tasché de fere par le moyen de ladicte conclusion.....

....

... et semble que le principal moyen que les docteurs regens ayent de parvenir a haultz gages, c'est d'avoir hault renom et haulte reputation, a laquelle ne semblent pouvoir myeulx parvenir que par le moyen d'avoir docteurs des plus fameux estrangiers ayans grand suyte d'escolliers qui estans icy les ouyent, suyvent et baillent bruyt et les rendent fameux et meritans grandemant. Lors pourroit on facilliser d'impetrer du Roy et bienfacteurs de quoy les sallarier et dignement; dont ceste leur poursuyte semble non seulement contre l'utillité publique a oster ce qu'est desdié pour avoir docteurs ainsi fameux estrangiers, ains contre l'utillité desdictz docteurs regens. (14 f. papier. — *Ibidem*.)

333. — [Fin 1560 ou début de 1561.] — Mémoire signé : Antoine Aréoud, en faveur des médecins agrégés de l'Université :

Le Procureur des docteurs regens[1] en l'Université de Grenoble intervenantz contre les consulz de la ville de Grenoble, appelantz d'une conclusion des estatz en date du 19ᵉ fevrier 1560, pour leur corrigé de plaider remonstrent ce que s'ensùit.

L'avocat démontre que la Faculté de médecine est inséparable de la Faculté de droit et que, par conséquent, les régents de médecine doivent avoir leur part des deniers de l'Université. Il tire argument des délibérations prises par le

---

[1] Sous-entendu : de médecine.

Conseil de Ville au sujet des médecins [1] et plaide, en outre, le bien fondé de la délibération des États du 19 février 1560. *La voulonté du Roy est de conserver son Université.* — Il demande à la Cour de rejeter l'appel des consuls. (Arch. dép. de l'Isère, série D, dossier de l'Université de Grenoble.)

334. — [1561.] — Inventaire des pièces que produisent et remettent les docteurs, regens en médecine intervenans contre les consulz de Grenoble appellans d'une conclusion des estatz faicte le XIXe fevrier 1560.

Cet inventaire mentionne 27 documents, perdus pour la plupart. (*Ibidem.*)

335. — 14 juin 1561. — Requête présentée par des médecins au Parlement en vue d'obtenir expédition des délibérations du Conseil de Ville qui les concernent, et arrêt conforme. (Bibl. publ. de Grenoble, ms. 2036.)

336. — Juin 1561. — 4 pièces de procédure relatives aux extraits des délibérations du Conseil de Ville demandés par les médecins agrégés de l'Université, dont une expédition des lettres de compulsoire accordées le 14 juin 1561 à leur requête. (Arch. dép. de l'Isère, série D, dossier de l'Université de Grenoble.)

337. — 3 juillet 1561. — Mémoire signé Robert, présenté au Parlement au nom des consuls de Grenoble, en réponse aux arguments et aux allégations du substitut du Procureur des États de Dauphiné, résistant à l'appel interjeté par les consuls des délibérations des États relatives au paiement des docteurs régents de l'Université.

Le mémoire commence par un paragraphe dirigé contre Govea, que les docteurs de Grenoble ont opposé à M. de Farges :

...... Et la verité est que pendant la presente et dernière conduicte dudict Messire de Govea, aulcuns se seroient plainctz de ce qu'il faisoit beaucopt de feriatz ou vaccations et neanlmoins ses lectures fort courtes, employant une partie du temps a dicter ce qu'il auroit auparavant dict ; et a on heu opinion que cela procedoit de tropt rusticquer ou enpter les champs, ce qu'on luy a quelques foys et privement remonstré, qu'il auroit prins pour moleste et vexation. Et ce que de noveau advient a besoingt de novelle ayde, ou de noveaulx faict noveau conseil ; et consequemment quant telles plainctes continueroient, ceulx qui se treuvent avoir balhié par cydevant advis de conduire ledict Messire de Govea pourroient honestement prandre aultre advis.....

Suit la réfutation, article par article, du mémoire de la partie adverse. (Bibliothèque publ. de Grenoble, ms. 1666. p. a.)

338. — Grenoble, 31 juillet 1561. — Arrêt rendu par le Parlement

Entre les consulz manantz et habitants de la ville de Grenoble appellantz de certeyne conclusion des Estatz [d'une part], le Procureur

---

[1] Voyez n°s 96, 98.

du Pais et Mes Anthoyne Lymojon, Jehan Narcyé, Merlin de Villiers, Jehan Lescure, docteurs regens en l'Université de Grenoble, inthymés, Me Pierre Areoud, Nicolas Allard et leurs adherantz aussy docteurs regens en médecine en ladicte Université, Me Anthoyne Gauteron, recteur de ladicte Université intervenant d'autre...... La Cour met l'appellation et ce dont est appelé au neant, et ordonne que Me Anthoyne de Govea docteur et lecteur de ladicte Université sera reconduit par les consulz de ceste ville pour le temps et terme de trois ans et pour le prix de IX^c XX ll. t. a prendre sur les mil IIII^c livres establiez pour ladicte Université; et oultre que du restant seront payez et satisfaitz tant pour le passé que pour l'advenir lesdictz docteurs regens en ladicte Université lisans tant en la medecine que aux loix; scavoir ceux de medecine de la somme de cent livres annuellement, et lesdictz Lymojon, Villers, Lescure, Narcyé, par provision et jusques a ce qu'aultrement en soit ordonné de trois cens huitante livres a despartir entre eux quatre, tant pour rayson du passé que des lectures par eux cy devant faictes, que pour cy apres a l'advenir, jusques au jour qu'il y aura aultres lecturs ou lectur conduitz et lisans en ladicte Université de la qualite specifiee aux lettres patentes de don et provision........ a quallité que lesdictz docturs regentz tant en médecine que aux loix seront tenus lyre annuellement et aux jours ordinayres. Ordonne en oultre que par cy apres le droit de conduyre les docturs estrangiers et lecturs en ladicte Université demourra et apartiendra aux consulz de ladicte ville........ (Bibl. publ. de Grenoble; ms. 1666. p. b.)

Suit la requête des docteurs pour exécutoire (5 août 1561).

338 bis. — [Fin 1561[1].] — Mémoire, signé Robert,

Pour faire entendre à la Cour le peu de moien que les consulz de Grenoble ont...... de...... fournir quelque somme aux regentz de ladicte Université, soient legistes ou medecins.....

L'avocat expose que les consuls n'ont touché annuellement, sur les 1.400 l. attribuées à l'Université, que les 1.000 l. assignées sur la ferme du sel, parce que le receveur des gabelles de Pont-Saint-Esprit *fict banque roupte et s'en fouit* après avoir payé 200 l.; que les deniers reçus ont été employés chaque année à payer Govea ou Farges; qu'enfin, s'il y avait un excédent de recettes, cet excédent, *selon l'intention du Roy*, devrait être réservé, chaque année, pour l'entretien d'un docteur étranger pendant les années suivantes. (Arch. mun. de Grenoble.)

339. — [Fin 1561.] — Requête adressée aux consuls par Pierre Aréoud et Nicolas Allard, docteurs régents en médecine à l'Université de Grenoble, pour être payés de la somme de 200 ll. qui leur est due annuellement, à titre de gages, aux termes de l'arrêt précédent. (*Ibidem*.)

---

[1] Voy. n° 132.

339 *bis*. — [Fin 1561.] — Requête de M. Antoine Limojon, réclamant le paiement de la somme de 95 ll. t., représentant sa part des 380 ll. t. attribuées aux professeurs de droit de Grenoble, aux termes de l'arrêt du 5 août 1561. (*Ibidem.*)

VI. — Comptabilité des deniers de l'Université.
Comptes. — Quittances. — Procès.

340. — 1549-1551. — Liasse comprenant :

1°) Quompte que Bucher docteur rent a Messieurs les consulz de Grenoble des deniers qu'a receu de l'année 1548 provenans du seigneur de Mens, noble Anthoyne Audeyer fermier du tiraige [du] sel... et ce durant deux annees que Monsieur Athenee docteur padoan de Vicence a leu a Grenoble, et 40 l. t. pour le charroy de ses livres et pour sa venue...

(Recette et depense égales : 840 l. — signé : Bucher, Griffon consul, Basset consul, Aymon consul. — 20 septembre 1551 [1].)

2°) Quittances délivrées par *Jherosme Acteneus, jurium doctor Vincentinus*, des sommes de 440 l. t., 100 fr. 25 s. et 200 l. t., reçues de M. Bucher pour paiement de 400 l. de gages annuels, aux dates du 18 octobre 1549, du 8 mai et du 6 août 1550. (Arch. mun. de Grenoble.)

341. — Grenoble, 3 mars 1550. — Procuration, valable pour cinq années, passée par les consuls de Grenoble à *M. Me Pierre Buchichert, docteur ès droits*, pour toucher les arrérages de la subvention attribuée à l'Université sur la ferme du sel et pour payer les docteurs étrangers de l'Université, à charge de rendre compte aux consuls de l'administration de ces deniers et d'en prêter le reliquat à la Ville à toute réquisition. (*Ibidem.*)

342. — 20 septembre 1551. — Le compte de Pierre Bucher, mentionné sous le n° 340, copie. (*Ibidem.*)

343. — 14 décembre 1551. — Quittance de Jean de Boyssonné de la somme de 200 écus d'or et 25 l. t., représentant partie de ses gages, reçue de Pierre Bucher, le 19 novembre 1551. (*Ibidem.*)

344. — 21 décembre 1551. — Quittance d'Hector Riquier, docteur es droits *de Friol en Itally*, de la somme de 200 l. reçue, *a cause des quatre centz livres de ses gaiges de cest annee commençant a la Sainct Luc derniere*, de M. Bucher, doyen de l'Université de Grenoble. (*Ibidem.*)

345. — 10 juillet 1552. — Quittance de Jean de Boyssonné, de la somme de 200 écus d'or et 25 l. t. représentant partie de ses gages annuels, reçue de M. Bucher. (*Ibidem.*)

---

[1] C'est le premier compte de Pierre Bucher. Ses quatre comptes forment une série continue qui renferme toute la comptabilité des deniers de l'Université de 1548 à 1561. Voy. n°s 352, 356, 358.

346. — 14 août 1552. — Quittance d'Hector Riquier, de la somme de 200 l. t. reçue de M. Bucher, doyen de l'Université, *a cause des lectures qu'il a faict en lad. Université... et pour reste de quatre centz livres.* (*Ibid.*)

347. — 1552-1553 (11 décembre, 2 mars, 27 juin). — Trois quittances de M. de Boyssonné pour deux sommes de 200 écus d'or et 25 l. t. reçues par lui de M. Bucher en paiement de ses gages. (*Ibid.*)

348. — 11 janvier 1554. — Quittance de Jean de Boyssonné de la somme de 370 l. 4 d. t. reçue *pour la tierce annee de ma conduction de la lecture,* de M. Pierre Bucher, procureur général du Roy et doyen de l'Université de Grenoble, par les mains de Jean Morel, procureur au Parlement. (*Ibid.*)

349. — 29 octobre 1555. — Quittance de Jean de Colloredo de la somme de 30 l. 8 d. t. représentant partie de ses gages, reçue de M. Bucher, doyen de l'Université. — Signé : *Ego Joannes de Colloreto Forojuliensis.* (*Ibid.*)

350. — Novembre 1555. — Compte des dépenses occasionnées par la conclusion de la conduite d'Antoine de Govea, le voyage du professeur, de sa femme et de ses enfants et le transport de ses meubles de Valence à Grenoble.

Conte de l'argent que j'ai despendu aus voiages que j'ai fait à Vallence pour la Ville de Grenoble.

Et premierement au premier voiage, Monsieur le Procureur du Roy me bailla vingt cinq livres,

Desquelles j'ai delivré au picart quatre écus vallens............	IX ll.	4 s.
Item a l'homme qui alla querre le cheval en Herbeys............		II s.
Faut noter que j'ay menés de cete ville deus chevaus de louage et ay pris un homme a pié a Tulins pour les conduyre a Vallence ; la depence desquelz, ensemble de l'homme, jusques a Vallence m'a costé......................		XXXIII s. 4 d.
A Vallence pour la depence desdicts chevaux et homme par l'espace de cinq jours..............	IIII ll.	II s.
Pour le louage d'un jour d'ung cheval que j'avoy loué a Vallence pour Monsieur de Govea.........		V s.
Plus pour la depence desdicts chevaux et homme jusques a Grenoble et pour fere mediciner l'un des chevaus mallade............		XXVII s.
Pour les journées de l'homme de pié..........................		XVIII s.
Pour le louage de la mule et avoyne.....................		XXXVII s.

Pour le louage du cheval noyr et avoyne....................		XXXVII s.	
Faut noter que j'ay demouré audict voiage huit jours et demy, que monte, a quinze sous pour jour........................	VI ll.	VII s.	
Monte la somme de............	XXVIII ll.	XII s.	IIII d.[1]

Au second voiage j'ai receu de Monsieur le Procureur du Roy la somme de dix livres desquelles j'ay dependu :

Premierement pour faire acoutrer la cropiere du cheval de Monsieur le Procureur............... | | II s. |

Plus pour faire ferrer a Sainct-Marcellin des quatre piés ledict cheval.........................		VI s.	VI d.
Item pour letres que je pourtay de Grenoble...................		XII s.	VI d.
Audict voiage je demouray neuf jours entiers, qui monte a la raison que dessus...................	VI ll.	XV s.	
Monte ledict voiage la somme de	VII ll.	XVI s.	

Au troysieme voiage j'ay receu de Monsieur le Procureur du Roy la somme de quinze livres, de quoy j'ai dependu :

Premierement au picard pour la depence du cheval de Monsieur le Procureur par six jours........		XXIIII s.	
Item a Vallence a l'hoste du Bœuf pour le louage d'un cheval pour pourter les males...........		XV s.	
Plus a l'homme de pied que je pris a Vallence..................		XI s.	4 d.
Pour la depence de Monsieur de Govea pour quatre jours que nous avons demouré en chemin et de son homme...................	IIII ll.	XIX s.	IIII d.

Item pour ma depence de huit

---

[1] Note marginale : « *Erreur en la presente parcelle d'une livre trop mize en la somme grosse.* »

jours a raison de quinze sous comme dessus..................	VI ll.	
Monte ledict voiage...........	XIII ll.	IX s. VIII d.
Monte le tout la somme de.....	XXXXIX ll.	XVIII s.

L. de Brianson[1].

Plus ha este dependu pour aller querre Madame de Govea et ses enfans, la somme de douze livres deux soulx.....	XII ll.	II s.

L. de Brianson.

Plus pour la voiture des meubles dudict seigneur de Govea qui sont estes pourtés par la rivière.......	VIII ll.

L. de Brianson.

Item pour randre sesdicts meubles du bateau an son logys auz portefez, dyz soz t..............	10 s.

Le cinquiesme jour du moys de novembre mil cinq cens cinquante cinq, Guillaume Guigues, hoste du Cheval Gris de Grenoble cy present confesse d'avoir receu trente troys livres tournoyses, comprins les neufz livres quatre soulx nommés en la première partie de la parcelle si escripte de Monsieur Messire Pierre Bucher, doyen de l'Université de Grenoble, cy present et aceptant, a cause de loyage en deux voyages d'icy a Valance pour aller querir Madame de Govea et ses enfantz : le premier de neufz jours a deux chevaulx et deux personnes pour conduyre la lytière, laquelle dame ne peust venir par l'empeche des consulz dudict Valance; la seconde foys a deux hommes et troys chevaulx, six jours, lors qu'elle vint, priffaict pour les deux hommes et deux chevaulx quarante soulz pour jour et l'aultre troysiesme cheval dix soulz pour jour. De quoy ledict Guillaume Guigues quitat Messieurs les consulz de Grenoble et aultres que appartiendra, avec toutes promissions, submissions, renonciations, jurementz et clausules a ce requises de droict, par le serment dudict Guillaume Guigues fermés et corroborés. De quoy ledict sieur Bucher a requis et ledict Guillaume Guigues a volu et acordé estre faicte ceste presente quictance par moy notaire. Faict a Grenoble dans l'estude dudict seigneur Bucher es presences de Pierre l'hoste du [?] de Bresse, et mestre Jacques Girard de Borgoing, clierc secretere dudict sieur Bucher, tesmoingtz a ce assistantz, et de moy Vincent Gallatrin, notayre royal delphinal soubzsigné. Gallatrin.

---

[1] Recteur en 1560.

228   LIVRE DU CENTENAIRE.

Pour ce (?) icy vinttroys livres t. et seze soz ... 23 ll. 16 s.
Plus pour les deux voiages que M. Jehan Garrin feict pour conduyre ou louer ledict s^r de Govea sept escus d'or sol.............. 16 ll. 2 s.

J. BOURRIN.

(*Ibidem.*)

351. — 8 novembre 1555. — Quittance d'Antoine de Govea de la somme de 150 écus d'or, représentant partie de ses gages, reçue de M. Bucher. (*Ibidem.*)

352. — 13 décembre 1555. — Deuxième compte de Pierre Bucher[1] :

Conte a Messieurs les consulz de Grenoble randu par Messire Bucher, doyen de l'Université de Grenoble, des deniers pour eulx par lui administrés touchant ladicte Université, venuz de la ferme du tiraige [du] sel suyvant les lettres royaulx sur ce, et ce des le premier octobre 1548 jusques a present.

Recette : 4.687 ll. 10 s.
Dépense :

Par le conte randu XX septembre 1551 des paiementz faictz a M. Attenee, docteur de Vincente................................ 840 ll. t.
A M. Riquier, docteur de Padoe, pour deux annees fines a la Saint Luc 1552............ 700 ll. t.
A Monsieur de Boyssoné, docteur de Toloze, a 400 escus sol et 50 ll. chascune annee... pour deux annees et dimye qu'a leue............ 2 425 ll. t.
Item aller conduire, faire venir Monsieur de Govea, apporter ses domestiques et meubles.. 110 l. 8 s.
Item pour mander a Farges pour inviter Monsieur Moffa de venir lire icy, quaranteneuf soz a ung homme de pied expres, mais estoit conduict et allé en Alemaigne qu'appert par missive de sa femme a M. Royboz, conseiller en Savoye, et d'aultre de luy audict Bucher, qu'il rend icy...................... 49 s.
Item a M. de Colloreto, docteur de Padoe *ferlan*, en deminution de sa conduite pour ceste annee............................... 36 ll. t. 18 s. 8 d. t.

Total des dépenses : 4.459 ll. 15 s. 8 d. t. (*Ibidem.*)

---

[1] V. n° 340 et note.

353. — 1557-1559. — Liasse comprenant :

1° Six quittances délivrées par les consuls de Grenoble, aux dates des 22 janvier, 28 avril et 4 juillet 1557, 29 avril, 7 juillet et 4 septembre 1558, à noble Antoine Audeyer, fermier du sel, et à ses associés, pour diverses sommes payées par ces derniers et destinées à l'Université, et reçus fournis par Pierre Bucher, chargé de les employer.

2° Une quittance de M. de Govea d'une somme de 20 ll. à lui payée par Guillaume Perrot au nom des consuls de Grenoble, le 9 février 1559. — Sur la même feuille, note relatant le paiement fait à M. de Govea de la somme de 230 ll. représentant les arrérages de sa conduite devant échoir le 18 avril 1559, y compris la somme de 20 ll. payée le 9 février (17 février 1559). (*Ibidem.*)

354. — 1558-1559. — Trois quittances délivrées par les consuls de Grenoble, aux dates des 16 novembre 1558, 26 février et 17 mai 1559, à noble Antoine Audeyer, fermier du sel, de trois sommes de 250 livres dues à l'Université de Grenoble, suivies de trois quittances de 230 ll. chacune, délivrées aux consuls par Antoine de Govea, aux dates des 16 novembre 1558, 27 février et 19 mai 1559. (*Ibidem.*)

(1559-1562). Dossier du procès intenté par Pierre Bucher aux consuls de Grenoble pour être remboursé des sommes payées par lui, comme leur délégué, à M. de Farges.— Liasse de 13 pièces, parmi lesquelles :

355. — 4 août 1559. — Convention par laquelle les consuls de Grenoble commettent M. Bucher pour recouvrer les deniers de l'Université, à charge pour les consuls de lui fournir, après prélèvement des gages de M. de Govea, les reçus des sommes dues à l'Université par les fermiers du sel, et à charge pour Bucher de garantir personnellement à M. de Farges le paiement de ses gages et de décharger de toute obligation à cet égard, vis-à-vis de M. de Farges, les consuls et la communauté de Grenoble.

356. — 11 décembre 1559. — Conte final a Messieurs les consulz Grenoble randu par Messire Bucher, doyen de l'Université de Grenoble, des deniers pour eux par luy administrés touchant lad. Université, venuz de la ferme du tirage sel suyvant les lettres royaux sur ce, des le premier d'octobre 1548 jusques a present.

Recette : 7.500 ll.
Dépense :
Dépense portée au compte précédent : 4.459 ll. 15 s. 8 d. t.

Item en seze acquictz, le premier estant du 21 decembre 1551, signes par Messieurs de Vermont et de Colaret, docteurs es droictz, et par André Leusse, pour la nourriture de M⁹ La Francone, lecteur en theologie, auz quelz fut par le Conseil asemblé céans ordoné de paier, et par M. de Govea, conduict a soumes a sept cens soixante unze livres quatre soulz...... 771 ll. 4 s. t.

Item en six acquizts, le premier du 22 octobre 1556 en un quart de feullet signes par lesditz de Govea et Vermont...................... 715 ll.

Item cinquante livres t. par acquit dudict de Vermont, 11 février 1558............... 50 ll.

....
Item soixante livres par ledict de Colaret,
8 juillet 1558.......... .... 60 ll.
....
Item a M. de Farges conduict ceans a
1.000 ll. par an, payé cinq cens livres en
troys acquitz signés par luy Gribaldus, en
demy feullet de papier... .... 500 ll.
Item apres la conclusion au Conseil general de Quasimodo 1558 de conduire ledit s^r de Farges, bailley quatre livres a ung homme de pied qui luy fut envoye a Farges ; dont l'aller (sic) trouver environ la fin dudit a Chambery ou demeurey troys jours et louei pour mon clerc ung cheval, dont despandis cinq livres treze solz lhors qu'il resolut de venir a 1.000 ll. par an, sauf d'avoir permission de ses supérieurs. Ainsy apres Noel luy envoyei autre homme de pied a savoir s'il avoyt ladite permission et me rescript que ouy, et bailley quatre florins en outre environ Panthecouste, l'allei pour ce trouver a Tulins et louey cheval pour mondit clerc un jour entier, monte trente cinq soulz. Puys quant ledit s^r de Farges vint icy environ la fin d'aoust dernier, payei quarante ung soulz pour luy chez son hoste. Et pour ce qu'il m'avoyt dict qu'il arriveroyt icy a la fin de septembre, ce que ne fit, luy envoyei autre home de pied au commancement d'octobre a ce qu'il vint, et ballei cy quatre florins. Some seze livres treze soulz............................ 16 ll. 13 s.

Total de la dépense : 7.768 ll. 13 s. 8 d. t.

Par ainsi est deub audit seigneur comptable la somme de deux cens soixante huyt livres douze soulz huyt deniers tournois.

357. — 7 août 1560. — Quittance de M. de Farges de la somme de 231 ll. 8 s. t., *reste des mil franz de ses gaiges de la premiere annee de sa conduicte*, reçue de M. Bucher, procureur général.

358. — 3 août 1561 [1]. — Compte a Messieurs les consulz de Grenoble randu par M. Bucher, doyen de l'Université de Grenoble, des

---

[1] C'est la date de l'*audition* du compte. Ce compte est le quatrième de la série qu'il termine.

deniers concernans le payement de la conduyte du s^r de Farges, docteur estrangier conduit par lesditz consulz a 1.000 ll. par an, qu'a leu en ladite Université une annee commancée a Saint Luc 1559.

Bucher porte en dépense la somme de 268 ll. 12 s. 8 d. t. dont la ville lui était redevable à la clôture du compte précédent, plus une somme de 300 ll. qu'il a de nouveau payée à M. de Farges et dont s'augmente la dette de la ville envers lui. Il écrit à la fin du document :

Et est a noter que Messieurs les Consulz n'ont forny audict Bucher d'acquit que desdictes 200 ll.[1] a cause du proces que le Procureur des Estatz a heu avec eulx, joinct que ledit grenetier fit banque routte pour la premiere desdites annees.

359. — 2 août 1561. — Requête adressée au Parlement par Pierre Bucher afin d'obtenir le remboursement des sommes avancées par lui pour le paiement des gages de M. de Farges. Citation adressée par la Cour aux consuls de Grenoble et signification de la citation.

360. — 12 août 1561. — Arrêt du Parlement homologuant un appointement aux termes duquel les consuls de Grenoble doivent fournir à Bucher *bons et suffisans acquitz..... sur les mil livres par an du pris du sel*, destinées aux docteurs étrangers, afin de lui faire récupérer la somme qu'il a payée à M. de Farges en excédent de ses recettes.

361. — [Novembre 1561.] — Requête de Bucher au Parlement aux fins d'obtenir contrainte contre le Sr Paviot, consul et associé du fermier du sel, ou, à défaut, contre les consuls de Grenoble sur tous leurs biens.

362. — 3 mars 1562. — Lettres du Parlement ordonnant l'exécution de l'arrêt du 12 août 1561 *sur aultres biens et deniers d'aultres cartiers que ceux qui sont mentionnés audict arrest*.

363. — 17 mars 1562. — Signification du précédent exécutoire à Jean Paviot, consul de Grenoble et fermier du sel, qui fait opposition en tant que consul. (*Ibidem.*)

364. — 1560-1561 (procès Bucher). — Double du compte de 1561 (n° 358), et quittance du 7 août 1560 fournie par *M. Messire Mathieu Gribalde, seigneur de Farges, liseur ordinaire en l'Université de Grenoble*, pour la somme de 231 ll. 8 s. t., *reste des milles francz de ses gaiges de la premiere annee de sa conduicte*, reçue de M. Bucher, procureur général et doyen de l'Université, représentant les consuls.

365. — [1561] (procès Bucher). — Compte présenté au Parlement par les consuls de Grenoble :

Les consulz de Grenoble administrateurs des deniers destinés pour l'entretenement et conduicte des docteurs estrangiers lisantz en droict en l'Université dudict Grenoble, pour faire sommairement apparoir que ilz ont plus livré que receup, remonstrent :

---

[1] Cette somme de 200 ll. avait été directement payée à M. de Farges par les consuls, en déduction des 500 ll. qui représentaient la totalité de ses gages pour une demi-année.

Suit ce compte, qui fait ressortir un excédent de dépense de 648 ll. 12 s. 8 d. t., dont 568 ll. 12 s. 8 d. t. sont dues au Procureur général : *de laquelle somme a este passe condemnation par arrest de la Court au proffict dudict seigneur Procureur Général.* (Ibidem.)

366. — Décembre 1565. — Mémoire présenté au Parlement au nom des consuls de Grenoble, défendeurs, contre les prétentions de M. Antoine de Govea, demandeur, dans le procès intenté par ce dernier au sujet du paiement de ses honoraires.

Les défendeurs s'efforcent de démontrer que M. de Govea ne peut avoir de droits que sur les fonds appartenant à l'Université, et qu'eux, consuls de Grenoble, n'ont rien de cet argent. Ils rappellent en effet que

..... En l'annee 1560 Monsieur de Savoye erigea des greniers en ses pays et mict telle imposition sur le sel que se vendoit en ses terres que le debitement ou vendage de la ferme fust grandement amoindrie, s'aymans myeulx les Scavoysiens abstenir du sel que de payer l'impoz mys par leur segneur ; que fust cause que l'on recourut a sa Majesté pour avoir rabays des gabelles et fust commis Monsegneur le President de Portes pour informer sur ce que dessus, ce qu'il feit. Et neaulmoins, advant que d'avoir obtenu rabbays, les troubles sont survenuz qui ont empeché et le tiraige et par consequent le debitement ou vendage du sel, de maniere que estant remonstré a sa Majesté tant le premier que le segond inconvenient et empeche susdict, il a accordé d'estre payé de ses gabelles a proportion de ce que se trouveroit tiré durant lesdictz cinq annees et sept moys qu'est le temps qu'estoit lors escheu. Et si ainsi est que l'on aye seullement payé a sa Majesté a proportion du tiré durant ledict temps, l'on ne pourroit estre contrainct a payer iceulx mille livres sinon a raison du debité et vendage.

De ce fait est résulté que la subvention due à l'Université a été réduite d'environ un tiers de 1560 à 1565. D'autre part les consuls n'ont rien reçu du grenetier de Pont-Saint-Esprit depuis 1561. D'ailleurs ils ont, malgré ces circonstances, toujours payé M. de Govea *jusques a present, ormis quelques moys que les troubles ont faict d'intervalle, des l'absence dudict sieur demandeur.*

Ils estiment enfin que *s'il se treuve argent*, l'on doit désintéresser, avant M. de Govea, M. Loriol (Lorioz) a qui sont dus deux quartiers et plus de sa conduite, et les créanciers de l'Université, au nombre desquels est la Ville de Grenoble. (*Ibidem.*)

367. — 1565-1567. — Notes qui ont servi à rédiger le précédent mémoire. — Brouillons de comptes indiquant l'emploi des deniers de l'Université : mentions de paiements à Govea, à Loriol, à Farges. — Relevé des quittances fournies par Govea du 24 octobre 1559 au 19 juillet 1561. — Notes sur la conduite de Govea. (*Ibidem.*)

368. — 12 décembre 1565. — Citation au Parquet adressée aux consuls de Grenoble sur requête de M. Loriol. (*Ibidem.*)

369. — Grenoble, 28 décembre 1565. — Acte par lequel les consuls de Grenoble constituent Ennemond Bectoz, seigneur de Valbonnais, 1er consul, leur procureur pour régler les comptes de la Ville avec le fermier du sel et le grenetier de Pont-Saint-Esprit. (*Ibidem.*)

370. — Grenoble, 29 décembre 1565. — Acte par lequel M. de Loriol constitue Ennemond Bectoz, seigneur de Valbonnais, 1ᵉʳ consul de Grenoble, son procureur, pour réclamer par voie de justice et recevoir en son nom les arrérages de la somme de 400 ll. t. due par le grenetier des gabelles de Pont-Saint-Esprit pour l'entretien d'un docteur étranger à l'Université de Grenoble. (*Ibidem.*)

371. — [Entre le 18 et le 29 janvier 1566.] — Compte faict et dressé entre noble Anthoine Audeyer, escuyer, fermier cessionnaire du tiraige du sel a la part du Daulphiné d'une part et noble Ennemond Bectoz, conseignieur de Vaulbonnoys, consul de Grenoble, d'aultre part, pour raison des deniers appertennantz a l'Université dudict Grenoble incorporez sur le pris du sel, tant de la precedente ferme qui commencea le premier jour du moys d'octobre l'an M Vᶜ cinquante huict et qui est finye ou bien sincoppée le dernier jour d'apvril l'an M Vᶜ soixante quatre, que aussi des selz dechargez ez deux annees de ceste presente et moderne ferme.

Premierement doibt donner ledict Audeyer et tient compte avoir vendu durant la precedente ferme... la quantité de neuf mil deux cens vingt quatre muys troys eyminees unze seiziesmes sel, à l'incorporation de XVIII s. IIII d. t. pour chascun muys sel appertennantz sur la vente desdictz selz aux Universités de Valence et Grenoble suyvant le bail de ladicte ferme faict par le Roy a Compiegne le XXVIIᵉ jour du moys de juing l'an M Vᶜ LVII, par lequel bail le Roy a permys d'incorporer sur le pris du sel de ladicte ferme par chascune annee la somme de deux mil livres tournois pour l'entretenement desdictes deux Universités, que revient suivant l'equipolement sur ce faict a la susdicte raison de XVIII s. IIII d. t. pour muys et ung solz dix deniers tournois pour sommee ; lesquelz 9.224. m. 3 em. $\frac{11}{16}$ sel montent a raison que dessus la somme de huit mil quatre cens cinquante cinq livres sept solz deux deniers t.

soit pour Grenoble 3.227 ll. 13 s. 7 d. t. ; plus ce qui est dû sur le produit de la seconde ferme : 1.574 ll. 4 s. 5 d. t.

    au total   5.801 ll. 18 s. t.

sur lesquels les consuls de Grenoble ont reçu 5.030 ll. 12 s. t.

(Arch. dép. de l'Isère, série D, dossier de l'Université de Grenoble.)

372. — [18 et 30 janvier 1566.] — Compte des sommes reçues par les consuls de Grenoble et de celles qui leur sont dues par les fermiers du sel Antoine Audeyer et Georges Aubreth, sur le produit de la ferme commencée le 1ᵉʳ mai 1564.

Les consuls ont reçu 1.250 ll. Il leur revenait, au titre de la subvention accordée à l'Université, une somme de 1.574 ll. 4 s., soit une différence de 324 ll. 4 s. non perçus. (Arch. mun. de Grenoble.)

372 bis. — Minutes qui ont servi à établir les comptes précédents. (*Ibidem.*)

373. — Valence. 19 janvier 1566. — Acte par lequel Ennemond Becloz, seigneur de Valbonnais, 1er consul de Grenoble, délègue à Charles Veylier, docteur en droit, consul de Romans, ses pouvoirs de procureur de M. Loriol, des consuls de Grenoble et du procureur des Etats de Dauphiné [1]. (*Ibidem*.)

374. — [Janvier 1566.] — Instructions destinées à M. Velier, traitant pour la Ville de Grenoble avec le grenetier de Pont-Saint-Esprit, au sujet de la vérification et de la copie *des acquis de mestre Amelly si aulqun y li en a*. (*Ibidem*.)

375. — Pont-Saint-Esprit, 5 février 1566. — Sommation adressée au nom de Charles Vellier, procureur substitué des consuls de Grenoble, du procureur du pays et de M. Loriol, à M. Masclary, ancien grenetier des gabelles de Pont-Saint-Esprit, d'avoir à payer la somme de 900 ll. représentant les arrérages de la subvention due à l'Université de Grenoble, échus de janvier 1560 à mars 1562 [2]. (*Ibidem*.)

376. — Pont-Saint-Esprit, 8 février 1566. — Sommation adressée au nom du procureur substitué des consuls de Grenoble, du procureur du pays et de M. Loriol, à M. Jehan Rogier, ancien grenetier des gabelles de Pont-Saint-Esprit, d'avoir à payer une somme de 231 ll. 8 s. due pour les quartiers de la subvention royale échus du 1er octobre 1558 au 31 décembre 1559, et une somme de 1.500 ll. due pour les quinze quartiers échus du mois de mars 1562 au 31 décembre 1565 [3]. (*Ibidem*.)

377. — Valence, 10 février 1566. — Lettre de Charles Vellier, leur procureur substitué, aux consuls de Grenoble, leur annonçant l'envoi de la sommation du 8 février 1566 et leur rendant compte des démarches faites par lui à Pont-Saint-Esprit auprès des grenetiers ou anciens grenetiers des gabelles. (*Ibidem*.)

VII. — Suppression de l'Université.

378. — 11 octobre 1560. — Extrait des registres des délibérations du Conseil de ville de Valence. — L'un des consuls expose qu'*aujourdhuy a la court se presentent troys bonnes occasions pour la Ville*: c'est, en premier lieu *l'adjunction de l'Université de Grenoble a celle de ceste Ville pour a quoy parvenir est besoing fere informer sur la commodité ou incommodité des Universités de Grenoble et de ceste Ville*. — Le Conseil décide d'envoyer à la Cour, pour y suivre cette affaire, un homme exprès muni de mémoires. (Arch. mun. de Valence, BB. 6.)

379. — 19 octobre 1560. — *Idem*. — Le Conseil entend lecture des *provisions* obtenues par M. de Montbrun, consul [4], *touchant diverses choses.... notament le*

---

[1] Nicolas de Bonneton.

[2] Le sr Masclary renvoie le procureur à Me Claude Amel *lors tenant la rayson de ladicte ferme du sel*.

[3] Jean Roger prétend avoir payé la première somme de 231 ll. 8 s. Il prétend de même avoir payé à François de Combes, de Valence, et à M. Amel, *procureur desdictes Universités*, les quartiers échus depuis le 1er mai 1564.

[4] Voy. n° 135 et note.

fait de l'Université. — Il est décidé à ce propos que l'on remerciera par lettre Monseigneur de Valence *de sa bonne ayde et faveur qu'il nous a faict. (Ibidem.)*

380. — 10 et 11 novembre 1560. — Feuille de convocation à deux réunions du Collège de l'Université et ordre du jour :

Le 10° novembre mil V° LX ce sont assemblez messieurs les docteurs aggregez pour les affaires de l'Université :
M. le Recteur.
M. Servientis.
M. Ponat.
M. Vallier, premier consul.
M. Gallien.
M. de Govea.
M. Dalphas.
M. Baro.
M. Lymojon.
M. Narcié.
M. de Villiers.
M. Lescure.
M. M° Huguet, medecin.
M. M° Mertin.

11° de novembre.

M. M° Pierre, medecin.
M. Areoud son filz.
M. Bucher.
M. Vallambert.
Et ay appellé tous de recheff audict lieu tous les sus escriptz lesquelz se sont tous trouvez audict Sainct Françoys aux fins que dessoubz :

Sunt ex dominis collegis nedum et alii ad quorum aures pervenerunt voces super transferenda et abolenda Universitate que fertur notorie decidere, abeuntibus discipulis.

Tractandum est quo modo salvanda sit, reforcienda et adaugenda.

Placeat igitur dominis collegis convenire apud franciscanos in meridie. (Arch. mun. de Grenoble.)

381. — 13 octobre [1561]. — Feuille de convocation à une réunion du Collège de l'Université et ordre du jour.

Invitantur domini collegæ convenire apud Franciscanos die lune decima tertia hujus octobris, hora meridiana, tractaturi de controvertia inducta super abolitione aut salute Universitatis ; item de ratione docendi publice ; nam spectabilis Senatoris domini Marrel presentia sperantur decorari.

Premier M. le Recteur.

M. le conseiller Marrel, commissaire a ce deputé par la Court [1].
M. le doyen d'Avanson, conseiller.
M. le vibailly Buffavent.
M. Baraton.
M. Bucher.
M. Boneton.
M. Me Pierre, medecin.
M. Anthoine, son filz.
M. Marrel, docteur aggregé.
M. Me Nicolas.
M. Limojon.
M. du Chastellar.
M. Narcié.
M. Me Huguet, medecin.
M. Besson.
Monsieur Jacques Servient, seigneur de la Balme, premier [consul].
M. Verdonay, consul.
M. le secretaire Besson. (*Ibidem.*)

382. — 7 mars 1564. — Extrait des registres des délibérations du Conseil de ville de Valence. Le Conseil décide que l'on écrira à Montluc (évêque de Valence) pour le remercier du bien qu'il a fait à la ville, quant à l'Université. (Arch. mun. de Valence, BB. 6.)

383. — 17 mars 1564. — *Idem.* — L'on expose que la veille eut lieu une assemblée du Collège de l'Université : il résulte de sa délibération qu'il serait nécessaire de recouvrer les lettres obtenues du Roi qui prescrivent une enquête sur la commodité et l'incommodité de l'union de l'Université de Grenoble à celle de Valence, et qui sont entre les mains d'*Aymé de Montbrun, escuier*. Ces lettres désignent comme enquêteur un membre du Grand Conseil ; *or sont en nostre pays Messieurs les Commissaires de la Magdelaine et de Baignemaure* qui procéderaient à l'enquête à moins de frais. — Il est décidé que l'on s'efforcera de retirer les lettres royales des mains de M. de Montbrun, afin de presser l'enquête. (*Ibidem.*)

384. — 9 juin 1564. — *Idem.* — Montluc, évêque de Valence, assiste à la délibération du Conseil. — Il est décidé qu'*on enverra homme exprès en court pour faire joindre les deux Universités* suivant les lettres obtenues du Roi. (Arch. mun. de Valence, BB. 7.)

385. — Bordeaux, avril 1565. — Lettres du roi Charles IX prescrivant l'union de l'Université de Grenoble à celle de Valence.

Comme ... nous eussions le vingt uniesme jour de septembre mil cinq cens soixante et un resolu et advisé en nostre Conseil privé de réduire les deux Universités établies en nostre pays de Dauphiné es villes de Grenoble et Valance en une seule Université et renvoyé

---

[1] Henri Marrel, père du recteur Gaspard Marrel, nommé conseiller au Parlement par lettres du 9 juin 1522. Mort en 1566.

lesdictes remonstrances (des gens de Valence)... pour informer bien et deuement en quel desdits lieux de Grenoble ou Valence ladicte Université seroit plus commodement establie pour se faict .. Suyvant lequel arrest nostre amé et feal conseillier et maistre des requestes ordinaire de nostre hostel, maistre René de Bourgneuf, seigneur de Cucé[1] auroit procédé au faict de ladicte information et icelle envoyée par devers nous avec son advis sur ce ; ... — A ces causes ... declarons et ordonnons par ces présentes qu'en nostre dict pays de Daulphiné ny aura doresnavant qu'une Université, laquelle nous avons de nos certaine science, plaine puissance et authorité royale, establie et continuee... en nostre dicte ville de Valance, pour y estre doresnavant faict profession des facultés de theologie, droict civil et canon, medecine et arts liberaux... Et a ces fins... revocquons et abolissons l'establissement et exercice, franchises, privileges et libertés de ladicte Université de Grenoble, sans qu'en icelle les Recteurs, regens, docteurs et autres suppots puissent doresnavant faire ny exercer aucuns actes lectures ou exercice qui ont accoustume estre faicts aux Universités de nostre Royaume... déclarans nuls tels actes et les degres de bachelerie, licence, doctorat et autres en quelque faculté que ce soit, qui seront cy apres faicts en ladicte ville de Grenoble et sans que ceux que cy apres se trouveront avoir este promeuz ausdictz degrez s'en puissent ayder... Et affin que ladite Université soit mieux entretenue et que lesdicts manants et habitans de Valance ayent plus de moyen de fournir aux gaiges desdicts docteurs et autres professeurs en ladicte Université, Nous voulons, entendons et nous plaist que les deniers cy devant ordonnés pour le payement des gaiges des docteurs de ladicte Université de Grenoble, soient employes a ceux dudict Valance.

Copies dans ms. 1434. Bibl. publ. de Grenoble, fol. 48 ; aux Arch. dép. de la Drôme, reg. D1., fol. 168 v°. — Texte impr. dans l'*Institutio, privilegia et statuta almœ Universitatis Valentinœ*, ouvr. cité, p. 138 et s.

386. — 23 septembre 1565. — Extrait des registres des délibérations du Conseil de ville de Valence. — On présente au Conseil des lettres de Montluc, datées du 11 septembre 1565, contenant créance de l'*adjonction* des deux Universités. — L'on écrira à l'évêque pour le remercier de tant de *benefices* qu'il lui a plu de procurer à la Ville. (Arch. mun. de Valence, BB. 7.)

387. — 2 octobre 1565. — *Idem.* — Le Conseil de ville de Valence délibère en vue d'assurer l'exécution des lettres de jonction des deux Universités : le collège doctoral de l'Université de Valence fait connaître qu'il a fait la plus grande partie de la procédure par l'intermédiaire de deux de ses membres, Barthelemy Grillet et François Bulhiod[2] ; il est indispensable néanmoins que le Collège et le Conseil de ville s'entendent pour nommer un personnage

---

[1] Cf. N. Valois, *Le Conseil du Roi aux XIV°, XV° et XVI° siècles*, p. 365 et 380.
[2] Barthelemy Grillet et François de Bulhiod, régents de l'Université de Valence à cette époque. (Voy. Nadal, ouvr. cité, p. 185.)

notable qui poursuivrait à Grenoble l'exécution des lettres de jonction. — Cette proposition est approuvée. Il est pourvu aux frais éventuels de cette délégation. (*Ibidem*.)

388. — 2 octobre 1565. — Copie d'une signification de l'édit du mois d'avril 1565, faite à la requête des consuls de Valence aux fermiers du sel. (Arch. mun. de Grenoble.)

389. — Moulins, 12 février 1566. — Lettres de jussion du roi Charles IX invitant le Parlement de Grenoble à enregistrer l'édit du mois d'avril 1565 prescrivant l'union de l'Université de Grenoble à celle de Valence.
Mention de la signification faite le 5 mars 1566 aux consuls de Grenoble avec présentation de l'édit d'avril 1565 imprimé. (Copie papier. Arch. mun. de Grenoble. Texte imprimé dans l'*Institutio, privilegia et statuta almæ Universitatis Valentinæ*, déjà citée p. 143.)

390. — 14 février 1566. — Ordre du Roi de faire commandement au fermier du sel de payer aux consuls de Valence les arrérages échus de la subvention attribuée à l'Université de Grenoble pour l'entretien de ses docteurs étrangers. (Trois copies papier, dont l'une portant mention de la signification faite au fermier du sel à la date du 12 mars 1566. Arch. mun. de Grenoble.)

391. — Moulins, 28 février 1566. — Arrêt du Conseil privé (Grand Conseil) prescrivant le renvoi au Parlement de Grenoble de toute la procédure relative à l'union de l'Université de Grenoble à celle de Valence [1] et l'exécution des lettres de Bordeaux d'avril 1565.
Copie papier, précédée d'un extrait des *articles* présentés au Roi par le procureur général Bucher en faveur de l'Université de Grenoble :

A la poursuitte d'ung de Valance, nommé Sainct-Martin, des leurs [2], ilz y veulent par suppression de l'Université de Grenoble qui s'en plainct et partie non appellée, attirer a la leur tous escoliers en loix, où les principaulx docteurs Mes Otonian (*sic*) et Bonne Foy [3] sont des leurs, combien que Valance ayt esté assignee pour estre desmantellée, sa Université n'estant si ancienne privilegiee et propice que celle de Grenoble, le soubztenant ainsy.

A scavoir est si lesdictz consistoyres officieus d'iceulx et aultres susdictes assemblees seront speciffiees, non comprins aux tollerees par le edict, et si les lettres royaulx sur lesdictes Universités présentées au Parlement seront remises purement a justice, appellé le Procureur des Estatz [4] et parties ouyees.

(Arch. mun. de Grenoble.)

392. — Moulins, 28 février 1566. — Lettres exécutoires consécutives.
(Copie précédée du même extrait des mémoires du procureur général Bucher

---

[1] Voy. n° 179. Cet arrêt était dû aux démarches de Bucher. Ce fut un succès éphémère.
[2] C'est-à-dire réformé.
[3] Hotman et Bonnefoy, célèbres jurisconsultes, professeurs à Valence à cette époque ; tous deux protestants.
[4] Nicolas de Bonneton.

en faveur de l'Université de Grenoble. Arch. mun. de Grenoble ; Bibl. publ. de Grenoble, ms. 1432, f° 106, pièce 1052.)

393-393 bis. — Mars-juin 1566. — Requêtes, notes et arrêts relatifs à la constitution du dossier du procès (demandes d'extraits de mémoires, etc.) et à la restitution des documents envoyés à Paris par les consuls de Grenoble durant le séjour de Pierre Bucher. (Arch. mun. de Grenoble ; Bibl. publ. de Grenoble, ms. 1432, f°² 98-100.)

394. — 22-24 avril 1566. — Arrêt du Parlement de Dauphiné, rendu sur requête des consuls de Grenoble, ordonnant à ces derniers et aux consuls de Valence d'aller conférer le jeudi suivant, en vue d'un appointement, au parquet des gens du Roi. — Procès-verbal et notification du refus de M° Nicolet, procureur des consuls de Valence, qui fait connaître *que ses partyes ne trovoyent aulcun avocat en ceste ville qui se soit vollu charger pour eulx de ceste affere*, et qu'en conséquence ils se sont pourvus par devers le Roi. (Arch. mun. de Grenoble.)

395. — 30 avril-2 mai 1566. — Sommation adressée par les consuls de Grenoble à ceux de Valence *aux fins de plaider la matière* devant le Parlement de Grenoble. Procès-verbal du refus du procureur des consuls de Valence. (*Ibid.*)

396. — [Avril ou mai 1566.] — Minute de mémoire appuyant une requête adressée au Parlement par les consuls de Grenoble en vue d'obtenir mainlevée de la saisie des deniers du sel. (*Ibidem.*)

397. — Paris, 9 mai 1566. — Lettre d'Ennemond Becloz, seigneur de Valbonnais, 1ᵉʳ consul, adressée aux consuls de Grenoble au sujet des affaires de l'Université.

Messieurs ge ne veux fallir vous avertir que Messieurs Rogier et Grilliet[1] sont an sete court pour le fet de l'Université, fezan antandre que la leur hest la plus viellie et qui n'y a que dixibuit ans que selle de Grenoble hest institué ; et affin de fere aparestre du constrere y seret bont de nous anvoyer piesse qui nous y puisse servir. Anvoyé nous ausi le ranvoey que Monsieur le Proqureur General anpourta du Privé Consel, ou vidime d'iseluy, affin que an puissions fere aparestre audit Privé Consel ; et s'illia auqune litispandanse o prosedure par devant la court depuis ledit ranvoye, ne fetés faute le nous envoyer, affin que plus cleremand Messieurs dudit Privé Consel antande que suivan le ranvoye fet a mesdits seigneurs du Parlemand de Grenoble y l'on dega contesté, si eynsi hest qui l'aye fet[2] ; et n'obliés rien de tout se que pourrés panser qui nous pourra servir car ge vous assure que de leur cousté y ne s'oblie pas, et de ma par ge vous ferey servisse an tout se qui vous plerrat me comander et de bon ceur, vous suppliạn

---

[1] V. n° 387, note. Claude Rogier était professeur à Valence ; il joua un rôle important dans l'Université de cette ville (v. Nadal, ouvr. cit., p. 85 et s.) En 1555, il avait ambitionné de venir professer à Grenoble, v. n° 66.

[2] V. n° 391. C'est de cet arrêt de renvoi que les Grenoblois cherchent à se prévaloir.

resevoyer mes unbles recomandasions a vous bones grasses, prian le créateur

Messieurs, vous doner an perffette santé se que plus dezirés. De Paris ce IXe may V ᶜ LXVI

Vostre unble frere et serviteur.

Enimon Bectoz.

Quant aut novelles de sete court, ge ne vous ancore diré sinon que justémand nous avons fet la reveranse a leurs Magesté, qui nous ont promis nous doner autdianse aut premier consel qui se tiendrat. Monsieur le Chanselier [1] n'i est ancore, qu'est cause de nostre retardeman. Monseigneur nostre Guoverneur [2] nous a fet ung si bont raquel et se monstre si fourt affesioné pour le peys, que nous ne povons an hesperer qu'un gran bien et solagemand. Monseigneur de Nemeours a hespozé Madame de Guize dimanche dernier [3]. Le roy ne doest boger de quelques jours de Seynt Mort des Fossés oux de Seynt Germeyn. Ge n'oblierey de solisiter l'affere de la juridision pour les cosses. (*Ibid.*).

398. — Grenoble, 10 mai 1566. — Arrêt du Parlement de Dauphiné ordonnant la comparution des parties au terme d'un mois afin de plaider et défendre sur l'opposition faite par les consuls de Grenoble à l'enregistrement de l'édit d'avril 1565, prescrivant la communication de la procédure par laquelle Montluc, évêque de Valence, s'est porté partie intervenante dans le procès, et accordant défaut aux consuls de Grenoble contre les consuls de Valence — sauf délai de quinzaine, — au sujet de l'instance introduite par les consuls de Grenoble en vue d'obtenir mainlevée de la saisie des deniers du sel. (*Ibidem.*)

399. — [Mai 1566.] — Mémoire, signé de Marrel [4] et A. de La Rivière, *advocat de l'Université de Grenoble*, en faveur du maintien de cette Université et de la mainlevée immédiate de la saisie des deniers du sel, apostillé et annoté par Chapuys [5], substitut du procureur des États de Dauphiné. (*Ibidem.*)

400. — Grenoble, 27 mai 1566. — Arrêt de défaut accordé par le Parlement aux consuls de Grenoble, aux régents de l'Université et au procureur des États de Dauphiné contre les consuls de Valence, au sujet de l'instance relative à la mainlevée de la saisie des deniers du sel. (*Ibidem.*)

401. — 30 mai 1566. — Inventaire des pièces produites par les consuls de Grenoble s'opposant à la publication des lettres du roi sur l'union de l'Université de cette Ville à celle de Valence. 15 articles. (*Ibidem.*)

402. — 5 juin 1566. — Requête par laquelle les consuls de Valence demandent au Parlement de Grenoble de se déclarer incompétent. Conclusions de

---

[1] Michel de l'Hospital.
[2] Louis de Bourbon, duc de Montpensier, plus tard gouverneur de Bretagne.
[3] Le mariage dont il s'agit est celui de la veuve de François de Guise, Anne d'Este et du célèbre Jacques de Savoie Nemours, dont parle Brantôme (IV, p. 183 et *passim*). Il eut lieu à Saint-Maur-des-Fossés le 5 mai 1566.
[4] Jean Marrel, conseiller de la Ville.
[5] V. n° 148, note.

l'avocat général Boffin [1] (du 8 juin) déclarant qu'il n'a rien à requérir, les parties ne lui ayant rien communiqué. (*Ibidem*.)

403. — Saint-Maur-des-Fossés, 7 juin 1566. — Lettres du roi Charles IX évoquant au Conseil le procès de l'union des Universités de Valence et de Grenoble et annulant la procédure faite devant le Parlement de Grenoble *contre nostre voloir et intention*. (*Ibidem*. Dans la liasse de 1566 à 1581, voy. n° 415).

404. — 8 juin 1566. — Requête des consuls de Valence demandant au Parlement de Grenoble un arrêt conforme aux conclusions d'une requête antérieure (sans doute celle du 5 juin, n° 402) nonobstant l'appointement fait au Parquet. Au bas, ordonnance signée Morard, prescrivant de joindre cette requête au dossier du procès. (Arch. mun. de Grenoble.)

405. — Vienne, 11 juin 1566. — Lettre adressée aux consuls de Grenoble, à la veille de son départ pour la Cour, par M. Boissat, chargé de s'occuper des affaires de l'Université [2] :

... Au surplus, vous pourres assurer que ez affaires dont m'avés parlé et toutes aultres ou mon œuvre vous pourra servir, je l'employeray d'aussi bon cœur comme je désire estre recommandé humblement a voz bonnes graces... (*Ibidem*.)

406. — Minute de réponse à une lettre du 19 mai 1566. — Les consuls de Grenoble écrivent à M. de Valbonnais, 1er consul, à Paris, au sujet des affaires de l'Université :

.... Nous avons parlé a Monsieur Bonneton et entendu que l'on solicite quelque renvoy en ceste cour de plusieurs affayres concernant le faict du pays ; s'il estoyt possible d'y joindre le faict de l'Université avec derogation ou bien non obstant les lettres obtenues par celuy de Valence, ce ne seroyt petit article gaigné. Et au pis, ou la declaration seroyt telle par sa Magesté qu'il veult le octroy faict a ceux de Valence sortir effet, que ce soyt a qualité que les mille livres apertenans a l'Université de ceste Ville soyent deslivrées jusques au jour de l'arrest et declaration qui en sera faicte et pour reste du temps qui sera escheu ; qui semble bien raisonnable, car nous avons continué la

---

[1] Félicien Boffin, docteur en droit, nommé avocat général par lettres du 12 juin 1554, reçu le 16 janvier 1555. Il eut pour successeur son fils Félicien Boffin (1578-1581 — 1631) en faveur duquel il résigna sa charge ; un troisième Félicien Boffin, neveu du précédent, succéda à son oncle en 1631 et mourut en 1643. Les Boffin devinrent seigneurs d'Uriage en 1650. (Pilot, *Inventaire* cité, p. 56.) Félicien Ier Boffin est cité parmi les agrégés de l'Université sous le nom de seigneur de Brié. V. n° 243 et n° 421 note.

[2] Pierre Boissat, seigneur d'Avernais, avocat à Vienne, versé dans la connaissance du grec, consul de Vienne en 1575, juge royal en 1573, vi-bailli de Vienne en 1579, avait épousé Marguerite Mitalier, fille de Claude Mitalier, magistrat d'une rare érudition, qui avait été vi-bailli de Vienne ayant son gendre. C'est le grand-père du poète Boissat, dit Boissat l'Esprit (Note communiquée par M. Gauduel. — Cf. C. Latreille, *Pierre de Boissat et le mouvement littéraire en Dauphiné au XVIIe siècle. Bulletin de l'Académie Delphinale*, 4e série, t. XIII, p. 350-352.)

conduite du docteur estrangier et continuons encores, soubz pretexte desdictz deniers a luy affectés, et lequel nous n'avons ouzé congédier, ne nous pouvans despartir de noz promesses ; et au contrayre seroyt desraisonnable que ledict argen fut livré a ceux de Valence, qui a ceste occazion n'ont souffert aucune charge ny heu aucun docteur de qualité requise par l'octroy de l'impozition desdictz deniers. C'est au cas que nous ne puissions tirer de nostre cheval que les fers... (*Ibidem.*)

407. — Paris, 20 juin [1566]. — Lettre d'Ennemond Bectoz, de Valbonnais, aux consuls de Grenoble :

Messieurs, gey reseu la lestre que vous a pleu m'escrire et touttes les piesses concernan le fet de l'Université, qui nous hest venus bien a propos, car nostre deley hestoeyt passé et Monsieur Rogier[1] fezet gran difficulté de nous doner ung secon deley ; mes a sete heure nous ne l'an prierons plus. Ge croey qui son bien joyeux de se que Monsieur Le Mestre[2] s'an va demeyn an Dauphiné et nous vien bien mal a propos, a cauze de sa suffisance et quillet instruit de nostre fet ; mes ayan tan de piesses favorables et le bon droeyt, ge panse que l'on nous fera justisse avesque se que ge ferey, bien remonstré le tout par Monsieur de Villeneuve an l'assance de Monsieur de Bresac, suivan serteynes memoeres que Monsieur Le Mestre m'a lesé, oustre seula qu'avés anvoyé ; et croyés qui n'y sera rien hoblié de tout ce qui serat de ma cappacité. Ge guarderey le mot des mille livres pour le dernier[3] et ne vodres qui l'antandise sela, car y l'an prandret trot grant eur. Nous avons fet tout ce qui nous a hesté possible pour les fere compromettre a ditte d'arbrites (sic) an nostre peys, mes y n'on pas volu. Y l'on bien compromis pour le reguart du sel et des folles aut premier d'oust prochein, mes y n'a esté possible qui l'aye volu fere pour le reguart de ladite Université, dizan que tous leur son suspés ; pour quoey y nous faut resodre d'atandre la bone justisse de leurs Magestés..................

Pour le fet du sel avertisses le sire Jehan Paviot et seux que vous savés qui son hesperimantés audit fet, car ceux de Valanse ne seron an rien cours et s'ederon de touttes les faveurs qui pourron ; y ne s'en parelerat ausi plus ysi devan ledit conpromis, et croyés qui ne s'ant panset pas retourner san rien fere pour se reguart, et, se Dieu plet, y

---

[1] Voy. n° 397, note.
[2] Le Mestre est Pierre Maistre, ancien recteur de l'Université, consul en 1564 et 1565, envoyé à Paris pour les affaires de la ville.
[3] Voy. n° 406, lettre des consuls de Grenoble à Ennemond Bectoz, citation.
— Cette phrase, écrite par Ennemond Bectoz, prouve que l'ambassadeur de la communauté grenobloise, malgré les paroles réconfortantes qu'il prodigue avec tant de verve à ses commettants, ne conservait guère d'illusions sur le sort de l'Université de Grenoble.

feron le semblable pour le fet de l'Université; car y s'an yron sans rien fere, aut moyens si g'an hestés le juge. Ge ne faudrey vous anvoyer lesdites lestres de reliez incontinan que ge les heyrey retirees, et ne tiendrat pour argan, car ge m'estime heureux d'avoyer moyen de vous fere servisse.................... ....

De Paris, ce XX⁰ juyen................ Enimon Bectoz.
(*Ibidem.*)

408. — Paris, 8 juillet [1566]. — Lettre d'Ennemond Bectoz aux consuls de Grenoble :

Messieurs, depuis mes lestres du dernier du [moys] passé, Monsieur Grilliet [1], de Valance, nous a fet fere comandeman de remestre anstre les meyns de Monsieur de Cucé [2], mestre de requestes, et si ne nous a rien volu comuniquer. Ge ne sey se qui fera. Ci esse que Monsieur de Villeneuve et de Bresac sont d'avis qui nous comunique, a quoey nous insterons. Ge vous promes qui nous presse fourt et a belle envie d'avoeyr l'argan, plus que l'Université, memes qu'illa ottenu quelque provizions de noveaut a se qui m'an a dit pour yniber encore a Messieurs d'an cognestre. Si ese que nous somes resolus de sotenir le ranvoey ottenu par Monsieur le Proqureur general et que suivan yseluy ladite court an juge. Yl et tout notoere qui se fie plus an leur faveur que a leur bon droeyt. Ge vous supplicrey croere que y ne tiendra a nous que nostre droeyt ne soeyt bien remonstré et fet antandre, et de ma part ge y tiendrey la meyn tan qui me sera possible et par le premier depeche que nous ferons, ge vous avertirey de tout; yl et vray que se ne serat sans peyne, a cauze que le roy s'an va sete semeyne a Hescoan et a Chantilly et de la en Picardie [3], mes ge pance quil erra fere la reculie. Y n'i a ysi rien de noveaut, sinon quelque bruit que l'on a fet de Valance; mes ge panse que se n'et rien. Y ne se parle que de fere gran chiere. La longueur de nous afferes me tiendra de pardesa plus longuemand que ge ne pansés et ne tien a fere la plus hestreme diliganse que nous povons a soliciter. Si gey moyen vous fere servisse, tan en general que au particulier, comandé moey et ge vous obeyrey toutte ma vie d'ausi bont ceur que ge vous supplie resevoyer mes bien unbles recomandasions a vous bonnes grasses, prian le createur,

Messieurs, vous doner a tous en bone santé se que dezirés. De Paris, ce VIII⁰ julliet.

Vostre unble frere et serviteur,
Enimon Bectoz.

---

[1] Barthélemy Grillet, professeur à Valence, v. n° 387.
[2] René de Bourgneuf, seigneur de Cussé, v. n° 385 et note.
[3] Sur ces voyages de la Cour, voyez de La Ferrière, *Lettres de Catherine de Médicis*, t. II, p. 376 et 380. La Reine est à Écouen le 26 juillet, en Picardie au mois d'août.

Je vous supplie me tenir averty le plus sovan. que vous pourrés de tous vous afferes et des novelles, et ge ferey le sanblable. (*Ibidem.*)

409. — Paris, 28 juillet [1566]. — Lettre d'Ennemond Bectoz, de Valbonnais, aux consuls de Grenoble :

Messieurs, ge ne vous ferey lon discours de nous afferes, a cauze que ge suis pressé. Seulemand ge vous direy que touttes les piesses de l'Université son remizes anstre les meyns de Monsieur de Cussé, mestre des resquestes. Ge pansse qui nous fera justisse, ancore que le credit de Monsieur de Valance soyet gran. Ge y ey fet jusque ysi tout ce que g'ey peu. Ge panse que nous seron bien tout de par dela et vous ferey antandre plus ampleman le tout, et sepandan ge dorrey charge a quelqun de nous amis de s'an prandre guarde. Ge vous anvoye vous lestres de reliez d'apel pour le reguart des folles. Y se continue qui ne restera a la chambre des contes que ung presidan, troes mestres et ung clert, tous les plus ansiens et les premiers reseus. Ge vous supplierey de m'escuzer si ge ne vous fes plus lon discours pour la gran aste que g'ey, vous supplian croyere que ge vous ferey servisse tan an general que an particulier an tout ce qui vous plerra de m'anplier, d'ausi bont ceur que ge me recomande bien unblemand a vous bones grasses, prian le createur,

Messieurs, vous donner a tous an santé se que plus dezirés. De Paris, ce XXVIIIe julliet.

Vostre unble serviteur,
Enimon BECTOZ.

(*Ibidem.*)

410. — Paris, 31 juillet [1566]. — Lettre d'Ennemond Bectoz de Valbonnais aux consuls de Grenoble :

Messieurs, ge vous hey hescrit bien ant lon par Monsieur Le Mestre du xxe de ce moys et si n'ey volu falir de vous fere ancore sete petitte recharge seulemand pour vous dire que g'ey ottenu vous lestres de reliez d'apel pour le reguart des folles, et si ey communiqué a Monsieur Grilliet tous les instrumans que m'avés anvoyé, fezan pour le fet de l'Université ansanble touttes les prosedures fettes par devant Messieurs de la court, et ausi le ranvoye que Monsieur le Proqureur General a ottenu ; et vous promés qui fut bien ebey, ge ne sey a quelle fin, mes ge panse a mon avis qui vit se qui ne croyet pas. Nous n'avons ancore rien produit riere le Consel Privé. G'atans qui me solisite ; si esse que ge me guarderey de seurprinze tant que ge pourrey. Monsieur de Villeneufve et moey fezon tout se que nous povons pour depecher les afferes du peys. Ge vous supplie, croyés que ge dezire bien fourt et de bont ceur d'estre de retour, et sepandan si g'ey moyen vous fere service ni an general, ny an particulier, commandés moey et ge vous obeyrey toutte ma vie d'ausi bont ceur que ge vous supplie resevoeyr mes unbles recomandasions a vous bones grasses, prian le createur, Messieurs, vous doné an perfette santé se que plus dezirés. De Paris ce dernier juliet.

Ge remes touttes les novelles de sete Court a Monsieur de Seynt Jehan[1] et a Monsieur Ferran et sepandan ge vous supplie me departir des vostres.

Vostre unble frere et serviteur,
Enimon BECTOZ.

(*Ibidem*).

411. — Paris, 6 juin 1567. — Arrêt du Conseil privé (Grand Conseil) déboutant le Conseil de ville de Grenoble, le Recteur de l'Université, le Procureur des États de Dauphiné, des oppositions par eux formées contre l'union de l'Université de Grenoble à celle de Valence, et ordonnant l'enregistrement des lettres de Bordeaux, d'avril 1565 [2]. (Texte imprimé dans *Institutio, privilegia et statuta almæ Universitatis Valentinæ*, op. cit.; p. 145.)

412. — Paris, 6 juin 1567. — Lettres exécutoires consécutives. (*Ibidem*, p. 146.)

413. — Pâques, [18 avril] 1568. — Notes destinées à servir à la rédaction d'un mémoire en faveur de l'Université de Grenoble :

Art. 1. Principaleman que estant assize danz Grenoble, ce fut un privilège, y doné de grande importance, y miz en usage (*sic*), q'et autant q'avoer par ce mariyé une telle filie d'un prince soverein qe l'Université de Grenoble, sa filie, a sez citoiens de Grenoble et a leur commun et qors mistique d'iceuz aveq doté de pluzieurs donz et autres privileges. Or danz le transport du Daufiné, 1349, touz privileges et bonz us dez villes sont expressement promiz et giurés d'estre observés par touz successeurs daufins..........................
....

[Art.] 7. Sans ouyr ledict qors mistiqe du commun de Grenoble, ne lez reqteur et qollege de leurdite Université, et, par ce, ne le mari ne sa epouze, ceux de Valance ont impetrer de l'unir a la leur et la contreindre de lesser sondit epouz, lez fezanz divortir sanz avoer adultere ou meffet, eynz vivanz en trez bone amitié et conversacion, et elle ne volant adulterer aveq le qors commun de Valance ou autre, einz se tenir a sondit epouz auquel a été baliée et confermée par les princes souvereinz sez peres.

[Art.] 14. — An outre lez qatoliqes eqoliers ne vodroeient aller, et leurs bonz paranz ne lez vodroeient anvoier ou lesser aller a Valance, ou sont doqteurs principauz regenz Mes Qugias et de Bone Foy [3], de

---

[1] C'est sans doute Carles, seigneur de Saint-Jean, cité au n° 199. Cf. note.
[2] Cf. J.-J.-A. Pilot, *Anciennes Universités du Dauphiné*, dans le *Bull. de la Soc. de Stat. de l'Isère*, 2ᵉ série, t. III (1856), p. 296.
[3] Cujas, alors régent à Valence, et Bonnefoy.

pretandue religion ; lieu ou et tougiours a qreindre dezordre pour icelle, si qe le Roy commanda la demanteler, a qoy n'ont obei, et pour etre obei aura a fere l'exequter. Et auz 1ers troubles d'elevacion an armes de Monbrun, 1560[1], y aquliret eqoliers de pretandue religion qui tenoeient principauz ranqs, a surprendre et detenir an force d'armes lez Qordelliers ; ausi M⁰ Otoman, principal regent, 1566, y conduit et de pretandue religion, y receut un soufflet, puiz s'an alla aveq cella[2]. Et pour la principale commodité q'et an la melieur doqtrine et melieurs meurs, certenemant et trez evidammant elle se trouvera a Grenoble beauqoup pluz facilemant, amplemant et hautemant pour les eqoliers a Grenoble (*sic*). Lez doqteurs fameuz etrangiers y viendront plus volunteremant et a pluz gran dezir pour ce qe summa rerum grandium et lez persones pluz eminantes s'y treuvent plus freqamant. Le Parlement y contient mieuz lez eqoliers qui ausi le revèrent et qreindent pluz q'a Valance et de pluz prez.

Extra pour reponse si on oppozoet :

Lez anfanz et domestiqes de Mr Loriot alloeient touz a la messe et de luy ne s'et veu sortir auqune chouze pernicieuze, ne q'il suivit onqes l'excercice de pretandue religion ne autre chouze, fors q'il etoet fort solitere et ne se montroet guière q'a sa leçon. Mr Moffa, duran sa 1re conduitte, 1543, 44, alloet tougiours a la messe ; a la derniere, 1560, dizoet n'ouzer, pour ce qe sez bienz etoeient souz lez Bernoez auprez de Qolonges[3], qi lez luy eussent ootez. Mrs Atenee, Riqier, de Boessone, de Govea et autres doqteurs etrangiers y conduiz alloeient touz a la messe...
....

(Arch. mun. de Grenoble.)

414. — (1569 ?[4].) — Notes destinées à servir à la rédaction d'un mémoire en faveur de l'Université de Grenoble :

---

[1] V. Arnaud, *Hist. des Protestants en Dauphiné*, t. I, p. 55 et s.
[2] Sur un conflit personnel où fut engagé Hotman en 1566, cf. Nadal, *op. cit.*, p. 61 et s.
[3] Le territoire de Collonges, au pays de Gex, appartenant alors aux Bernois. (Cf. Berriat Saint-Prix, *Histoire de l'ancienne Université de Grenoble*, dans *Revue du Dauphiné*, t. V, p. 147.)
[4] La date de ce document demeure très incertaine. Il semble bien cependant que le recteur Alexandre, que nous n'avons pu identifier, dut jouer le rôle que le document indique vers 1560 (voy. Arnaud, *Histoire des Protestants en Dauphiné*, t. I, p. 38 et s.). D'autre part, les faits relatés au paragraphe suivant seraient bien placés en 1568. Enfin le recteur Alexandre put être incarcéré lors des arrestations ordonnées par le Parlement, en 1569 (Arnaud, *op. cit.*, p. 219 et 237). Il faudrait donc admettre que le recteur Alexandre exerçait ces fonctions à Valence neuf ans et non sept ans avant la rédaction de la note. L'indication qu'elle donne à cet égard est d'ailleurs, manifestement, très approximative.

Alimans spirituels a Grenoble

....

A Valance estoit recteur, sont environ 7 ans, M⁰ Alexandre a presant detenu prisonier heretique a Grenoble, principal conseilier du sʳ de Montbrun, etc...

Aulx predications nocturnes dans Valance la caresme dernier, de la troupe d'anviron 1000 persones, les troys premiers rancz six a six estoint dixhuict escoliers, les six premiers armés de corseletz et salades, les douze haquebuttés etc. et a la quuee six escoliers armés a blanc comme dessus faisoint precher aulx estudes le recteur premier a la Cene, les escoliers principaulx aux Cordeliers.

Comodites meslees que sont plus a Grenoble

Les escoliers du ressort ont plus facile moyen d'avoir nouvelles et ce qu'est necessere de leurs parens et aultres, et econtra leurs parans de savoir s'ilz proufitent ou desbauchent, a cause que de tout le ressort ou y a affere ou en la Tresaurerie, aulx Estatz, Parlement, Chambre des Comptes ou aultre justice. Cecy concerne l'Université.

A Grenoble sunt plus de paouvres habitans n'ayans ou s'exerciter en marchandise, mestiers et ouvrages, passage et samblables si qu'elle y est plus necessere.

A Valance a grandes negociacions sont de sel par eau, par terre chanvres, cordages, avenies etc. drapperie, leines, grand passage ; si que les marchantz gentz de mestier, hotelliers, laboureurs et peuple y sont beaucoup plus riches qu'a Grenoble, quelque Parlemant et sieges de justice qu'il y ayent.

Comodites corporelles

Le pain quelque peu plus cher a Grenoble.
Item le vin quelquesfoys et econtra.
Pitance moins chere à Grenoble.
Logis, habitz etc. *œque.*

....

(Bibl. publ. de Grenoble. Ms 1432, fol. 103 et s.)

414 bis. — S. d. — Minute d'un mémoire en faveur de l'Université de Grenoble[1].
(Bibl. publ. de Grenoble. Ms 1434, fol. 101 et s.)

---

[1] Ressemble beaucoup, quant aux renseignements fournis, au n° 414. Cependant l'écriture est tellement semblable à celle de la note de 1577 comprise sous le n° 415 (6°), qu'on peut se demander si ces deux notes n'ont pas été écrites le même jour par le même scribe.

415. — 1566-1581. — Liasse comprenant :
1° Copie des lettres royales du 7 juin 1566. Voy. n° 403.
2° Copie des lettres du 14 février 1566. Voy. n° 390.
3° 27 février 1577. — Requête des consuls de Valence au Parlement de Grenoble au sujet d'une question de procédure.
4° 26 février 1577. — Requête des consuls et des recteurs et écoliers de l'Université de Valence, adressée au Parlement de Grenoble, aux fins d'obtenir la vérification et la publication des lettres royales portant union de l'Université de Valence à celle de Grenoble.
5° [Février ou] mars 1577. — Requête signée de Marrel présentée au nom des consuls de Grenoble au Parlement pour faire connaître que la communauté de Grenoble ne s'oppose pas à la vérification des lettres d'union relatives à l'Université[1], mais réclame l'affectation de la subvention prélevée sur la ferme du sel en faveur de l'Université au paiement des régents de l'École publique.
6° 1577 et 1581. — Notes relatives à la suppression de l'Université de Grenoble et au procès d'enregistrement des lettres d'union :
....

Apres ce que dessus la Cour fit arrest et interina les lettres de ceux de Valence, a qualité touteffoys que des II^m livres pour les deux Universités seront prins chascune annee III^c livres pour l'entretenement de deux regens en humanité aux escolles d'icelle ville.

Apres ce lesdictz de Valance obtindrent autres lettres aux fins que les deux mille livres soyent imposees sus le pris du sel, ensemble les arreirages pour six ans. Sus la veriffication desquelles lesdictz de Valence nous ont fait dire qu'ilz nous accorderont mil escuz sus leurs arreirages pour un coup et qu'ilz soyent quittes desdictes III^c livres. Sus quoy nous avons consulté chez Monsieur Baro[2] le xxiie may 1581 ; finalement que l'on ne peult incliner a telle offre pour ne prejudicier au droyt de poursuivre la restauration de l'Université de ceste ville.

416. — Grenoble, 24 janvier 1582. — Transaction passée entre les consuls de Grenoble et ceux de Valence au sujet de l'Université : les consuls de Grenoble renoncent à toutes oppositions qu'ils pourraient former contre la jouissance des 2.000 ll. t. accordées par le Roi à l'Université de Valence ; les consuls de Valence s'engagent à payer à la Ville de Grenoble une somme de mille écus, dont les revenus serviront à l'entretien d'un maître d'école. Les uns et les autres persistent dans leur attitude au sujet de l'union des deux Universités ; il est stipulé toutefois que les 1.000 écus que les consuls de Valence s'engagent à payer à Grenoble seront remboursés si l'Université de Grenoble vient à être rétablie. — Original papier, suivi de la copie des documents qui accréditent les délégués des deux Villes, signataires de la convention : pour ceux de Grenoble délib. du C. de ville du 19 janv. 1582 ; pour ceux de Valence, procuration notariée du 30 novembre 1581. (Arch. mun. de Grenoble. — Textes imprimés dans l'*Institutio..... Universitatis Valentinæ*, p. 147-158.)

417. — 13 août 1582. — Requête adressée au Parlement de Grenoble par les signataires de la transaction du 24 janvier 1582, en vue d'obtenir l'homologation de cette transaction. (Texte imp. dans l'*Institutio... Universitatis Valentinæ*, p. 159.)

---

[1] Malgré la mention du document qui suit nous n'avons pas trouvé trace dans les registres du Parlement de l'enregistrement des lettres d'union.
[2] Gaspard Baro, ancien agrégé de l'Université.

418. — Grenoble. — 14 août 1582. — Arrêt d'homologation de la transaction du 24 janvier 1582, rendu par le Parlement de Grenoble. (Texte imp. dans l'*Institutio.... Universitatis Valentinæ*, p. 160.)

VIII. — Listes de recteurs et d'agrégés de l'Université de Grenoble établies d'après les *documents* précédents [1]

419. — Liste des Recteurs de l'Université de Grenoble au xvie siècle :

Antoine Motet, chanoine, puis préchantre de N.-D. de Gren.,	1542-1549
Pierre Maistre [2]	1550
Claude de Saint-Remi [3]	1551
François Lesquaud [4]	1552
François de Flandre	1553
Guillaume Gabier	1554
? (Antoine Motet, vice-recteur)	1555
Soffrey de Bocsozel (id.)	1556
Gaspard Marrel [5] (id.)	1557
Jean de Buffevent	1558-1559
Guillaume de Boneton (Charles Ricaud de la Tour, vice-recteur)	1559
Laurent de Briançon	1560
Antoine Gauteron [6]	1561

---

[1] Les recteurs ou les agrégés qui ne sont l'objet d'aucune note au bas de ces listes ont été identifiés et annotés antérieurement, soit dans l'*Ancienne Université de Grenoble*, de M. P. Fournier, soit à propos des *Documents*, où ils sont cités pour la première fois. Se reporter, pour les renvois, à la table des noms propres.

[2] Le même que le recteur de 1567. Il était avocat et fut premier consul en 1564 et en 1565.

[3] Claude de Saint-Remi fut vibailli de Graisivaudan. La chronologie de ces officiers est trop mal établie pour qu'on puisse préciser entre quelles dates. Nous l'avons rencontré avec ce titre, dans un acte de 1581. (Arch. dép. de l'Isère, B. 2665.)

[4] Il convient probablement d'identifier François Lescaut avec le recteur qui lui succède sur notre liste. Ce dernier, malgré son nom, était de Gap. Cf. n° 291.

[5] Gaspard Marrel, fils d'Henri Marrel, conseiller au Parlement (cf. n° 381, note); docteur en droit et avocat; il épousa en 1558 Antoinette Besson, fille d'Antoine Besson, secrétaire civil au Parlement et secrétaire de l'Université. (Note communiquée par M. Maignien.)

[6] Le prénom de ce recteur ne permet de l'identifier avec aucun personnage connu. C'est probablement un fils d'Hector Gauteron, d^r en droit, juge de la Cour commune de Grenoble, nommé conseiller au Parlement en1535 et mort en 1536. Un autre Gauteron était curé de Saint-Hugues en 1545. (V. Prudhomme, *Inv. som. des Arch. com. de Grenoble*, 1re partie, p. 41.) — Nous avons un Valentin Gauteron professeur de théologie à l'Université en 1550. — M. de Vernisy rattache cette famille à celle des Gauteron qui succédèrent aux Boffin comme seigneurs d'Uriage. (*Pariset, Seyssins, Seyssinet, op. cit.*, p. 170. *Bulletin de l'Académie Delphinale*, 4e série, t. XIII.)

?	1562
François Fustier[1]	1563-1565
?	1566
Pierre Maistre, *agregatus et rector*	1567

420. — Professeurs étrangers de droit :

Mathieu Gribaldi, dit Moffa, s^r de Farges,	mars 1543-[mars] 1545
Jérôme Athenée (de Vicence)	octobre 1549-août 1550
Hector Riquier (du Frioul)	octobre 1550-août 1552
Jean de Boyssonné, ancien professeur à l'Université de Toulouse, conseiller au Parlement de Chambéry	octobre 1551-...1554
Antoine de Govea, portugais	octobre 1555-avril 1562
Jean de Colloredo (du Frioul)	octobre 1555-août 1557
De Farges	octobre 1559-octobre 1560
Pierre Lorioz	février 1564-...1567

Agrégés de l'Université.

421. — Droit :

N. B. — Les noms des agrégés qui ont réellement professé à notre connaissance ou qui ont pris part aux réunions ordinaires du Collège des agrégés sont précédés d'un astérisque. Les dates qui suivent leurs noms sont celles des documents où chaque agrégé apparaît pour la première fois comme tel :

*Pierre Bucher, doyen de l'Université, 1542, procureur général du Parlement en 1553.

*Antoine Dalphas, 1543, avocat.

*Girard Servient, 1543, substitut du Procureur général, puis conseiller au Parlement en 1554.

*Alemand, 1543 [2].

*Hugues de Vermond, 1543 ; juge de la conservation des privilèges de l'Université, 1554 ; avocat.

*[Louis] Fiquel [3], 1543, avocat.

*Laurent Gallien, prieur de la Madeleine [4], 1543, vidoyen en 1561.

---

[1] François Fustier, s^r de la Rochette, fut conseiller au Parlement en 1574, puis président en 1591 (reçu en 1596). Mort en 1628.

[2] Inconnu.

[3] L'avocat consistorial Fiquel, docteur en droit, régent de l'Université, était mort en 1565. V. *Documents*, n° 162. — Il est cité comme avocat dans le rôle de l'emprunt forcé de 1533. (Arch. mun. de Grenoble, CC. 626. Cf. Prudhomme, *Inv. som.*, 2° partie, p. 103.)

[4] Cf. Em. Pilot de Thorey, *Les Prieurés du diocèse de Grenoble, op. cit.*, p. 133. — Laurent Gallien était official du diocèse en 1562. (Note communiquée par M. Maignien.)

* Félix Guerre [1], 1543, vichancellier de l'Université en 1564-1565.
* Etienne Roybon, 1543, vichancellier de l'Université en 1551.
* Jean Fornet, 1546 ; juge de la conservation des privilèges de l'Université, 1554 ; avocat.
* Jean Vachon [2], 1546.
* Raymond Rostolan, 1546, vichancelier de l'Université en 1549.
* Jean Borel de Ponsonnas [3], 1546.
* Hugues Valambert, 1546, avocat consistorial.
* Gaspard Baro [4], 1546.
* Antoine Aréoud [5], 1546.
* Antoine de la Rivière, 1547, avocat de l'Université, avocat consistorial.
* Nicolas de Bonneton, 1547 ; vidoyen (?) en 1550 ; juge temporel de l'Université, 1558.

André Ponnat [6], 1547.
* [François] Bovier [7], 1549.
* [Urbain] Mitalier, 1550, avocat.
* Jean Marrel, 1550, avocat.

Guillaume de Portes [8], 1550.

Guy du Vache [9], 1550.

François de Saint Marcel d'Avançon, 1551, conseiller au Parlement, evêque de Grenoble en 1561.

---

[1] Félix de la Croix, dit Guerre, licencié en droit, avocat, nommé conseiller au Parlement le 30 avril 1543, puis avocat général en 1549. — En 1539 il avait été employé par la Ville pour diverses négociations à la Cour. Voy. Prudhomme, *Inv. som. des Arch. com. de Grenoble*, 1re partie, p. 34 et 35.

[2] Seigneur de Veurey, docteur en droit, avocat, puis conseiller au Parlement en 1568. Pilot, *Invent. som. des Arch. départ. Isère*, t. II, Introduction.

[3] Avocat, puis nommé avocat général au Parlement en 1556 (reçu 1559). Mort en 1571. Avait d'abord embrassé la Réforme, devint ensuite catholique intransigeant. V. Arnaud, *Hist. des Prot. en Dauph.*, t. I, p. 51 à 54.

[4] Docteur en droit en 1555, lieutenant particulier au siège de Graisivaudan, puis vibailli (1568), avocat consistorial en 1585, conseiller au Parlement en 1588 (Note communiquée par M. Maignien.)

[5] Fils aîné du médecin Pierre Aréoud; ancien élève de Valence, docteur en droit en 1546; avocat consistorial. Il fut premier consul de Grenoble en 1569.

[6] Seigneur de Saint-Égrève, docteur en droit, avocat à la Cour puis conseiller au Parlement (1556), embrassa ouvertement le parti de la Réforme en 1562. Le baron des Adrets le nomma gouverneur de Grenoble. V. Arnaud, *Hist. des Prot. en Dauph.*, t. I. p. 123. — Prudhomme, *Hist. de Grenoble*, p. 363.

[7] Docteur en droit, avocat à la Cour, nommé conseiller au Parlement en 1553 (reçu 1554). Mort en 1580. Cf. Pilot comme ci-dessus.

[8] Docteur en droit, avocat à la Cour, conseiller au Parlement en 1543, second président du Parlement de Savoie en 1554, puis second président du Parlement de Dauphiné en 1559. (*Ibidem*.)

[9] Licencié en droit, conseiller au Parlement en 1540. Mort en 1570. (*Ibidem*.)

A. de Ponsonnas [1], 1551.
* Christophe Eybert [2], 1551, vichancelier, 1551.
Aymar du Rivail [3], 1553 ; vichancelier, 1553-1557.
Michel de Gives [4], 1553.
Henri Marrel [5], 1553.
Jean de Lantier [6], 1553.
Claude Veilhieu [7], 1553.
* Antoine Limojon, 1555, avocat consistorial.
* Pierre de Lémeric, 1556, avocat consistorial.
[Félicien Boffin, seigneur] de Brié [8], 1557.
Jean de Saint Marcel d'Avançon, 1557.
Soffrey de Bocsozel du Châtelard, 1557, ancien recteur, vichancelier en 1561.
* Jean Narcié, 22 février 1557, vichancelier, 1564.
Jean de Montluc, 11 juin 1557, evêque de Valence.
* Merlin de Villiers, 1557, avocat consistorial.
* Jean de Lescure, 1558, avocat consistorial.
Gaspard Marrel, 1558, ancien recteur.
Jean de Buffevent, 1559, ancien recteur.
François Faure, 1559, avocat.
Guillaume de Bonneton, 1561, ancien recteur.
Ennemond Millet, 1561, avocat.
François Vachon [9], 29 juin 1561.

---

[1] Appartient certainement à la famille de l'avocat général Borel. Nous n'avons pu l'identifier.

[2] Ce personnage, peu connu, avait des biens nobles à Seyssins et à Seyssinet. V. A. de Vernisy, *Parizet, Seyssins, Seyssinet, Saint-Nizier, op. cit.*, p. 245.

[3] Official du diocèse de Grenoble de 1554 à 1560. Conseiller au Parlement le 31 décembre 1560, par suite de la résignation de son frère Philippe, sʳ de Lieudieu ; reçu le 28 mars 1561. Mort en 1573 (note mste de Pilot, Bibl. publ. de Grenoble). C'était le second fils d'Aimar du Rivaïl, l'auteur du *de Allobrogibus*.

[4] Michel de Gives fut nommé second président du Parlement de Grenoble en 1539. Il mourut en octobre 1558. Voir la note que lui a consacrée Pilot, *Inv. som. des Arch. dép. (Isère)*, t. II, p. 11. — Magistrat intègre, Michel de Gives mourut pauvre et dut être enterré aux frais de la Cour.

[5] Nommé conseiller au Parlement en 1522, mort en 1566. (*Ibidem*.)

[6] Avocat au Parlement de Paris. Nommé procureur général au Parlement de Dauphiné en 1543. En 1553, il fut nommé procureur général à Rouen. (*Ibidem*.)

[7] Docteur en droit. Lieutenant particulier au bailliage de Saint-Marcellin. Conseiller au Parlement en 1549. Mort en 1555. (*Ibidem*.)

[8] Félicien Boffin, avocat général au Parlement en 1554, fut, en 1556, premier avocat général, lorsqu'un office de second avocat général fut créé et attribué à Jean Borel, de Ponsonnas. — Sa seigneurie de Brié n'est point connue ; néanmoins, l'identification du personnage ne peut laisser aucun doute. V. n° 243, v. aussi n° 402, note.

[9] Premier président de la Chambre des Comptes de Savoie ; nommé troisième

* François Besson [1], 29 juin 1561.
[Guillaume Berger, seigneur] de Malisolles [2], 1561.
* Falco d'Aurillac [3], 1563.
* Pierre Maistre ou Le Maistre, 1563, ancien recteur.

422. — Théologie :
René Perrucel, cordelier, docteur en théologie, 1542.
Ennemond Berthalet, prieur des Dominicains [4], docteur en théologie et docteur ès arts, 1543.
Enodus (?), 1543.
Frère Bassinet, jacobin, 1544-1546.
Nicolas Baraton, gardien des Cordeliers, docteur en théologie et docteur ès arts, 1548.
Valentin Gauteron, 1550.
Guilliet, 1550.
Jean-Baptiste Franconien ou Ranconius, carme de Crémone, 1555-1556.

423. — Médecine :
Merchiot Payen [5], 1542.
Pierre Aréoud [6], 1543, vidoyen, 1564.

---

président de la Chambre des Comptes de Dauphiné en 1559 (reçu en 1560), puis procureur du Roi en la Chambre des Comptes (1567) ; est en fonctions jusqu'en 1581. (Cf. Pilot, *Inv. som. des Arch. dép. (Isère)*, t. II, Introduction.)

[1] Fils du secrétaire de l'Université. Nommé secrétaire civil du Parlement en 1559, en survivance de son père Antoine Besson, qui remplissait ces fonctions depuis 1537. (*Ibidem.*)

[2] Vibailli de Graisivaudan, réformé. V. Arnaud, *Hist. des Protestants en Dauphiné*, t. I, p. 178.

[3] Falco ou Falques Rabot d'Aurillac, fils aîné du jurisconsulte Laurent Rabot et de Méraude d'Aurillac, fille de Falco d'Aurillac, premier président du Parlement de Dauphiné ; frère d'Ennemond Rabot, seigneur d'Illins, premier président en 1580. (R. de la B., *Armorial du Dauphiné*.)

[4] Déjà prieur des Dominicains et docteur en théologie en 1533. Il est cité, à cette date, comme témoin dans le testament de Denis Chappuis (Arch. de la Chambre des Notaires de Grenoble). Note communiquée par M. Maignien.

[5] Ce médecin paraît, en réalité, n'avoir enseigné que fort peu de temps à l'Université de Grenoble. Dès 1543, c'est Pierre Aréoud qui *lit tout l'ordinaire*. V. doc. n° 223. Le nom de Merchiot ne reparaît que rarement dans les Archives de l'Université. (V. n° 258, octobre 1559.) Ce personnage est du reste tout à fait inconnu.

[6] Pierre Aréoud, né à Forcalquier vers 1490, se fixa à Grenoble lors de la peste de 1522 et y acquit bientôt une grande renommée comme médecin, comme auteur scientifique, comme auteur dramatique et comme organisateur de mystères et de fêtes publiques. Allié aux principales familles protestantes de la ville, aux Galleys et aux Coct, il était lui-même réformé, mais paraît s'être tenu à l'écart des luttes de la politique religieuse de son temps. Il habitait encore sa maison de la place aux Herbes en 1571.

Guillaume Dupuis [1], 1548.
Jean d'Auriac [2], 1550.
Esprit Martin [3], 1550.
Jacques d'Alechampierre [4], 1551.
Nicolas Allard [5], 1555.
Antoine Charbonnel [6], 1557.
Hugues Sollier ou de Soliers [7], 1558.

424. — Arts [8] :

Jean Caméric [9], bachelier, 1542.
Esprit Martin [10], M^e ès arts et philosophe, 1547-1548.
Bernard Duchesne [11], M^e ès arts, 1550.

---

[1] Né à Blangy, en Artois ; auteur d'un ouvrage, très rare aujourd'hui (il existe à la Bibl. Sainte-Geneviève), sur la *Phlebotomie artificielle*... Lyon, 1536. Il était médecin ordinaire du couvent de Saint-Chef de Vienne. Il se distingua lors de l'épidémie de peste de 1533. — Cf. Dr Bordier, *La Médecine à Grenoble*, p. 10 et 17.

[2] Exerçait à Grenoble en 1533. Il habitait alors la rue Bournolenc. — Cf. Prudhomme, *Inventaire sommaire des Arch. communales de Grenoble*, 2e partie, p. 104.

[3] Ancien précepteur des écoles. V. liste n° 424.

[4] Inconnu.

[5] Natif d'Uzès, reçu docteur le 12 août 1553. Voy. son diplôme, n° 284, note.

[6] Ce médecin succéda à Pierre Aréoud comme capitaine de la Santé, lors de l'épidémie de peste de 1564-1565. Il était docteur à la date du 14 mai 1556 et était natif de Seyssins (note communiquée par M. Maignien, d'après le protocole du notaire Galbert. Chambre des Notaires de Grenoble).

[7] Si nous en croyons son parent Raymond de Soliers, le *Strabon provençal* (*Rerum Antiquarum*, Bibl. Méjanes, ms. autogr. 758, p. 128), Hugues Soliers fut un auteur scientifique estimé et fécond. Il est cité par le géographe comme une célébrité médicale du Dauphiné. Il était vraisemblablement réformé. — Les documents universitaires le nomment parfois Me Huguet.

[8] Tous les professeurs qui ont enseigné les arts à l'Université de Grenoble étaient des recteurs ou des régents des Écoles de grammaire de la ville. — Nous renvoyons donc, pour l'ensemble de cet article, à A. Prudhomme, *L'Enseignement secondaire à Grenoble avant la création du Collège des Dominicains (1340-1606)*, Bulletin de l'Académie Delphinale, 4e série, t. XIV, 1901.

[9] Jean Caméric fut régent de l'École de grammaire en 1542-1543, sous les magistères de Jean Daupres et d'Antoine Besson. — V. *Inv. som. des Arch. com. de Grenoble*, 2e partie, p. 107.

[10] Recteur des Écoles d'octobre 1544 à octobre 1548. Les registres consulaires nous disent qu'à cette dernière date il quitte la ville (V. *Inv. som. des Arch. com. de Grenoble*, 1re partie, p. 43). Cependant, nous le retrouvons en 1550 (n° 225) enseignant la médecine à l'Université. Sa qualité de médecin n'est mentionnée dans aucun autre document municipal.

[11] Recteur des Écoles d'octobre 1548 à mars 1553. (V. *Inv. som. des Arch. com. de Grenoble*, 1re partie). Son goût pour l'enseignement supérieur fut combattu par les consuls. V. n° 52.

Prost[1], 1558.
Pierre Martin [2], 1559-1561.

C. — Tentatives de reconstitution de l'Université à la fin du XVIᵉ et au XVIIIᵉ siècle.

425. — 3 août 1579. — Extrait des registres de délibérations du Conseil de ville. (Arch. mun. de Grenoble, BB. 31, f° 133 recto.)

Touchant l'Université de Valence pour estre restablie dans Grenoble. — Conclud que la Reyne [3] sera suppliee de fere restablir lad. Université, de par tous les moyens les plus propres qui se pourront inventer; en quoy sont requis messieurs de robbe longue de ce conseil de soy vouloir employer par tous moyens, attendu le bien qui proviendra a lad. Ville par lad. Université.

426. — Grenoble, [1579]. — Requête adressée à la Reine-Mère afin de la prier de faire rétablir l'Université de Grenoble.

Elle est signée : G. Chamoux, consul, et Besson, pour les docteurs, regens et agregez de lad. Université.

(Bibl. publ. de Grenoble, ms. 1434, fol. 50-52.)

427. — 26 avril 1591. — Extrait des registres des délibérations du Conseil de ville. (Arch. mun. de Grenoble, BB. 43, fol. 76 v°, 77 r°.)

Une subvention annuelle est demandée pour un imprimeur de Montélimar qui serait disposé à se fixer à Grenoble; *en segond lieu* on demande *d'adviser des moyens pour pouvoyr remettre l'Université en ceste ville.*

Ces deux questions sont renvoyées au prochain Conseil général... *cependant en sera parlé à Monseigneur le President d'Yllins* [4], *pour le supplier tres humblement de voulloyr par sa bonne ayde et conseil faire quelque bonne ouverture et adviser des moyens que l'on aura a tenir pour effectuer ce que dessus.*

N. B. — Il n'est pas question de l'Université lors des assemblées du Conseil

---

[1] Régent de l'École, nommé recteur le 3 janvier 1556, remplacé par Mᵉ Pontius, régent de Romans, en octobre 1557. (*Inv. som.*, 1ʳᵉ partie, p. 49 et 50.)

[2] Nommé recteur, à la place de Mᵉ Bergeron, successeur de Mᵉ Pontius, le 22 septembre 1559. Il mourut, en fonctions, probablement au mois d'avril 1561 (v. *Inv. som.*, 1ʳᵉ partie, p. 54) et fut remplacé par Claude Parent qui se révéla huguenot. Le maintien de son nom sur la liste publiée sous le n° 246 prouve que Pierre Martin professa à l'Université jusqu'à sa mort.

[3] Catherine de Médicis fit à Grenoble un séjour de près de trois mois, du 22 juillet au 16 octobre 1579. Cf. J. Roman, *Catherine de Médicis en Dauphiné, Bulletin de l'Académie Delphinale*, 3ᵉ série, t. XVII, p. 316-340.

[4] Ennemond Rabot, seigneur d'Illins, docteur en droit, avocat, nommé conseiller au Parlement de Dauphiné par lettres des 29 juin et 6 juillet 1570, chargé de l'office de premier président par commission du 20 octobre 1584, premier président en 1585. Il avait épousé la fille de Jean de Bellièvre, auquel il succéda en 1584. Il était fils de Laurent Rabot et de Méraude d'Aurillac.

général, qui ont lieu le 6 mai, le 2 juillet, le 25 septembre, le 11 et le 15 décembre suivant.

428. — [1591.] — Projet de lettres patentes d'Henri IV portant rétablissement de l'Université de Grenoble.
(Bibl. publ. de Grenoble, ms. 1432, f° 101-102.)

429. — Enquête provoquée par le chancelier d'Aguesseau et ordonnée par arrêt du Conseil du 13 décembre 1732, sur la situation des Universités de Valence et d'Orange. — Le Conseil enjoignant à ces Universités de produire leurs titres d'établissement, leurs règlements et les autres documents concernant leur fonctionnement, l'Université d'Orange seule a fait la production demandée ; celle de Valence s'est abstenue. Le procureur général Vidaud de la Bâtie[1] a fourni sur les deux Universités les renseignements les plus défavorables. Elles sont dans *un désordre affreux*; il ne se fait point de leçons à Orange ; à Valence les leçons commencent à Pâques. Le rapport de la Commission d'enquête, daté du 30 août 1738, conclut à deux mesures : suppression de l'Université d'Orange et transfert de celle de Valence à Grenoble, où elle s'installera avec le concours de la ville et de la province, sous la surveillance des gens du Roi.

Les membres de la Commission d'enquête étaient : Artus-Joseph de la Poype Saint-Jullin de Grammont[2], premier président du Parlement du Dauphiné; de Fontanieu, intendant du Dauphiné ; de Regnault de Sollier[3], et Bon d'Angallières[4], conseillers au Parlement ; Vidaud de la Bâtie, procureur général au Parlement.

(Archives de l'Isère, D. Université.)

430. — Enquête ordonnée par arrêt du Conseil du 17 décembre 1742, sur la situation et la réforme des Universités de Valence et d'Orange. L'arrêt du Conseil constituant la Commission fut notifié à son président, M. de Piolenc, premier président du Parlement du Dauphiné, par une lettre du chancelier d'Aguesseau, qui, en lui communiquant l'avis de la Commission de 1738, lui indique la raison d'être et lui fait connaître la tâche de la nouvelle Commission. Elle devra, après avoir obtenu la production des documents des deux Universités, examiner les questions suivantes : 1° une seule Université suffirait-elle au Dauphiné ? 2° dans l'hypothèse de l'affirmative, faut-il, en supprimant l'Université d'Orange, se borner à réformer celle de Valence, et par quels moyens la réformerait-on, ou convient-il de la transférer à Grenoble ? 3° en ce cas, comment indemniser la ville de Valence et son évêque, chancelier de l'Université ? 4° pourrait-on se borner à transférer à Grenoble la Faculté de Droit, en laissant à Valence tout le reste de l'Université ? 5° enfin pourrait-on se résigner à laisser à Valence son Université, y compris la Faculté de Droit, et à établir à Grenoble une Faculté de Droit isolée ?

---

[1] Joseph-Gabriel Vidaud de la Bâtie, substitut du procureur général au Parlement de Dauphiné, puis procureur général en 1732 (avec dispense d'âge et de parenté), en remplacement de Gaspard de Vidaud, son père, décédé. (V. Pilot, *Inv. som. des Arch. dép. Isère*, t. II, Introduction.)

[2] Conseiller au Parlement de Metz, puis second président au Parlement de Dauphiné en 1682. Nommé premier président en 1730, en remplacement de P. de Bérulle, décédé. (Cf. *ibid.*)

[3] Louis Regnault de Sollier, seigneur du Châtelard, avocat à la Cour, puis conseiller à la Cour en 1692, à l'âge de 21 ans et 2 mois. Il fut premier président du Sénat de Nice pendant l'occupation française (1710). (Cf. *ibid.*)

[4] Gaspard Bon, avocat de la Cour, puis conseiller au Parlement en 1714. (Cf. *ibid.*)

Le rapport de la Commission, arrêté le 12 février 1744, conclut :
1° A la suppression de l'Université d'Orange ;
2° Au transfert à Grenoble de l'Université de Valence ;
3° Ou au moins au transfert à Grenoble de la Faculté de Droit de Valence ;
4° Ou enfin, si on laisse l'Université de Valence telle quelle, à l'établissement d'une Faculté de Droit à Grenoble. (*Ibidem.*)

La Commission de 1742 était composée de MM. de Piolenc, premier président du Parlement du Dauphiné[1] ; Berlier de Sauvigny, intendant du Dauphiné ; Regnault de Sollier ; Bon d'Angallières, conseillers au Parlement, et Vidaud de la Bâtie, procureur général au Parlement. Le 9 mars 1743, Regnault de Sollier fut remplacé par de Moydieu fils[2], conseiller au Parlement.

Le dossier de cette Commission comprend de nombreux documents produits par les Universités de Valence et d'Orange, et en outre plusieurs mémoires communiqués à la Commission. On y remarque notamment :
1° Un mémoire manuscrit contenant l'opinion de M. Jomaron, subdélégué à Grenoble ; il conclut à la suppression de l'Université d'Orange et à la translation de l'Université de Valence à Grenoble, à l'exception de la Faculté de Théologie, qui demeurerait à Valence[3]. L'auteur du mémoire recherche les moyens pratiques d'atteindre ce but, notamment de loger l'Université à Grenoble ; la ville pourrait procurer ce logement, et la province y contribuerait.
2° Un mémoire manuscrit pour servir d'instruction à MM. les commissaires concernant la réformation, suppression et translation des Universités du Dauphiné. Ce mémoire, très favorable à Grenoble, résume l'histoire de la suppression de l'Université grenobloise du XVI° siècle, combat le maintien de l'Université à Valence et propose de ramener l'Université à Grenoble (aussi bien la théologie et la médecine que le droit), sauf à indemniser Valence en y transférant les foires de Grenoble. L'Université d'Orange serait purement et simplement supprimée. Subsidiairement, le mémoire admet qu'on pourrait laisser subsister l'Université de Valence, mais, en tout cas, en créant une Université à Grenoble ou en y transférant celle d'Orange.
3° Un mémoire manuscrit dont l'auteur est d'avis de borner les réformes à transférer à Grenoble la Faculté de Droit de Valence ; on laisserait à Valence la théologie et la médecine. Le maintien de la Faculté de Théologie à Valence intéresse, non seulement le diocèse de Valence, mais ceux de Lyon, de Viviers et du Puy, dont les clercs, après les études théologiques faites dans les séminaires, viennent prendre leurs grades à Valence.
4° Un mémoire manuscrit proposant la translation de l'Université d'Orange à Grenoble, et la translation de l'Université de Valence à Lyon. Ce mémoire ajoute qu'à Lyon, où les Jésuites ont un collège florissant, on pourrait utiliser leur concours pour l'enseignement de la théologie et des arts, comme à Pont-à-Mousson et ailleurs.
5° Un mémoire imprimé à Valence, en date du 6 février 1743, qui contient la

---

[1] Honoré-Henri de Piollenc de Beauvoisin, président au Parlement de Provence, nommé premier président du Parlement de Dauphiné en 1740, en remplacement d'Henri-Arthus de la Poype. Mort en 1760. (V. Pilot, *Inv. som. des Arch. dép. Isère*, t. I, Appendice.)

[2] Gaspard-François Berger de Moidieu, né le 18 octobre 1705, avocat en la Cour, nommé conseiller en 1730. Il fut nommé procureur général en 1750 et résigna ses fonctions en 1767. Son père qui portait les mêmes noms que lui était conseiller au Parlement de Dauphiné. (V. Pilot, *op. cit.*, t. II, Introduction.)

[3] Voir ci-dessous.

défense de l'Université de Valence. (A Valence, de l'imprimerie P. Gilibert.) Ce mémoire est signé des députés de l'Université de Valence : Gaillard, Planta, professeurs[1] ; Chomel, agrégé en théologie ; Ruel[2].

Il faut citer encore, dans le dossier relatif à cette question :

Une lettre écrite de Fontainebleau, le 14 octobre 1740, par M. de Breteuil, secrétaire d'État à la guerre[3], au premier président de Piolenc, pour l'avertir que le cardinal de Fleury est favorable à la translation de l'Université de Valence à Grenoble. « *Le cardinal de Fleury* » *trouve bon que vous fassiez tout ce qu'il sera possible;* si des difficultés graves se présentent, il faudra en tout cas envoyer à Breteuil un projet de translation.

Deux lettres de d'Aguesseau, du 16 avril 1743 et du 16 octobre 1744, adressées au premier président de Piolenc, attestant l'intérêt que d'Aguesseau prenait à cette affaire. (*Ibidem.*)

431. — Série de documents attestant qu'en 1751 et dans les années suivantes, la question des Universités est toujours pendante. On y remarque :

1° Une lettre du chancelier de Lamoignon, datée du 10 décembre 1751, à M. de Moidieu, procureur général au Parlement du Dauphiné. Le désordre dans l'Université d'Orange est tel *qu'il ne permet pas de la laisser subsister dans l'état où elle est et qu'il en rend peut-être la suppression nécessaire !*

2° Plusieurs lettres de 1753, émanant de diverses personnes. On y signale (2 mars 1753) l'intention où est Lamoignon de supprimer l'Université d'Orange et de transférer celle de Valence à Grenoble. On y mentionne un projet qui laisserait à Valence la Faculté de Théologie avec les chaires de droit canonique ressortissant à la Faculté de Droit. (De graves objections sont tirées contre ce projet du fait que les étudiants en droit ont l'habitude de prendre leurs grades *in utroque jure*; ils ne pourraient pas le faire à Grenoble.) On propose aussi de transférer la Faculté de Médecine de Valence, non pas à Grenoble, mais à Montpellier. Enfin pour indemniser l'évêque de Valence qui perdrait plus ou moins complètement ses droits de chancelier, une lettre suggère de le nommer conseiller d'honneur au Parlement du Dauphiné. (*Ibidem.*)

432. — Compte rendu aux chambres assemblées, le 11 décembre 1764, en exécution des arrêtés des 24 juillet, 6 septembre et 28 novembre précédens sur les moyens convenables pour l'établissement d'une Université et sa formation à Grenoble, par M. de Sausin[4], conseiller en la Cour, ensemble le mémoire sur la nécessité de l'établissement d'une Université dans la ville de Grenoble, présenté au Roi par le Parlement de Dauphiné en exécution de son arrêté du 20 mars 1765. (61 p. in-8°, impr. Grenoble, chez André Giroud, 1765.)

1° Compte rendu.

Il se compose de deux parties. La première partie, en trois *articles*, comprend

---

[1] V. Nadal, *Hist. de l'Université de Valence*, p. 237 et 248.

[2] Ruel était professeur de médecine. Il mourut en 1745, victime de son dévouement, en soignant des soldats de l'armée du Piémont. V. *ibidem*, p. 238.

[3] François Nicolas Le Tonnelier de Breteuil, marquis de Fontenoy-Trésigny, intendant à Limoges, puis secrétaire d'État à la guerre jusqu'à sa mort, survenue en 1743. Comme secrétaire d'État à la guerre, il avait dans ses attributions le Dauphiné. Sur ce personnage, voy. notice détaillée par Leroux, *Invent. des Arch. dép. de la Haute-Vienne*, série C., Introduction, p. LXXXII.

[4] Louis de Sausin, né à Orange, le 13 janvier 1719, fils de Jean de Sausin, brigadier des armées du roi, fut nommé conseiller au Parlement de Dauphiné, avec dispense d'âge, en 1741. Il mourut le 9 septembre 1768.

une histoire abrégée des Universités de Grenoble, de Valence et d'Orange et un tableau de leur organisation. L'article troisième rappelle que la décadence des Universités de Valence et d'Orange ont provoqué en 1732 et 1734 des enquêtes dont les résultats sont succinctement indiqués.

La seconde partie traite *de la nécessité de l'établissement d'une Université à Grenoble et des moyens d'y parvenir.*

M. de Sausin estime qu'*une province aussi resserrée* que le Dauphiné *n'a pas besoin de deux Universités* et que l'unique Université dauphinoise doit, tout entière, avoir son siège à Grenoble.

La principale raison qu'il en donne est que la Faculté de Droit doit être sous la surveillance immédiate du Parlement et que seule *la vigilance des premiers magistrats* peut garantir la bonne tenue de ce corps universitaire et maintenir à une hauteur décente le niveau des études. *Les Facultés de Théologie et de Médecine partageroient cette heureuse révolution et cette dernière seroit à portée de faire connoître à ses élèves ces plantes salutaires dont la Providence enrichit nos montagnes.*

En outre, les Universités, dans la nouvelle organisation générale de l'Enseignement consécutive à l'expulsion des Jésuites, doivent exercer un contrôle sur les collèges. Or nul collège en Dauphiné n'est plus digne de sollicitude que celui de Grenoble et il est à désirer que l'Université puisse le surveiller de près et former ses régents sur place.

Tels sont les arguments par lesquels Sausin justifie la nécessité de l'établissement qu'il préconise.

En ce qui concerne les moyens d'y parvenir, il propose d'abord la suppression pure et simple de l'Université d'Orange, où l'on ne trouve *nuls écoliers que des voyageurs qui se font graduer.* Il examine ensuite les deux partis qui peuvent être pris en vue d'établir une Université à Grenoble : *le premier, la translation de l'Université de Valence à Grenoble, le second, que M. le chancelier d'Aguesseau regardoit comme le plus simple et le meilleur de tous, seroit de supprimer l'Université de Valence et d'Orange et de former de leurs débris une nouvelle Université à Grenoble.*

Il conclut en faveur de la seconde solution, c'est-à-dire en faveur d'une création nouvelle qui permettrait d'instituer, auprès des autres Facultés réorganisées, une Faculté des Arts qui n'existe point à Valence, et dont le collège de Grenoble *doit être le fondement.*

Il indique que l'on pourrait, du reste, respecter les situations acquises en appelant à la nouvelle Université dauphinoise les agrégés de Valence et même, dans une certaine mesure, ceux d'Orange.

2° Le mémoire qui suit, après de longues et banales généralités sur l'Instruction publique, sur la laïcité de l'Enseignement, et quelques développements sur l'organisation des collèges, propose au Roi les mesures indiquées dans les conclusions du rapport.

Il ajoute : *si la translation de l'Université de Valence à Grenoble et la suppression de celle d'Orange rencontroit moins de difficultés, on peut prendre cette voie.*

Enfin il indique que l'Université de Grenoble pourrait être installée dans le bâtiment du collège et que sa dotation serait constituée au moyen de 6.000 livres attribuées aux professeurs de Valence et par l'excédent des revenus des collèges réorganisés. (*Ibidem* et dans le *Recueil des Édits* d'André Giroud, t. XXIV, 1767.)

433. — [Valence, 1766 ou 1767.] — *Mémoire à Mgr le chancelier de France pour la ville de Valence* afin de déjouer les tentatives faites pour provoquer le transfert de l'Université de Valence à Grenoble.

Ce mémoire résume l'histoire de la translation de l'Université de Grenoble à Valence sous le règne de Charles IX, mentionne les négociations qui ont eu lieu entre les deux villes et qui ont été terminées par la transaction de 1582. Le mémoire rappelle ensuite les motifs indiqués dans l'avis de M. de Bourgneuf, maître des requêtes, qui, en 1564, ont paru décisifs en faveur de Valence. Depuis lors la situation de Grenoble n'a fait que s'améliorer : la Cour des Aides qui siégeait à Vienne a été réunie au Parlement et, d'autre part, Grenoble a été doté d'une école et d'un régiment d'artillerie. Valence, ville peuplée de 6.000 âmes, y compris la banlieue, et qui ne saurait devenir une place de commerce, vit principalement de son Université, et demande instamment à la conserver.

Signé : de Rostaing, Desjacques, Royanez et Pinet [1].

(Imp. chez J.-J. Viret, in fol. Arch. dép. de la Drôme, série D.)

434. — Grenoble, 6 décembre 1771. — Lettre écrite, au nom du Parlement, par le premier président Vidaud de la Tour [2] au chancelier Maupeou, sur la question des Universités.

Vidaud de la Tour rappelle les conclusions des deux commissions de 1732 et de 1742 ; les délibérations du Parlement en 1764 et le compte rendu de M. de Sausin ; le mémoire (aussi rédigé par M. de Sausin) qui fut envoyé au Roi en vertu d'un arrêt du Parlement. Le compte rendu et le mémoire ont été cités plusieurs fois, avec éloge, dans *le compte rendu le 13 mai 1768 au Parlement de Paris des différents mémoires des Universités du ressort de cette Cour... La Commission établie alors à Paris sur cet objet, et dont M. l'archevêque de Rheims* [3] *etoit président les examina avec attention ; M. de Crosne* [4]*, aujourd'hui intendant de Rouen, etoit le rapporteur de cette affaire ; et la translation des deux Universités à Grenoble pour n'y former qu'un seul corps parut à MM. les commissaires le parti le plus simple, parce qu'il dispensoit de recourir à Rome, ce qui eût été nécessaire pour une création nouvelle, attendu la Faculté de théologie et les grades ; on evitoit par là les longueurs inséparables des moindres négociations avec cette Cour. L'affaire a été impoursuivie ; les mouvements qui ont presque toujours agité la magistrature depuis cette époque, le défaut d'un député à Paris pour suivre un projet qui demandoit l'activité d'un homme qui n'eût que cet objet en vue, et la lenteur ordinaire des Compagnies ont suspendu jusqu'icy l'opération la plus utile pour le Dauphiné.*

Les circonstances sont en ce moment plus favorables que jamais. L'intérêt de M. l'Évêque de Valence [5] *etoit un obstacle ; le prélat qui remplissoit ce siège y mettoit beaucoup de chaleur ; M. de Villeneuve, aujourd'huy lieutenant civil, avoit été chargé de cette affaire antérieurement, et peut-être n'a-t-il pas oublié que l'on crut alors que si le siège etoit vacant à Valence, ce seroit le moment à saisir pour conclure un arrangement... C'est en effet le seul point qui mérite attention ; car vous savez que la ville d'Orange est bien éloignée d'avoir le même intérêt à faire valoir que celle de Valence ; il seroit aisé de satisfaire cette dernière, et quant à l'indemnité du siège épiscopal, il est bien des moyens dans la main du Roi pour y pourvoir. Il est à présumer que le nouvel évêque*

---

[1] Élus échevins le 1ᵉʳ mars 1766.

[2] Vidaud de la Tour, magistrat au Parlement de Grenoble, premier président du Parlement Maupeou, guillotiné à Orange en 1794. (Abbé Bonnel, *Victimes de la Commission populaire d'Orange*, t. I, p. 231.)

[3] Charles-Antoine de la Roche-Aymon.

[4] Louis Thiroux de Crosne, né à Paris en 1734, fils de Marie Thiroux d'Orconisbe, femme auteur amie de Voltaire, fut successivement avocat du roi au Châtelet, conseiller au Parlement, maître des requêtes (il fut rapporteur lors de la revision du procès Calas), puis adjoint à l'intendant et intendant de Rouen. Enfin il fut nommé en 1785 lieutenant général de police à Paris, fonctions qu'il remplit avec talent. Mort sur l'échafaud à Paris en 1794.

[5] Alexandre Milon, évêque de Valence, mort en 1771.

qui sera nommé à Valence ne s'y refuseroit pas, et M. l'Évêque de Grenoble, qui est actuellement à Paris[1]*, acquereroit* (sic) *pour son siège une décoration.*

Vidaud de la Tour croit donc le moment favorable pour agir. *Les études sont faibles en Dauphiné; elles l'ont toujours été; une Université bien organisée repareroit ce défaut essentiel. D'ailleurs nous avons besoin de former des jurisconsultes, il faut donc veiller habituellement sur les études de cet état. L'expérience n'a que trop appris que l'éloignement de la vigilance des supérieurs est une des principales causes du relâchement, qui vient enfin à un tel point qu'il faut absolument y mettre un ordre nouveau.* (Bibl. publique de Grenoble, correspondance de Vidaud de la Tour, ms. n° 1624, fol. 21.)

435. — Grenoble, 6 décembre 1771. — Lettre du même à *M. l'évêque de Vence, nommé à l'évêché de Grenoble, à Paris.*

Vidaud de la Tour lui demande d'appuyer les efforts faits par le Parlement pour résoudre la question des Universités, et d'user du crédit qu'il peut avoir sur l'archevêque de Reims. Le Parlement fait envoyer à l'évêque un exemplaire du mémoire de 1765. (*Ibid.*, fol. 22.)

436. — Une délibération du Conseil de la ville de Valence, du 16 février 1772, nous apprend en outre qu'à cette date l'on décida de compulser les titres de l'Université afin de *dresser un mémoire* et de lutter contre Grenoble. Nous n'avons pas retrouvé ce mémoire.

---

[1] Jean de Cairol de Madaillan, transféré de Vence à Grenoble après la mort de l'évêque Jean de Caulet, mort le 27 septembre 1771.

DOCUMENTS

RELATIFS A LA FACULTÉ DE DROIT DE GRENOBLE

1805-1905

(Annexes au Discours de M. BALLEYDIER)

I. — Décret organisant l'École de Droit.
II. — Procès-verbal de la séance d'installation de l'École.
III. — Ordonnance supprimant la Faculté.
IV. — Ordonnance rétablissant la Faculté.
V. — Tableau du personnel depuis 1805.
VI. — Statistique des inscriptions. — Tableau graphique.
VII. — Statistique des immatriculations. — Tableau graphique.
VIII. — Tableau de répartition des étudiants suivant leur origine.
IX. — Récompenses obtenues par les élèves de la Faculté de Grenoble, au concours général entre les élèves de 3ᵉ année des Facultés et École de Droit.

I

Décret impérial

Portant nomination des membres de l'École spéciale de Droit de Grenoble.

Extrait des minutes de la Secrétairerie d'État.

Au quartier impérial de Braunau en Haute-Autriche, le 10 brumaire an XIV,

Napoléon, empereur des Français et roi d'Italie, sur le rapport de notre Grand-Juge Ministre de la Justice,

Vu la loi du 22 ventôse an XII, relative aux Écoles de Droit, vu la présentation de l'Inspecteur général spécialement chargé de l'École de Droit de Grenoble, pour la nomination des professeurs et suppléants et secrétaire général de cette École,

Avons décrété et décrétons ce qui suit :

Article premier.

Sont nommés professeurs et suppléants de l'École de Droit de Grenoble, les jurisconsultes dont les noms suivent,

Savoir :

Pour la chaire de Droit romain,
   M. Didier.

Pour les trois chaires de Code civil :
   1re chaire,
      M. Planel.
   2e chaire,
      M. Pal.
   3e chaire,
      M. Joly (*sic*).

Pour la chaire de Législation criminelle et de Procédure civile et criminelle,
   M. Berriat (Saint-Prix).

Pour les deux suppléants,
　M. Marin,
　M. Burdel (*sic*).

Article 2.

Est nommé secrétaire général de l'École de Droit de Grenoble,
　M. Cheminade (Laurent-Bruno-Emmanuel).

Article 3.

Notre Grand-Juge Ministre de la Justice est chargé de l'exécution du présent décret.

Signé : Napoléon.

Par l'Empereur,
Le Secrétaire d'État,
　Signé : Hugues-B. Maret.

Pour copie conforme :
Le Grand Juge, Ministre de la Justice,
Signé : Régnier.

II

Procès-verbal

De la prestation de Serment des Membres de l'École de Droit de Grenoble, et discours prononcés devant la Cour d'appel[1].

Du lundi, deux nivôse an quatorze (vingt-trois décembre mil huit cent cinq), dans la salle des audiences publiques de la Cour d'appel, où s'étaient réunis MM. Didier, Planel, Pal, Berriat, nommés professeurs de l'École de Droit de Grenoble, par Sa Majesté impériale, et M. Burdel, nommé Suppléant, d'après l'avis qui leur en avait été donné par la Cour[2].

La séance étant ouverte, M. Brun, premier Président, a ordonné la lecture du décret impérial donné au quartier-impérial de Braunau, en date du 10 brumaire dernier, portant nomination des professeurs, Suppléans et Secrétaire général de l'École de Droit de Grenoble. Cette lecture faite, M. Royer-Deloche, Procureur général impérial, a pris la parole et a dit :

Messieurs,

L'édifice de l'instruction publique, dont le plan a été tracé dans la loi du 11 floréal an X, s'achève et s'élève majestueusement sur les ruines de nos anciennes Écoles d'enseignement.

Les Lycées sont en pleine activité, et les Écoles spéciales s'organisent de toutes parts.

---

[1] Ce procès-verbal a été imprimé en son temps, par J. Allier, imprimeur à Grenoble. On a respecté l'orthographe et les dispositions typographiques de cette première édition, en tenant compte d'une correction manuscrite qui paraît être de la main de Didier.

[2] M. Jolly, nommé Professeur, et M. Marin, Suppléant, étant absents au moment où la nomination est arrivée, n'avaient pas pu se rendre.

Ainsi bientôt la France recueillera tous les bienfaits que promet cette belle institution, la première des institutions sociales, puisque c'est elle qui doit les vivifier toutes.

« L'instruction est le premier besoin des peuples et le premier bien-
« fait qu'ils attendent des Gouvernements. C'est par elle qu'ils assurent
« la perpétuité des lumières, et qu'ils ouvrent à la fois toutes les
« sources de la prospérité publique ; c'est à elle qu'est attaché le
« perfectionnement, toujours croissant, de la raison et de l'industrie
« humaine et, par conséquent, le bonheur des générations qui se
« succèdent. »

Telles sont les grandes vérités qui furent proclamées par le Directeur général de l'instruction publique, lorsqu'il présenta au Corps législatif la loi sur les Écoles de Droit.

Si ces vérités n'ont pas toujours été généralement reconnues ; s'il est des philosophes qui aient osé (dans un siècle de lumières) mettre en problème l'utilité des sciences ; s'il en est même qui aient hardiment soutenu qu'elles ont plus contribué à corrompre qu'à épurer les mœurs ; si un tel système enfin a pu être couronné par une société de savans, tout ce qu'il faut en conclure, c'est que la philosophie elle-même a ses erreurs et ses paradoxes, et que l'homme de génie peut les défendre avec quelque avantage.

Non, Messieurs, quelque abus que l'on aie pu faire des sciences et des arts, l'ordonnateur de l'Univers n'a pas organisé l'homme pour qu'il restât plongé dans les ténèbres de l'ignorance. Non, ce n'est pas pour le malheur du genre humain que la nature a placé autour de nous tant d'objets qui exaltent le génie et qui tous les jours accroissent nos connaissances. Jamais, non jamais, aux yeux du sage, le progrès des lumières, le perfectionnement de l'industrie, ne seront regardés comme contraires au bonheur des Nations. L'histoire vantera toujours la splendeur de la Grèce, où les sciences et les arts ont pris naissance et brillé avec tant d'éclat : toujours elle distinguera les siècles d'*Auguste*, des *Médicis*, de *Louis XIV* ; ..... et, sans doute, elle parlera avec enthousiasme du siècle de NAPOLÉON.

Aimons donc les sciences, parce qu'elles ont civilisé les hommes et adouci leurs mœurs, loin de les corrompre ; aimons les arts puisqu'ils ont illustré les siècles passés, et rendons des actions de grâces au héros à qui la France a confié sa gloire et ses destinées, d'avoir mis au nombre de ses immortels travaux, la régénération de l'instruction publique, le rétablissement de toutes les *institutions scientifiques, que des tems malheureux avaient anéanties*, ou qui long-tems même avant la fatale époque de 1793, étaient tombées dans une honteuse dégradation.

Parmi ces diverses institutions, s'il en était qui dussent plus particulièrement fixer les regards de ce grand Monarque et exciter sa sollicitude, c'étaient, sans doute, les Universités de droit.

Est-il, en effet, d'institutions plus importantes et plus généralement utiles que celles où l'homme va puiser la science des lois qui forment notre droit public et privé ? Est-il des connaissances qui aient une influence plus directe et plus continue sur le bonheur de la société que celles qui apprennent à discerner les droits et les devoirs réciproques de tous les individus qui la composent ?

Il est des lois, je le sais, que la raison peut indiquer aux hommes sans avoir besoin du secours de l'étude ; il est des maximes que la nature a gravées dans tous les cœurs ; mais ces maximes et ces lois, qui pouvaient à peine suffire au premier âge du monde, ne forment aujourd'hui que le frontispice du code des Nations. Les besoins de l'homme, en se multipliant, ont tellement accru le volume de nos lois ; il a fallu suivre, avec tant de précautions, la ruse dans tous ses détours, pour garantir la bonne foi de tous les pièges qu'elle peut lui tendre, que l'art d'interpréter et d'appliquer chaque texte du droit, est devenu la doctrine la plus délicate et la plus difficile.

Nous pouvons donc le dire, avec vérité, s'il est une science qui, par son utilité, pouvait mériter, dans l'ordre de l'instruction publique, un rang distingué, c'est la science épineuse des lois.

Cependant (il faut bien le dire aussi) de toutes les institutions anciennes ouvertes à l'instruction de la jeunesse, les Écoles de législation étaient celles où l'enseignement était le plus négligé. Si l'on en excepte une ou deux, l'on n'y faisait plus aucun cours exact et régulier ; les examens que l'on y faisait subir étaient devenus des épreuves vaines et ridicules ; l'ignorance et le mérite y obtenaient, avec une égale facilité des certificats de capacité, des lettres de baccalauréat et de licence : aussi ces parchemins de l'école, que la plupart achetaient par vanité, ne conféraient-ils, le plus souvent, qu'un titre stérile, que l'on portait sans honneur et sans gloire.

Oui, tel est, Messieurs, l'état de désordre dans lequel étaient plongées, même avant 1789, la plupart de nos facultés de droit, désordre qui, depuis longtems, appelait la censure et la réforme.

O vous, que notre auguste Empereur, au milieu de ses glorieux triomphes, vient d'honorer de sa confiance, et qui êtes chargés de concourir à régénérer l'instruction publique ! c'est une de ces écoles que vous devez relever et faire fleurir dans notre cité. Choisis tous parmi les jurisconsultes les plus distingués, plusieurs de vous ont déjà donné des preuves de leurs talents dans l'art de professer le droit ; tous aussi vous seconderez les vues libérales du bienfaiteur de la France et réaliserez ses espérances.

Une grande tâche vous est imposée : vous avez à réparer les maux que quinze années de révolution ont faits à l'ordre des Avocats et, par suite, à la Magistrature, je pourrais presque dire à toutes les institutions sociales ; car, quelle est celle qui ne se fait pas gloire d'aller chercher des sujets dans la classe des Juristes ?

Une jeunesse impatiente brûle du désir d'aller recueillir le fruit de vos leçons, pour reconquérir tous les droits, toute la splendeur de l'ancien barreau français ; hâtez-vous donc de vous mettre en mesure, pour pouvoir ouvrir vos cours d'étude, aussitôt que le Gouvernement aura complété l'organisation de votre école ; préparez, disposez tout pour former des élèves dignes, par leurs talens et leurs *vertus*, de remplacer nos plus célèbres jurisconsultes.

J'ai parlé de *vertus* ; oui, Messieurs, elles doivent former une branche de vos instructions. Ce n'est pas seulement la science du Droit que vous devez enseigner dans vos chaires ; vos Écoles doivent être aussi celles des mœurs et de la probité ; qualités qui doivent essentiellement caractériser le Légiste et sans lesquelles le Jurisconsulte le plus profond pourrait devenir un fléau pour la société.

Loin de nous la pensée que jamais nous puissions voir renaître dans les Écoles de Droit qui s'organisent et s'ouvrent sous les plus heureux auspices, les abus qui avaient dégradé nos anciennes Universités !..... Loin de nous la pensée que les certificats d'étude et les diplômes qui seront délivrés puissent jamais être le fruit d'un calcul intéressé ou d'une faible condescendance !

Sévérité dans l'observation des règlements de discipline ; sévérité dans les examens et les actes publics qui seront soutenus par vos élèves ; justice, impartialité dans la distribution des grades qui doivent attester l'instruction du Légiste : tels sont les devoirs que vous impose la loi ; voilà ce qu'attend de vous le Gouvernement, ce qu'exige le bien public ; ce que commande votre propre gloire.

Vous retracer, Messieurs, ce que vous devez faire, c'est annoncer ce que vous ferez.

Tout nous garantit donc la prospérité de l'École de Droit, dont vous allez jeter les premiers fondemens ; tout nous rassure sur le zèle que vous mettrez à vivifier une des branches de l'instruction publique, les plus essentielles pour le bonheur de la société.

Magistrats ! depuis que j'ai l'honneur d'exercer, dans cette Cour, les fonctions du ministère public, jamais jour ne fut plus glorieux pour mon cœur : c'est avec une satisfaction bien douce que je vous présente le Décret impérial qui organise l'École de Droit établie à Grenoble.

Ce Décret bienfaisant a été rendu à Braunau, dans la Haute-Autriche, le 10 du mois de brumaire dernier. Sa date, le lieu où il a reçu la sanction de Sa Majesté impériale ; le nom des professeurs qu'il désigne, tout concourt à le rendre mémorable pour nous. En ouvrant à cette cité une nouvelle source de prospérité, il nous apprend que, dans les camps, au milieu des combats, le héros qui nous gouverne ne néglige rien pour l'administration intérieure et la gloire de l'Empire français.

Nous requérons qu'il soit fait lecture du Décret impérial et que la

Cour admettra les Professeurs et Suppléants qui sont ici présents à la prestation du serment prescrit par la loi.

La Cour a donné acte du réquisitoire et ordonné que le serment serait prêté.

M. Didier, prenant la parole, a prononcé le discours suivant :

Messieurs,

En venant prêter dans ce temple des lois et de la majesté du Souverain le serment de notre fidélité, les premiers sentimens qui s'épanchent de nos âmes, sont ceux de la reconnaissance et de l'admiration.

Lorsque la Providence, qui veille sur la destinée des Empires, a résolu d'en changer la face, elle choisit dans les siècles un homme chargé de l'accomplissement de ses desseins !

NAPOLÉON s'élève au-dessus des autres puissances de la terre ; il enchaîne les événements à sa gloire, à sa fortune ! il commande à la victoire ! il est maître du temps !!!!

Le poids d'une guerre, miraculeuse par ses succès, ne peut distraire un moment sa sollicitude pour le bien de ses peuples ; il tient de la même main l'épée de la victoire, la balance de la justice, le gouvernail de l'administration, et les diverses parties de l'Europe, devenues à jamais célèbres par ses triomphes, le seront encore par les actes de son gouvernement ; c'est des champs de bataille qu'il crée les institutions de la paix, qu'il pourvoit à tous les besoins de son Empire : c'est au quartier-impérial de Braunau qu'a été organisée l'École de Droit de Grenoble.

Son génie, qui enflamme ses armées de héros, excite aussi le zèle et le dévoûment de tous ceux qu'il appelle à des fonctions publiques ; il présidera aux efforts que nous ne cesserons de faire pour remplir celles qu'il daigna nous confier, elles nous imposent d'immenses obligations, des devoirs, dont nous ne pouvons considérer sans effroi l'étendue.

Inspirer en même tems l'amour de la science et de la vertu, enseigner à-la-fois la morale et la législation, inséparables l'une de l'autre ; avoir constamment devant les yeux cette fin commune à toutes nos institutions, de rattacher chaque partie du corps social à l'autorité légitime ; oui, Messieurs, l'étude des lois embrasse tous les devoirs, comme elle se lie à toutes les connaissances.

Vérité profonde qui doit devenir une des règles de notre école : que ceux qui se disposent à la suivre se pénètrent bien de la carrière qu'ils ont à parcourir ; leur existence et leur gloire vont dépendre de la confiance qu'ils inspireront par leurs lumières et par leur sagesse.

Du fond de son cabinet, le jurisconsulte dirige et juge les hommes; chaque jour il conseille ou prononce sur des rapports, comme sur des questions de tout genre, sa vertu le guidera sur les uns, sa science l'éclairera sur les autres; par cette heureuse réunion, il deviendra l'appui de ses concitoyens, l'ornement de sa patrie; sans elle il en serait le fléau.

Il ne pourra jamais être véritablement jurisconsulte, celui qui ne sera pas également inspiré par son génie et par son cœur; tel est, en effet, Messieurs, l'union intime de la législation et de la morale, que l'application de l'une est toujours réglée par les préceptes de l'autre : combien cette idée doit exciter l'émulation! combien elle est propre à enflammer les âmes vertueuses! dans leur saint enthousiasme elles sentiront que la science du Droit est celle de tout le bien qu'on peut faire aux hommes.

La propriété, la vie, l'honneur sont à tous les instants l'objet des méditations du jurisconsulte : les puissants, les faibles, les riches, les pauvres, toutes les conditions, tous les états viennent implorer ses lumières, en appeler à sa conscience; on veut trouver le dépôt de la science dans sa tête et celui de la vertu dans son cœur; ce n'est pas seulement sur telle question, sur tel intérêt qu'on l'interroge, mais, procédés, égards, convenances, devoirs des divers membres d'une famille, des administrés envers les administrateurs, des sujets envers leur Souverain; tous les rapports de l'homme en société, les secrets les plus intimes, tous les mouvemens des passions humaines sont soumis à sa sagesse; et l'autorité qu'il exerce n'est établie que sur les exemples qu'il a donnés! On le vit toujours sujet fidèle, bon citoyen, bon fils, bon époux, bon père; son pouvoir est celui de la confiance; on s'y soumet volontairement par l'estime qu'on a pour sa personne.

La réunion de ces qualités imprime sur lui un caractère de magistrature, de sacerdoce, qu'il porte dans les plus grandes places auxquelles il est appelé : la France nous en offre aujourd'hui les plus éclatants exemples.

Qu'en nous entendant parler ainsi de la profession de jurisconsulte, les autres ne nous accusent pas de vouloir élever des prétentions de supériorité : loin de nous une semblable pensée; il faudra même garantir la jeunesse de certain esprit qui s'était introduit dans les anciennes écoles et qui, faisant des élèves une classe à part, établissait des rivalités condamnées par la raison, réprouvées par les convenances, et souvent perturbatrice de la tranquillité des citoyens.

Ce n'est pas de prééminence qu'il s'agit, ce n'est pas l'éloge de la profession du jurisconsulte que nous venons entreprendre : ce sont ses devoirs dont l'accomplissement intéresse la société entière, que nous nous efforçons de tracer.

Qu'on nous permette d'en achever le tableau.

Le jurisconsulte est essentiellement l'ami de l'ordre, le défenseur de l'autorité; il sait tout ce qu'on doit à son prince; et plus la soumission est éclairée, plus elle est inaltérable; sa bouche ne s'ouvre jamais que pour la paix, l'équité, la modération, le bien public; s'il est forcé d'attaquer l'injustice, la perversité, on retrouve, même dans le zèle qui l'anime, la pureté de son âme et ses regrets de n'avoir pu prévenir le combat par une sage conciliation.

Vous la connaissez, Messieurs, vous l'avez souvent éprouvée, cette douce jouissance dont se sent pénétré celui qui, par de longs et pénibles efforts, par une patience à toute épreuve, est parvenu à faire cesser une contestation ruineuse, à rétablir l'union dans une famille.

C'est avec ces sentimens qu'il faut se livrer à l'étude des lois, ils élèvent l'âme, ils aggrandissent la pensée; ils sont nécessaires pour atteindre les hauteurs de la science du droit, si bien définie par le Législateur lui-même, la *connaissance des choses divines et humaines*, la *science du juste et de l'injuste*, pour pénétrer l'étendue de ces préceptes, également simples et sublimes, vivre honnêtement, *honeste vivere*, ne blesser personne, *neminem lædere*, rendre à chacun ce qui lui appartient, *jus suum cuique tribuere*.

Glorieuse profession dont l'exercice est celui de la vertu même! mais qu'elle avait fait de nos jours de cruelles pertes! nous avons eu sous nos yeux le douloureux spectacle de sa décadence. Rendons grâces au héros qui, ne se laissant point éblouir par ses triomphes, a senti que la justice est le plus solide appui des Empires et formé toutes les institutions capables de la faire briller encore de son ancien éclat.

C'est au succès de cette grande entreprise que les Écoles de Droit doivent concourir; telle est la vocation glorieuse à laquelle nous sommes appelés; ne serons-nous point effrayés par les difficultés qu'elle présente, si nous les comparons sur-tout à la faiblesse de nos moyens.

Comment rappeler aujourd'hui cette *pureté*, cette *simplicité* de mœurs, cette *modération*, cette *pudeur* dont, il y a plus d'un siècle, l'immortel d'Aguesseau déplorait déjà la perte, et sans lesquelles, cependant, la doctrine ne porterait point de fruits, ou plutôt n'en produirait que de funestes; sans lesquelles nous ne mettrions que des armes meurtrières dans des mains ennemies : il vaudrait bien mieux laisser le vice dans l'ignorance.

Ce n'est pas que la décadence qui est l'objet de nos plaintes ait été particulière à la profession de jurisconsulte, toutes furent également atteintes, mais, pour celle-là, la perte de ses vertus lui enlevait ses fondemens mêmes et dès lors l'édifice devait être renversé.

Tout ce qu'avait prévu d'Aguesseau semblait s'accomplir : « La « tradition des principes était rompue, les enfants avaient abandonné « les traces de leurs pères, les leçons de la sagesse, de l'expérience

« étaient méprisées, et la présomption allait croissant, à mesure de la
« pauvreté. »

Mais sur le penchant de cet abîme, de précieux vestiges, des racines profondes sont demeurées, comme pour attester notre ancienne gloire et nous retenir au milieu de cette chute. Le feu sacré a été conservé, et ses gardiens honorables ont chaque jour le bonheur de voir se rallier à eux cette jeunesse qui sent elle-même le besoin de la discipline et de la restauration, à laquelle on ne pouvait reprocher que le malheur d'être venue dans des temps trop déplorables.

Qu'ils sont rigoureux et pressans les devoirs que nous aurons à remplir envers celle qui va nous être confiée ! Nous la prenons précisément « dans cet âge dangereux où le cœur hésite encore entre le vice
« et la vertu ; dans cette saison incertaine, où le calme est toujours
« proche de la tempête ; dans ces jours critiques qui, décidant de toute la
« vie, ont souvent fait trembler la timide tendresse du sage père de
« famille ».

Pour juger de l'étendue de nos obligations envers nos élèves, nous devons prendre la place de leurs parents ; nous sommes pères aussi, et pourrions-nous ne pas sentir ce que nous exigerions nous-mêmes des autres !

La connaissance de l'homme, l'amour de la patrie, la grandeur d'âme, l'éloquence du barreau, le goût de l'étude, l'amour de la simplicité, l'emploi du temps, l'amour de son état, tous ces sujets, traités de la manière la plus sublime par le plus grand des maîtres, doivent remplir nos leçons, devenir l'objet constant de notre sollicitude, et il ne suffirait pas d'éclairer par nos conseils, il faut encore édifier par nos exemples !

Oh ! combien serait peu digne de sa place le Professeur qui croirait l'avoir suffisamment remplie, lorsqu'il aurait chaque jour siégé pendant une heure déterminée sur sa chaire ! la morale est la première et la principale partie de l'instruction, que nous sommes chargés de répandre.

Ce n'est pas ensuite une fastidieuse érudition que nous avons à déployer, une vaine nomenclature des lois que nous devons professer :
« Savoir les lois n'est pas seulement en savoir les termes, mais c'est
« en connaître la force, en posséder l'esprit. » Qu'il nous soit permis d'invoquer encore ce vertueux chancelier d'Aguesseau, qui disait que
« le temple de la justice n'était pas moins consacré à la science
« qu'aux lois, et que la véritable doctrine qui consiste dans la con-
« naissance de l'esprit des lois, est supérieure à la connaissance des
« lois mêmes ».

Cette maxime, si heureusement placée dans ce monument élevé par l'éloquence à la raison, à la justice, à la sagesse, doit devenir encore une règle pour nous. C'est l'objet, ce sont les rapports des lois que nous avons à enseigner ; nous aurons déjà fait beaucoup lorsque nous aurons appris à nos élèves à les étudier avec fruit, à les comparer avec les mœurs, à les embrasser dans leur ensemble, à se familiariser enfin avec ces principes généraux desquels découlent, comme d'une source pure et féconde, toutes les décisions particulières.

Un grand abus qui fut encore combattu par l'éloquence de d'Aguesseau, a été porté, de nos jours, jusqu'aux derniers excès ; et cet abus serait seul capable de perpétuer l'ignorance et la présomption. La jeunesse veut entrer trop tôt dans l'arène, elle y arrive sans armes, sans préparation pour combattre ;... On veut écrire sans avoir réfléchi, on veut parler avant même d'avoir appris à penser !

Il faut prémunir la jeunesse contre une erreur et des prétentions aussi funestes ; pour vouloir moissonner avant d'avoir semé, elle compromet le cours entier de sa carrière, elle se voue à une inévitable et honteuse médiocrité. Il est un temps nécessaire, indispensable, qui doit être employé à amasser des matériaux, à s'enrichir des trésors de la science, afin de pouvoir ensuite la distribuer à mesure des besoins, et s'en servir, ainsi que le disait d'Aguesseau, avec une salutaire confiance, comme un légitime possesseur.

Qu'il sera richement récompensé de son attente, celui qui aura sacrifié quelques-unes de ses premières années à acquérir les éléments de la législation, à les graver dans sa mémoire, à mûrir ses principes par son jugement, qui se sera fait un fonds inépuisable dont il jouira sans cesse et qui sera le fondement de sa gloire, l'ornement de sa profession jusqu'à la fin de sa carrière !

Telles sont, Messieurs, les idées générales que nous nous sommes faites des principes de l'enseignement, et, par là même, de nos devoirs.

Nous ne nous dissimulons pas combien est grande la responsabilité qui va peser sur nos têtes : le Prince, la Nation, de nombreux pères de famille nous demanderont compte de toutes nos actions. Notre vie entière doit être consacrée à un établissement désiré depuis des siècles, dont le succès sera notre gloire, dont la chute serait notre condamnation. Notre état, notre existence vont dépendre de la prospérité de l'École ; on ne recevra pas d'excuse, on n'admettra pas de prétextes, il faut ou quitter nos places ou répondre aux vues du monarque, remplir les vœux de la Patrie.

C'est un devoir d'autant plus sévère, et nous serions d'autant moins excusables de ne pas réussir dans cette entreprise, que, si elle présente de grandes difficultés, elle nous offre aussi de puissans secours, de grandes ressources.

Quelle est, dans l'histoire de notre Patrie, l'époque où il ait été plus permis, plus facile d'étudier, d'approfondir, de proclamer les véritables principes de la législation ?

Quelle est l'époque où le Gouvernement se soit attaché à environner la justice du plus grand éclat ? où il ait donné à l'instruction publique une administration spéciale, et confié ce dépôt sacré dans des mains aussi dignes ? Quelle est l'époque où les Écoles de Droit aient eu des Chefs généraux d'autant plus capables d'assurer leur prospérité, que plusieurs ont concouru à nous donner des lois et pris une part distinguée à ces discussions qui nous offrent des trésors immenses, on peut le dire, inépuisables ?

Nous avons vécu dans un tems où de grands obstacles pouvaient enchaîner le génie ; ces obstacles furent levés, mais la licence franchit toutes les bornes, et l'esclavage des idées fut remplacé par les excès du délire.

Entre ces extrêmes, la sagesse prononça, et nous arrivons au moment le plus prospère pour profiter de ses leçons, pour en recueillir les fruits.

Combien de lumières ont jailli des opinions émises dans les assemblées de la nation, de ces projets émanés d'hommes aussi illustres par leur science que par leurs dignités, de ces discussions profondes du Conseil d'État, de ces discours qui passeront à la postérité comme des monumens de doctrine et comme des modèles d'éloquence !

Nous ne nous permettrons pas d'en nommer les illustres auteurs ; ils vivent encore, et leur ouvrage immortel, le Code civil des Français, leur assure la reconnaissance de la nation et l'hommage de la postérité.

C'est, sans doute, un bien grand avantage de pouvoir, en enseignant ce Code, remonter librement jusqu'aux principes primitifs, sonder jusqu'à la racine même des lois qui ont régi les hommes.

Il faut, en effet, Messieurs, pour comprendre le Code civil, connaître déjà les élémens, être plein de l'esprit de la science du Droit, et nos Législateurs ont sagement pensé qu'on ne pourrait les puiser dans une meilleure source que dans le droit Romain.

Quel hommage, Messieurs, rendu au Droit romain ! sa sagesse le fit adopter par de grands peuples ; et lorsque le tems est venu d'ordonner son abrogation, le législateur le considérant toujours comme la *raison écrite,* veut encore qu'il soit enseigné dans les écoles et qu'il serve d'introduction à l'étude des lois qu'il vient de rendre.

Quel sujet de méditations pour nous ! quelles leçons ! pénétrons-nous bien de toutes celles que nous trouvons dans la bouche de nos législateurs et nous sentirons ranimer notre zèle, renaître notre confiance.

Elle a encore des motifs qui lui sont particuliers dans la disposition favorable où nous sommes placés ; nous trouverons, dans les administrations, ce dévouement qui les anime sans cesse pour le bien public, et dont elles nous ont donné des preuves éclatantes pour obtenir cet établissement ; nous trouverons, dans les habitans, ce goût de l'étude, ces dispositions à s'instruire, réunis à ces mœurs douces, à cette urbanité, à cette sage modération qui les ont fait distinguer et leur ont mérité, naguères, les témoignages flatteurs que notre auguste Souverain a daigné leur donner de sa bienveillance.

Nous puiserons dans un barreau qui fut toujours célèbre, de grandes lumières, et nous osons compter sur l'appui, sur les précieux secours de nos collègues, qui nous fourniront tous les moyens d'unir la pratique des lois à leur théorie.

Enfin, Messieurs, que la Cour daigne permettre l'expansion de nos sentimens. C'est dans ses oracles que nos Élèves trouveront la plus exacte, la plus heureuse application des lois ; une Cour dont toutes les décisions respirent la sagesse, qui les a vu toujours consacrer par la Cour suprême, va nous offrir les plus heureux modèles. Ce que nous craignons d'entreprendre, elle l'a exécuté ! le problème de la restauration qui nous paraît si difficile, elle l'a déjà résolu !

Puisse son exemple, puissent les vœux de nos concitoyens, la bienveillance publique, puissent le zèle le plus pur, le dévouement le plus absolu, nous faire triompher de notre faiblesse !

Puisse le génie choisi pour commander au monde et régir les destinées de son siècle, donner à notre institution la vie, la force qu'il sait imprimer à ses œuvres !

Quelle époque, Messieurs ! Par quelles merveilles nous sommes frappés ! Quel homme aurait osé concevoir toutes celles qui se sont réalisées sous nos yeux ? Nous croyons nous perdre dans la mythologie en lisant le récit des événemens dont nous sommes les contemporains !

La France était dans la dissolution, elle est arrachée de l'abîme, et la civilisation renaît, l'ordre social se rétablit, la religion et la justice chassées par nos fureurs s'étaient reléguées dans le ciel ; nous les voyons descendre sur la terre, leurs temples sont ouverts !

Dans ces premiers jours d'un règne, au milieu de tous les embarras, de toutes les sollicitudes, les plus grandes entreprises sont commencées, les plus magnifiques travaux s'exécutent, des obstacles qui semblent invincibles viennent s'opposer à la régénération et ne font que hâter ses progrès ! Le sauveur de la France échappe à toutes les conjurations, aux dangers de tous genres qui renaissent sans cesse. Tout est prodige, tout est miracle dans sa vie ! C'est hier qu'a éclaté la guerre la plus terrible qui devait assurer sa perte, c'est aujourd'hui que se conclut la paix la plus illustre qui consacre sa gloire ! !

Quels heureux présages pour l'avenir ! Quels motifs de confiance pour tous ceux qui exercent des fonctions publiques ! Quels sujets d'espérances pour nous, de vivre dans un siècle destiné à réaliser les grandes pensées de ceux qui le précédèrent !

Monarque heureux, guerrier magnanime, aussi chéri de vos sujets que grand par toute la terre, nous ne cesserons d'implorer la Divinité, pour qu'elle continue de veiller sur vos jours, de répandre sur votre personne sacrée la lumière et la force qui ont fait votre puissance, et la sagesse qui doit nous en garantir les fruits.

Le serment prescrit par l'article 13 du décret impérial du 4e jour complre an XII a été prêté individuellement par MM. Didier, Planel, Pal, Berriat et Burdel.

La Cour en a donné acte et ordonné qu'il serait transcrit dans ses registres pour y avoir recours, le cas échéant [1].

Du 20 avril 1806. MM. les professeurs ont arrêté que l'ouverture des cours aurait lieu demain lundi.

Et ont signé : DIDIER, profr, Dr BERRIAT SAINT-PRIX, PLANEL, BURDET, JOLLY, PAL, CHEMINADE, *secrétaire général*.

---

[1] Ici s'arrête le procès-verbal imprimé. La phrase et les signatures qui le suivent ont été relevés sur le registre de la Faculté.

III

Ordonnance du Roi

qui supprime la Faculté de Droit de Grenoble.
Au Château des Tuileries, le 2 avril 1821.

Louis, par la grâce de Dieu, Roi de France et de Navarre, à tous ceux qui les présentes verront, salut :

Sur le rapport de notre Ministre secrétaire d'État, président du Conseil royal de l'instruction publique ;

Considérant que plusieurs étudiants de la Faculté de Droit de Grenoble ont constamment figuré dans les troubles dont cette ville a été agitée à diverses époques, et qu'en dernier lieu un grand nombre ont fait partie des attroupements qui ont arboré des signes de rébellion ;

Considérant que les mesures prises jusqu'à ce jour ont été impuissantes à prévenir le retour de pareils désordres ;

Vu l'article 38 de la loi du 22 ventôse an XII, relative aux écoles de droit,

Nous avons ordonné et ordonnons ce qui suit :

ARTICLE 1er. — La Faculté de Droit de Grenoble est supprimée.

ART. 2. — Les étudiants de cette faculté seront tenus, jusqu'au 1er novembre prochain, d'obtenir une autorisation spéciale du président du Conseil royal de l'instruction publique pour pouvoir continuer leurs études dans d'autres facultés.

ART. 3. — Avant le 1er novembre prochain, notre Ministre secrétaire d'État, président du Conseil royal de l'instruction publique, nous présentera, s'il y a lieu, un projet de réorganisation de la Faculté de Droit de Grenoble.

ART. 4. — Notre Ministre secrétaire d'État, président du Conseil royal de l'instruction publique, est chargé de l'exécution de la présente ordonnance.

Donné en notre château des Tuileries, le 2 avril de l'an de grâce 1821, et de notre règne le vingt-sixième.

Signé : Louis.

Par le Roi :
Le Ministre secrétaire d'État,
Président du Conseil royal de l'Instruction publique,
Signé : Corbière.

IV

Ordonnance du Roi

qui rétablit la Faculté de Droit de Grenoble.
Au Château de Saint-Cloud, le 22 septembre 1824.

Charles, par la grâce de Dieu, Roi de France et de Navarre, à tous ceux qui ces présentes verront, salut :

Vu l'ordonnance du 2 avril 1821 qui supprime la Faculté de Droit de Grenoble et qui porte, en outre, qu'il sera présenté, s'il y a lieu, un projet de réorganisation de cette faculté ;

Sur le rapport de notre Ministre secrétaire d'État au département des affaires ecclésiastiques et de l'instruction publique,

Nous avons ordonné et ordonnons ce qui suit :

Article 1er. — La Faculté de Droit de Grenoble est rétablie avec le même nombre de chaires et de places de suppléants qu'elle avait lors de sa suppression.

Art. 2. — Notre Ministre secrétaire d'État au département des affaires ecclésiastiques et de l'instruction publique fera les premières nominations aux chaires et aux places de suppléants et de secrétaire.

Art. 3. — Notre Ministre secrétaire d'État au département des affaires ecclésiastiques et de l'instruction publique est chargé de l'exécution de la présente ordonnance.

Donné en notre Château de Saint-Cloud, le 22 septembre de l'an de grâce 1824, et de notre règne le premier

Signé : Charles.

Par le Roi :
Le Ministre secrétaire d'État
au département des Affaires ecclésiastiques
et de l'Instruction publique,
Signé : D. Év. d'Hermopolis.

V

Tableau du personnel depuis 1805[1].

Décanat.

Didier, directeur, puis doyen, du 1er novembre 1805 à 1809[2].
Planel, du 5 mai 1809 au 2 avril 1821[3].
Gautier, du 23 septembre 1824[4] au 24 octobre 1855[5].
Taulier, du 25 octobre 1855 au 22 janvier 1861[6].
Burdet fils, du 25 mars 1861 au 26 février 1869[7].
Couraud, du 27 février 1869 au 18 mars 1871[8].
Périer, du 19 mars 1871 au 13 août 1877[9].
Gueymard (Alfred), du 29 septembre 1877 au 8 novembre 1890[10].
Tartari, du 8 novembre 1890 au 2 juin 1903[11].
Fournier (Paul), du 3 juillet 1903[12].

Chaires.

Code civil.

Première chaire.

(Créée en 1805.)

Planel, du 1er novembre 1805 au 2 avril 1821[13].
Gautier, du 23 septembre 1824 au 24 octobre 1855.

---

[1] Pour la période antérieure à 1874, ce tableau est extrait en grande partie de celui que M. Alfred Gueymard inséra à la suite de son *Discours sur les origines de l'enseignement du droit à Grenoble*, prononcé à la séance annuelle de rentrée des Facultés et de l'École préparatoire de médecine et de pharmacie, le 20 novembre 1873. Les dernières lignes de ce discours contiennent un résumé de l'histoire de la Faculté.
[2] Démissionnaire. M. Gueymard place en janvier 1809 la date de la démission.
[3] Date de la suppression de la Faculté.
[4] Date du rétablissement de la Faculté.
[5] Nommé doyen honoraire.
[6] Décédé en exercice.
[7] Nommé doyen honoraire.
[8] Nommé doyen de la Faculté de Bordeaux.
[9] Décédé en exercice.
[10] Démissionnaire, nommé doyen honoraire.
[11] Démissionnaire, nommé doyen honoraire.
[12] En exercice.
[13] Date de la suppression de la Faculté.

Jalabert, du 28 novembre 1857 au 14 avril 1864[1].
Vigié, du 16 décembre 1873 au 31 octobre 1880[2].
Tartari, du 8 octobre 1881[3].
Ont été chargés du cours : MM. Grellaud[4], Dubois[5], Boistel[6], Naquet[7] et Planiol[8].

Deuxième chaire.

(Créée en 1805.)

Pal, du 1er novembre 1805 au 2 avril 1821[9].
Bazille, du 23 septembre 1824 à 1831[10].
Burdet fils, du 15 juillet 1831 au 26 février 1869.
Trouiller, du 4 octobre 1869 au 1er juillet 1891[11].
Balleydier, du 2 août 1893[12].
A été chargé du cours, M. Balleydier.

Troisième chaire.

(Créée en 1805.)

Jolly, du 1er novembre 1805 au 4 février 1814[13].
Bally, du 21 mars 1816 au 2 avril 1821[14].
Monseignat (de), du 23 septembre 1824 à 1838[15].
Taulier, du 20 octobre 1838 au 22 janvier 1864[16].
Caillemer, du 12 octobre 1864 à 1875[17].

---

[1] Aujourd'hui doyen honoraire de la Faculté de Nancy et professeur honoraire de la Faculté de Paris.
[2] Aujourd'hui professeur et doyen à la Faculté de Montpellier.
[3] En exercice.
[4] Ensuite professeur à la Faculté d'Aix.
[5] Décédé professeur à la Faculté de Nancy.
[6] Aujourd'hui professeur à la Faculté de Paris.
[7] Ensuite professeur à la Faculté et procureur général à la Cour d'Aix.
[8] Aujourd'hui professeur à la Faculté de Paris.
[9] Date de la suppression de la Faculté.
[10] Décédé en exercice.
[11] Nommé professeur honoraire.
[12] En exercice.
[13] Décédé en exercice.
[14] Date de la suppression de la Faculté.
[15] Décédé en exercice.
[16] Décédé en exercice.
[17] Aujourd'hui professeur et doyen à la Faculté de Lyon.

Testoud, du 14 décembre 1878 au 1er mai 1902 [1].
Capitant, du 1er mai 1902 [2].
Ont été chargés du cours : MM. Poubelle [3], Caillemer, Testoud, Capitant.

Droit romain.

Première chaire.

(Créée en 1805.)

Didier, du 1er novembre 1805 à 1809 [4].
Burdet père, du 11 avril 1810 à 1831 [5].
Quinon, du 15 juillet 1831 au 20 juillet 1859 [6].
Périer, du 6 décembre 1859 au 13 août 1877 [7].
Tartari, du 1er février 1881 au 8 octobre 1884 [8].
Fournier, du 9 février 1885 [9].
Ont été chargés du cours : MM. Burdet père, Tartari, Fournier et Wahl [10].

Deuxième chaire.

(Créée en 1873.)

Pailhé, du 1er août 1875 au 19 décembre 1877 [11].
Beaudouin, du 9 février 1885 au 6 août 1899 [12].
Duquesne, du 8 janvier 1904 [13].
Un deuxième cours de droit romain avait été institué dès 1854. En ont été chargés, soit avant, soit depuis sa transformation en chaire : MM. Périer, Couraud, Bufnoir [14], Humbert [15], Trouiller, Boisonnade [16],

---

[1] Décédé directeur de l'École khédiviale de droit au Caire.
[2] En exercice.
[3] Ensuite professeur à la Faculté de Toulouse, préfet et ambassadeur.
[4] Démissionnaire.
[5] Démissionnaire.
[6] Admis à la retraite.
[7] Décédé en exercice.
[8] Transféré dans une chaire de Code civil.
[9] En exercice.
[10] Aujourd'hui professeur et doyen à la Faculté de Lille.
[11] Décédé en exercice.
[12] Décédé en exercice.
[13] En exercice.
[14] Décédé professeur à la Faculté de Droit de Paris.
[15] Ensuite professeur à la Faculté de Toulouse, sénateur, ministre et premier président de la Cour des comptes.
[16] Ensuite agrégé de la Faculté de Paris, professeur à l'Université de Tokio, professeur honoraire à la Faculté de Paris.

Ribéreau[1], Accarias[2], Gautier[3], Pailhé, Mongin[4], Pierron[5], Beaudouin, Duquesne.

Procédure civile et Législation criminelle, puis Procédure civile seule.

(Chaire créée en 1805.)

Berriat Saint-Prix, du 1er novembre 1805 au 31 octobre 1819[6].
Bolland, ou Girerd-Bolland, du 9 août 1820 au 9 janvier 1858[7].
Gueymard fils, du 20 juillet 1861 au 17 octobre 1863[8].
Trouiller, du 7 septembre 1864 au 4 octobre 1869[9].
Valabrègue, du 1er mars 1876 au 31 octobre 1880[10].
Balleydier, du 1er novembre 1887 au 2 août 1893[11].
Capitant, du 1er juillet 1896 au 1er mai 1902[12].
Cuche, du 1er novembre 1902[13].

Ont été chargés de ce cours : MM. Cantel[14], Gueymard fils, Vaugeois[15], Duvergey, Normand[16], Marandout[17], Valabrègue, Tartari, Cohendy[18], Fournier, Balleydier, Wahl, Appleton (Jean)[19], Cuche.

Droit commercial.

(Chaire créée en 1832.)

Gueymard père, du 6 février 1832 au 26 juin 1863[20].
Gueymard fils, du 17 octobre 1863 au 1er mai 1903[21].

---

[1] Ensuite professeur à la Faculté de Bordeaux.
[2] Ensuite professeur à la Faculté de Paris, inspecteur général des Facultés de Droit et, lors de son décès, conseiller à la Cour de cassation.
[3] Décédé professeur à la Faculté d'Aix.
[4] Décédé professeur à la Faculté de Dijon.
[5] Décédé professeur à la Faculté de Montpellier.
[6] Transféré à la Faculté de Paris.
[7] Nommé professeur honoraire.
[8] Transféré dans la chaire de doit commercial.
[9] Transféré dans une chaire de Code civil.
[10] Décédé professeur à la Faculté de Montpellier.
[11] Transféré dans une chaire de Code civil.
[12] Id.
[13] En exercice.
[14] Ensuite premier président à la Cour de Dijon et conseiller à la Cour de cassation.
[15] Ensuite professeur à la Faculté de Nancy.
[16] Aujourd'hui professeur à la Faculté de Poitiers.
[17] Aujourd'hui professeur à la Faculté de Bordeaux.
[18] Aujourd'hui professeur à la Faculté de Lyon.
[19] Aujourd'hui professeur à la Faculté de Lyon.
[20] Décédé en exercice.
[21] Nommé professeur honoraire.

Avait été chargé du cours, avant la création de la chaire, M. Gadot, du 11 août 1826 au 5 février 1832.

En ont été chargés depuis : MM. Hitier et Bernard [1].

Droit administratif.
(Chaire créée en 1838.)

Mallein, du 1ᵉʳ février 1838 au 18 mai 1855 [2].
Couraud, du 5 novembre 1860 au 10 février 1871 [3].
Lamache, du 10 juin 1871 au 1ᵉʳ novembre 1886 [4].
Michoud, du 16 décembre 1888 [5].
Ont été chargés du cours : MM. Gueymard fils, Gide (Paul)[6], Michoud.

Droit criminel.
(Chaire créée en 1875.)

Guétat, du 13 mars 1879 [7].
Ont été chargés du cours soit avant, soit après la création de la chaire : MM. Picquet-Damesme, Testoud, Poisnel-Lantillière[8] et Guétat.

Droit constitutionnel.
(Chaire créée en 1892.)

Jay, du 1ᵉʳ avril 1892 au 26 septembre 1895 [9].
Beudant, du 1ᵉʳ novembre 1896 [10].
Ont été chargés du cours : avant la création de la chaire, M. Jay, et après sa création, M. Beudant.

Droit international public et privé.
(Chaire créée en 1892.)

Pillet, du 1ᵉʳ avil 1892 au 26 juillet 1898 [11].
Geouffre de Lapradelle, du 1ᵉʳ janvier 1902 [12].

---

[1] En exercice.
[2] Nommé professeur honoraire.
[3] Transféré à la Faculté de Bordeaux.
[4] Nommé professeur honoraire.
[5] En exercice.
[6] Décédé professeur à la Faculté de Paris.
[7] En exercice.
[8] Décédé professeur à la Faculté de Douai.
[9] Aujourd'hui professeur à la Faculté de Paris.
[10] En exercice.
[11] Aujourd'hui professeur à la Faculté de Paris.
[12] En exercice.

Ont été chargés du cours de droit international privé ou du cours de droit international public, soit avant, soit après la création de la chaire : MM. Trouiller, Chrétien [1], Michoud, Pillet, Geouffre de Lapradelle.

Économie politique.

(Chaire créée en 1900.)

M. Reboud, du 30 décembre 1903 [2].
Ont été antérieurement chargés du cours : MM. Rambaud, Vignes [3], Reboud.

Économie politique et Histoire des doctrines économiques.

(Chaire créée en 1903.)

M. Hitier, du 1ᵉʳ novembre 1903 [4].

L'histoire du droit qui n'a encore donné lieu, à Grenoble, à la création d'aucune chaire, y a été enseignée par MM. Guétat, Saleilles [5], Jay, Beudant, Hitier, Beaudouin, Fournier, Duquesne.

Professeurs suppléants agrégés et chargés de cours non compris dans les listes qui précèdent : MM. Marin, Carrier, Laracine [6], Pellat [7], Girerd, Sabatéry, Cohendy.

Secrétariat.

Cheminade, du 1ᵉʳ novembre 1805 au 2 avril 1821 [8].
Justus, du 15 octobre 1824 à 1831.
Désartaux, du 23 mars 1831 au 10 avril 1846 [9].
Hermenous, du 22 avril 1846 au 29 mars 1851.
Périer, du 1ᵉʳ février au 1ᵉʳ décembre 1851 [10].

---

[1] Aujourd'hui professeur à la Faculté de Nancy.
[2] En exercice.
[3] Aujourd'hui professeur à la Faculté de Dijon.
[4] En exercice.
[5] Aujourd'hui professeur à la Faculté de Paris.
[6] Démissionnaire le 22 mai 1816.
[7] Décédé doyen de la Faculté de Paris.
[8] Ensuite préfet, puis conseiller à la Cour de Grenoble.
[9] Décédé en exercice.
[10] Ensuite professeur et doyen à la Faculté.

Picquet-Damesme, du 2 décembre 1851 au 14 février 1864[1].
Fissont, du 15 février 1864 au 18 mars 1872[2].
Blaise, du 21 mars 1872 à 1877[3].
Royon, du 24 avril 1877 au 31 décembre 1904[4].
Chavanié, du 1er janvier 1905[5].

---

[1] Chargé de cours à la Faculté. V. *suprà*. Chaire de droit criminel.
[2] Décédé en exercice.
[3] Ensuite secrétaire-agent comptable de la Faculté de Médecine et de Pharmacie de Lyon.
[4] Nommé secrétaire honoraire.
[5] En exercice.

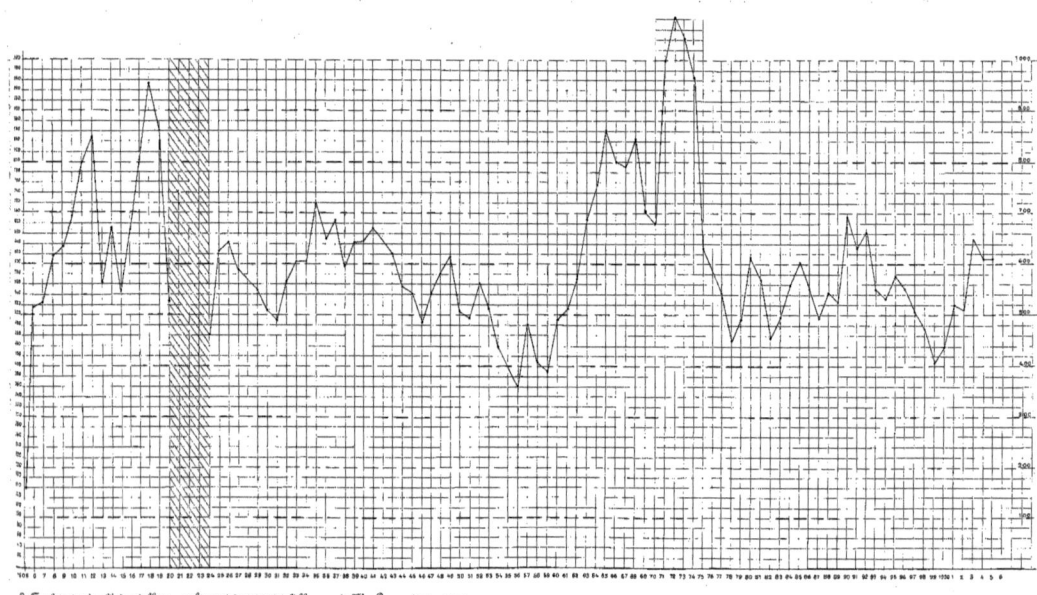

VI
Statistique des inscriptions.

Années scolaires	Nombres	Années scolaires	Nombres	Années scolaires	Nombres
1806 (2 trimestres)	160	1838-1839	598	1873-1874	1.042
		1839-1840	641	1874-1875	965
1806-1807	518	1840-1841	644	1875-1876	634
1807-1808	522	1841-1842	675	1876-1877	583
1808-1809	619	1842-1843	649	1877-1878	546
1809-1810	635	1843-1844	622	1878-1879	446
1810-1811	698	1844-1845	556	1879-1880	489
1811-1812	800	1845-1846	541	1880-1881	617
1812-1813	850	1846-1847	483	1881-1882	572
1813-1814	562	1847-1848	542	1882-1883	458
1814-1815	673	1848-1849	583	1883-1884	499
1815-1816	542	1849-1850	615	1884-1885	559
1816-1817	672	1850-1851	504	1885-1886	605
1817-1818	804	1851-1852	495	1886-1887	548
1818-1819	957	1852-1853	562	1887-1888	487
1819-1820	860	1853-1854	513	1888-1889	543
1820-1821 (3 trimestres seul¹)	527	1854-1855	435	1889-1890	524
		1855-1856	399	1890-1891	696
1821-1822	Suppression de la Faculté	1856-1857	359	1891-1892	630
1822-1823		1857-1858	482	1892-1893	665
1823-1824		1858-1859	406	1893-1894	549
1824-1825	462	1859-1860	389	1894-1895	530
1825-1826	626	1860-1861	487	1895-1896	579
1826-1827	642	1861-1862	515	1896-1897	552
1827-1828	584	1862-1863	568	1897-1898	503
1828-1829	570	1863-1864	628	1898-1899	477
1829-1830	548	1864-1865	747	1899-1900	404
1830-1831	510	1865-1866	864	1900-1901	441
1831-1832	491	1866-1867	800	1901-1902	521
1832-1833	564	1867-1868	796	1902-1903	510
1833-1834	606	1868-1869	843	1903-1904	649
1834-1835	606	1869-1870	702	1904-1905	608
1835-1836	720	1870-1871	679	1905-1906	609
1836-1837	647	1871-1872	998		
1837-1838	683	1872-1873	1.086		

VII

Statistique des immatriculations au 15 juillet de chaque année[1].

	1898	1899	1900	1901	1902	1903	1904	1905	1906
Français.....	182	170	133	152	169	164	204	189	204
Orientaux....	14	14	10	11	14	16	16	20	15
Allemands et Autrichiens..	1	4	5	9	57	75	63	83	95
Divers.......	»	1	3	3	3	2	4	5	9
	197	189	151	175	243	257	287	297	323

[1] La formalité de l'immatriculation, qui permet de constater le nombre total des étudiants effectifs de la Faculté, a été instituée par le décret du 21 juillet 1897.

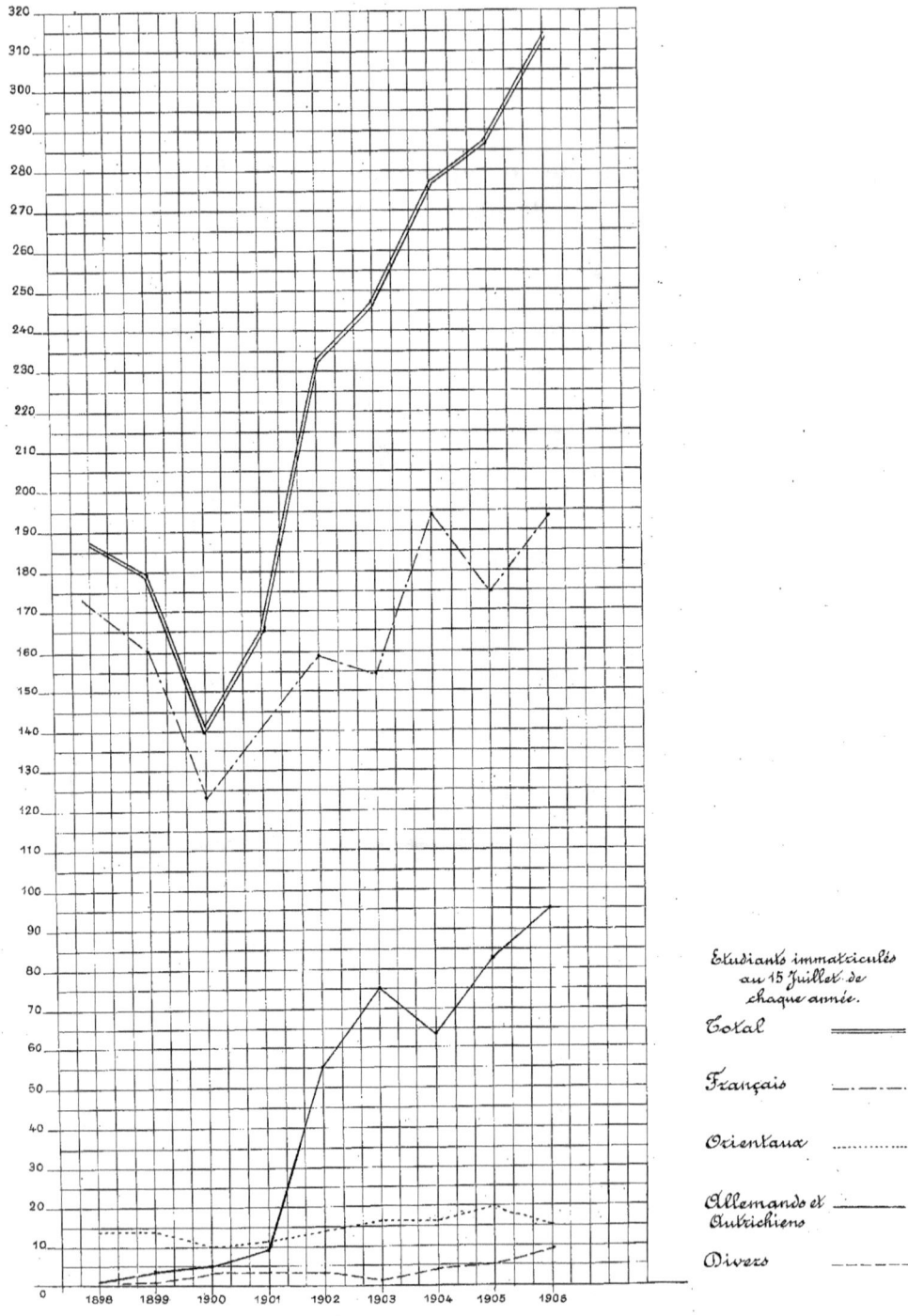

VIII

Tableau de répartition des étudiants inscrits suivant leur origine, établi d'après la première inscription de chaque année scolaire.

	1806	1806-07	1807-08	1808-09	1809-10	1810-11	1811-12	1812-13	1813-14	1814-15	1815-16	1816-17	1817-18
Isère..................	25	54	58	67	72	73	79	85	78	79	68	79	89
Drôme.................	12	18	16	25	24	23	18	23	16	20	19	25	32
Hautes et Basses-Alpes..	5	11	13	12	7	10	12	20	10	15	7	13	19
Rhône, Loire et Ain......	5	6	17	16	26	22	26	21	16	30	16	23	22
Hte-Loire, Ardèche, Vaucluse et Gard..........	4	5	12	13	9	14	19	28	22	32	25	27	41
Savoie (1)...............	3	15	19	22	24	34	43	40	42	9	»	»	»
Départements divers et colonies...............	»	1	1	2	4	5	5	3	4	6	5	3	5
Étranger...............	»	»	»	1	1	»	»	1	3	2	4	2	»
TOTAUX	54	110	136	158	167	181	202	221	191	193	144	172	208

(1) Sous cette dénomination sont compris, jusqu'en 1815, les départements du Mont-Blanc et du Léman et, depuis 1860, ceux de la Savoie et de la Haute-Savoie.

	1818-19	1819-20	1820-21	1821-22	1822-23	1823-24	1824-25	1825-26	1826-27	1827-28	1828-29	1829-30	1830-31
Isère..................	112	85	90	Suppression de la Faculté			79	86	88	72	60	68	64
Drôme.................	36	35	35				20	27	30	22	23	25	27
Hautes et Basses-Alpes...	22	26	25				9	14	9	9	13	14	9
Rhône, Loire et Ain......	22	21	17				2	8	7	9	6	6	8
Hte-Loire, Ardèche, Vaucluse et Gard..........	50	42	39				12	20	25	27	40	28	18
Savoie.................	»	»	»				»	»	»	»	»	»	»
Départements divers et colonies...............	12	11	12				2	10	10	9	8	7	7
Étranger...............	»	»	»				»	»	4	7	3	4	5
TOTAUX	254	220	218				124	165	173	155	153	152	138

	1831-32	1832-33	1833-34	1834-35	1835-36	1836-37	1837-38	1838-39	1839-40	1840-41	1841-42	1842-43	1843-44
Isère	68	72	69	74	107	88	82	90	93	106	110	107	88
Drôme	21	19	23	27	33	30	28	24	25	20	14	16	23
Hautes et Basses-Alpes	9	10	15	14	14	14	20	17	14	10	13	13	11
Rhône, Loire et Ain	10	16	13	13	17	12	17	12	16	12	12	15	8
H^{te}-Loire, Ardèche, Vaucluse et Gard	11	18	16	15	14	14	19	8	10	12	16	20	16
Savoie	»	»	»	»	»	»	»	»	»	»	»	»	»
Départements divers et colonies	6	12	15	9	10	5	10	11	11	16	11	11	15
Étranger	4	4	5	7	4	5	2	2	1	4	2	2	»
Totaux	129	151	156	159	199	168	178	164	170	180	178	184	161

	1844-45	1845-46	1846-47	1847-48	1848-49	1849-50	1850-51	1851-52	1852-53	1853-54	1854-55	1855-56	1856-57
Isère	87	71	61	56	56	67	61	64	59	62	62	47	41
Drôme	24	30	26	28	26	25	20	21	23	27	19	16	10
Hautes et Basses-Alpes	9	10	10	13	9	11	5	7	11	10	11	8	9
Rhône, Loire et Ain	10	11	14	14	31	28	21	14	17	12	8	8	8
H^{te}-Loire, Ardèche, Vaucluse et Gard	12	10	9	13	18	23	14	14	20	11	10	9	8
Savoie	»	»	»	»	»	»	»	»	»	»	»	»	»
Départements divers et colonies	16	13	9	14	15	20	16	12	12	4	5	6	7
Étranger	2	3	3	4	1	»	»	»	1	»	1	1	2
Totaux	160	148	132	142	156	174	137	132	143	126	116	95	85

	1857-58	1858-59	1859-60	1860-61	1861-62	1862-63	1863-64	1864-65	1865-66	1866-67	1867-68	1868-69	1869-70
Isère	52	55	45	54	59	60	72	74	87	75	86	62	54
Drôme	15	11	9	10	12	15	21	13	17	13	20	27	26
Hautes et Basses-Alpes	9	10	8	8	6	6	7	6	9	7	5	7	7
Rhône, Loire et Ain	16	17	9	10	13	14	26	37	36	50	35	57	33
Hte-Loire, Ardèche, Vaucluse et Gard	9	9	20	10	10	10	20	27	29	20	20	21	11
Savoie	»	»	»	22	24	24	23	23	20	22	28	28	26
Départements divers et colonies	10	7	10	9	9	10	11	14	20	17	14	17	22
Étranger	»	»	»	»	1	1	»	1	1	»	»	1	2
Totaux	111	109	101	123	134	140	180	195	219	204	208	220	181

	1870-71	1871-72	1872-73	1873-74	1874-75	1875-76	1876-77	1877-78	1878-79	1879-80	1880-81	1881-82	1882-83
Isère	35	61	64	69	69	65	61	69	36	51	65	75	51
Drôme	28	29	27	19	22	23	26	22	18	18	24	18	16
Hautes et Basses-Alpes	2	6	14	9	5	6	8	1	3	4	5	8	11
Rhône, Loire et Ain	31	70	89	97	93	33	21	16	13	13	21	6	8
Hte-Loire, Ardèche, Vaucluse et Gard	7	25	26	28	16	12	10	11	12	13	14	14	8
Savoie	8	34	33	28	28	27	24	28	14	13	24	19	16
Départements divers et colonies	17	30	26	19	27	13	13	12	13	10	19	13	12
Étranger	»	1	4	»	2	»	»	»	3	2	»	»	1
Totaux	128	256	283	269	262	179	163	159	112	124	172	153	123

	1883-84	1884-05	1885-06	1886-07	1887-08	1888-09	1889-90	1890-91	1891-92	1892-93	1893-94	1894-95	1895-96
Isère	53	59	66	72	54	54	64	85	79	78	59	59	72
Drôme	13	15	17	19	10	13	12	11	9	12	9	8	7
Hautes et Basses-Alpes	8	8	6	6	6	11	3	10	7	8	13	10	12
Rhône, Loire et Ain	12	13	16	12	10	7	5	11	10	12	9	8	5
H^{te}-Loire, Ardèche, Vaucluse et Gard	8	9	10	7	10	10	10	10	12	8	6	8	8
Savoie	20	21	26	20	22	20	21	25	23	25	25	26	27
Départements divers et colonies	16	13	13	12	12	8	10	17	9	17	9	6	12
Étranger	1	2	1	2	1	2	2	3	7	5	3	5	2
TOTAUX	131	140	155	150	125	125	127	172	156	165	133	130	145

	1896-97	1897-98	1898-99	1899-00	1900-01	1901-02	1902-03	1903-04	1904-05	1905-06
Isère	66	53	44	46	50	55	59	69	63	65
Drôme	14	11	10	4	10	12	11	13	14	14
Hautes et Basses-Alpes	10	7	9	5	3	7	10	8	11	11
Rhône, Loire et Ain	5	7	7	8	4	13	14	16	8	10
H^{te}-Loire, Ardèche, Vaucluse et Gard	8	10	11	5	5	6	4	11	8	11
Savoie	25	22	22	23	26	16	13	23	27	29
Départements divers et colonies	6	10	10	10	9	18	10	13	10	16
Étranger	2	7	8	6	6	8	6	9	11	7
TOTAUX	136	127	121	107	113	135	127	162	152	163

IX

Récompenses obtenues par les élèves de la Faculté de Grenoble, au concours général entre les élèves de 3ᵉ année des Facultés et École de Droit.

1873. 2ᵉ mention. M. Tartari (Charles-Marie-Romain).
— 7ᵉ — M. Audibert (Charles-Adrien).
— 8ᵉ — M. Cohendy (Marie-Joseph-Émile).
1876. 1ᵉʳ prix.... M. Benoît-Cattin (Albert).
1877. 1ᵉʳ prix.... M. Charvet (Paul-Louis).
— 3ᵉ mention. M. Viallet (François-Édouard).
— 4ᵉ — M. Grandmottet (Napoléon).
— 5ᵉ — M. Eymard-Duvernay (Michel-Marie-Joseph).
1878. 1ᵉʳ prix.... M. Penet (Louis-Joseph).
— 3ᵉ mention. M. Pillet (Antoine-Louis).
1880. 2ᵉ prix.... M. Python (Jean).
— 3ᵉ mention. M. Rabatel (Henri-Joseph-Alphonse).
— 4ᵉ — M. Jullien (Amédée-Julien-Sabin-Anselme).
1881. 1ʳᵉ mention. M. Vel (Louis-Marie-Épiphanie-Benjamin).
1886. 3ᵉ mention. M. Grivaz (Louis-Marie-Joseph-François).
1888. 1ᵉʳ prix.... M. de Lagrevol (Louis-Marie-Antoine).
— 2ᵉ — M. Revon (Michel).
1890. 2ᵉ mention. M. Poilroux (Georges-Marie-Alphonse-Édouard).
1900. 1ᵉʳ prix.... M. Delachenal (Joseph-Louis-Adolphe)[1].
1901. 1ʳᵉ mention. M. Bozonat (Louis).
1904. 1ᵉʳ prix.... M. Pissard (Hippolyte-Claude-Camille).

---

[1] M. Delachenal n'a appartenu à la Faculté de Grenoble qu'à la fin de sa 3ᵉ année de licence.

TABLE DES NOMS DE PERSONNES [1]

N. B. — Les numéros renvoient aux pages. Les numéros imprimés en caractères **gras** *renvoient aux notes biographiques ou aux mentions les plus importantes.*

A

Abrial, sénateur de l'Isère, 80.
Accarias, professeur de droit, 283.
Accurse, 46.
Acquin (Jean), avocat, 189.
Acthuier (Pierre), étudiant, **24,** 215.
Acthuier (Pons), avocat, **20,** 120, 121.
Adrets, voy. des Adrets.
Aguesseau (d'), chancelier de France, 64-66, 256, 258, 259, 272, 274.
Albice (Sébastien), étudiant, 189, 214.
Albuet (Jean), étudiant, 214.
Alechampierre (Jacques d'), médecin, 176, 178, 208, 254.
Alembert (d'), 184.
Alexandre, recteur de l'Université de Valence, 246, 247.
Allard (Nicolas), médecin, 42, 140, 142, 149, 187-189, 192-195, 198, 200-204, **208,** 209, 212, 213, 217, 223, 236, 254.
Alleman(d), professeur de droit, 172, 250.
Alleman(d) (Amédée), prieur de Saint-Laurent, recteur de l'Université de Grenoble, 16, **116.**
Alleman(d) (Laurent), évêque de Grenoble, 22, 166, 167, 197, 206, 209.
Alleman(d) (Soffrey), seigneur d'Uriage et du Molard, 194.
Amel (Claude), marchand, **151,** 152, 234 ; appelé également Amelli.
Analliés, notaire, 183.
Angallières, voy. Bon.
Anglency (Jacques), étudiant, 211, 214.
Antoine (d'), voy. Gaspard.
Antoine (Mathieu), étudiant, 189.
Appleton (Jean), professʳ de droit, 283.
Apremont, voy. Frédolphe.
Aquier, préchantre de Notre-Dame de Grenoble, 153.
Aragon (Hugues d'), étudiant, 214.
Aragon (Jean d'), étudiant, 211.
Aragon (Jean d' —, 1525), 211.
Arbitius, voy. Albice.
Arcys (Jacques d'), étudiant, 173, 213.
Aréoud (André), avocat, 206.
Aréoud (Antoine), avocat, agrégé à l'Université de Grenoble, 120, 149, 174, 175, 177, 179, 187-189, 192, 201, 202, 206, 207, 210, 214, 216, 221, 235, 236, **251.**
Aréoud (Pierre), médecin, 28, 42, 53, 140, 142, 149, 170, 172, 173, 178, 181, 187-189, 192, 193, 200-204, 206, 208, 210, 213, 214, 216, 223, 235, 236, **253,** 254.

---

[1] Cette table est l'œuvre de M. Raoul Busquet.

296   TABLE DES NOMS DE PERSONNES.

Artois (le Comte d'), 92, voy. Charles X.
Athénée (Jérôme), professeur de droit, **36,** 128, 130, 179, 224, 228, 246, 250.
Aubreth (Georges), fermier du sel, 233.
Audeyard (Pierre), conseiller de la ville de Grenoble, 120.
Audeyer (Antoine), seigneur de Mens, fermier du sel, 129, 130, 153-157, 159, 161, 224, 229, 233.
Audibert (Charles-Adrien), élève de la Faculté de droit de Grenoble, 293.
Aumale (Duc d'), voy. Guise.
Auriac (Jean d'), médecin, 174, 178, 214, **254.**
Aurillac (Falco d'), premier président du Parlement de Dauphiné, 253.
Aurillac (Falque Rabot d'), agrégé à l'Université de Grenoble, 202-204, **253.**
Aurillac (Méraude d'), 253, 255.
Avançon (François de Saint-Marcel d'), évêque de Grenoble, 22, 37, 176, 177, 187, 192, 197, 199, 200, 210, 216, 236, 251.
Avançon (Jean de Saint-Marcel d'), 37, **132,** 187, 191, 252.
Aymon (Jacques), consul de Grenoble, 224.

B

Baignemaure (de), 236.
Balde, philosophe et littérateur italien, 46.
Balleydier (Louis), professeur de droit, 281, 283.
Bally, professeur de droit, 93, 281.
Baraton (Nicolas), gardien des Cordeliers de Grenoble, professeur de théologie, 28, 170, 172, 174, 176, 178, 186, 187, 192, 193, 198, 201, 208, 209, 216, 236, 253.
Barlet (Étienne) père et fils, 208.
Barlet (Vincent), étudiant, 212, 213.
Barnave, 79, 84.
Baro(n) (Gaspard), 28, 143, 173-179, 187-189, 192, 194-196, 199, 201, 209-211, 217, 235, 248, **251.**

Barral (de), président du Tribunal d'appel de Grenoble, 80, 81, 86.
Barthélemy d'Orbanne, professeur de droit, 71, 79.
Bartole, 46, 47, 190.
Basset (André), recteur de l'Université de Valence, **52,** 163.
Basset (Félix), élève de l'Université de Grenoble, **52,** 162, 163, **208.**
Basset (Pierre), consul de Grenoble, 224.
Bassinet (frère), prédicateur et lecteur de théologie, 124, 125, 253.
Baudoin, jurisconsulte, 61.
Bayard (Jean), procureur, 191.
Bazemont (Adrien), étudiant, 210, 211.
Bazille, professeur de droit, 93, 281.
Béatrice, dauphine, 14.
Béatrix-Robert, voy. Robert (Jean).
Beaudoin, professeur de droit, **103-105,** 282, 283, 285.
Beaugerin (Denis — de Charon), étudiant, 211.
Bectoz (Ennemond), coseigneur de Valbonnais, 58, 59, 62, 156, 158, 159, 160, 232-234, 240-245.
Bellièvre (Jean de), premier président du Parlement de Dauphiné, 255.
Benoît XII, pape, 15, 116, 132.
Benoît-Cattin, élève de la Faculté de droit de Grenoble, 293.
Béranger, conseiller d'État, 80.
Berger (Gaspard-François), voy. Moydieu.
Berger (Guillaume), voy. Mallisolles.
Bergeron, recteur des Écoles de Grenoble, 255.
Bermond (Renaud), étudiant, 213.
Bernard, professeur de droit, 284.
Bernard, recteur des Écoles de Grenoble, voy. Duchesne.
Bernard (Antoine), seigneur de..., 210.
Bernard (François), procureur, 126.
Bernard (Guillaume), prêtre, 210.
Bernard (Hugues de), professeur de droit, 16, 119.
Bernard (Jacques), étudiant, 210.
Bernard (Pierre), prêtre, 212.
Berriat-Saint-Prix (Jacques), 64, **74-75,** 77, 83, 87, **88-89,** 91, 93, 111, 264, 266, 277, 283.

TABLE DES NOMS DE PERSONNES. 297

Berthalet (Ennemond), prieur des Jacobins, lecteur de théologie, 28, 173, 178, 208, 209, 214, **253.**
Berthier, voy. Sauvigny.
Bertrand (le Président), 127.
Bertrand (Pierre), évêque de Cahors, 39.
Bérulle (P. de), premier président du Parlement de Dauphiné, 65, 256.
Besson (Antoine), recteur des Écoles de Grenoble, 254.
Besson (Antoine), secrétaire de l'Université de Grenoble, 170, 180, 181, 188, 193, 197, 199, 201, 214, 217, 236, 249, **253.**
Besson (Antoinette), 249.
Besson (François), agrégé à l'Université de Grenoble, 27, 195, 199-201, 203, 204, 236, **253,** 255.
Beudant, professeur de droit, 284, 285.
Beylié (Charles de), élève de la Faculté de droit de Grenoble, 109.
Blaise, secrétaire de la Faculté de droit de Grenoble, 286.
Blanc (Jean), seigneur d'Almet, étudiant, 181.
Blockland (Corneille), docteur en médecine, 203, 210.
Bocsozel (Peyraud de), 25.
Bocsozel (Soffrey de), seigneur du Châtelard, recteur de l'Université de Grenoble, **25, 187,** 188, 192, 194, 195, 199-201, 207, 211, 214, 236, 249, 252.
Boffin (Félicien), seigneur de Brié, avocat général au Parlement de Dauphiné, 187, 192, 200, **241,** 252.
Boffin (Félicien), fils du précédent, 241.
Boffin (Félicien), son petit-fils, 241.
Boisonnade, professeur de droit, 282.
Boissat (Pierre), seigneur d'Avernais, avocat, 59, 159, 241.
Boissat l'Esprit, 59, 241.
Boissier ou Boyssier (Antoine), charpentier, 153.
Boissieu, voy. Salvaingt de Boissieu.
Boissonné, voy. Boyssonné.
Boistel, professeur de droit, 281.
Bolaye, étudiant, 193.

Bolland (Girerd-Bolland), professeur de droit, 93, 283.
Bon (Gaspard — d'Angallières), conseiller au Parlement de Dauphiné, **256,** 257.
Bonaparte (Joseph), 81.
Bonaparte, voy. Napoléon.
Bonnefoy, professeur de droit à Valence, 38, 55, 57, 61, 238, 245.
Bonnefoy (Mathieu), étudiant, 213.
Bonneton (François de), bachelier en droit, 25.
Bonneton (Guillaume de), recteur de l'Université de Grenoble, **25,** 32, 48, 181, 191-194, 200, 201, 217, 249, 252.
Bonneton (Isabelle de), 26.
Bonneton (Nicolas de), seigneur de Lavaldens, procureur des États de Dauphiné, **25-26,** 28, 32, 52, 57, 139, 149, 170, 174, 175, 177, 179-181, 187-190, 192, 194, 201, 204, 205, 208, 234, 236, 239, 241, 251.
Bonvert (Jeanne de), femme de Jean de Lescure, 43.
Borel (Jean), seigneur de Ponsonnas, avocat général au Parlement de Dauphiné, 28, 173-178, 186-189, 192, 193, 198, 201, 202, 210, 214, **251.**
Boulanger, élève de l'Académie de législation, 76.
Bouquier, conventionnel, 72.
Bourbon (François de), voy. Saint-Pol.
Bourbon (Louis de), voy. Montpensier.
Bourchenu, voy. Valbonnais.
Bourgneuf (René de), voy. Cussé.
Bourguignon, criminaliste, 76.
Bourguignon fils, 76, 77.
Bourrin (Jean), 228.
Bovier (François), agrégé à l'Université de Grenoble, 32, 183, 251.
Boyssonné (Jean de), professeur de droit, **36-37,** 130, 179, 183, 184, 224, 225, 228, 246, 250.
Bozon (Louis), clerc, 165.
Bozonat (Louis), élève de la Faculté de droit de Grenoble, 293.
Bressac (de), 242, 243.
Bressieu (Pierre), avocat, 125.
Breteuil (François-Nicolas Le Tonnelier de), secrétaire d'État à la Guerre, 258.

Briançon (François de), étudiant, 179.
Briançon (Guyot de), 215.
Briançon (Laurent de), recteur de l'Université de Grenoble, 45, **48**, **57**, 155, 159, 180, 188, 191, 193, 194, 219, 227, 249.
Brié (de), voy. Boffin.
Brigondières (de), voy. Chapuis (Claude).
Brongniard (Nicolas), docteur en médecine, 208.
Brun, premier président par intérim de la Cour de Grenoble, 86, 266.
Brun (Giraud), bedeau de l'Université, 197, 204.
Brun (Jean) dit Mil, bedeau de l'Université, 29, 130-132, 138, 173, 180, 181, 186, **197**, 199, 200, 210, 214.
Brun (Philippe de), étudiant, 214.
Brunier (Jacques), professeur de droit, 16, 117, 118.
Bucher (Pierre), — Buchel, Buchichert, Buchier, — doyen de l'Université de Grenoble, **20**, 21, 28, 32, 33, 35, 39, 41, 44, 45, 52, 54, 57, 58, 62, 120-123, 126-135, 137-139, 141, 143-145, 147-151, 154, 158, 165, 170, 172-175, 177-181, 183, 184, 186-189, 192, 193, 196, 198, 199, 203-211, 214-216, 224-232, 235, 236, 238, 239, 243, 244, 250.
Buffevent (Abel de), vibailli de Graisivaudan, 22, 25, 52, 121, 151, 164, 166, 212, 236.
Buffevent (Abel de), fils du précédent, étudiant, 181, 182, 211, 212.
Buffevent (Jean de), recteur de l'Université de Grenoble, **25**, 29, 180, 181, 189, 192-194, 200, 201, 212, 217, 249, 252.
Bufnoir, professeur de droit, 101, 282.
Bulhiod (François de), professeur à Valence, 237.
Burdet (Claude), professeur de droit, 77, 83, 88, **93**, 94, 113, 265, 266, 277, 282.
Burdet fils, doyen de la Faculté de droit de Grenoble, 96, **97**, 280, 281.
Byars, étudiant, 189.

C

Caillemer, professeur de droit, 112, 281.
Cairol (Jean de — de Madaillan), évêque de Grenoble, 261.
Callignon (Guigues), étudiant, 181, 182, 194.
Cambacérès, 81.
Caméric (Jean), régent des Écoles de Grenoble, 121, 165, **254**.
Canal (Bernardin), docteur en droit, 206.
Cancl (Philib.), consul de Grenoble, 159.
Cantel, professeur de droit, magistrat, 100, 283.
Capitant (Henri), professeur de droit, 282, 283.
Capritiis (Rodulphus de), legum doctor, 118.
Carles, seigneur de Saint-Jean, écuyer du Cardinal de Bourbon, **161**, 243.
Carles (Soffrey), président du Sénat de Milan, 19, **161**.
Carrier, professeur de droit, 285.
Catherine de Médicis, 64, 243, 255.
Caulet (Jean de), évêque de Grenoble, 261.
Chabert, greffier du bailliage de Graisivaudan, 121, 166.
Chabons (Jacques Gallien, s^r de), 135.
Chamoux, professeur de droit, 156.
Chamoux (G.), consul de Grenoble, 255.
Champollion-Figeac, 89, 91.
Chapelain (Jean), chanoine de Notre-Dame de Grenoble, 180-182, 188, 211, 214.
Chaponay (Laurent de), seigneur d'Eybens, 162.
Chapot (Guigues), consul de Grenoble, 190.
Chappan, étudiant, 194.
Chapper (Claude), conseiller de la ville de Grenoble, 155.
Chappot, voy. Chapot.
Chapuis ou Chappuis (Claude), seigneur de Brigondières, procureur des États de Dauphiné, **152**, 160, 240.

TABLE DES NOMS DE PERSONNES.

Chapuis ou Chappuis (Denis), procureur, 211, 253.
Charbonnel (Antoine), médecin, 29, 187-189, 192, 194, 201-204, 217, **254.**
Charles VIII, roi de France, 19.
Charles IX, roi de France, 56, 236, 238, 241, 243, 259.
Charles X, roi de France, 93, 279.
Charles Ier d'Anjou, roi de Naples, 15.
Charles II, roi de Naples, 15, 16.
Charles (Antoine), syndic de Farges, 183.
Charles-Martel, roi de Hongrie, 14.
Charpena (Michel), étudiant, 195.
Charvet (Ennemond), 160.
Charvet (Paul-Louis), élève de la Faculté de droit de Grenoble, 293.
Chat (Claude), docteur en droit, 193, 208.
Châteaudouble (de), 162.
Châtelard, voy. Bocsozel (Soffrey de).
Chaudausson (frère Louis), religieux de Saint-Antoine, 212.
Chavanié, secrétaire de la Faculté de droit de Grenoble, 286.
Cheminade, secrétaire de l'École de droit de Grenoble, 83, 94, 265, 277, **285.**
Chevalier (Michel), 99.
Chissé (Jean de), évêque de Grenoble, 116.
Chissé (Pierre de), 181.
Chissé (Théodore de), femme de Jehan Blanc, 181.
Chomel, professeur de théologie à Valence, 258.
Chosson (Louis), apothicaire, 161.
Chrétien (Alfred-Marie-Victor), professeur de droit, 285.
Cid (Jean), conseiller au Parlement de Dauphiné, 211.
Clacquin (Ennemond), conseiller de la ville de Grenoble, 120.
Clary, sénateur, 80, 82.
Clément VI, pape, 119.
Coct (Ennemonde), femme d'Antoine Dalphas, 52.
Coct (Fiacre), docteur en droit, consul de Grenoble, 164.
Cohendy (Marie-Joseph-Émile), professeur de droit, 283, 285, 293.

Colliard (Crépin), consul de Grenoble, 182.
Colloredo (Jean de) dit Friol, professeur de droit, 36, **39-40,** 42, 134-139, 202, 225, 228-230, 250.
Combans (Soffrey), étudiant, 210.
Combes (François de), 234.
Condorcet, 73, 113.
Consonat, Consorat, étudiant, 43, 189, 198.
Constant (Nicolas), chancelier de Dauphiné, 118.
Corbière, ministre de l'Instruction publique, 278.
Cornu (Étienne), étudiant, 210.
Corras (Jean), professeur à l'Université de Valence, 24, **35,** 40, 61, 126, 127.
Corrier-Grasset (Jean), consul de Grenoble, 196.
Cosme (Olivier), étudiant, 204.
Coticoti (Laurent), clerc, 119.
Couraud, doyen de la Faculté de droit de Grenoble, 101, 112, **280,** 282, 284.
Couturier, accusateur près le Tribunal de l'Isère, 84.
Cravetta (Aymon), jurisconsulte, 18.
Crétet, conseiller d'État, 80.
Croix (Claude), clerc, étudiant, 211.
Crosne, voy. Thiroux de Crosne.
Croyllis (Bernard *de*), professeur de droit, 17, 120.
Crussol, 145.
Cuche, professeur de droit, 283.
Cujas, 35, 40, 41, 46, 57, 61, 63, 245.
Curial (Bernardin), marchand, consul de Grenoble, 182, 193.
Cussé (René de Bourgneuf, seigneur de), maître des requêtes, 56, 59, 237, 243, 244, 259.

D

Daguin (Jean), étudiant, 214.
Dalphas (Antoine), avocat, agrégé à l'Université de Grenoble, 28, **52,** 124, 133, 137, 138, 172, 174-179, **184,** 187-189, 192, 193, 195, 198, 200, 201, 203-205, 209, 214, 216, 235, 250.
Dalphas (Aymar), prieur de Saint-Pierre-d'Allevard, 53.

TABLE DES NOMS DE PERSONNES.

Dalphas (Justine), femme de François Du Faure, 184.
Damolet (Hugues), conseiller de la ville de Grenoble, 155, 157, 159.
Daquet (Pierre), docteur en médecine, 208.
Daunou, 73.
Daupres (Jean), recteur des Écoles de Grenoble, 254.
Delachenal (Joseph-Louis-Adolphe), élève de la Faculté de droit de Grenoble, 293.
Des Adrets (le baron), 52, 136, 153, 251.
Désartaux, secrétaire de la Faculté de droit de Grenoble, 285.
Des Baux (Marie), 14.
Desjacques, échevin de Valence, 260.
Didier, directeur de l'École de droit de Grenoble, 78, 80-82, **83-84**, 85, 86, 88, 90, 109-111, 113, 264, 266, 270, 277, 280, 282.
Dorne, régent de l'Université de Valence, 24.
Douillet (Maurice), élève de la Faculté de droit de Grenoble, 109.
Dreynsz (Henri de), 117.
Duaren, professeur de droit à Valence, 57.
Dubois, professeur de droit, 281.
Du Boys, président à la Cour royale de Grenoble, 93.
Du Châtelard, voy. Bocsozel (Soffrey de).
Duchesne (Bernard), recteur des Écoles de Grenoble, 27, 131, 174, 178, 203, **254**.
Du Faure (François), président au Parlement de Dauphiné, 184.
Du Faure (Justine), femme de François Guérin, 184.
Du Fayet, consul de Grenoble, 188.
Du Four (Catherine), voy. Govea (Madame de).
Du Mas dit Le Jeune, docteur en droit, **172**, 189.
Du Mas (Guillaume *de Manso*), professeur de droit, 16, 119.
Du Motet, voy. Motet.
Du Moulin, jurisconsulte, 61.
Duport-Lavillette, 86.

Dupuis (Guillaume), médecin, 173, 208, 253.
Duquesne, professeur de droit, 282, 283, 285.
Du Rivail (Aymar), le père, conseiller au Parlement de Dauphiné, **19**, 22, 39, 167, 252.
Du Rivail (Aymar), le fils, official du diocèse de Grenoble, vi-chancelier de l'Université, 187, 192, 201, 202, 208, **252**.
Du Rivail (Philippe), sieur de Lieudières, conseiller au Parlement, 252.
Du Vache (Guy), conseiller au Parlement, 177, 178, 187, 192, 199, 200, 206, 218, **251**.
Duvergey, professeur de droit, 283.

E

Emé (Jullian) pour
Emé (Guillaume), seigneur de Saint-Julien (?), 172, 173.
Emeric, voy. Lemeric.
Enodus, professeur de théologie (?), 172, 253.
Este (Anne d'), voy. Guise (Duchesse de).
Expilly, 26, 79.
Eybert (Christophe), agrégé à l'Université de Grenoble, 176, 178, 179, 186-189, 192, 198, 201, 209, 210, 212, **252**.
Eymard-Duvernay (Michel-Marie-Joseph), élève de la Faculté de droit de Grenoble, 293.

F

Falavel (Raymond), juriste, 118.
Falco d'Aurillac, voy. Aurillac.
Falconnet, étudiant, 181, 193.
Falque (Laurent), docteur en droit, 215.
Farges (Mathieu Gribaldi Moffa, seigneur de), professeur de droit, 24, **34**, 35, 37, 38, 42-47, 50, 55, 57, 60, 61, 122-124, 128, 138, 139, 141-143, 145-147, 182, 183, 192, 195, 196, 205, 215-217, 219, 220-223, 228-232, 246, 250.

TABLE DES NOMS DE PERSONNES. 301

Faure, voy. Du Faure.
Faure, étudiant viennois, 182, 195, peut être le même personnage que Faure (François), avocat, agrégé à l'Université de Grenoble, 194, 215, 252.
Favel (Jean), étudiant, 207.
Ferrand (Jean), 220, 245 (?).
Ferreti, jurisconsulte, 24.
Finaud (Claude), étudiant, 210, 214.
Fiquel (Antoine), huissier, 154, 155, 250.
Fiquel (Louis), agrégé à l'Université de Grenoble, 172.
Fiquet (frère), cordelier, 31, 126.
Fissont (P.), secrétaire de la Faculté de droit de Grenoble, 286.
Flandre (François de), recteur de l'Université de Grenoble, 210, **249**, peut être le même personnage que François Lesquaud.
Fléard (Guigonne), femme de Girard Servient, 20.
Fleury (le Cardinal de), 66, 258.
Flot (Charles), chanoine de Notre-Dame de Grenoble, 211.
Foncin (Eugène), élève de la Faculté de droit de Grenoble, 109.
Fontanieu (de), intendant de Dauphiné, 65, 66, 256.
Fornet (Guillaume), consul de Grenoble, 155.
Fornet (Jean), avocat, agrégé à l'Université de Grenoble, 174, 175, 177-179, 206-208, 251.
Foucheran (Jean), notaire, 195-197.
Fourcroy, 81.
Fourier, préfet de l'Isère, 78, 86.
Fournier (Paul), doyen de la Faculté de droit de Grenoble, 280-283, 285.
Français de Nantes, conseiller d'État, 80.
Francisquin (Jean), étudiant, 188, 193.
Franconien (Jean-Baptiste) dit Ranconius, dit La Francone, carme de Crémone, prédicateur, 134, 135, 229, 253.
Frayssinous, ministre de l'Instruction publique, 93.
Frédéric II, empereur, 15.
Fredolphe (François de) de Parme, seigneur d'Apremont, professeur de droit, 16, 119.

Friol, voy. Colloredo (Jean de).
Fumet, voy. Michon.
Fustier (François), seigneur de La Rochette, recteur de l'Université de Grenoble, 53, 54, 152, 153, 204, 212, **250**.

G

Gabier (Guillaume), recteur de l'Université de Grenoble, 179, 195, 210, 214, 249.
Gadot, professeur de droit, 284.
Gaillard, professeur à Valence, 258.
Galbert (Guigues de), doyen du chapitre de Die, professeur de droit, 16, 119.
Gallard (Mathieu), clerc, étudiant, 210.
Gallatrin (Vincent), notaire, 227.
Galleys (Jacques), consul de Grenoble, **153**, 154-156, 158-160, 214.
Gallien, voy. Chabons.
Gallien (Laurent), prieur de la Madeleine, professeur de droit à l'Université de Grenoble, 145, 150, 156, 172, 174, 175, 177, 178, 186-189, 192-194, 199, 201-204, 208, 209, 235, **250**.
Gardien (Claude) dit de Mura, bedeau de l'Université de Grenoble, 130, 132, 197.
Gaspard (Laurent) dit d'Antonie, 205.
Gaste, voy. Laulbepin.
Gauteron, curé de Saint-Hugues, 249.
Gauteron (André), religieux de Saint-Pierre-de-Valbonnais, 212.
Gauteron (Antoine), recteur de l'Université de Grenoble, 150, 179, 180, 188, 194, 195, 199, 200, 212, 223, **249**.
Gauteron (Hector), juge de la Cour commune de Grenoble, 249.
Gauteron (Valentin), agrégé à l'Université de Grenoble, 174, 208, 249, 253.
Gauthier (Jean-Séraphin), élève de l'Académie de législation, 76.
Gautier, professeur de droit, 283.
Gautier (Auguste), doyen de la Faculté de droit de Grenoble, 93, 94, 96, 100, 113, 280.
Gentil (Innocent), étudiant, 189, 194.

Gentil (Pons de), avocat, 162.
Geouffre de Lapradelle, professeur de droit, 284, 285.
Geyri, 117.
Gide (Paul), professeur de droit, 101, 284.
Girard (Esprit), étudiant, 210.
Girard (Humbert), procureur, consul de Grenoble, 129, 158, 159.
Girard (Jacques), clerc de P. Bucher, 227.
Girerd, professeur de droit, 285.
Girerd-Bolland, professeur de droit, voy. Bolland.
Giroud (Jean), étudiant, 166.
Gives (Michel de), président au Parlement de Dauphiné, 206, **252.**
Glandage, 57.
Gordes (de), lieutenant-gouverneur de Dauphiné, 57, 158.
Govea (André), principal de Sainte-Barbe, 37.
Govea (Antoine de), professeur de droit, 21, 29, **37-39**, 42-48, **49-50**, 51, 53, 55, 60, 62, 133, 135, 137-141, 144, 145, 147, 148, 150, 151, 153, 155-159, 186-194, 198, 199, 201, 202, 207, 211, 214, 216, 219-223, 225-229, 232, 235, 246, 250.
Govea (Antoine, Manfred et Pierre de), fils du précédent, 49.
Govea (Madame de — Catherine du Four), **49,** 227.
Grammont (Arthus-Joseph de la Poype Saint-Jullin de), premier président du Parlement de Dauphiné, 65, 66, **256,** 257.
Grandmottet (Napoléon), élève de la Faculté de droit de Grenoble, 293.
Grangia (de), voy. de La Grange.
Grasset, voy. Corrier-Grasset.
Grellaud, professeur de droit, 281.
Grevol (Antoine), prêtre de Tours, 165.
Gribaldi (Mathieu), voy. Farges.
Griffon (Claude), consul de Grenoble, 224.
Griffon (Pierre), chanoine de Saint-André de Grenoble, 120.
Grillet (Barthélemy), professeur à l'Université de Valence, 58, 59, 62, **237,** 239, 243, 244.

Grivaz (Louis-Marie-Joseph-François), élève de la Faculté de droit de Grenoble, 293.
Guburo (Johannes de), prieur de La Murette, 212.
Guérin (François), conseiller au Parlement de Dauphiné, 184.
Guerre (Félix de La Croix, dit), avocat général au Parlement, agrégé à l'Université de Grenoble, 172, **251.**
Guétat, professeur de droit, 284, 285.
Gueymard (Alfred), doyen de la Faculté de droit de Grenoble, **96,** 280, 283, 284.
Gueymard (Auguste), professeur de droit, **196,** 112, 113, 283.
Gueymard (Émile), doyen de la Faculté des sciences de Grenoble, 96.
Guiffe (Philippe), 165.
Guignard de Saint-Priest, juriste, 79.
Guigues (Guillaume), hôtelier, 227.
Guilliet, professeur de théologie, 178, 253.
Guise (Anne d'Este, duchesse de), femme de François de Guise, puis de Jacques de Nemours, 240.
Guise (François de Lorraine, duc d'Aumale, puis duc de), gouverneur de Dauphiné, 50, 127, 137, **146,** 147, 204, 205.
Guyon (Yves), secrétaire de la Chambre des Comptes de Dauphiné, 120.

H

Hautuille (Alban d'), jurisconsulte, 98.
Hébert (Christophe), voy. Eybert.
Hennequin, jurisconsulte, 98.
Henri II, roi de France, 22, 24, 167, 170, 185, 204, 205, 215.
Henri IV, roi de France, 256.
Hermenous, secrétaire de la Faculté de droit de Grenoble, 285.
Hitier, professeur de droit, 284, 285.
Honorat, précepteur, 37, 132.
Hotman, professeur à l'Université de Valence, 38, 47, 55, 57, 61, 63, 238, 246.
Huguet (Mᵉ), voy. Soliers (Hugues de).

Humbert, professeur de droit, 101, 282.
Humbert II, dauphin, 14-17, 41, 116-119, 131, 163, 169.

I

Illins, voy. Rabot (Ennemond).

J

Jalabert, professeur de droit, 112, **281**.
Jay, professeur de droit, 284, 285.
Jean II, dauphin, 14.
Jean XXII, pape, 15.
Jessey (Guy), étudiant, 209.
Jolly, professeur de droit, 83. 264, 266, 277, 281.
Joubert, juge valentinois, 35, 62.
Jubié, député de l'Isère, 80, 81.
Julhiet (Casimir), élève de la Faculté de droit de Grenoble, 109.
Jullien (Amédée-Julien-Sabin-Anselme), élève de la Faculté de droit de Grenoble, 293.
Justus, secrétaire de la Faculté de droit de Grenoble, 285.
Juve (Janot), 165.
Juvenis, voy. Du Mas dit Le Jeune.

L

La Baulme d'Orange (de), étudiant, 179.
La Croix (Félix de), voy. Guerre.
Lacroix (général Pamphile de), 92.
La Gorge (Nicolas de), consul de Grenoble, 182.
La Grange (de) *de Grangia*, procureur, 182, 195.
Lagrevol (Louis-Marie-Antoine), élève de la Faculté de droit de Grenoble, 293.
Lamache, professeur de droit, **101-103**, 284.
La Magdelaine (de), 236.
Lamoignon, chancelier de France, 66. 258.

Lantier (Jean de), procureur général au Parlement de Dauphiné, 206, **252**.
La Porte (Christophe de), clerc, 165.
La Poype Saint-Jullin de Grammont (de), premier président du Parlement, voy. de Grammont.
Laracine, professeur de droit, 285.
La Rivière (Antoine de), régent à l'Université de Grenoble, 28, 149, 161, 170, 173, 175, 177, 178, 180, 181, 187-189, 192, 193, 201, 203, 205, 208-210, 214, 240, 251.
La Roche-Aymon (Charles-Antoine de), archevêque de Reims, 67, 260.
La Roche-sur-Yon (Charles de Bourbon, prince de), gouverneur de Dauphiné, 154, 157, 204.
La Tour-Ricquo (Girard de), voy. Ricaud de la Tour.
Laulbepin (Philibert Gaste de), docteur en droit, conseiller au Parlement de Dauphiné, 29, 189, 201, 202, **207**, 214.
Laurent (Antoine), étudiant, 189, 208, 214.
La Valette (le marquis Planelli de), maire de Grenoble, 80, 81, 93.
Le Jeune, voy. Du Mas.
Lemaistre, juriste, 79.
Le Maistre (Pierre), voy. Maistre.
Lemeric (Pierre de), agrégé à l'Université de Grenoble, 187, 188, 211, 252.
Lenczo de Lemps, prieur de Saint-Donat, professeur de droit, 16, 117.
Le Noir La Roche, sénateur, 80.
Lescure (Angèle de), fille de Jean de Lescure, 43, 53.
Lescure (Jean-Antoine de), régent de l'Université de Grenoble, 27, 29, **43**, 53, 141, 143, 145, 147, 188-190, 192-194, 198-202, 207, 208, 215, 217-220, 223, 235, 252.
Lesdiguières (le Connétable de), 64.
Lesquaud (François), recteur de l'Université de Grenoble, 210, **249**. — A identifier peut-être avec François de Flandre.
Leusse (André), 229.
L'Hôpital (le chancelier Michel de), 39, 240.

19.

Limojon (Antoine), procureur, 42.
Limojon (Antoine), régent de l'Université de Grenoble, 29, **42**, 136, 141, 143, 145, 149, 181, 186-189, 192, 194, 195, 197-204, 212, 214, 215, 217-220, 223, 224, 235, 252.
Limojon (Didier), commis au greffe du Parlement, 42.
Loisel (Antoine), 49.
Lorioz fils, 156, 157.
Lorioz (Pierre) dit Loriol, professeur de droit, **40, 54**, 55, 57, 60-62, 152-157, 159-162, 202-204, 232-234, 246, 250.
Lorraine (François de), voy. Guise.
Louis XI, roi de France, dauphin, 18.
Louis XVI, roi de France, 84.
Louis XVIII, roi de France, 278.
Lyonne, juriste, 79.

M

Madaillan (de Cairol de), voy. Cairol.
Mainquet (Jacques), étudiant, 188, 193.
Maistre (Pierre) ou Lemaistre, recteur et agrégé de l'Université de Grenoble, 32, 58, 59, 145, 152, 155, 158, 174, 202-204, 212, 242, **249,** 250, 253.
Mallein (Jules), professeur de droit, 95, 112, 113, 284.
Mallisolles (Guillaume Berger de), vibailli de Graisivaudan, 201, **253**.
Mancin (Laurent), apothicaire, 196.
Marandout, professeur de droit, 283.
Marc (François), jurisconsulte, 18.
Marcheval (Pajot de), intendant de Dauphiné, 69.
Marchier (Pierre), procureur, 162.
Maret (Hugues-B.), secrétaire d'État, 265.
Marguerite de Valois, reine de France, 62.
Marie Stuart, reine de France et d'Écosse, 25.
Marin, professeur de droit, **83**, 265, 266, 285.
Marquet (Barthélemy), professeur à l'Université de Valence, 161.
Marquet (François), propagateur de la Réforme à Valence, 161.
Marquiot, voy. Payen.

Marrel (Gaspard), recteur de l'Université de Grenoble, 29, 32, 186-188, 194, 200-202, 211, 215, 236, **249**, 252.
Marrel (Henri), père du précédent, conseiller au Parlement, 206, 211, 235, **236, 252.**
Marrel (Jean), avocat, **145**, 154-156, 158-160, 162, 179, 240, 248, 251.
Martin (Esprit), recteur des Écoles de Grenoble, médecin, 174, 208, 214, **254**.
Martin (Pierre), recteur des Écoles de Grenoble, 193, 235, **255**.
Masclary, grenetier des gabelles, 234.
Masson (Pierre), étudiant, 37, 179. — A identifier peut-être avec
Masson (Pierre), docteur en droit, juge de la Cour commune, 37.
Matheron (Antoine), étudiant, 179, 214.
Matheron (Henri), secrétaire de la Chambre des Comptes, 120, **215.**
Maugiron, lieutenant-général pour le roi en Dauphiné, 153, 155, 203.
Maupeou (le Chancelier), 68, 260.
Menochio (Jacques), professeur de droit, 46.
Mens (Antoine Audeyer s^r de), voy. Audeyer.
Merchiot, voy. Payen.
Merlin de Villiers, voy. Villiers.
Mestre ou Le Mestre, voy. Maistre (Pierre).
Miard (Jean) ou Myard, consul de Grenoble, 145, 154.
Michel (Claude), conseiller de la ville de Grenoble, 120.
Michon (Jacques) dit Fumet, étudiant, 214.
Michon (Jean) dit Fumet, 205.
Michon (Pierre) dit Fumet, **135-136**, 205.
Michoud, professeur de droit, 284, 285.
Mil, Milo (Jean Brun dit), voy. Brun.
Milerysin (André de), étudiant, 211.
Millet (Ennemond), avocat, agrégé à l'Université de Grenoble, 252.
Milly (Charles de), maître des requêtes, 169.
Milon (Alexandre), évêque de Valence, 68, 260.
Mitalier (Claude), vibailli de Vienne, 59, 241.

Mitalier (Marguerite), 59, 241.
Mitalier (Thomas), avocat, conseiller au Parlement, 189.
Mitalier (Urbain), avocat, agrégé à l'Université de Grenoble, 28, 59, 160, **161**, 179, 251.
Moffa, voy. Farges.
Mongin, professeur de droit, 283.
Monin (Gasparde), femme de Claude Chapuis, 152.
Monluc, voy. Montluc.
Monseignat (de), magistrat, professeur de droit, 93, 96, **281.**
Montalivet, conseiller d'État, 80.
Montbrun (Amé de), consul de Valence, **149**, 234, 236.
Montbrun (Dupuy-), chef réformé, 246, 247.
Montlivaut (de), préfet de l'Isère, 91.
Montluc (Jean de), évêque de Valence, 23, 35, 37, 38, 55, **61-62**, 63, 150, 207, 235-237, 240, 244, 252.
Montoyson (Raymond), étudiant, 211.
Montpensier (Louis de Bourbon, duc de), gouverneur de Dauphiné, 240.
Morard, conseiller au Parlement de Dauphiné, 241.
Morard (Catherine de), mère de Jacques et Girard Servient, 20.
Morcel (frère Jean-Claude), 165.
Morel (Jean), procureur, 225.
Morel (le chanoine Pierre), 151.
Moreton (Hélène de), femme de Laurent de Briançon, 57.
Mornyeu (Pierre de), élève d'Antoine de Govea, 38.
Motet (Antoine) ou du Motet, recteur de l'Université de Grenoble, préchantre de Notre-Dame, **23**, 33, 120, 122, 142, 180, 187, 210-214, 249.
Motet (Bernardin), frère du précédent, 23.
Mounier, 79-84.
Moydieu (Gaspard-François-Berger de), procureur général au Parlement de Dauphiné, **257**, 258.
Mulet (Ennemond), conseiller au Parlement, 29.
Mura, voy. Gardien (Claude).
Muraire, premier président du Tribunal de cassation, 81.

Myard, voy. Miard (Jean), consul de Grenoble.

N

Napoléon Ier, 12, 85, 89, 264-266, 270.
Naquet, professeur de droit, 281.
Narcié (Claude), notaire, 42.
Narcié (Jean), régent à l'Université de Grenoble, 27, **42**, 141, 149, 185-187, 189, 192, 194, 198, 199, 201-204, 214, 217, 219, 223, 235, 236, 252.
Nemours (Jacques de Savoie), 241.
Nicolay (Pierre), avocat, 124, 143.
Normand, professeur de droit, 283.

O

Olivier (Pierre), étudiant, 179.
Orbanne (d'), voy. Barthélemy.

P

Paganon, président de la Cour de justice criminelle de Grenoble, 86.
Pailhé, professeur de droit, 103, **282,** 283.
Pajot, voy. Marcheval.
Pal (Benoît), professeur de droit, 71, 77, 83, 84, 93, 264, 266, 277, 281.
Pape (Guy), jurisconsulte, 18, 46, 47, 79.
Paredo (Guilhelmus de), professeur à l'Université de Grenoble, 119.
Parent, recteur des Écoles de Grenoble, 255.
Pascal (Octave), élève de la Faculté de droit de Grenoble, 109.
Pasquet (Claude), consul de Grenoble, 155, 157-159.
Pasquiers, catholique grenoblois, 57.
Paviot (François), avocat, consul de Grenoble, **144**, 145, 187, 193, 216.
Paviot (Jean), dit Bersat, consul de Grenoble, marchand, 52, **151**, 156, 161, 231, 242.
Payen (Merchiot, Marquiot = Melchior), professeur de médecine à l'Université de Grenoble, 121, 165, 192, 198, **253.**
Pellat, professeur de droit, 93, **285.**
Pellieu (Jean), couturier, 196.

Penet (Louis-Joseph), élève de la Faculté de droit de Grenoble, 293.
Périer, doyen de la Faculté de droit de Grenoble, **100**, 113, 280, 282, 285.
Perron de Quet, mercer, 117.
Perrot, notaire, 191.
Perrot (Claude), étudiant, 179.
Perrot (Guillaume), consul de Grenoble, 120, 121.
Perrucel (René), cordelier professeur de théologie à l'Université de Grenoble, 121, 165, 253.
Philippon (Jean), prêtre, 212.
Philoux (Jean), receveur de la ville de Grenoble, 196.
Picquet-Damesme, professeur de droit, 284, 286.
Pictet, 80.
Pie II, pape, 18.
Pierre (maitre), voy. Aréoud (Pierre).
Pierre, hôtelier, 227.
Pierron, professeur de droit, 283.
Pillet (Antoine-Louis), professeur de droit, **284**, 285, 293.
Pinard (Alaris), étudiant, 190.
Pinel (François), étudiant, 211.
Pinet, échevin de Valence, 260.
Piollenc (Honoré-Henri de — de Beauvoisin), premier président du Parlement de Dauphiné, 66, 256, **257**, 258.
Pissard (Hippolyte-Claude-Camille), élève de la Faculté de droit de Grenoble, 293.
Planel, doyen de la Faculté de droit de Grenoble, **83**, 88, 90, 93, 111, 264, 266, 277, 280.
Planiol, professeur de droit, 281.
Planta, professeur à l'Université de Valence, 258.
Plovier, 161.
Poilroux (Georges-Marie-Alphonse-Édouard), élève de la Faculté de droit de Grenoble, 293.
Poisnel-Lantillière, prof' de droit, 284.
Pommer (Michel), notaire, 182.
Ponnat (Amyen), 193.
Ponnat (André de), seigneur de Saint-Égrève, conseiller au Parlement, agrégé à l'Université de Grenoble, **52**, 174, 187, 192, 198-200, 208, 209, 216, 235, **251**.

Ponnat (Catherine de), femme de Nicolas de Bonnetou, 25.
Ponnat (François de), élève de l'Université de Grenoble, docteur en droit, conseiller au Parlement, 24, 25, **215**.
Ponnat (Pierre), seigneur de Vif, 25, **215**.
Pons, maitre des Écoles de Grenoble, 138, 255.
Ponsonnas (A. de), agrégé à l'Université de Grenoble, 177, 186, 192, **252**.
Ponsonnas (Jean Borel de), voy. Borel.
Porret (Pierre), chanoine de Notre-Dame de Grenoble, 212.
Portalis, 81.
Portes (Guillaume de), magistrat, agrégé à l'Université de Grenoble, 177, 178, 187, 191, 199, 200, 232, **251**.
Poubelle, professeur de droit, diplomate, 282.
Poyet (Claude), 196.
Prost, recteur des Écoles de Grenoble, 188, **255**.
Python (Jean), élève de la Faculté de droit de Grenoble, 293.

Q

Quinon, professeur de droit, 93, 94, 282.

R

Rabatel (Henri-Joseph-Alphonse), élève de la Faculté de droit de Grenoble, 293.
Rabot (Ennemond), seigneur d'Illins, premier président du Parlement de Dauphiné, 253, **255**.
Rabot (Falque), voy. Aurillac.
Rabot (Laurent), conseiller au Parlement, 176, 218, 253, 255.
Raffin, étudiant, 195.
Rambaud, professeur de droit, 285.
Ramus (Jean), docteur en droit, 214.
Ranconius, voy. Franconien.
Rancurel, notaire, 184.
Randon, étudiant, 192-195.

Réal, 86.
Rebolet (Jacques) ou Robelet, consul de Grenoble, 190, 202.
Reboud, professeur de droit, 285.
Regnaud de Saint-Jean d'Angely, 81.
Regnault (de — de Sollier), seigneur du Châtelard, conseiller au Parlement de Dauphiné, **256**, 257.
Régnier, ministre de la Justice, 265.
Renauldon, maire de Grenoble, 78.
Repellin (Simon), étudiant, 214.
Replatius, étudiant, 194.
Requand (Sébastien), étudiant, 210.
Revon (Michel), élève de la Faculté de droit de Grenoble, 293.
Reynier (*Barthomeu*), barbier, 123.
Ricaud de la Tour (Charles), vice-recteur de l'Université de Grenoble, 198, 249.
Ricaud de la Tour (Girard), étudiant, 181, 182.
Ricoz de la Tour, voy. Ricaud de la Tour.
Riquier (Hector), professeur de droit, **36,** 130, 131, 210, 224, 225, 228, 246, 250.
Rivail, voy. du Rivail.
Rives (Antoine), consul de Grenoble, 196, **198,** 217.
Roaldès, professeur de droit, 51, 148, 149.
Robelet, voy. Rebolet.
Robert, roi de Naples, 14.
Robert (Claude), étudiant, 210.
Robert (Jean Béatrix —), avocat, 52, **136,** 145-147, 149-151, 179, 220, 222, 223.
Robert (Louis), consul de Grenoble, 136, 139, 143, 144, 188, 190.
Robinet (Ennemond), conseiller de la ville de Grenoble, 154.
Rogier (Claude), professeur à l'Université de Valence, 39, 58, 59, 135, **239,** 242.
Rogier (Georges), consul de Grenoble, 21, 120, 121, 164, 180.
Rogier (Jean), grenetier des gabelles, 234.
Roland (Jean), apothicaire, 165.
Romme, conventionnel, 73.
Rosset (Édouard), élève de la Faculté de droit de Grenoble, 109.

Rossi, jurisconsulte, 98.
Rossignol, secrétaire des États de Dauphiné, 220.
Rostaing (de), échevin de Valence, 260.
Rostaing (Yves), procureur, 162.
Rostolan (Raymond), agrégé à l'Université de Grenoble, 174-177, 183, 187, 203, 210, 217, 251.
Roux, de Romans, 193.
Roux (Claude de), étudiant, 214.
Roux (Étienne de), grand-juge, 117-119.
Roux (François), procureur des États de Dauphiné, 190 ; son fils (?) *ibid*.
Roux (Honoré), étudiant, 210.
Roux (Jacques de), professeur de droit, 16, 119.
Roux (Louis), prieur du Thouvet, **181,** 190 (?)
Royanez, échevin de Valence, 260.
Roybon (Bermond), 195, 211, 214.
Roybon (Claude), fils du précédent, **195,** 211, 214.
Roybon (Étienne), official du diocèse de Grenoble, etc., frère du précédent, 22, **34,** 122-124, 127, 139, 173, 174, 176, 177, 182, 183, 187, 192, 195, 196, 216, 228, 251.
Royer-Deloche, procureur général à la Cour d'appel de Grenoble, 85, 86, 266.
Royon, secrétaire de la Faculté de droit de Grenoble, 286.
Ruel, professeur de médecine à Valence, 258.
Ruffi, voy. Roux.
Ruynat, 193.
Ruyns (Antoine de), consul de Grenoble, 129.

S

Sabatery, professeur de droit, 285.
Saint-Donat (le prieur de), voy. Lenczo de Lemps.
Saint-Germain (Gilles de), consul de Grenoble, 122, 182.
Saint-Jean (Carles de), voy. Carles.
Saint-Marcel d'Avançon (de), voy. Avançon.

Saint-Martin, réformé valentinois, 238.
Saint - Pol (François de Bourbon, comte de), duc d'Estouteville, gouverneur de Dauphiné, **21**, 22, 121, 163, 166, 168.
Saint-Priest, voy. Guignard de Saint-Priest.
Saint - Rémi (Claude), recteur de l'Université de Grenoble, 36, 208, **249**.
Saint-Romans (de), conseiller de la ville de Grenoble, 122.
Saleilles, professeur de droit, 285.
Saluces (Henri de), étudiant, 189, 214.
Salvaingt de Boissieu, jurisconsulte, 79.
Sapey, député de l'Isère, 80-82.
Sauget (Louis), étudiant, 29, 194, 208, 210.
Sausin (Jean de), brigadier des armées du roi, 258.
Sausin (Louis de), conseiller au Parlement de Dauphiné, 67, **258**, 259, 260.
Sauvigny (Berthier de), intendant de Dauphiné, 66, 257.
Sauzet (Paul), élève de la Faculté de droit de Grenoble, 109.
Sédillez, inspecteur général de l'Instruction publique, 86.
Seignioret, boulanger, 135.
Servan, jurisconsulte, 79.
Servien (Abel), jurisconsulte, 79.
Servien (Girard), seigneur de Biviers, agrégé à l'Université de Grenoble, **20**, 28, 120-123, 127, 131, 148, 172, 173, 175-178, 187, 192, 199, 200, 208, 210, 214, 218, 235, 250.
Servien (Jacques), seigneur de La Balme, consul de Grenoble, 20, **148**, 149-151, 201, 236.
Servien (Jean), conseiller au Parlement, 20.
Sezana (Michael de), juriste, 118.
Sigaud (François) dit du Palais, étudiant, 211.
Siméon, conseiller d'État, 81, 82.
Soliers (Hugues de), médecin (M⁰ Huguet), 149, 188, 189, 192, 194, 201, 202, 235, 236, **254**.

Soliers (Raymond de), 254.
Sollier, voy. Regnault de Sollier.

T

Talleyrand, 72, 113.
Tartari (Charles), doyen de la Faculté de droit de Grenoble, 280-283, 293.
Taulier (Frédéric), doyen de la Faculté de droit de Grenoble, 94, 96, **97-99**, 113, 281.
Tencin (le Cardinal de), 184.
Tencin (Madame de), 184.
Terme (Christophe), étudiant, 193, 214.
Testoud, professeur de droit, 105, **106, 107**, 282, 284.
Thiroux de Crosne (Louis), intendant, lieutenant général de police à Paris, 67, **260**.
Thiroux d'Orconisbe (Marie), 260.
Troplong, jurisconsulte, 98.
Trouiller, professeur de droit, **105**, 106, 281-283, 285.
Truchon (Jean), premier président du Parlement de Dauphiné, 39, 57, **134**, 150.

U

Uriage, voy. Alleman; Boffin, Gauteron.
Uriage (d'), étudiant, 194.
Uxiaco (Stephanus ab), étudiant, 213.

V

Vache (du), voy. Du Vache.
Vachon (François), président en la Chambre des Comptes de Dauphiné, 192, 200, **252**.
Vachon (Jean), seigneur de Veurey, avocat, agrégé à l'Université de Grenoble, 29, 174, 176-178, 186-188, 192, 193, 198-201, 208, 216, **251**.
Valabrègue, professeur de droit, 283.
Valambert (Hugues), avocat, agrégé de l'Université de Grenoble, 28, 29, 52, **53**, 173-179, 187-189, 192-195, 200, 201, 204, 208-210, 216, 235, 251.

Valambert (Modestin), avocat, 43, 53.
Valbonnais (Ennemond Becloz, seigneur de), voy. Becloz.
Valbonnais (Bourchenu de), magistrat et historien, 79.
Vallier (Claude), consul de Grenoble, 139, 142, 145, 235.
Vallière (Jeanne), femme de Pierre Ponnat, seigneur de Vif, 215.
Vaugeois, professeur de droit, 283.
Vel (Louis-Marie-Épiphanie-Benjamin), élève de la Faculté de droit de Grenoble, 293.
Velhier ou Velhieu (Claude), conseiller au Parlement, 206, **252**.
Ventes (Guy de), chanoine de Saint-André de Grenoble, 120.
Verdoney (Jean), consul de Grenoble, 155, 200, 236.
Vermond (Hugues de), agrégé à l'Université de Grenoble, 170, 172, 174-177, 179-181, 187-190, 192, 195, 207, 211, 214, 229, 250.
Vernin (Pierre), étudiant, 179, **180**, 190, 214.
Veylier (Char1^es), consul de Romans, 234.

Viallet (François-Édouard), élève de la Faculté de droit de Grenoble, 293.
Vidaud (Gaspard de), procureur général au Parlement de Dauphiné, 256.
Vidaud de la Bâtie (Joseph-Gabriel), procureur général, **256,** 257.
Vidaud de la Tour, premier président, 68, 79, **260,** 261.
Vienney, étudiant, 189.
Vigié, professeur de droit, 112, 281.
Vignes, professeur de droit, 285.
Vignes (des), étudiant, 181, 194.
Villeneuve (de), 242-244.
Villeneuve (de), lieutenant civil à Paris, 260.
Villiers (Merlin de), régent à l'Université de Grenoble, 29, **43,** 141, 143, 145, 187, 189-192, 198-204, 208, 211, 212, 215, 217-220, 223, 235, 250, 252.
Voltaire, 260.

W

Wahl, professeur de droit, **282,** 283.

ERRATA

Page 5, lignes 21-22... Au lieu de *Gailiard,* lisez : *Galland.*
— 98, note 1, ligne 3... Supprimez le mot *intitulés.*
— 184, n° 239... Conduite *de M. de Boissonne;* lisez : *de M. de Boyssonné.*
— 187... *M. de Brie,* advocat du Roy en Dauphiné; lisez : *M. de Brié,* etc.
— 190, note 1... Il s'agit peut-être de son fils ; ajoutez : *qu'il y aurait lieu d'autre part d'identifier avec le prieur du Thouvel cité au n° 255.*
— 192, note 4... Il s'agit d'*Henri* de Bocsozel, official; lisez : il s'agit de *Soffrey* de Bocsozel, etc.
— 214, n° 310... ut *eatius* in registris nostre Universitatis continetur; lisez : *ut latius,* etc.
— 227... Monsieur Messire Pierre Bucher, doyen de l'Université de Grenoble cy present et *aceptant;* lisez : *acceptant.*
— 228, n° 350... Plus pour les deux voiages que M. Jehan Garrin feict pour conduyre; lisez : plus, etc. que M. Jehan Garrin (*sic*) feict pour conduyre.
— 243, n° 408... Messieurs depuis mes lestres du dernier du [*moys*] passé ; lisez : Messieurs, etc. *du dernier du passé.*

TABLE DES MATIÈRES

	Pages
Avant-propos	5
Discours de M. le Recteur R. Moniez	7
L'Ancienne Université de Grenoble, par Paul Fournier, doyen de la Faculté de Droit de l'Université de Grenoble	12

La Faculté de Droit de Grenoble (1805-1905), par Louis Balleydier, professeur à la Faculté de Droit de l'Université de Grenoble :

    I. L'enseignement du Droit pendant la Révolution ... 70
    II. Création de l'École de Droit de Grenoble ... 77
    III. Les débuts. Suppression et rétablissement de la Faculté ... 85
    IV. La Faculté sous le Gouvernement de Juillet et le Second Empire ... 94
    V. La Faculté après 1870 ... 101
    VI. Les Étudiants. Conclusion ... 109

Documents relatifs à l'ancienne Université de Grenoble, réunis par Raoul Busquet, archiviste-paléographe, archiviste de la Ville de Grenoble :

    Plan du recueil ... 115

    A. — Documents relatifs à l'Université de Grenoble au xive siècle ... 116

    B. — Documents relatifs à l'Université de Grenoble au xvie siècle :

        I. Extraits des registres des délibérations du Conseil de Ville ... 120
        II. Reconstitution et dotation de l'Université ... 163
        III. Organisation de l'Université. — Personnel :

            a) Règlements. — Enseignement. — Élections du Recteur et de son Conseil ... 170
            b) Documents relatifs au personnel enseignant. — Agrégations. — Conduites. — Listes d'agrégés ... 182
            c) Bedeaux. — Secrétaires de l'Université ... 197
            d) Varia ... 197

		Pages
IV.	Minutes de diplômes conférés par l'Université de Grenoble :	
	a) Diplômes de doctorat en droit canonique et civil...	205
	b) Diplômes de doctorat en médecine	208
	c) Diplômes de baccalauréat en droit canonique et civil	210
	d) Diplôme de baccalauréat en médecine	212
	e) Attestations d'études	213
V.	Le Procès des Régents grenoblois	215
VI.	Comptabilité des deniers de l'Université. — Comptes. — Quittances. — Procès	224
VII.	Suppression de l'Université	234
VIII.	Listes de recteurs et d'agrégés de l'Université de Grenoble établies d'après les *documents* précédents...	249

C. — Tentatives de reconstitution de l'Université à la fin du xvie et au xviiie siècle 255

Documents relatifs à la Faculté de Droit de Grenoble (1805-1905) (*Annexes au discours de M. Balleydier*) 264

Table des noms de personnes 295

Errata 311

Table des matières 313

IMPRIMERIE TYPOGRAPHIQUE ET LITHOGRAPHIQUE ALLIER FRÈRES
Cours de Saint-André, 26, Grenoble

www.ingramcontent.com/pod-product-compliance
Lightning Source LLC
Chambersburg PA
CBHW070625160426
43194CB00009B/1367